Das Vertragsverletzungsverfahren als Instrument des Europäischen Umweltrechts

Europäische Hochschulschriften
Publications Universitaires Européennes
European University Studies

Reihe II
Rechtswissenschaft

Série II Series II
Droit
Law

Bd./Vol. 3812

PETER LANG
Frankfurt am Main · Berlin · Bern · Bruxelles · New York · Oxford · Wien

Stefan Christoph Hauser

Das Vertragsverletzungsverfahren als Instrument des Europäischen Umweltrechts

PETER LANG
Europäischer Verlag der Wissenschaften

Bibliografische Information Der Deutschen Bibliothek
Die Deutsche Bibliothek verzeichnet diese Publikation in der Deutschen Nationalbibliografie; detaillierte bibliografische Daten sind im Internet über <http://dnb.ddb.de> abrufbar.

Zugl.: Würzburg, Univ., Diss., 2003

D 20
ISSN 0531-7312
ISBN 3-631-51680-0

www.peterlang.de

Meinen Eltern

Stefan und Marliese

Salus populi suprema lex

Cicero, De legibus (3/3/8)

Vorwort

Die vorliegende Arbeit wurde im Sommersemester 2003 von der juristischen Fakultät der Universität Würzburg als Dissertation angenommen.

Zunächst habe ich meinem Doktorvater Prof. Dr. Dieter H. Scheuing besonderen Dank für die Aufnahme in den Kreis seiner Doktoranden und Mitarbeiter auszusprechen. Bei der Betreuung dieser Arbeit lies er mir die notwendige akademische Freiheit.

Sehr große Dankbarkeit empfinde ich gegenüber meinen Eltern, die erheblichen Wert auf eine gute Ausbildung ihrer Söhne gelegt haben und diese auch entsprechend gefördert haben. Meinem Vater gilt ein besonderer Dank für sprachliche Korrekturen.

Zu bedanken habe ich mich bei Frau Wiss. Mit. Yvonne Kerth, die mir durch zahlreiche Anregungen wichtige Impulse bei der Erstellung des Werkes gegeben hat. Zu danken habe ich auch Prof. Dr. Ludwig Krämer sowie Dr. Karl von Kempis von der Europäischen Kommission für fruchtbare Gespräche. Prof. Dr. Dieter Blumenwitz ist Dank auszusprechen für eine zügige Zweitbegutachtung der Arbeit.

Meiner langjährigen Freundin Jutta Koch gilt ein besonderer Dank für ihre unermütliche Anteilnahme, insbesondere in den Phasen, in denen sich der Fortgang der Arbeit schwierig gestaltete.

Dank habe ich schließlich meinem Bruder Alexander sowie Gerda Koch für ihre Anteilnahme auszusprechen. Zu Dank bin ich auch Inge Kotzak verpflichtet.

Dr. Christoph Hauser

GLIEDERUNGSÜBERSICHT

GLIEDERUNG

ABKÜRZUNGEN DER VERWENDTETEN ZEITSCHRIFTEN

ABl.	Amtsblatt der Europäischen Gemeinschaften
AC	Appeal Cases
AFDI	Annuaire Français de Droit International
AJDA	Actualités Juridiques de Droit Administratif
All ER	All England Law Reports
AnwBl.	Anwaltsblatt
AöR	Archiv des öffentlichen Rechts
AuR	Arbeit und Recht
AVR	Archiv des Völkerrechts
AWD	Außenwirtschaftsdienst
BayVBl.	Bayerische Verwaltungsblätter
VBl.BW	Verwaltungsblätter für Baden-Württemberg
CLJ	Cambridge Law Journal
CMLRev.	Common Market Law Review
DJILP	Denver Journal of International Law and Policy
DÖV	Die öffentliche Verwaltung
DV	Die Verwaltung
DVBl.	Deutsches Verwaltungsblatt
DZWiR	Deutsche Zeitschrift für Wirtschaftsrecht
EJIL	European Journal of International Law
ELRev.	European Law Review
EnvLRev.	Environmental Law Review
EuR	Zeitschrift für Europarecht
EuZW	Europäische Zeitschrift für Wirtschaftsrecht
EWG	Europäische Wirtschaftsgemeinschaft
EWS	Europäisches Wirtschafts- und Steuerrecht
GMBl.	Gemeinsames Ministerialblatt
GRUR	Gewerblicher Rechtsschutz und Urheberrecht
HILJ	Harvard International Law Journal
ILM	International Legal Materials
IUR	Informationsdienst Umweltrecht
JA	Juristische Arbeitsblätter
JBL	Journal of Buisiness Law
JEL	Journal of Environmental Law
JTDE	Journal des Tribunaux Droit Européen
JuS	Juristische Schulung
JZ	Juristenzeitung
MLRev.	Modern Law Review

NJW	Neue Juristische Wochenschrift
NuR	Natur und Recht
NVwZ	Neue Zeitschrift für Verwaltungsrecht
NVwZ-RR	Neue Zeitschrift für Verwaltungsrecht – Rechtsprechungsreport
RdA	Recht der Arbeit
RabelsZ	Rabels Zeitschrift für ausländisches und internationales Privatrecht
RIW	Recht der internationalen Wirtschaft
RJE	Revue Juridique de l'Environnement
RTDE	Revue Trimestrielle de Droit Européene
UPR	Umwelt und Planungsrecht
VersR	Versicherungsrecht
VerwArch	Verwaltungsarchiv
VVDStRL	Veröffentlichungen der Vereinigung der deutschen Staatsrechtslehrer
WiVerw	Wirtschaft und Verwaltung
WUR	Wirtschaftsverwaltungs- und Umweltrecht
YEL	Yearbook of European Law
YIEL	Yearbook of International Environmental Law
ZaöRV	Zeitschrift für ausländisches öffentliches Recht und Völkerrecht
ZAU	Zeitschrift für angewandte Umweltforschung
ZBB	Zeitschrift für Bankrecht und Bankwirtschaft
ZEuP	Zeitschrift für europäisches Privatrecht
ZfRV	Zeitschrift für Rechtsvergleichung, Internationales Privatrecht und Europarecht
ZGR	Zeitschrift für Unternehmens- und Gesellschaftsrecht
ZIP	Zeitschrift für Wirtschaftsrecht
ZUR	Zeitschrift für Umweltrecht

Das Zitat von Richtlinien beschränkt sich auf die ursprüngliche Fassung, soweit nicht etwas anderes vermerkt ist.

1. TEIL: AUSGANGSLAGE

A) AUFBAU DER ARBEIT

Die europäische Integration schreitet immer weiter voran. Im Zusammenhang mit der deutschen Einheit sprach Willy Brandt davon, dass nun zusammenwachse, was zusammen gehöre. Helmut Kohl sah eine einmalige historische Chance realisiert. Beide Aussagen dürften auch im Hinblick auf die (fortschreitende) europäische Integration gerade am Vorabend der EU-Osterweiterung Gültigkeit beanspruchen. Trotz unbestritten sehr positiver Entwicklungen wird das zusammenwachsende Europa aber auch zum Teil heftig kritisiert. Unter anderem wird vielfach fehlende Bürgernähe ins Feld geführt. Diese Arbeit zeigt, dass der Einzelne zumindest punktuell größere Einflussmöglichkeiten hat als gemeinhin angenommen.

Die vorliegende Untersuchung beschäftigt sich mit der Durchsetzung des europäischen Umweltrechts. Das Umweltrecht rückt seit Beginn der 1970er Jahre kontinuierlich in den Vordergrund des Bewusstseins der rechtlichen wie auch politischen Diskussionen[1] und gewinnt somit immer mehr Bedeutung. Dies zeigt sich beispielsweise in dem aktuellen Diskurs über die (rechtliche) Umsetzung des Kyoto-Protokolls und den damit einhergehenden Klimaschutz. Durch Reformen des EG-Vertrags sowie durch die Verabschiedung zusätzlicher Übereinkünfte werden der ehemals ausschließlich wirtschaftlich orientierten Gemeinschaft Zug um Zug neue Politiken hinzugefügt. Dabei wurde durch die Einheitliche Europäische Akte auch die Umweltpolitik in den EG-Vertrag aufgenommen und in der Folge durch die Vertragsreformen von Maastricht und Amsterdam fortentwickelt. Auf dem Gebiet der Umweltpolitik ist die Gemeinschaft seither intensiv tätig geworden und hat bereits beachtliche Erfolge erzielt. Gleichwohl entsteht regelmäßig das Problem eines Vollzugsdefizits des europäischen Umweltrechts in den Mitgliedstaaten.

Über die im Vertrag vorgesehenen Möglichkeiten des Bürgers zur Anrufung von Gemeinschaftsinstitutionen zum Beispiel durch Klage zur europäischen Gerichtsbarkeit, durch eine Petition zum Europäischen Parlament oder durch eine

[1] Dieses gewachsene Bewusstsein drückt sich in den drei globalen Umweltkonferenzen aus. Als erste Konferenz fand zunächst vom 5. bis 15. Juni 1972 die Konferenz von Stockholm (*United Nations Conference on the Human Environment*) statt; es folgte vom 3. bis zum 14. Juni 1992 folgte die zweite Umweltkonferenz von Rio de Janeiro (*United Nations Conference on Environment and Development*) sowie vom 26. August bis zum 4. September 2002 die dritte Umweltkonferenz in Johannesburg (*United Nations Word Summit on Sustainable Development*).

Beschwerde zum Bürgerbeauftragten hinaus hat die Europäische Kommission schon Mitte der 1960er Jahre die Möglichkeit einer Beschwerde geschaffen. Diese durch die Kommission eingeräumte Beschwerdemöglichkeit, soll den Einzelnen in die Lage versetzen, unmittelbar der Kommission einen möglichen Gemeinschaftsrechtsverstoß eines Mitgliedstaates anzuzeigen. Seit den 1980er Jahren erstreckt sich diese Möglichkeit auch auf umweltrechtliche Sachverhalte.

Im Folgenden soll zunächst das Beschwerdeverfahren in Umweltsachen vor der Kommission dargestellt werden (1. TEIL: B)). Berücksichtigt werden der Ablauf des Verfahrens, das Verfahren vor der Kommission selbst sowie der Abschluss des Verfahrens. Zwangsläufig führt dies dann zu der Frage, was geschieht, wenn der Beschwerdeführer zwar mit seiner Beschwerde Recht hat, die Kommission hieraus aber keine Konsequenzen zieht. Kann er in dieser Situation prozessuale Schritte gegen die Kommission einleiten? Hat er ein Recht dazu oder muss er einen wie auch immer gearteten Beschluss der Kommission widerspruchslos hinnehmen?

Deshalb geht die vorliegende Arbeit nach der Darstellung des Beschwerdeverfahrens in Umweltsachen in ihrem weiteren Verlauf der Frage nach, ob die Kommission – in Kenntnis des Ergebnisses der Beschwerde – unter Umständen dazu gezwungen werden kann, gegen den betreffenden Mitgliedstaat vorzugehen. Dabei wird untersucht, ob es dem Einzelnen möglich ist, ein Vertragsverletzungsverfahren gegen einen Mitgliedstaat zu erzwingen, was von der bisherigen Rechtsprechung verneint wird (1. TEIL: C)). Im zweiten Teil wird zu dieser Frage ein eigener ausführlicher Lösungsvorschlag präsentiert, wie dieses Ziel erreicht werden kann (2. TEIL). Die relevanten Fragen werden zu diesem Zweck prozessual in eine Nichtigkeitsklage eingebunden. Ein besonderes Augenmerk wird im Rahmen der Nichtigkeitsklage auf die Klagebefugnis gelegt. Es wird besprochen, unter welchen Voraussetzungen die „individuelle und unmittelbare Betroffenheit" anerkannt werden kann. Um diese Problematik in der gebotenen Ausführlichkeit darzustellen, wird analysiert, nach welchen Kriterien spezifische Rechte des Klägers ermittelt werden können. Dabei ist letztlich die Frage von Bedeutung, in welchem Verhältnis spezifische Rechte zu individuellen Rechten stehen, insbesondere ob es hier einen (qualitativen) Unterschied zwischen beiden Rechtsfiguren gibt. Fernerhin ist zu diskutieren, ob der Individualkläger sich auf die Bestimmung des Art. 226 EG überhaupt berufen kann. Es ist dabei die Problematik zu berücksichtigen, ob es eine generelle Möglichkeit, sich auf Art. 226 EG zu stützen, für einen Privatkläger geben kann oder ob dies nur in bestimmten Konstellationen zuzulassen ist. Anschließend wird kurz der Frage nach eventuellen Beteiligungsrechten in einem möglicherweise nachfolgenden Infraktionsverfahren nachgegangen.

Ergänzt wird die Darstellung der Nichtigkeitsklage durch die statt dessen gegebenenfalls zu erhebende Untätigkeitsklage. Auch hier ist die Frage der Klagebefugnis von besonderem Interesse. Die vorliegende Arbeit beschränkt sich allerdings auf die strukturellen Unterschiede zwischen den beiden Klagearten (3. TEIL).

Flankiert wird dies durch Analyse, unter welchen Voraussetzungen der Einzelne Schadensersatz im Wege der Amtshaftungsklage von der Kommission bzw. der Gemeinschaft erlangen kann (4. TEIL). Dabei spielen Fragen wie die Verjährung eventueller Ansprüche ebenso eine Rolle wie das Verhältnis der Schadensersatzklage zu anderen – auch nationalen – Rechtsbehelfen. In der Begründetheit dieser Klage sind die Voraussetzungen eines Schadensersatzanspruches detailliert abzustecken. Die Untersuchung endet mit einer abschließenden Beurteilung (5. TEIL).

B) INDIVIDUALBESCHWERDEVERFAHREN

I. EINFÜHRUNG

Das Individualbeschwerdeverfahren gestattet es dem Beschwerdeführer, der Kommission einen möglichen Verstoß eines Mitgliedstaates gegen Gemeinschaftsrecht anzuzeigen[2]. Eine Individualbeschwerde ist eine Eingabe an die Kommission durch Einzelne, mit der auf Maßnahmen oder Praktiken hingewiesen wird, die gegen das Gemeinschaftsrecht verstoßen könnten[3]. Die Kommission führte das Beschwerdeverfahren bereits Ende der 1960er Jahre ein. Ursprünglich ging es der Kommission darum, Informationen über rechtliche und faktische Beschränkungen des freien Warenverkehrs zu erhalten, um diesen wirksam begegnen zu können[4]. Mitte der 1980er Jahre wurde das Beschwerdeverfahren auf den Umweltbereich ausgedehnt[5]. Auf diesem Sektor hat es nicht zuletzt wegen der Einführung eines Umwelttitels in den EG-Vertrag durch die Einheitliche Europäische Akte[6] inzwischen erhebliche Bedeutung erlangt[7]. 2001

---

[2] ABl. 1999 Nr. C 119, S. 5.

[3] Vgl. die von der Kommission ausgegebene Definition in: KOM (2002) 141 endg. S. 1 (4).

[4] *Krämer*, EC Environmental Law, S. 286; *Macrory*, CMLRev. 1992, S. 347 (363); *Bronckers*, CMLRev. 1989, S. 513 (520 ff.).

[5] *Krämer*, EC Environmental Law, S. 286.

[6] Zur Einführung des Umweltrechts durch die Art. 130r-130t EWGV (nunmehr: Art. 174-176 EG): *Epiney*, Umweltrecht in der Europäischen Union, S. 10 ff., m.z.w.N.

[7] *Scheuing*, NVwZ 1999, S. 475 (481); *Macrory*, CMLRev. 1992, S. 347 (363).

hatte fast jede zweite Beschwerde zur Kommission umweltrechtliche Fragen zum Gegenstand[8]. Nach Art. 211 Spstr. 1 EG obliegt der Kommission die Aufsicht über die Einhaltung des Gemeinschaftsrechts. Im Bereich des Umweltrechts fehlt es bisher an einer Rechtsgrundlage, die der Kommission eine umfängliche Prüfbefugnis einräumen würde[9]. So ist vorerst der Einsatz von Umweltinspektoren ausgeschlossen[10]. Folglich verfügt die Kommission nicht über die logistischen Mittel, die exakte Umsetzung und Anwendung des europäischen Umweltrechts in allen (zur Zeit) 15 Mitgliedstaaten systematisch zu kontrollieren[11]. Das Individualbeschwerdeverfahren eröffnet der Kommission die Möglichkeit, Kenntnisse über eventuelle Gemeinschaftsrechtsverstöße zu erhalten[12]. Daher dient das Beschwerdeverfahren aus der Perspektive der Kommission der Informationsgewinnung. Damit wird deutlich, dass das Beschwerdeverfahren im Vorfeld eines Vertragsverletzungsverfahrens anzusiedeln ist. Rechtlicher Anknüpfungspunkt sind damit Art. 226 EG[13] sowie Art. 211 Spstr. 1 EG[14]. Eine explizite Rechtsgrundlage für das Beschwerdeverfahren erscheint entbehrlich, da mit einem solchen Verfahren noch kein Eingriff in Rechtsgüter erfolgt[15]. Das Beschwerdeverfahren kann als eine Art außerrechtlichen Rechtsbehelfs charakterisiert werden[16].

---

[8] S. unter „IV. Anhang 1: Übersicht zum Individualbeschwerdeverfahren" (S. 8).

[9] *Stotz* in: Rengeling, Handbuch zum europäischen und deutschen Umweltrecht Bd. I, § 45 Rn. 18.

[10] *Krämer*, EC Environmental Law, S. 286.

[11] I.d.S. *Stotz* in: Rengeling, Handbuch zum europäischen und deutschen Umweltrecht Bd. I, § 45 Rn. 18; *Krämer* in: Deutscher Naturschutzring (Hrsg.), Beiträge zum Natur- und Umweltschutz, S. 29 (33).

[12] Dreizehnter Jahresbericht der Kommission über die Kontrolle des Gemeinschaftsrechts (1995) in ABl. 1996 Nr. C 303, S. 1 (8); *Scheuing*, NVwZ 1999, S. 475 (481); *Krämer*, EC Environmental Law, S. 286; *ders.*, WiVerw 1990, S. 138 (159); *ders.*, AnwBl. 1991, S. 368 (377 f.); *Macrory*, CMLRev. 1992, S. 347 (362 ff.).

[13] *Krämer*, EC Environmental Law, S. 286, *ders.*, AnwBl. 1991, S. 368 (377); *ders.*, WiVerw 1990, S. 138 (159); *ders.*, EuGRZ 1988, S. 285 (294); *ders.* in: Deutscher Naturschutzring (Hrsg.), Beiträge zum Natur- und Umweltschutz, S. 29 (37 f.); ferner *Scheuing*, NVwZ 1999, S. 475 (481).

[14] *Krämer*, NuR 2002, S. 257 (259).

[15] Kritisch *Breuer*, WiVerw 1990, S. 79 (114), der eine Kompetenzüberscheitung der Kommission in der Möglichkeit einer Beschwerde sieht, da die Kommission nach Art. 10, 211, 226 EG lediglich ermächtigt werde, eine *„spezifische Verletzung von Gemeinschaftsrecht"* zu rügen.

[16] Das Beschwerdeverfahren kann nicht als Umweltmediationsverfahren angesehen werden. Das Beschwerdeverfahrens ist rechtlich gesehen im Vorfeld des Vertragsverletzungsverfahrens nach Art. 226 EG angesiedelt. Dieses Verfahren ist allerdings auf die Herstellung eines rechtmäßigen Zustandes ausgerichtet. Gleichwohl wird nicht nach einer Lösung eines Problems zwischen dem Mitgliedstaat und dem Beschwerdeführer durch die Kommission gesucht. Eine Problemlösung durch eine neutrale Instanz für zwei sich im Streit befindende

Die Kommission wird mittels des Beschwerdeverfahrens quasi zum „Umwelt-Ombudsman"[17]. Zur einfacheren Abwicklung des Verfahrens für den Beschwerdeführer hat die Kommission ein Formblatt veröffentlicht[18], dessen Nutzung jedoch nicht obligatorisch ist.

II. BESCHWERDEBERECHTIGUNG

Der Zugang zum Beschwerdeverfahren ist äußerst großzügig ausgestaltet[19]. Es handelt sich um eine Jedermann-Beschwerde, die natürliche und juristische Personen sowie nicht rechtsfähige Verbände erheben können[20]. Beschwerden können auch anonym erhoben werden. Eine besondere Beschwerdebefugnis ist keine Voraussetzung für die Durchführung des Beschwerdeverfahrens. Gleichwohl wird die schriftliche Eingabe der Beschwerde verlangt[21], die den substantiierten Vortrag einer Gemeinschaftsrechtsverletzung durch den Mitgliedstaat enthält[22]. Dies muss mit einer Aufforderung an die Kommission verbunden sein, ihrer Aufgabe als Hüterin des Gemeinschaftsrechts nachzukommen[23]. Diese Voraussetzungen werden indes nicht durch Bitten um eine Stellungnahme zur Anwendung oder Auslegung von Gemeinschaftsrecht durch die Kommission erfüllt. Solche Anfragen stehen häufig mit anhängigen Rechtsstreitigkeiten vor nationalen Gerichten in Zusammenhang. Die Kommission verweist in derartigen Konstellationen auf die Möglichkeit eines Vorabentscheidungsverfahrens nach

---

Parteien wäre für ein Mediationsverfahren kennzeichnend. Zur Problematik: *Krämer*, NuR 2002, S. 257 (258 f.).

17 So *Scheuing*, EuR 1989, S. 152 (192); dem folgend: *Krämer*, WiVerw 1990, S. 138 (159); *ders.*, AnwBl. 1991, S. 368 (378); *Henke*, EuGH und Umweltschutz: die Auswirkungen der Rechtsprechung des Gerichtshofs der Europäischen Gemeinschaften auf das Umweltschutzrecht in Europa, S. 24; *Kahl*, Umweltprinzip und Gemeinschaftsrecht, S. 147; *Himmelmann* in: Himmelmann/Pohl/Tünneren-Harmes, Handbuch des Umweltrechts, A.9 Rn. 95.

18 ABl. 1999 Nr. C 199, S. 5 ff., vgl. dazu auch „V. Anhang 2: Formblatt für Beschwerden" (S. 9 ff.); ursprüngliche Fassung in ABl. 1989 Nr. C 26, S. 6 ff.

19 *Borchardt* in: Lenz, EG-Vertrag, Rn. 10 zu Art. 226; *Krämer* in: Groeben/Thiesing/Ehlermann, Kommentar zum EU-/EG-Vertrag, Rn. 78 zu Art. 130r.

20 *Wegener*, Die Rechte des Einzelnen – die Interessentenklage im Europäischen Umweltrecht, S. 27.

21 *Krämer*, EuGRZ 1988, S. 285 (294); *ders.* in: Deutscher Naturschutzring, Beiträge zum Natur- und Umweltschutz, S. 29 (35).

22 *Himmelmann* in: Himmelmann/Pohl/Tünneren-Harmes, Handbuch des Umweltrechts, A.9 Rn. 95; *Krämer* in: Groeben/Thiesing/Ehlermann, Kommentar zum EU-/EG-Vertrag, Rn. 78 zu Art. 130r; *ders.*, AnwBl. 1991, S. 368 (377); *ders.*, WiVerw. 1990, S. 138 (159).

23 *Krämer*, EC Environmental Law, S. 286; *Borchardt* in: Lenz, EG-Vertrag, Rn. 10 zu Art. 226.

Art. 234 EG im Rahmen des nationalen Prozesses und auf die Stellung des EuGH als authentischem Interpreten des Gemeinschaftsrechts[24].

III. Verfahren

Das Beschwerdeverfahren findet seinen Beginn mit dem Anschreiben an die Kommission. Für die Erhebung der Beschwerde ist – wie bereits dargelegt – die Nutzung des von der Kommission veröffentlichten Formblattes nicht notwendig[25]. Eine Beschwerde kann per konventionellem Brief, Fernkopie (Fax) oder E-Mail in einer beliebigen Amtssprache der Europäischen Union abgefasst werden[26]. Bei Eingang der Beschwerden werden diese durch das Generalsekretariat erfasst und binnen zwei Wochen in ein Zentralregister aufgenommen, soweit die Beschwerde tatsächlich einen Verstoß eines Mitgliedstaates gegen Gemeinschaftsrecht anzeigt[27]. In Zweifelsfällen, in denen aus einer schriftlichen Eingabe der Beschwerdecharakter nicht deutlich hervorgeht, entscheidet das Generalsekretariat nach Absprache mit der Abteilung, die die Sache behandeln wird, ob derartige Schreiben als Beschwerden zu behandeln sind[28]. Wird eine Entscheidung hierüber nicht binnen 15 Kalendertagen getroffen, erfolgt automatisch eine Eintragung in das Beschwerderegister[29]. Nach der Registrierung erhält der Beschwerdeführer – sofern die Beschwerde nicht anonym erfolgt – binnen 15 Kalendertagen eine Bestätigung des Eingangs der Beschwerde sowie die Mitteilung

---

[24] Zu diesem Problemkreis auch *Borchardt* in: Lenz, EG-Vertrag, Rn. 11 zu Art. 226; ferner *Stotz* in: Rengeling, Handbuch zum europäischen und deutschen Umweltrecht Bd. I, § 45 Rn. 20.

[25] Allgemein zum Beschwerdeverfahren u.a.: *Krämer*, EC Environmental Law, S. 286 ff.; *ders.*, AnwBl. 1991, S. 368 (377 f.); *ders.*, GYIL 1991, S. 9 (32); *ders.*, WiVerw 1990, S. 138 (159 f.); *ders.*, EuGRZ 1988, S. 285 (294); *ders.*, in: Deutscher Naturschutzring (Hrsg.), Beiträge zum Natur- und Umweltschutz, S. 29 ff.; *Scheuing*, NVwZ 1999, S. 475 (481); *Breier*, NuR 1993, S. 457 (465); *Jadot* in: Lavrysen, Milieurecht/Droit de l'environnement, S. 245 (261); *Borchardt* in: Lenz, EG-Vertrag, Rn. 10 ff. zu Art. 226; *Himmelmann* in: Himmelmann/Pohl/Tünneren-Harmes, Handbuch des Umweltrechts, A.9 Rn. 95; *Stotz* in: Rengeling, Handbuch zum europäischen und deutschen Umweltrecht Bd. I, § 45 Rn. 18 ff.; *Macrory*, CMLRev. 1992, S. 347 (367 f.).

[26] KOM (2002) 141 endg., S. 1 (6).

[27] ABl. 1999 Nr. C 119, S. 7; KOM (2002) 141 endg., S. 1 (4 f.).

[28] KOM (2002) 141 endg., S. 1 (5); bei Beschwerden, die Gegenstände des Europäischen Wirtschaftsraums betreffen, wird, soweit die Rüge ein Fehlverhalten eines EFTA-Staates betrifft, die Beschwerde zwar registriert, aber an die zuständige EFTA-Behörde überwiesen. Soweit solche Beschwerden ein Fehlverhalten eines EU-Mitgliedstaates anzeigen, wird die Kommission tätig, überlässt indessen der EFTA-Behörde zur Information eine Kopie des Vorgangs (*Europäische Kommission*, Manual of Operational Procedures, S. 45).

[29] KOM (2002) 141 endg., S. 1 (5).

über das Aktenzeichen mit dem der Vorgang versehen wurde[30]. In der Folgezeit werden die Beschwerdeführer über das weitere Vorgehen der Kommission informiert. Dabei sollen die Beschwerdeführer bereits in den ersten vier Monaten über die gegenüber den nationalen Behörden eingeleiteten Maßnahmen benachrichtigt werden[31]. Bei der Kontaktierung der nationalen Institutionen wird – sofern dies vom Beschwerdeführer gewünscht wird – weitestgehende Vertraulichkeit durch die Kommission gewährleistet[32]. Die Durchführung des Verfahrens ist für den Beschwerdeführer kostenfrei. Der Beschwerdeführer kann jederzeit vor Ort auf eigene Kosten beantragen, seine Beschwerde näher zu spezifizieren[33]. Zur Beschleunigung des Verfahrens setzt die Kommission den mitgliedstaatlichen Behörden zur Erteilung notwendiger Informationen grundsätzlich eine Frist von zwei Monaten. Nach Ablauf der Frist wird die Informationserteilung sofort angemahnt. Sollte der betreffende Mitgliedstaat hiernach noch immer nicht antworten, so wird die Information erneut unter Hinweis auf die Treuepflicht des Mitgliedstaats aus Art. 10 EG angemahnt[34]. Die Kommission setzt sich selbst das Ziel, spätestens ein Jahr nach der Registrierung eines Vorgangs eine Entscheidung entweder über die Einstellung des Verfahrens oder über die Eröffnung eines Vertragsverletzungsverfahrens zu treffen[35]. Der Beschwerdeführer erhält eine Benachrichtigung über diese Entscheidung der Kommission. Im Falle der Eröffnung eines Vertragsverletzungsverfahrens wird der Beschwerdeführer über die im Zusammenhang mit diesem Verfahren unternommenen Maßnahmen (Mahnschreiben, Abgabe einer mit Gründen versehenen Stellungnahme sowie Klageerhebung vor dem EuGH) benachrichtigt[36].

---

[30] KOM (2002) 141 endg., S. 1 (5); ABl. 1999 Nr. C 119, S. 7.

[31] KOM (2002) 141 endg., S. 1 (6 f.); *Europäische Kommission*, Manual of Operational Procedures, S. 46.

[32] KOM (2002) 141 endg., S. 1 (6); ABl. 1999 Nr. C 119, S. 7.

[33] KOM (2002) 141 endg., S. 1 (7).

[34] *Europäische Kommission*, Manual of Operational Procedures, S. 46 f.

[35] KOM (2002) 141 endg., S. 1 (7); ABl. 1999 Nr. C 119, S. 7.

[36] KOM (2002) 141 endg., S. 1 (7 f.); ABl. 1999 C 119, S. 7.

IV. Anhang 1: Übersicht zum Individualbeschwerdeverfahren

Um die praktische Bedeutung des Individualbeschwerdeverfahrens einschätzen zu können, ist eine Statistik über die Anzahl der Gesamtbeschwerden vor der Kommission in den Jahren 1996 – 2001 und den Anteil der Beschwerden in Umweltsachen vorzustellen[37].

Jahr	*Beschwerden insgesamt*	*davon in Umweltsachen*	*in %*
1996	816	207	25,36
1997	957	315	32,91
1998	1128	432	38,29
1999	1305	453	34,71
2000	1225	543	44,32
2001	1300	587	45,15

[37] Die Zahlen beruhen teilweise auf einer Auskunft des Generalsekretariats der Europäischen Kommission: http://www.europa.eu.int/comm/secretariat-general/sgb/droit_com/index_en.htm (Abfrage vom 1. September 2002); teilweise auf dem 18. Jahresbericht über die Kontrolle der Anwendung des Gemeinschaftsrechts für 2000 (KOM (2001) 309 endg., S. 49); sowie teilweise auf *Krämer*, Environmental Law, S. 286 (Fn. 39).

V. Anhang 2: Formblatt für Beschwerden[38]

Nichtbeachtung des Gemeinschaftsrechts durch einen Mitgliedstaat: Standardformular zwecks Einreichung einer Beschwerde bei der Kommission der Europäischen Gemeinschaften

BESCHWERDE[39]

AN DIE KOMMISSION DER EUROPÄISCHEN GEMEINSCHAFTEN WEGEN NICHTBEACHTUNG DES GEMEINSCHAFTSRECHTS

1. Name und Vorname des Beschwerdeführers:

2. Gegebenenfalls vertreten durch:

3. Staatsangehörigkeit:

4. Anschrift oder Geschäftssitz[40]*:*

5. Telefon/Fax/E-Mail:

6. Tätigkeitsbereich und –ort(e):

---

[38] Dieses Beschwerdeformular ist inklusive der folgenden Fußnoten auch in ABl. 1999 Nr. C 119, S. 5 ff. abgedruckt (im Original nicht kursiv); ferner verfügbar unter: http://europa.eu.int/comm/secretariat_general/sgb/lexcomm/index_de.htm (Abfrage vom 1. September 2002).

[39] *Die Verwendung dieses Beschwerdeformulars ist nicht verbindlich. Eine Beschwerde kann auch mit einfachem Schreiben bei der Kommission erhoben werden. Es ist allerdings im Interesse des Beschwerdeführers, möglichst viele sachlich relevante Informationen beizufügen. Das Formular kann auf dem normalen Postweg an folgende Anschrift gerichtet werden:*
Kommission der Europäischen Gemeinschaften
(z.H. des Generalsekretärs)
Rue de la Loi/Wetstraat 200
B-1049 Brüssel
Das Formular kann auch bei einer Vertretung der Kommission in den Mitgliedstaaten abgegeben werden. Eine elektronische Fassung des Formulars kann vom Internet-Server der Europäischen Union abgerufen werden:
http://europa.eu.int/comm/sg/lexcomm
Eine Beschwere ist nur dann zulässig, wenn sie die Verletzung des Gemeinschaftsrechts durch einen Mitgliedstaat betrifft.

[40] *Der Beschwerdeführer wird gebeten, der Kommission jede Änderung der Anschrift sowie alle Vorgänge mitzuteilen, die für die Bearbeitung der Beschwerde relevant sein könnten.*

7. Mitgliedstaat oder öffentliche Einrichtung, die nach Ansicht des Beschwerdeführers das Gemeinschaftsrecht nicht beachtet hat:

8. Möglichst genaue Darstellung des Beschwerdegegenstands:

9. Möglichst genaue Angabe der Bestimmung(en) des Gemeinschaftsrechts (Verträge, Verordnungen, Richtlinien, Entscheidungen usw.), gegen die der Mitgliedstaat nach Ansicht des Beschwerdeführers verstoßen hat:

10. Geben Sie gegebenenfalls (möglichst mit Angabe der Referenzen) an, ob der betreffende Mitgliedstaat im Zusammenhang mit dem Beschwerdegegenstand eine finanzielle Unterstützung der Gemeinschaft erhalten hat oder erhalten könnte:

11. Etwaige bereits unternommene Schritte bei den Kommissionsstellen (fügen Sie bitte nach Möglichkeit eine Kopie des Schriftwechsels bei):

12. Etwaige bereits unternommene Schritte bei den anderen Organen oder Einrichtungen der Gemeinschaft (z.B. beim Petitionsausschuss des Europäischen Parlaments, beim Europäischen Bürgerbeauftragten). Geben Sie möglichst das Aktenzeichen an, mit dem Ihr Vorgang versehen wurde:

13. Bereits unternommene Schritte bei den einzelstaatlichen Behörden – auf zentraler, regionaler oder lokaler Ebene – (fügen Sie nach Möglichkeit eine Kopie des Schriftwechsels bei):

13.1. Administrative Schritte (z.B. Beschwerde bei der zuständigen einzelstaatlichen Verwaltungsbehörde – auf zentraler, regionaler oder lokaler Ebene – und/oder bei Bürgerbeauftragten des Landes oder der Region:

13.2. Schritte bei den Gerichten und ähnlichen Einrichtungen (z.B. Schiedsgericht oder Schlichtungsstelle). (Geben Sie bitte an, ob bereits eine Entscheidung oder ein Schiedsspruch ergangen ist und fügen Sie den Wortlaut der Entscheidung oder des Schiedsspruchs gegebenenfalls als Anlage bei):

14. Geben Sie etwaige Belege und Beweismittel an, auf die Sie Ihre Beschwerde stützen können, einschließlich der betreffenden innerstaatlichen Rechtsvorschriften (fügen Sie die Beweismittel gegebenenfalls als Anlage bei):

15. Vertraulichkeit (kreuzen Sie das zutreffende Feld an)[41]*:*

[ ] *„Ich ermächtige hiermit die Kommission, bei ihren Kontakten mit den Behörden des Mitgliedstaats, gegen den die Beschwerde gerichtet ist, meine Identität zu offenbaren."*

[ ] *„Ich bitte hiermit die Kommission, bei ihren Kontakten mit den Behörden des Mitgliedstaats, gegen den die Beschwerde gerichtet ist, meine Identität nicht zu offenbaren."*

16. Ort, Datum und Unterschrift des Beschwerdeführers/Vertreters:

(Erläuterungen auf der Rückseite des Formulars)

Jeder Mitgliedstaat ist für die fristgemäße, gemeinschaftskonforme Umsetzung des Gemeinschaftsrechts in innerstaatliches Recht und für dessen ordnungsgemäße Anwendung verantwortlich. Die Kommission der Europäischen Gemeinschaften wacht nach Maßgabe der Verträge über die ordnungsgemäße Anwendung des Gemeinschaftsrechts. Kommt ein Mitgliedstaat diesem Recht nicht nach, verfügt die Kommission über eigene Befugnisse (Vertragsverletzungsklage), um diese Zuwiderhandlung abzustellen. Gegebenenfalls ruft sie den Gerichtshof der Europäischen Gemeinschaften an. Die Kommission wird entweder auf der Grundlage einer Beschwerde oder aufgrund von Verdachtsmomenten, die sie selbst aufdeckt, tätig und leitet die ihr gerechtfertigt erscheinenden Schritte ein.

Eine Vertragsverletzung liegt dann vor, wenn ein Mitgliedstaat durch ein Tun oder Unterlassen gegen seine Pflichten aus dem Gemeinschaftsrecht verstößt. Dabei ist es unerheblich, welche Behörde des betreffenden Mitgliedstaats – auf zentraler, regionaler oder lokaler Ebene – für die Vertragsverletzung verantwortlich ist.

Jeder, der der Ansicht ist, dass eine innerstaatliche Regelung (Rechts- oder Verwaltungsvorschrift) oder Verwaltungspraxis einen Verstoß gegen eine Bestimmung oder einen Grundsatz des Gemeinschaftsrechts darstellt, kann bei der Kommission eine Beschwerde gegen den betreffenden Mitgliedstaat erheben. Der Beschwerdeführer braucht weder nachzuweisen, dass Handlungsbedarf be-

---

[41] *Der Beschwerdeführer wird darauf hingewiesen, dass die Offenbarung seiner Identität durch die Kommissionsdienststellen in manchen Fällen für die Bearbeitung unerlässlich ist.*

steht, noch, dass er selbst von der beanstandeten Zuwiderhandlung hauptsächlich und unmittelbar betroffen ist. Die Beschwerde ist nur dann zulässig, wenn sie die Verletzung des Gemeinschaftsrechts durch einen Mitgliedstaat betrifft. Die Dienststellen der Kommission können anhand der Regeln und Prioritäten für die Aufnahme und Durchführung eines Vertragsverletzungsverfahrens entscheiden, ob eine Beschwerde weiterverfolgt wird oder nicht.

Jeder, der der Ansicht ist, dass eine Regelung (Rechts- oder Verwaltungsvorschrift) oder Verwaltungspraxis gegen das Gemeinschaftsrecht verstößt, wird aufgefordert, sich vor oder bei Erhebung einer Beschwerde bei der Kommission an die nationalen Verwaltungs- oder Rechtsinstanzen (einschließlich des nationalen oder regionalen Bürgerbeauftragten) und/oder die Schiedsgerichte oder Schlichtungsstellen zu wenden. Die Kommission empfiehlt, vor Erhebung der Beschwerde zunächst die im innerstaatlichen Recht bestehenden Rechtsschutzmöglichkeiten wegen der damit verbundenen Vorteile für den Beschwerdeführer auszuschöpfen.

Die Inanspruchnahme des verfügbaren nationalen Rechtsschutzes dürfte es dem Beschwerdeführer im Allgemeinen ermöglichen, seine Rechte direkter und eher seinen persönlichen Bedürfnissen entsprechend geltend zu machen (Erwirken einer Verfügung gegenüber der Verwaltung, Nichtigerklärung einer Entscheidung, Schadensersatz) als im Wege eines von der Kommission erfolgreich betriebenen Vertragsverletzungsverfahrens, bei dem mitunter eine gewisse Zeit verstreicht bis das Ergebnis vorliegt. Dies liegt unter anderem daran, dass die Kommission, bevor sie den Europäischen Gerichtshof anrufen kann mit dem betreffenden Mitgliedstaat Kontakt aufnehmen und versuchen muss, die Abstellung der Zuwiderhandlung zu erlangen.

Darüber hinaus wirkt sich das Urteil des Europäischen Gerichtshofs, in dem die Vertragsverletzung festgestellt wird, nicht auf die Rechte des Beschwerdeführers aus, da es nicht auf die Regelung eines Einzelfalls gerichtet ist. Das Urteil gibt dem Mitgliedstaat lediglich auf, dem Gemeinschaftsrecht nachzukommen. Schadensersatzforderungen beispielsweise muss der Beschwerdeführer vor einem nationalen Gericht geltend machen.

Zugunsten des Beschwerdeführers sind folgende Verfahrensgarantien vorgesehen:

a) Nach Eintragung der Beschwerde beim Generalsekretariat der Kommission wird jeder für zulässig befundenen Beschwerde ein Aktenzeichen zugeteilt. Der Beschwerdeführer erhält danach umgehend eine Empfangsbetätigung mit diesem Aktenzeichen, das er in jedem Schriftwechsel angeben sollte. Die Zu-

teilung eines solchen Aktenzeichens besagt noch nicht, dass ein Vertragsverletzungsverfahren gegen den betreffenden Mitgliedstaat eingeleitet wird.

b) Soweit die Kommissionsdienststellen bei den Behörden des Mitgliedstaats, gegen den die Beschwerde gerichtet ist, vorstellig werden, geschieht dies unter Beachtung der vom Beschwerdeführer unter Nr. 15 dieses Formulars getroffenen Wahl.

c) Die Kommission bemüht sich darum, binnen zwölf Monaten nach Eintragungen der Beschwerde beim Generalsekretariat in der Sache zu entscheiden (Einleitung eines Vertragsverletzungsverfahrens oder Einstellung der Untersuchung).

d) Der Beschwerdeführer wird von der zuständigen Dienststelle informiert, wenn diese beabsichtigt, der Kommission die Einstellung des Beschwerdeverfahrens vorzuschlagen. Er wird außerdem bei Einleitung des Vertragsverletzungsverfahrens über den Stand des Verfahrens auf dem Laufenden gehalten.

C) Problemstellung

I. Die Frage nach dem Klagerecht des Beschwerdeführers

Grundsätzlich gilt, dass die Kommission die Beschwerde nach einem Jahr abschließt. Am Ende des Verfahrens steht die Entscheidung, ob die Kommission das Verfahren einstellt oder ob aufgrund der Erkenntnisse aus der Untersuchung der Beschwerde ein Vertragsverletzungsverfahren eingeleitet wird. Problematisch ist dabei der Fall, in dem sich die Kommission dazu entschließt, das Verfahren einzustellen. Eine Einstellung ist prinzipiell aus zwei Gründen denkbar. Zum einen gelangt die Kommission aufgrund des vorgetragenen und ermittelten Sachverhalts nicht zu der (Rechts-) Auffassung, dass eine Vertragsverletzung vorliegt. Zum anderen besteht die Möglichkeit, dass die Kommission zwar eine Vertragsverletzung erkennt, jedoch ein Einschreiten beispielsweise aus Opportunitätsgründen ablehnt.

Im Rahmen beider Fallgruppen, wäre es für den Beschwerdeführer nicht zuletzt im Hinblick auf einen umfassenden Rechtsschutz von Vorteil, wenn er ein Einschreiten der Kommission gegen den Mitgliedstaat prozessual durchsetzen könnte. Da das Beschwerdeverfahren im Vorfeld eines Vertragsverletzungsverfahrens anzusiedeln ist, eröffnet sich die Problematik, ob die Kommission bei einer vorliegenden Vertragsverletzung ein Infraktionsverfahren gegen den betreffenden Mitgliedstaat einleiten muss. Für den Beschwerdeführer ist insoweit die Frage relevant, ob er die Möglichkeit hat, die Durchführung des Infraktionsverfahrens prozessual zu betreiben. Anders ausgedrückt bedeutet dies die Frage nach einem *Anspruch auf Durchführung eines Vertragsverletzungsverfahrens.*

II. Die Haltung der Rechtsprechung

Die Rechtsprechung lehnt einen Anspruch des Einzelnen auf Einleitung und Durchführung eines Infraktionsverfahrens durch die Kommission gegen einen Mitgliedstaat prinzipiell ab[42]. Nach Auffassung des Gerichtshofs sowie des Ge-

---

[42] Beginnend mit EuGH [Lütticke/Kommission] Slg. 1966, 27 (39 ff.), seither st. Rspr.: EuGH [Star Fruit/Kommission] Slg. 1989, 291 (299 ff.); [Sonito u.a./Kommission] Slg. 1990, I-1981 (2008 f.); [Asia Motor France] Slg. 1992, I-3935 (3937 ff.); [Cornelis/Kommission] Slg. 1998, I-199 (204); [Sateba/Kommission] Slg. 1998, I-4913 (4931 f.); vgl. auch EuG [Bilanzbuchhalter e.V./Kommission] Slg. 1995, II-101 (109 ff.), m.z.w.N aus der Rspr. des EuG (Tz. 24); dem folgend: *Krämer*, EC Environmental Law, S. 287 f.; *ders.*, GYIL 1991, S. 9 (33); *Scheuing*, NVwZ 1999, S. 475 (481); *Borchardt* in: Lenz, EG-Vertrag, Rn. 13 zu

richts Erster Instanz ist eine Erzwingung eines Vertragsverletzungsverfahrens durch Private ausgeschlossen. Alle diesbezüglich vorgetragenen Klagen wurden durch die Jurisdiktion als unzulässig verworfen. Dabei bediente sich die Rechtsprechung unterschiedlicher Argumente. Zum einen rekurriert die Rechtsprechung auf die mangelnden Rechtswirkungen der einzuleitenden Schritte im Rahmen eines Vertragsverletzungsverfahrens[43]. Zum anderen wurde vorgetragen, dass die Einleitung der einzelnen Verfahrensabschnitte jeweils im Ermessen der Kommission ständen[44].

Zum erleichterten Verständnis der weiteren Untersuchung und der Argumentation der Jurisdiktion sind im Folgenden die drei wichtigsten Entscheidungen zu der Frage der Erzwingung der Einleitung eines Vertragsverletzungsverfahrens vorzustellen. Auf die Entscheidungen „Lütticke“[45], „Star Fruit“[46] sowie „Sonito“[47] hat die Rechtsprechung in allen relevanten Folgeentscheidungen wiederholt hingewiesen und Bezug genommen.

1. Rechtssache „Lütticke“

Der Lütticke-Entscheidung lag folgender Sachverhalt zugrunde: Die deutsche Lütticke GmbH war Importeur von Milchprodukten vor allem aus Belgien, Frankreich sowie den Niederlanden. Da die Bundesrepublik Deutschland in der Zeit nach dem 1. Januar 1962 einen Umsatzsteuerausgleich in Höhe von 4 % auf die Einfuhr von Milchprodukten erhob, wandte sich die Lütticke GmbH zunächst in mehreren formlosen Schreiben an die Kommission. Die Kommission erwiderte diese Beschwerden nicht. In der Folge stellte die Lütticke GmbH aufgrund von Art. 175 Abs. 2 EWGV (nunmehr: Art. 232 Abs. 3 EG) am 15. März

Art. 226; *P. Karpenstein/U. Karpenstein* in: Grabitz/Hilf, Kommentar zum EGV in der Fassung des Vertrages von Amsterdam, Rn. 33 zu Art. 226; *Macrory*, CMLRev. 1992, S. 347 (367 f.); *Ortlepp*, Das Vertragsverletzungsverfahren als Instrument zur Sicherung der Legalität im Europäischen Gemeinschaftsrecht, S. 81; *Stotz* in: Rengeling, Handbuch zum europäischen und deutschen Umweltrecht Bd. I, § 45 Rn. 23; *Koenig/Sander*, Einführung in das EG-Prozessrecht, Rn. 171; *Audretsch*, Supervision in European Community Law, S. 27 f.; *Däubler*, NJW 1968, S. 325 (330).

[43] EuGH [Lütticke/Kommission] Slg. 1966, 27 (39).

[44] EuGH [Star Fruit/Kommission] Slg. 1989, 291 (301, Tz. 11); [Sonito u.a./Kommission] Slg. 1990, I-1981 (2008, Tz. 6); aus neuerer Rechtsprechung bzgl. des Ermessens der Kommission zur Herbeiführung der unterschiedlichen Phasen des Infraktionsverfahrens: EuGH [Kommission/Deutschland] Slg. 1998, I-5449 (5497, Tz. 37).

[45] EuGH [Lütticke/Kommission] Slg. 1966, 27 ff.

[46] EuGH [Star Fruit/Kommission] Slg. 1989, 291 ff.

[47] EuGH [Sonito u.a./Kommission] Slg. 1990, I-1981 ff.

1965 einen Antrag bei der Kommission, einen Beschluss herbeizuführen, ein Vertragsverletzungsverfahren gemäß Art. 169 EWGV (nunmehr: Art. 226 EG) gegen die Bundesrepublik Deutschland einzuleiten. Ein solches Infraktionsverfahren rechtfertige sich nach Ansicht der Antragstellerin aus einem Verstoß gegen Art. 95 EWGV (nunmehr: Art. 90 EG) aufgrund der in der Bundesrepublik Deutschland gepflegten Steuerpraxis. Mit Schreiben vom 14. Mai 1965 wies die Kommission das Ansinnen der Antragstellerin zurück, da die Steuerpraxis der Bundesrepublik Deutschland nach Auffassung der Kommission nicht gegen Art. 95 EWGV (nunmehr: Art. 90 EG) verstoße. Daraufhin erhob die Lütticke GmbH Nichtigkeitsklage nach Art. 175 EWGV (nunmehr: Art. 230 EG) zum EuGH[48]. Die Klägerin behielt sich ausdrücklich vor, einen Antrag auf Schadensersatz nach Art. 215 EWGV (nunmehr: Art. 235 EG) zu stellen[49]. Allerdings verzichtete die Klägerin auf einen derartigen Antrag in der Folgezeit.

Die Kommission trug vor, dass es für Einzelne keinen Rechtsanspruch auf die Durchführung eines Vertragsverletzungsverfahrens gebe, da Art. 169 EWGV (nunmehr: Art. 226 EG) in Bezug auf die Einleitung des Infraktionsverfahrens ein Ermessen der Kommission[50] vorsehe[51]. Fernerhin sei die Mitteilung der Kommission, keine weiteren Schritte unternehmen zu wollen, keine rechtsverbindliche Maßnahme, die im Wege des Art. 175 Abs. 2 EWGV (numehr: Art. 230 Abs. 4 EG) angegriffen werden könne[52].

Die Klägerin wies demgegenüber darauf hin, dass Art. 169 EWGV (nunmehr: Art. 226 EG) der Kommission gerade kein Ermessen hinsichtlich der Einleitung eines Vertragsverletzungsverfahrens gewähre[53]. Im Übrigen sei die Mitteilung der Kommission eine rechtserhebliche Maßnahme, die gerichtlich angreifbar sei. Dies ergebe sich daraus, dass die Klägerin einen Antrag bei der Kommission gestellt habe. „Antworten“ auf einen Antrag hin müssten – unabhängig von der Bezeichnung derselben – gerichtlich überprüfbar sein[54].

Im Ergebnis schloss sich der EuGH im Wesentlichen der Argumentation der Kommission an. Zwar ging er auf die Frage, ob Art. 169 EWGV (nunmehr: Art.

---

[48] Zum Sachverhalt: EuGH [Lütticke/Kommission] Slg. 1966, 27 (29 ff.).

[49] EuGH [Lütticke/Kommission] Slg. 1966, 27 (32).

[50] Vgl. den Wortlaut des Art. 226 Abs. 1 EG: „***Hat nach Auffassung der Kommission*** *ein Mitgliedstaat gegen eine Verpflichtung aus dem Vertrag verstoßen, so gibt sie eine mit Gründen versehene Stellungnahme ab* [...]“; Hervorhebung durch den Verfasser.

[51] EuGH [Lütticke/Kommission] Slg. 1966, 27 (34).

[52] EuGH a.a.O.

[53] EuGH [Lütticke/Kommission] Slg. 1966, 27 (35).

[54] EuGH a.a.O.

226 EG) der Kommission ein Ermessen einräume, nicht ein. Gleichwohl stellte der Gerichtshof fest, dass in der Vorphase des Infraktionsverfahrens keiner von der Kommission durchgeführten Maßnahme Rechtsverbindlichkeit zukomme[55]. Daher gebe es auch keinen Akt, der mit einer Nichtigkeitsklage angegriffen werden könne. Daher sei eine solche Klage unzulässig[56].

2. Rechtssache „Star Fruit"

In der Rechtssache „Star Fruit" beschwerte sich ein belgischer Bananengroßhändler im Jahr 1987 bei der Kommission über die französische Regelung zur Versorgung des französischen Marktes mit Bananen. Der Beschwerdeführer reklamierte einen Verstoß gegen die durch den EWG-Vertrag garantierte Warenverkehrsfreiheit nach Art. 30 ff. EWGV (nunmehr: Art. 28 ff. EG) sowie gegen einzelne Bestimmungen des AKP-Abkommens[57]. Daher ersuchte der Bananengroßhändler mit Schreiben vom 17. April 1987 die Kommission ein Infraktionsverfahren gegen die Französische Republik nach Art. 169 EWGV (nunmehr: Art. 226 EG) einzuleiten. Ziel des Verfahrens sollte es sein, den Vertragsverstoß festzustellen und Frankreich dazu zu bewegen, seine Restriktionen für Drittlandsbananen, die sich in anderen Mitgliestaaten im freien Verkehr befanden, aufzugeben. Die Kommission antwortete dem Antragsteller am 4. Mai 1987, dass die Kommission die gebotenen Maßnahmen ergreifen werde. Nach dem Ablauf von zwei Monaten erhob der Antragsteller Klage gem. Art. 173 EWGV (nunmehr: Art. 230 EG) sowie Art. 175 EWGV (nunmehr: Art. 232 EG)[58].

Aufgrund der Besonderheiten im Fall argumentierte die Kommission zunächst, dass eine Klage nach Art. 173 EWGV (nunmehr: Art. 230 EG) unzuläs-

---

[55] EuGH [Lütticke/Kommission] Slg. 1966, 27 (39): *„Der der Anrufung des Gerichtshofs vorausgehende Teil des Verfahrens dient dazu, den Mitgliedstaat aufzufordern, seinen Vertragsverpflichtungen nachzukommen. Die Kommission gibt dem Mitgliedstaat Gelegenheit zur Äußerung und bringt erst danach ihre Auffassung in Form einer Stellungnahme zum Ausdruck. Keiner Maßnahme, die die Kommission in diesem Verfahrensabschnitt ergreifen kann, kommt bindende Kraft zu."*; bestätigt u.a. durch: EuGH [Asia Motor France] Slg. 1992, I-3935 (3939, Tz. 10).

[56] EuGH [Lütticke/Kommission] Slg. 1966, 27 (40).

[57] AKP-EWG-Abkommen von Lomé; mittlerweile gibt es vier Abkommen, von denen drei bereits außer Kraft getreten sind. Das heute noch gültige AKP-EWG Abkommen von Lomé wurde am 15. Dezember 1989 unterzeichnet (zum Text vgl. BGBl. 1991 II S. 2 ff.) und ist gem. Art. 360 des Abkommens am 1. September 1991 in Kraft getreten (s.a. ABl. 1991 Nr. L 229, S. 287 ff.). Im Fall „Star Fruit" ging es um das erste Abkommen von Lomé vom 28. Februar 1975 (vgl. ABl. 1976 Nr. L 25, 1 ff.).

[58] Zum Sachverhalt: EuGH [Star Fruit/Kommission] Slg. 1989, 291 (292).

sig sei, da die Klägerin es unterlassen habe, den Akt zu benennen, der angefochten werden soll[59]. Die in dem Verfahren als Streithelferin der Kommission beigetretene Französische Republik stützte sich in erster Linie auf die Rechtsprechung in der Rechtssache „Lütticke“. Dementsprechend wies der Prozessvertreter Frankreichs daraufhin, dass eine Nichtigkeitsklage unzulässig sei, da die Antwort der Kommission keinen rechtsverbindlichen Akt darstelle, der angegriffen werden könne. Eine Unterlassungsklage nach Art. 175 EWGV (nunmehr: Art. 232 EG) scheitere daran, dass die Einleitung des Infraktionsverfahrens keine Entscheidung verkörpere, die an den Kläger gerichtet werden könnte[60].

Der Kläger hielt vor allem dem letztgenannten Argument entgegen, dass die Einleitung eines Vertragsverletzungsverfahrens sehr wohl im Wege einer Unterlassungsklage erreicht werde könne. Es genüge ein unmittelbares Interesse des Klägers[61].

Der Gerichtshof schloss sich abermals der Beklagten an. Die Rechtsprechung erachtete die vorgebrachte Nichtigkeitsklage nach Art. 173 EWGV (nunmehr: Art. 230 EG) für unzulässig, da der Kläger den angefochtenen Rechtsakt nicht genau spezifizierte[62]. Der hilfsweise eingebrachte Unterlassungsantrag nach Art. 175 EWGV (nunmehr: Art. 232 EG) wurde vom Gerichtshof mit der Begründung verworfen, dass die Kommission über ein Ermessen bezüglich der Abgabe der begründeten Stellungnahme verfüge, welches eine einklagbare Obligation seitens der Kommission ausschließe[63]. Abschließend stellte der Gerichtshof fest, dass die begehrte Handlung den Kläger nicht unmittelbar und individuell im Sinn des Art. 173 Abs. 3 EWGV (nunmehr: 230 Abs. 4 EG) betreffen würde[64]. Insgesamt würde die Klage als unzulässig abgewiesen.

---

[59] EuGH [Star Fruit/Kommission] Slg. 1989, 291 (293).

[60] EuGH a.a.O.

[61] EuGH a.a.O.

[62] EuGH [Star Fruit/Kommission] Slg. 1989, 291 (301, Tz. 9).

[63] EuGH [Star Fruit/Kommission] Slg. 1989, 291 (301, Tz. 11 f.): „*11. Aus Sinn und Wesen des Art. 169 EWG-Vertrag* [Anm.: nunmehr Art. 226 EG] *ergibt sich jedoch, dass die Kommission nicht verpflichtet ist, ein Verfahren nach dieser Vorschrift einzuleiten, sondern vielmehr insoweit über ein Ermessen verfügt, das ein Recht Einzelner, von ihr eine Stellungnahme in einem bestimmten Sinn zu verlangen, ausschließt.*
12. Denn nur wenn nach Auffassung der Kommission der fragliche Mitgliedstaat gegen eine Verpflichtung verstoßen hat, gibt sie eine mit Gründen versehene Stellungnahme ab. Kommt der Staat dieser Stellungnahme nicht innerhalb der gesetzlichen Frist nach, so ist die Kommission darüber hinaus berechtigt, aber nicht verpflichtet, den Gerichtshof anzurufen, um die vermutete Vertragsverletzung feststellen zu lassen“; bestätigt in EuGH [Cornelis/Kommission] Slg. 1998, I-199 (204, Tz. 12).

[64] EuGH [Star Fruit/Kommission] Slg. 1989, 291 (301, Tz. 14).

3. Rechtssache „Sonito“

Der Rechtsache „Sonito“ lag folgender Sachverhalt zugrunde: Die französische Gesellschaft *Sonito*[65] mit Sitz in Avignon und 17 ihrer Mitgliedsunternehmen unterrichteten die Kommission über nach ihrer Auffassung zu hohe Beihilfenzahlungen seitens der EWG für italienische und griechische Tomatenproduzenten in den Jahren 1983 bis 1986. Die zu hohen Zahlungen seien unter anderem durch falsche Angaben seitens Italien und Griechenland gegenüber der Kommission herbeigeführt worden. Durch diese betrügerischen Handlungen sei den französischen Tomatenverarbeitern ein beträchtlicher Schaden entstanden, da die italienischen und griechischen Produzenten durch die unberechtigten Subventionen einen Wettbewerbsvorteil erhalten hätten. Die Beschwerdeführerin verwies auf die Möglichkeiten der Kommission, entweder ein Vertragsverletzungsverfahren nach Art. 169 EWGV (nunmehr: Art. 226 EG) bzw. ein repressives Beihilfenkontrollverfahren nach Art. 93 Abs. 2 EWGV (nunmehr: Art. 88 Abs. 2 EG) durchzuführen. Des Weiteren sollte die Kommission die Höhe der gewährten Beihilfen berichtigen.

Nach einem weiteren ergebnislosen Meinungsaustausch teilte die Kommission der *Sonito* am 17. Januar 1989 mit, dass die Kommission versehentlich eine schriftliche Bestätigung der Einstellung des durch die *Sonito* initiierten Beschwerdeverfahrens unterlassen habe. Abschließend wies die Kommission die Beschwerdeführerin darauf hin, dass Untersuchungen seitens der Kommission keine Unregelmäßigkeiten hätten erkennen lassen. Die *Sonito* erhob sodann Klage gegen die Entscheidung der Kommission, das Verfahren einzustellen. Fernerhin beantragte, die *Sonito* die Kommission zur Zahlung von Schadensersatz zu verurteilen[66].

Die Kommission folgte in diesem Fall ebenfalls ihrem bekannten Argumentationsmuster und führte aus, dass ihre Entscheidung, die Beschwerde der *Sonito* einzustellen, keine anfechtbare Maßnahme im Sinn von Art. 173 Abs. 2 EWGV (nunmehr: Art. 230 Abs. 4 EG) darstelle. In der vorprozessualen Phase des Vertragsverletzungsverfahrens gebe es keine rechtsverbindlichen Schritte der Kommission, die durch Individuen angegriffen werden könnten. Im Übrigen stünden etwaige Maßnahmen im Ermessen der Kommission[67]. Folglich sei die Nichtigkeitsklage nach Auffassung der Kommission als unzulässig zurückzuweisen. Bezüglich der Schadensersatzklage trug die Kommission vor, dass Schäden, die durch nationale Organe herbeigeführt werden auch von diesen li-

---

[65] Société nationale interprofessionnelle de la tomate.

[66] Zum Sachverhalt: EuGH [Sonito u.a./Kommission] Slg. 1990, I-1981 (1983 f.).

[67] EuGH [Sonito u.a./Kommission] Slg. 1990, I-1981 (1985).

quidiert werden müssten[68]. Insofern sei die Gemeinschaftshaftung subsidiär. Die Schadensersatzklage ziele primär darauf ab, das Verhalten der Kommission, ein Infraktionsverfahren nicht durchzuführen, zu sanktionieren[69].

Demgegenüber behauptete die Klägerin, durch die Entscheidung der Kommission – das Verfahren einzustellen und die Beihilfenbeträge dementsprechend nicht zu berichtigen – unmittelbar und individuell betroffen zu sein. Daher sei die Nichtigkeitsklage zulässig[70]. Durch diese Entscheidung habe die Kommission zudem ihre Stellung als Hüterin der Verträge nach Art. 155 EWGV (nunmehr: Art. 211 EG) missachtet[71]. Die erhobene Schadensersatzklage sei entgegen der Auffassung der Kommission zuzulassen, da der Kommission wegen der Einstellung des Verfahrens ein (eigener) Amtsfehler vorgeworfen werden könne, der eine Haftung begründe[72].

Der Gerichtshof verwarf die Nichtigkeitsklage der *Sonito* als unzulässig. Zur Begründung führte er an, dass die Entscheidung der Kommission, ein Vertragsverletzungsverfahren nicht durchzuführen in ihrem Ermessen liege und somit nicht auf den Antrag Einzelner hin justiziabel sei[73]. Im Übrigen seien die Kläger durch die Entscheidung der Kommission die Beihilfesätze nicht zu korrigieren, nicht unmittelbar und individuell im Sinn des Art. 175 Abs. 2 EWGV (nunmehr: Art. 230 Abs. 4 EG) betroffen[74].

Die Schadensersatzklage erachtete der Gerichtshof indessen für zulässig. Die Rechtsprechung schloss sich der Ansicht der Kläger an, dass es um die Sanktion einer möglichen Amtpflichtverletzung der Kommission gehen kann[75]. Entgegen der Auffassung der Kommission erklärte der EuGH die Klage auch nicht deshalb für unzulässig, weil etwa der direkte Angriff auf die Entscheidung – ein Vertragsverletzungsverfahren nicht durchzuführen – ausgeschlossen sei. Die Schadensersatzklage unterliege ihren eigenen Zulässigkeitsvoraussetzungen, die unabhängig von der Nichtigkeitsklage zu sehen seien, so dass vorliegend die Klage zulässig sei[76]. Die Schadensersatzklage hatte allerdings im Ergebnis kei-

---

68 Die Kommission verweist auf die Rechtssachen EuGH [Krohn] Slg. 1986, 753 ff. sowie EuGH [L'Étoile commericale] Slg. 1987, 3005 ff.

69 Zur Argumentation der Kommission: EuGH [Sonito u.a./Kommission] Slg. 1990, I-1981 (1986).

70 EuGH [Sonito u.a./Kommission] Slg. 1990, I-1981 (1986).

71 EuGH [Sonito u.a./Kommission] Slg. 1990, I-1981 (1987).

72 EuGH a.a.O.

73 EuGH [Sonito u.a./Kommission] Slg. 1990, I-1981 (2008 f., Tz. 6 f.); dazu bereits EuGH [Star Fruit/ Kommission] Slg. 1989, I-291 (301, Tz. 11 f.).

74 EuGH [Sonito u.a./Kommission] Slg. 1990, I-1981 (2009, Tz. 8).

75 EuGH [Sonito u.a./Kommission] Slg. 1990, I-1981 (2010, Tz. 12)

76 EuGH [Sonito u.a./Kommission] Slg. 1990, I-1981 (2010, Tz. 14 f.).

nen Erfolg, da es den Klägern nicht gelang, tatsächlich ein rechtswidriges Verhalten der Kommission nachzuweisen[77].

III. Gang der Untersuchung

Die bisherige Rechtsprechung, die sich direkt mit der Frage nach der Möglichkeit Privater zur Erzwingung eines Vertragsverletzungsverfahrens auseinander setzte, lehnt eine solche Möglichkeit durchweg ab. Dennoch geben sowohl die neuere Rechtsprechung als auch bedeutende Literaturansichten beispielsweise in Bezug auf das Merkmal der individuellen und unmittelbaren Betroffenheit Anhaltspunkte, die eine Neubewertung erforderlich machen und insgesamt ein anderes Ergebnis rechtfertigen könnten. Bereits hier ist darauf hinzuweisen, dass jedenfalls einige Argumente, die die Rechtsprechung vorträgt, zu pauschal sind[78] und somit keine – zumindest uneingeschränkte – Zustimmung finden können.

Für die folgenden Betrachtungen soll von der – wie die Praxis zeigt – realistischen Annahme ausgegangen werden, dass der Beschwerdeführer bei Einstellung des Individualbeschwerdeverfahrens durch die Kommission einen Antrag auf Einleitung eines Infraktionsverfahrens bei der Kommission stellt. An dieser Unterstellung knüpfen drei Konstellationen an, die für den Beschwerdeführer von Interesse sind:

1. Besteht im Fall einer negativen Entscheidung durch die Kommission die Möglichkeit der Erzwingung eines Vertragsverletzungsverfahrens durch Nichtigkeitsklage gegen die Ablehnungsentscheidung der Kommission gem. Art. 230 Abs. 4 EG? Diese Frage wird im 2. TEIL der Arbeit analysiert.

2. Ist dem Beschwerdeführer bei ausbleibender Entscheidung der Kommission bezüglich des Antrags die Möglichkeit einer Untätigkeitsklage nach Art. 232 Abs. 3 eröffnet? Diese Variante wird im 3. TEIL der vorliegenden Arbeit untersucht.

3. Abschließend ist im 4. TEIL der Arbeit die Frage zu beantworten, inwieweit es dem Beschwerdeführer möglich ist, eine Amtshaftungsklage nach Art. 235 i.V.m. Art. 288 Abs. 2 EG gegen die Kommission anzustrengen.

---

[77] EuGH [Sonito u.a./Kommission] Slg. 1990, I-1981 (2011, Tz. 17).

[78] Z.B. die Feststellung, dass die Entscheidung der Kommission, kein Verfahren durchzuführen, keine Rechtswirkungen aufweist; im Einzeln dazu unter „II. Klagegegenstand" (S. 23 ff.).

2. TEIL: NICHTIGKEITSKLAGE NACH ART. 230 ABS. 4 EG

Geht man davon aus, dass die Kommission die Erhebung einer Vertragsverletzungsklage abgelehnt hat und der private Kläger gegen den Ablehnungsbescheid Nichtigkeitsklage beim Gericht Erster Instanz erhoben hat, so ist im Rahmen der Nichtigkeitsklage zunächst die Zulässigkeit zu prüfen. Bei der Zulässigkeit der Nichtigkeitsklage ist insbesondere bei der Prüfung des Klagegrunds der Gegenstand des angestrebten Vertragsverletzungsverfahrens zu berücksichtigen, da dieser - wie zu zeigen sein wird - für die Zulässigkeit der Klage von entscheidender Bedeutung ist. Dabei kann bezüglich des Gegenstands des Vertragsverletzungsverfahrens zwischen der Kontrolle über die normative Umsetzung des Gemeinschaftsrechts und der Kontrolle über die korrekte Anwendung des Gemeinschaftsrechts im Einzelfall unterschieden werden.

A) ZULÄSSIGKEIT

I. PARTEIFÄHIGKEIT

Nach Art. 230 Abs. 4 EG sind natürliche oder juristische Personen parteifähig. Zuständig für derartige Klagen ist gemäß Art. 225 Abs. 1 S. 1 i.V.m. Art. 3 lit. c) Beschluss des Rates 88/591/EGKS, EWG, Euratom[79] das Gericht Erster Instanz. Der Begriff der natürlichen Person wirft keine besonderen Schwierigkeiten auf. Problematisch ist hingegen der Terminus der juristischen Person. Dieser Begriff wird gemeinschaftsrechtlich determiniert. Er korrespondiert dabei nicht notwendigerweise mit den nationalen Rechtstraditionen[80]. Das Gemeinschaftsrecht folgt bei der Interpretation der juristischen Person einer weiten Perspektive. Mithin werden sämtliche juristische Personen unabhängig von der Staatsangehörigkeit und vom Sitz erfasst[81]. Voraussetzung für die Anerkennung

---

[79] Beschluss des Rates vom 24. Okt. 1988 zur Errichtung eines Gerichts erster Instanz der Europäischen Gemeinschaften in ABl. 1988 Nr. L 319, S. 1 ff.; geändert durch Beschluss des Rates 93/350/EGKS, EWG, Euratom in ABl. 1993 Nr. L 144, S. 21 sowie Beschluss des Rates 94/149/EG, EGKS, Euratom in ABl. 1994 Nr. L 66, S. 29 sowie Beschluss 99/291/EG, EGKS, Euratom in ABl. 1999 Nr. L 114, S. 52.

[80] EuGH [Agences de voyages/Kommission] Slg. 1982, 3799 (3808, Tz. 10), m.w.N.

[81] Vgl. bspw. EuGH [Allied Corporation] Slg. 1985, 1621 ff., für die Klageberechtigung einer japanischen Unternehmung.

einer Klageberechtigung der juristischen Person ist die Verleihung der Rechtspersönlichkeit nach dem jeweiligen nationalen Recht[82].

Daher sind heute die Klageberechtigung von partei- und prozessfähigen Berufsvereinigungen[83], Unternehmensverbänden[84] sowie der nach nationalen Rechts partei- und prozessfähigen Gebietskörperschaften anerkannt[85]. Unter der Berücksichtigung der Rechtsprechung sind auch Umweltschutzverbände klageberechtigt soweit sie Rechtspersönlichkeit nach mitgliedstaatlichem Recht aufweisen[86]. Eine hiervon getrennt zu behandelnde Frage ist die Problematik der Klagebefugnis von Verbänden[87]. Die Kommission ist gemäß Art. 230 Abs. 1 EG passiv legitimiert.

II. Klagegegenstand

1. Ablehungsentscheidung

Im Rahmen der anzustellenden Untersuchung wird ein Antrag durch den Beschwerdeführer bei der Kommission unterstellt, der die Einleitung und Durchführung eines Vertragsverletzungsverfahrens zum Ziel hat. Es ist nun zu prüfen, ob eine Ablehnungsentscheidung der Kommission ein tauglicher Klagegegenstand einer Nichtigkeitsklage sein kann. Verfolgt wird durch diese Anfechtung das Ziel der Einleitung eines Infraktionsverfahrens. Dieses Ziel ergibt sich indirekt aus Art. 233 EG, wonach das Organ, dessen Handlung für vertragswidrig erklärt wurde, die entsprechende Konsequenz zu ziehen hat.

---

[82] *Oppermann*, Europarecht, S. 282 (Rn. 750); *Cremer* in: Calliess/Ruffert, Kommentar zu EU- und EG-Vertrag, Rn. 15 zu Art. 230; *Schwarze*, RIW 1996, S. 895 ff., m.z.w.N.

[83] EuGH [CIDA/Rat] Slg. 1988, 3531 (3552, Tz. 9).

[84] EuGH [Van der Kooy u.a./Kommission] Slg. 1988, 219 (268, Tz. 17 ff.); bereits EuGH [Confédération Nationale des Produteurs de fruits et légumes/Rat] Slg. 1962, 963 (980 f.); vgl. auch EuG [Vereniging van Exporteus in Levende Varkens u.a./Kommission] Slg. 1995, II-2941 (2965, Tz. 64).

[85] EuGH [Exécutif régional Wallon/Kommission] Slg. 1988, 1573 (1615, Tz. 8); [Differdange/Kommission] Slg. 1984, 2889 (2896, Tz. 8 ff.); zur Problematik der Klage von Gebietskörperschaften: *Mulert*, Die deutschen Bundesländer vor dem EuGH; *Dauses*, BayVBl. 1996, S. 582 (584 ff.).

[86] Aus neuerer Rspr.: EuG [Greenpeace Council u.a./Europäische Kommission] Slg. 1995, II-2205 ff.; EuGH [Greenpeace Council u.a./Europäische Kommission] Slg. 1998, I-1651 ff. beschäftigten sich vor allem mit der Frage, wann ein Kläger nach Art. 230 Abs. 4 EG individuell und unmittelbar betroffen ist, die Klageberechtigung wurde stillschweigend vorausgesetzt.

[87] Dazu unter „III. Klagebefugnis“ (S. 32 ff.).

Aufgrund der Eigentümlichkeiten des Gemeinschaftsrechts ergibt es sich, dass der Kläger der französischen Rechtsvorstellung folgend[88] eine Anfechtung durchführen muss, soweit ein Gemeinschaftsorgan – hier die Kommission – einen anfechtbaren Rechtsakt erlassen hat[89].

Nach Art. 230 Abs. 4 EG ist die Anfechtungsmöglichkeit so genannter nicht-priviligiert Klagebefugter auf Entscheidungen beschränkt. Ursprünglich fasste der Gerichtshof eine Entscheidung nach Art. 230 Abs. 4 EG im rechtstechnischen Sinn auf, das heißt nach der Vorgabe des Art. 249 Abs. 5 EG[90]. Mittlerweile hat indessen die Interpretation des Begriffs „Entscheidung“ einen Wandel durch die Rechtsprechung erfahren. Nach heutiger Auffassung genügt bereits jede Maßnahme den Anforderungen einer Entscheidung im Sinn des Art. 230 Abs. 4 EG, die (verbindliche) Rechtswirkungen erzeugt und die Interessen des Klägers durch einen Eingriff in seine Rechtsstellung beeinträchtigt[91]. Keinen Einfluss auf den Charakter als rechtsverbindliche Maßnahme hat die äußere Form der durchgeführten Maßnahme[92].

Im vorliegenden Zusammenhang spielt diese Differenzierung nur eine untergeordnete Rolle, da auf einen gestellten Antrag hin eine Entscheidung nach Art. 249 Abs. 5 EG ohnehin die einzig mögliche Handlungsform seitens der Kommission darstellt. Eine Ausnahme zu diesem Grundsatz besteht nach Ansicht der Rechtsprechung lediglich in den Fällen, in denen ein Kläger bei der Kommission beantragt, eine Verordnung von allgemeiner Geltung zu erlassen. Eine „Antwort“ der Kommission auf ein derartiges Begehren soll keinen Entscheidungscharakter haben[93]. Letztlich ist das maßgeblich Kriterium einer Entscheidung

---

[88] Zu einem kursorischen Überblick über das französische Verwaltungsrecht unter „iii) Frankreich“ (S. 62 ff.).

[89] EuGH [Nordgetreide] Slg. 1972, 105 (110, Tz. 4); [Eridania] Slg. 1969, 459 (484); [Lütticke] Slg. 1966, 27 (40); dazu auch *Oppermann*, Europarecht, S. 281 (Rn. 748); *Streinz*, Europarecht, S. 218 (Rn. 544); *Bochardt* in: Lenz, EG-Vertrag, Rn. 1 zu Art. 232 EG; *Isaac*, Droit communautaire général, S. 268 f.

[90] EuGH [Confédération nationale des producteurs de fruits et légumes] Slg. 1962, 961 (978 f.); diesem Begriff folgend: *Booß* in: Grabitz/Hilf, Kommentar zum EGV in der Fassung des Vertrages von Amsterdam, Rn. 47 zu Art. 230 EG.

[91] EuGH [IBM/Kommission] Slg. 1981, 2639 (2651, Tz. 9); [Vereinigtes Königreich/Kommission] Slg. 1988, 5289 (5321, Tz. 12); s.a. EuG [Dalmine SpA/Kommission] Slg. 1998, II-2383 (2398, Tz. 29); [Cementir-Cementerie del Tirreno SpA/Kommission] Slg. 1998, II-2261 (2268, Tz. 19); [Dysan Magnetics and Review Magnetics/Kommission] Slg. 1996, II-181 (191, Tz. 20).

[92] EuG [Air France/Kommission] Slg. 1994, II-121 (152, Tz. 51), hinsichtlich einer Presseerklärung als angreifbare Maßnahme.

[93] EuGH [Buckl u.a./Kommission] Slg. 1992, I-6061 (6098 f., Tz. 22 ff.); ebenso EuG [Sveriges Batodlares Centralförening und Sven Ake Henrikson/Kommission] Slg. 1996, II-1299 (1310, Tz. 28).

sowohl im Sinne des Art. 230 Abs. 4 EG als auch im Sinne des Art. 249 Abs. 5 EG die rechtsverbindliche Wirkung, die sie auslöst[94]. Im Ergebnis bedeutet dies, dass es auf eine Differenzierung nach „Entscheidung" im rechtstechnischen oder nicht rechtstechnischen Sinn vorliegend nicht ankommt.

Problematisiert wird in der Rechtsprechung[95] immer wieder die rechtliche Verbindlichkeit der Handlung der Kommission. Es geht namentlich um die Frage, ob die angefochtene Entscheidung der Kommission, ein Vertragsverletzungsverfahren nicht einzuleiten, rechtsverbindliche Wirkungen aufweist. Um auf diese Bedenken eingehen zu können, ist es nötig den Klagegegenstand entsprechend zu präzisieren. Um den genauen Klagegegenstand darzustellen, ist es notwendig, einen kurzen Überblick über den Ablauf des Vertragsverletzungsverfahrens zu geben[96].

2. Exkurs: Ablauf eines Infraktionsverfahrens

Nach Art. 226 Abs. 1 EG gibt die Kommission vor der Klageerhebung eine mit Gründen versehene Stellungnahme ab, falls ein Mitgliedstaat nach Auffassung der Kommission gegen eine Verpflichtung aus dem Vertrag verstoßen hat. Zuvor hat sie den betreffenden Mitgliedstaat anzuhören. Somit ergeben sich zwei Phasen des Vertragsverletzungsverfahrens, nämlich zunächst eine vorgerichtliche Phase, die sich ihrerseits in zwei Etappen unterteilen lässt; anschließend erfolgt die prozessuale Phase vor dem EuGH (Art. 226 Abs. 2 EG). In der Praxis findet gleichwohl zusätzlich ein informelles, rechtlich nicht gebotenes Verfahren vor der Eröffnung des offiziellen Vorverfahrens statt. Dabei handelt es sich in der Regel um einen informellen Austausch zwischen Kommission und Mitgliedstaat[97]. Im Anschluss an die mit Gründen versehene Stellungnahme kann die Kommission nach Art. 226 Abs. 2 EG den Gerichtshof anrufen, wenn der betreffende Mitgliedstaat der Stellungnahme nicht binnen der durch die Stellungnahme gesetzten Frist Folge leistet.

---

[94] *Oppermann*, Europarecht, S. 214 (Rn. 563); *Streinz*, Europarecht, S. 168 (Rn. 413); *Isaac*, Droit communautaire général, S. 131.

[95] Vgl. dazu insb. Unter „II. Die Haltung der Rechtsprechung" (S. 14 ff.).

[96] Zum Vertragsverletzungsverfahren: *Ortlepp*, Das Vertragsverletzungsverfahren als Instrument zur Sicherung der Legalität im Europäischen Gemeinschaftsrecht; *Jacob*, Sanktionen gegen vertragsbrüchige Mitgliedstaaten; *Dashwood/White*, ELRev. 1989, S. 388 ff.; *Evans*, ELRev. 1979, S. 445 ff.; *Kort*, DB 1996, S. 1323 ff.; *Rengeling/Middeke/Gellermann*, Rechtsschutz in der Europäischen Union, Rn. 62 ff.

[97] *Nicolaysen*, Europarecht I, S. 242; *Sach/Simm* in: Rengeling, Handbuch zum europäischen und deutschen Umweltrecht Bd. I, § 44 Rn. 38 f.

a) Mahnschreiben

Zunächst erfolgt im Rahmen der vorgerichtlichen Phase ein Mahnschreiben[98] durch die Kommission an den betreffenden Mitgliedstaat. Mit diesem Mahnschreiben wird die vertragliche Pflicht aus Art. 226 Abs. 1 a.E. EG – Gewährung des rechtlichen Gehörs – erfüllt. Grundsätzlich muss das Mahnschreiben drei Elemente enthalten, nämlich die Mitteilung der Tatsachen in Form einer ersten knappen Zusammenfassung der Umstände, durch welche die Kommission einen Vertragsverstoß begründet sieht. Dabei ist der Vertragsverstoß nicht nur in tatsächlicher sondern auch in rechtlicher Hinsicht zu skizzieren[99]. Zu dieser Komponente muss die Mitteilung der Kommission hinzukommen, dass durch die Zusendung des Mahnschreibens das Infraktionsverfahren (förmlich) eröffnet wurde. Abschließend muss die Kommission dem Mitgliedstaat eine angemessene Frist[100] zur Äußerung setzen[101]. Die Frist beträgt in der Regel ein bis zwei Monate und hat den Zweck, dem Mitgliedstaat ausreichend Zeit für eine eigene Recherche zu geben[102]. Letztlich richtet sich die zulässige Länge der Frist nach den Umständen des Einzelfalls, beispielsweise wie lange dem Mitgliedstaat die Auffassung der Kommission bekannt ist[103]. Der Mitgliedstaat ist nicht verpflichtet, sich zu äußern. Insofern besteht nur eine Obliegenheit des Mitgliedstaates. Begründen lässt sich dies mit dem Charakter des Vertragsverletzungsverfahrens als objektives Beanstandungsverfahren. Allerdings ist der Mitgliedstaat gemäß Art. 10 EG nach Treu und Glauben zur Auskunft im Rahmen der von der Kommission durchgeführten Untersuchungen verpflichtet[104].

---

98 Das Mahnschreiben wird häufig auch als „*lettre de mise en demeure*“ oder „*warning letter*“ bezeichnet. Zur Bezeichnung als Mahnschreiben, die sich so nicht aus dem EG-Vertrag ergibt: EuGH [Kommission/Italien] Slg. 1985, 1077 (1099, Tz. 21); vgl. dazu auch *Nicolaysen*, Europarecht I, S. 242.

99 EuGH [Kommission/Griechenland] Slg. 1985, 3973 (3979, Tz. 20); [Kommission/Italien] Slg. 1985, 1077 (1090, Tz. 19); [Kommission/Italien] Slg. 1984, 2793 (2804, Tz. 4); [Kommission/Dänemark] Slg. 1982, 4547 (4557, Tz. 8).

100 EuGH [Kommission/Belgien] Slg. 1988, 305 (352, Tz. 14).

101 *Audretsch*, Supervision in European Community Law, S. 26; a.A. *Däubler*, NJW 1968, S. 325 (327), verlangt lediglich die Mitteilung der wesentlichen rechtlichen Erwägungen; *Sack*, EuZW 1991, S. 246 (247), hält eine Fristsetzung für entbehrlich.

102 *Borchardt* in: Lenz, EG-Vertrag, Rn. 16 zu Art. 226 (ein Monat); *Cremer* in: Calliess/ Ruffert, Kommentar zu EU- und EG-Vertrag, Rn. 12 zu Art. 226 (zwei Monate).

103 EuGH [Kommission/Belgien] Slg. 1988, 305 (352, Tz. 14); [Kommission/Belgien] Slg. 1986, 1149 (1165, Tz. 11 f).

104 EuGH [Kommission/Griechenland] Slg. 1985, 3967 (3979, Tz. 19); zu den Mitwirkungspflichten insgesamt: *Gaffney* in: Legal Issues of European Integration 1998/I, S. 117 ff.

b) Mit Gründen versehene Stellungnahme

Bleibt die Kommission nach Ablauf der durch das Mahnschreiben vorgesehenen Äußerungsfrist der Auffassung, dem Mitgliedstaat falle ein Vertragsverstoß zur Last, gibt sie eine mit Gründen versehene Stellungnahme ab. Damit ist die zweite Etappe des Vorverfahrens erreicht. Die mit Gründen versehene Stellungnahme gibt dem Mitgliedstaat erneut die Möglichkeit, das gerügte Verhalten zu korrigieren beziehungsweise eine Rechtfertigung vorzutragen[105]. Durch die mit Gründen versehene Stellungnahme erfolgt eine formalisierte Zusammenfassung der Tatsachen, der Rechtsgründe sowie des Ziels des Infraktionsverfahrens. Die Kommission muss konkret darlegen, gegen welche Vorschrift(en) des Gemeinschaftsrechts der betreffende Mitgliedstaat verstoßen hat. Darüber hinaus sind die Tatsachen und rechtlichen Würdigungen durch die Kommission detailliert darzutun[106]. Dementsprechend unterliegt auch die Abgabe der begründeten Stellungnahme dem Kollegialprinzip, das heißt die Kommission muss gemeinschaftlich beraten. Im Ergebnis bedeutet dies, dass die Informationen, auf die die Stellungnahme gestützt wird, allen Mitgliedern der Kommission zugänglich sein müssen[107]. Gemäß Art. 226 Abs. 2 EG ist die begründete Stellungnahme mit einer Frist zur letztmaligen Äußerung des Mitgliedstaates zu versehen. Damit soll die Gelegenheit geschaffen werden, den Streit außergerichtlich beizulegen. Die Frist muss dem Einzelfall angemessen sein[108].

c) Klageerhebung

Abschließend erfolgt gegebenenfalls die gerichtliche Phase – die Klageerhebung der Kommission vor dem EuGH. Der Gerichtshof kann erst nach fruchtlosem Ablauf der in der begründeten Stellungnahme gesetzten Frist angerufen

[105] EuGH [Kommission/Niederlande] Slg. 1997, I-5699 (5784, Tz. 60).

[106] EuGH [Kommission/Italien] Slg. 1985, 1077 (1090, Tz. 19 ff); [Kommission/Deutschland] Slg. 1984, 777 (793, Tz. 8); aus neuerer Rspr.: EuGH [Kommission/Deutschland] Slg. 1997, I-1668 (1676, Tz. 24); [Kommission/Frankreich] Slg. 1997, I-3201 (3209 f., Tz. 12).

[107] EuGH [Kommission/Deutschland] Slg. 1998, I-5449 (5499, Tz. 48); vgl. dazu bereits GA Cosmas zu EuGH [Kommission/Deutschland] Slg. 1998, I-5449 (5456 Rn. 13 ff.); *Bohl*, EuZW 1998, S. 762 (763).

[108] EuGH [Kommission/Belgien] Slg. 1988, 305 (352, Tz. 20); [Kommission/Luxemburg] Slg. 1996, I-3248 (3254, Tz. 20); siehe auch *Rengeling/Middeke/Gellermann*, Rechtsschutz in der Europäischen Union, Rn. 86; *Mertens de Wilmars/Verougstraete*, CMLRev. 1970, S. 385 (390); u.U. kann eine zu lange Wartezeit der Kommission die Verteidigungsmöglichkeiten eines Mitgliedstaates unangemessen beeinträchtigen, vgl. EuGH [Kommisson/Niederlande] Slg. 1991, I-2461 (2492, Tz. 16).

werden. Bei der Einreichung der Klageschrift sind die Anforderungen des Art. 19 Abs. 1 EuGH-Satzung zu beachten[109]. Erforderlich ist demnach ein schriftlicher und begründeter Antrag unter Angabe des Streitgegenstandes und der Parteien an den Kanzler des Gerichtshofs[110]. Die Vertragsverletzungsklage muss auf denselben Gründen und Angriffsmitteln beruhen wie die begründete Stellungnahme. Dies bedeutet, dass eine Identität des Streitgegenstandes des Vorverfahrens und des eigentlichen Gerichtsprozesses gefordert wird[111]. Für die Klageerhebung braucht die Kommission kein besonders Klageinteresse darzutun[112]. Dies ergibt aus der Funktion der Kommission als „Hüterin der Verträge". Eine andere Bewertung erfordert wohl die Lage, wenn sich der Streitgegenstand nach Klageerhebung erledigt hat. In diesen Fällen ein besonderes Rechtsschutzinteresses für notwendig erachtet. Ein solches Interesse wird in der Literatur angenommen, wenn eine konkrete Wiederholungsgefahr besteht[113]. Der Gerichtshof hat ein solches Interesse in den Fällen anerkannt, die entweder von besonderer Bedeutung für das Funktionieren der Gemeinschaft sind[114] oder das Infraktionsverfahren als Grundlage für eine Haftung eines Mitgliedstaates gegenüber einem anderen Mitgliedstaat, der Gemeinschaft selbst oder den Gemeinschaftsbürgern in Betracht kommt[115]. Im Fall der Verurteilung des Mitgliedstaates stellt

---

[109] Art. 19 Abs. 1 EuGH-Satzung: „[1]*Die Klageerhebung bei dem Gerichtshof erfolgt durch Einreichung einer an den Kanzler zu richtenden Klageschrift.* [2]*Die Klageschrift muss Namen und Wohnsitz des Klägers, die Stellung des Unterzeichnenden, die Partei oder die Parteien, gegen welche die Klage erhoben wird und den Streitgegenstand angeben sowie die Anträge und eine kurze Darstellung der Klagegründe enthalten.*"

[110] Zum Ganzen u.a. *Kort*, DB 1996, S. 1323 ff.

[111] St. Rspr. EuGH [Kommission/Italien] Slg. 1994, I-1 (12, Tz. 11): „*Nach der ständigen Rechtsprechung des Gerichtshofs* [...] *wird der Gegenstand einer Klage nach Art. 169 EWG-Vertrag* [nunmehr: Art. 226 EG] *durch das in dieser Bestimmung vorgesehene vorprozessuale Verfahren eingegrenzt. Daher kann die Klage nicht auf andere als in der mit Gründen versehenen Stellungnahme angeführten Rügen gestützt werden.* [...]"; ferner EuGH [Kommission/Dänemark] Slg. 1993, I-6273 (6292, Tz. 16); [Kommission/Deutschland] Slg. 1990, I-2879 (2902, Tz. 10); [Kommission/Griechenland] Slg. 1990, I-4747 (4784, Tz. 16); [Kommission/Italien] Slg. 1984, 459 (470, Tz. 16).

[112] EuGH [Kommission/Deutschland] Slg. 1995, I-2189 (2219, Tz. 21); [Kommission/Deutschland] Slg. 1995, I-1097 (1130, Tz. 16); [Kommission/Frankreich] Slg. 1974, 359 (369, Tz. 15).

[113] *Koenig/Sander*, Einführung in das EG-Prozessrecht, Rn. 199; *P. Karpenstein/U. Karpenstein* in: Grabitz/Hilf, Kommentar zum EGV in der Fassung des Vertrages von Amsterdam, Rn. 69 zu Art. 226 EG.

[114] EuGH [Kommission/Frankreich] Slg. 1970, 565 (577, Tz. 9/10).

[115] EuGH [Kommission/Irland] Slg. 1992, I-6185 (6205, Tz. 7); [Kommission/Niederlande] Slg. 1991, I-4088 (4096, Tz. 28); [Kommission/Deutschland] Slg. 1991, I-2607 (2635, Tz. 35); [Kommission/Deutschland] Slg. 1991, I-2567 (2605, Tz. 31); [Kommission/Belgien] Slg. 1991, I-1275 (1318, Tz. 41); [Kommission/Frankreich] Slg. 1990, I-4611 (4623, Tz. 9); [Kommission/Griechenland] Slg. 1990, I-125 (Ls. 1); [Kommission/Italien] Slg. 1986, 599 (609, Tz. 18); [Kommission/Italien] Slg. 1973, 101 (112).

der Gerichtshof gemäß Art. 228 Abs. 1 EG die Unvereinbarkeit des inkriminierten nationalen Verhaltens fest. Es handelt sich um ein Feststellungsurteil[116], welches nicht aus sich heraus die beanstandete Maßnahme aufhebt. Die Verpflichtung des Mitgliedstaates zur Aufhebung des nunmehr gemeinschaftsrechtswidrigen Aktes des Mitgliedstaat folgt aus Art. 228 Abs. 1 EG. Das Urteil des EuGH ist nicht vollstreckbar[117], vielmehr befolgt der betreffende Mitgliedstaat das Urteil nur aufgrund seines *„freitragenden Respekts“*[118]. Allerdings stellt eine etwaige Nichtbefolgung wiederum eine Vertragsverletzung dar, die mit einem erneuten Infraktionsverfahren nach Art. 228 Abs. 2 EG verfolgt werden kann. Eine Zweitverurteilung aus einem solchen Verfahren kann mit der Verhängung eines Zwangsgeldes verbunden werden[119].

3. Maßnahme der Kommission

Ein Anspruch auf Einleitung und Durchführung des Vertragsverletzungsverfahrens kann lediglich unterstellt werden, wenn alle von der Kommission vorzunehmenden Schritte rechtlich verbindlichen Charakter aufweisen. Nur in diesem Fall läge jeweils eine Entscheidung im Sinn des Art. 230 Abs. 4 EG vor und jeder Schritt bzw. dessen Ablehnung könnte im Klageweg angefochten werden. Die rechtliche Verbindlichkeit der Ablehnungsentscheidung durch die Kommission kann gewissermaßen als „actus contrarius“ nur festgestellt werden, wenn die Handlungen, die in der Konsequenz durchgeführt werden müssten, rechtliche Verbindlichkeit aufweisen. Somit sind in die Untersuchung alle Elemente der vorgerichtlichen Phase sowie die Klageerhebung aufzunehmen.

In der vorgerichtlichen Phase kommen bezüglich der Anfechtung der Entscheidung, ein Vertragsverletzungsverfahren nicht einzuleiten, zwei Handlungen

---

116 *Streinz*, Europarecht, S. 212 (Rn. 510).

117 *Isaac*, Droit communautaire général, S. 297 f; *Oppermann*, Europarecht, S. 278 (Rn. 739).

118 So *Scheuing* in: Behrens/Koch, Umweltschutz in der Europäischen Gemeinschaft, S. 46 (71).

119 Zur Verhängung eines Zwangsgeldes EuGH [Kommission/Hellenische Republik] Slg. 2000, I-5047 ff.; zur Problematik bspw. in der Literatur: *Theodossiou*, ELRev. 2002, S. 25 ff.; *Schockweiler* in: Capotorti/Ehlermann/Frowein u.a., Du droit international au droit de l'intégration – Liber Amicorum Pierre Pescatore, S. 613 ff; *Krück* in: Groeben/Thiesing/Ehlermann, Kommentar zu EG- und EU-Vertrag, Rn. 14 zu Art. 171, m.z.w.N.; die Kommission hat Kriterien bekannt gegeben, die zur Ermittlung des Zwangsgeldes dienen (ABl. 1996 Nr. C 242, S. 6 f., z.B.: Schwere des Verstoßes, erforderliche Abschreckung, etc.) sowie ein Verfahren zur Berechnung des Zwangsgeldes (ABl. 1997 Nr. C 63, S. 2 ff.) vorgestellt, an dem sich der EuGH orientiert, ohne sich jedoch daran gebunden zu sehen, vgl. EuGH [Kommission/Hellenische Republik] Slg. 2000, I-5047 (5117, Tz. 89).

der Kommission in Betracht: Zum einen die Ablehnungsentscheidung, ein Mahnschreiben an den betreffenden Mitgliedstaat zu adressieren und zum anderen nach Durchführung des Mahnverfahrens die Ablehnungsentscheidung, eine mit Gründen versehene Stellungnahme abzugeben. Um die verbindlichen Rechtswirkungen dieser Ablehnungsentscheidungen feststellen zu können, kommt es darauf an, ob die „actus contrarii" – mithin die Vornahme der entsprechenden Handlungen – Rechtswirkungen erzeugen würden. Grundsätzlich gilt aber, dass ein Mahnschreiben sowie eine Stellungnahme keine verpflichtenden Rechtswirkungen entfalten. Das könnte für den Ausschluss der Anfechtbarkeit der streitgegenständlichen Handlungen sprechen.

Vorliegend ist indessen eine differenzierte Bewertung erforderlich. Zwar setzen weder das Mahnschreiben noch die begründete Stellungnahme verbindliche Rechtsfolgen im Hinblick auf vorzunehmende Maßnahmen bezüglich der gerügten Aspekte. Gleichwohl wird man Rechtswirkungen, die sowohl vom Mahnschreiben als auch von der mit Gründen versehenen Stellungnahme ausgehen, nicht negieren können[120]. Rechtlich relevant ist das Mahnschreiben bereits insofern, als es die Einleitung des Vertragsverletzungsverfahrens markiert. Die mit Gründen versehene Stellungnahme stellt dementsprechend die Fortsetzung des Verfahrens dar. Darüber hinaus entfalten Mahnschreiben und Stellungnahme rechtliche Wirkungen, indem sie verfahrensrechtliche Hindernisse für die Klageerhebung ausräumen[121]. Fernerhin wird dem rechtsstaatlich[122] sowie durch Art. 226 EG gebotenen Prinzip des rechtlichen Gehörs genügt[123].

Nach der Rechtsprechung geht vom Mahnschreiben rechtliche Verbindlichkeit insoweit aus, als das der Streitgegenstand im Hinblick auf das weitere Verfahren und letztlich für das mögliche Verfahren vor dem Gerichtshof verbindlich formuliert wird[124]. Für eine Einbringung neuer Tatsachen und eine Erweiterung des Verfahrensgegenstandes ist ein neues Mahnschreiben erforderlich. Unbe-

---

[120] I.d.S. auch GA Lenz zu EuGH [Star Fruit/Kommission] Slg. 1989, 291 (296); zu pauschal in der Ablehnung hingegen EuGH [Lütticke/Kommission] Slg. 1966, 27 (39); [Asia Motor France] Slg. 1992, I-3935 (3939, Tz. 10).

[121] *P. Karpenstein/U. Karpenstein* in: Grabitz/Hilf, Kommentar zum EGV in der Fassung des Vertrages von Amsterdam, Rn. 59 zu Art. 226 EG.

[122] Nach Art. 6 Abs. 1 EU beruht die Union auf den Grundsätzen der Freiheit, der Demokratie, der Achtung der Menschenrechte und Grundfreiheiten sowie der *Rechtsstaatlichkeit*.

[123] EuGH [Kommission/Italien] Slg. 1984, 2793 (2804, Tz. 4 f.).

[124] St. Rspr.: EuGH [Kommission/Deutschland] Slg. 1998, I-5449 (5501, Tz. 55); auch GA Cosmas zu EuGH [Kommission/Italien] Slg. 1998, I-3851 (3862, Rn. 30); siehe aber auch schon EuGH [Kommission/Griechenland] Slg. 1990, I-4747 (4784, Tz. 16); [Kommission/Deutschland] Slg. 1990, I-2879 (2902, Tz. 10); [Kommission/Niederlande] Slg. 1989, 3083 (3103, Tz. 8); [Kommission/Dänemark] Slg. 1982, 4547 (4558, Tz. 14); [Kommission/Italien] Slg. 1984, 459 (470, Tz. 16); [Kommission/Vereinigtes Königreich] Slg. 1983, 203 (233, Tz. 6); [Kommission/Italien] Slg. 1981, 3019 (3032, Tz. 12); [Kommission/Italien] Slg. 1970, 111 (118, Tz. 5 f.).

rührt bleibt indessen das Recht der Kommission, den Streitgegenstand des (ersten knappen) Mahnschreibens durch die begründete Stellungnahme zu präzisieren und näher darzulegen[125]. Für den Kläger ist im Rahmen der Nichtigkeitsklage gerade die Festlegung des Streitgegenstandes von Bedeutung, da in der Regel hiermit die tragenden Gründe seiner Beschwerde aufgenommen werden. Insgesamt ist damit festzuhalten, dass das erste Mahnschreiben sehr wohl rechtliche Wirkungen entfaltet, die auch der EuGH in anderen Zusammenhängen durchaus anerkennt[126]. Eine pauschale Zurückweisung solcher Wirkungen in den einschlägigen Fällen[127] ist bei genauer Analyse nicht tragfähig[128]. Wie für das erste Mahnschreiben gilt für die mit Gründen versehene Stellungnahme, dass sie den Streitgegenstand bezüglich des weiteren Verfahrens, mithin auch für eine Klageerhebung vor dem EuGH, verbindlich festlegt[129]. Dies gilt insbesondere in den Fällen, in denen durch die mit Gründen versehene Stellungnahme der Streitgegenstand präzisiert wird. Allerdings entwickelt die mit Gründen versehene Stellungnahme keine rechtlichen Wirkungen gegenüber Dritten[130].

Die Klageerhebung vor dem EuGH stellt den Schlusspunkt im Rahmen des Vertragsverletzungsverfahrens dar. Durch die Einreichung der Klageschrift nach Art. 19 Abs. 1 EuGH-Satzung wird der Streitgegenstand verbindlich dem Gerichtshof vorgetragen und mit der Übermittlung der Klageschrift gemäß Art. 18 EuGH-Satzung rechtshängig. Durch die Rechtshängigkeit wird eine Entscheidung – soweit die Klage sich nicht anderweitig erledigt – durch den Gerichtshof notwendig. Prinzipiell darf mit Rechtshängigkeit der selbe Streitgegenstand nicht ein zweites Mal dem Gerichtshof durch die Kommission vorgetragen werden, d.h. keine erneute Anhängigkeit bzw. Rechtshängigkeit. Eine gewisse Durchbrechung dieses Grundsatzes erlaubt Art. 228 Abs. 2 EG, der unter bestimmten Voraussetzungen die Möglichkeit einer Zweitverurteilung eröffnet.

Letztlich ist für den vorliegenden Fall anzuerkennen, dass von allen Verfahrensschritten verbindliche Rechtswirkungen ausgehen. Würde dies für das Mahnschreiben sowie mit Gründen versehene Stellungnahme nicht gelten, so

---

125 EuGH [Kommission/Italien] Slg. 1996, I-4405 (4423 f., Tz. 16).

126 EuGH [Kommission/Deutschland] Slg. 1998, I-5449 (5501 ff., Tz. 44 ff.); [Essevi und Salengo] Slg. 1981, (1413, Tz. 15).

127 Vgl. EuGH [Lütticke/Kommission] Slg. 1966, 27 (39); [Asia Motor France] Slg. 1992, I-3935 (3939, Tz. 10).

128 I.d.S. auch GA Lenz zu EuGH [Star Fruit/Kommission] Slg. 1989, 291 (296).

129 EuGH [Kommission/Niederlande] Slg. 1992, I-5899 (5914, Tz. 17); [Kommission/Italien] Slg. 1994, I-1 (12, Tz. 11); ebenfalls *P. Karpenstein/U. Karpenstein* in: Grabitz/Hilf, Kommentar zum EGV in der Fassung des Vertrages von Amsterdam, Rn. 59 zu Art. 226 EG.

130 EuG [Sateba/Kommission] Slg. 1997, II-1523 (1539, Tz. 41 f.), gegen eine Bindung nationaler Gerichte an Stellungnahmen der Kommission.

käme es bei Erhebung der Vertragsverletzungsklage nicht auf die Erfüllung der in Art. 226 EG normierten (Verfahrens-) Voraussetzungen an. Die vorhergehenden Verfahrensstadien stellen einen Ausfluss des Rechts auf rechtliches Gehör dar[131] und sind obligatorisch. Durch die Klageerhebung ergeben sich die oben beschrieben rechtlichen Wirkungen[132].

III. Klagebefugnis

1. Ursprüngliche Plaumann-Formel

Art. 230 Abs. 4 EG normiert die Bedingungen unter denen nichtpriviliegiert Klagebefugte[133] – natürliche oder juristische Personen – Nichtigkeitsklage erheben können. Nach Art. 230 Abs. 4 EG sind nichtprivilegierte Kläger als Adressaten einer Entscheidung klagebefugt (Art. 230 Abs. 4 Var. 1 EG)[134]; dies gilt auch, wenn die Entscheidung nur äußerlich als Verordnung ergangen ist (Art. 230 Abs. 4 Var. 2 EG)[135]. Die Klagebefugnis wird in Art. 230 Abs. 4 Var. 3 EG schließlich auch für den Fall anerkannt, dass die Entscheidung an eine andere Person ergangen ist; freilich muss der Kläger dadurch „unmittelbar und indivi-

---

[131] *Sach/Simm* in: Rengeling, Handbuch zum europäischen und deutschen Umweltrecht Bd. I, § 44 Rn. 40.

[132] Im Ergebnis ebenfalls ohne nähere Begründung: GA Lenz zu EuGH [Star Fruit/Kommission] Slg. 1989, 291 (296).

[133] *Booß* in: Grabitz/Hilf, Kommentar zum EGV in der Fassung des Vertrages von Amsterdam, Rn. 45 ff. zu Art. 230; ferner *Streinz*, Europarecht, S. 213 (Rn. 514 f.); *Arnull*, CMLRev. 1995, S. 7 (13); *Caranta* in: Micklitz/Reich, Public Interest Litigation, S. 95 f.

[134] *Cremer*, EWS 1999, S. 48 (51); *Cremer* in: Calliess/Ruffert, Kommentar zu EU- und EG-Vertrag, Rn. 44 zu Art. 230; *Isaac*, Droit communautaire général, S. 266; *Schwarze* in: Schwarze, EU-Kommentar, Rn. 30 zu Art. 230.

[135] Verordnungen fallen nur dann unter Art. 230 Abs. 4 Var. 2 EG, wenn sie als verkappte Entscheidung anzusehen sind, da durch die Wahl des Rechtsaktes dem Bürger der Rechtsschutz nicht abgeschnitten werden soll, vgl. z.B. EuGH [Deutz und Geldermann/Rat] Slg. 1987, 941 (951 f., Tz. 6 ff.) mit Bezugnahme auf EuGH [Alusuisse] Slg. 1982, 3463 ff.; Klagen gegen reine Normativakte sind jedoch unzulässig, *Oppermann*, Europarecht, S. 283 (Rn. 752); großzügiger EuG [Jégo-Quéré et Cie/Kommission] Slg. 2002, II-2365 ff., hiernach ist die Anfechtung einer (echten) Verordnung zulässig, die bestimmte Verhaltensweisen objektiv abschließend regelt. Auf die Anzahl der dadurch betroffenen Personen soll es nicht mehr ankommen, soweit sich aufgrund der Verordnung Belastungen mittels einer Entscheidung durchgesetzt werden können. Es sei dem Kläger nicht zumutbar, bewusst gegen die Verordnung zu verstoßen, um anschließend gegen einen negativen Bescheid vorzugehen (Tz. 22 ff.).

duell" betroffen sein[136]. Zunächst käme eine Klagebefugnis aus Adressatenstellung im Sinne der ersten Variante in Betracht. Adressatenstellung gemäß Art. 230 Abs. 4 a. A. EG liegt vor, wenn eine Entscheidung an den oder die Kläger ergangen ist. Adressatenstellung kann also prinzipiell nur vorliegen, wenn zum Zeitpunkt des Entscheidungserlasses Anzahl und Personen, an die die Entscheidung ergeht, feststehen. Nicht genügend ist nach bisheriger Rechtsprechung, wenn die streitgegenständliche Maßnahme für objektiv festgelegte Situationen gilt und rechtliche Wirkungen für Personengruppen haben soll, die in allgemeiner und abstrakter Weise eingegrenzt werden[137]. Grundsätzlich wirft dieser Problemkreis vorliegend keine Schwierigkeiten auf. Die Voraussetzung, dass der Adressatenkreis bekannt sein muss, ist erfüllt, da durch die Ablehnung des Antrags auf Einleitung des Infraktionsverfahrens der Antragsteller als Adressat feststeht. Prinzipiell läge mit der Ablehnung eines Antrags Klagebefugnis vor[138].

Hier gilt es jedoch die Besonderheit zu beachten, dass die Einleitung eines Vertragsverletzungsverfahrens zunächst den betroffenen Mitgliedstaat berühren würde. Für den Antragsteller werden durch die Entscheidung, ein Vertragsverletzungsverfahren nicht einzuleiten, nicht unmittelbar Rechte oder Pflichten begründet oder Rechte versagt. Dies wäre aber typischerweise mit einer Entscheidung verbunden[139]. In den Fällen, in denen der Kläger ein Verfahren gegen einen Dritten anstrebt, muss der Kläger durch die Nichteinleitung des Verfahrens „unmittelbar und individuell" betroffen sein[140]. Folglich ist zu untersuchen, ob der Antragsteller durch die ablehnende Entscheidung „unmittelbar und individuell" betroffen ist. Das Merkmal der „unmittelbaren und individuellen" Betrof-

---

[136] *Arnull* in: Micklitz/Reich, Public Interest Litigation, S. 39 (42 f.); *Greaves*, ELRev. 1986, S. 119 f.; *Krämer* in: Krämer/Micklitz/Tonner, Law and Diffuse Interests in European Legal Order, S. 741 (750).

[137] EuGH [Buralux/Rat] Slg. 1996, I-615 (646, Tz. 24): *„Nach ständiger Rechtsprechung folgt aus dem Umstand, dass die Personen, für die eine Maßnahme wie die streitige Bestimmung gilt, nach Zahl oder sogar Identität mehr oder weniger genau bestimmbar sind, nicht, dass diese Personen als von der Maßnahme individuell betroffen anzusehen sind, sofern nur feststeht, dass die Maßnahme aufgrund eines durch sie bestimmten objektiven Tatbestands rechtlicher oder tatsächlicher Art anwendbar ist* [...]"; [Abertal/Rat] Slg. 1993, I-3265 (3278, Tz. 16); [Buckl & Söhne u.a./Kommission] Slg. 1992, I-6061 (6099, Tz. 24 f.); zuletzt EuGH [UPA/Rat] Slg. 2002, I-6677 (Tz. 34 ff., insb. Tz. 44); a.A. EuG [Jégo-Quéré et Cie/Kommission] Slg. 2002, II-2365 (Tz. 22 ff.).

[138] *Borchardt* in: Lenz, EG-Vertrag, Rn. 33 zu Art. 230.

[139] Dazu bereits EuGH [Cimenteries u.a./Kommission] Slg. 1967, 99 (122).

[140] EuGH [Lord Bethell/Kommission] Slg. 1982, 2277 (2291, Tz. 16): *„Der Kläger verlangt somit von der Kommission nicht, ihm gegenüber ein Untersuchungsverfahren zu eröffnen und eine Entscheidung zu treffen.* [...] *woran auch andere Benutzer Interesse haben können* [...] *er befindet sich dadurch aber nicht in der genau umrissenen Rechtstellung des tatsächlich Adressaten eines anfechtbaren Rechtsaktes im Sinn des Art. 173 Abs. 2 EGV* [nunmehr: Art. 230 Abs. 4 EG] [...]."; dazu *Stotz* in: Dauses, Handbuch des EU-Wirtschaftsrechts, P.1 Rn. 71 ff.

fenheit dient dem Ausschluss der Popularklage und zeigt, dass die gemeinschaftsrechtliche Dogmatik sich nicht an einer Systematik objektiver Legalitätskontrolle orientiert[141].

Problematisch ist nunmehr die Frage, wann beim Kläger eine unmittelbare und individuelle Betroffenheit im Sinn des Art. 230 Abs. 4 EG vorliegt. Dabei sind die Kriterien der unmittelbaren und individuellen Betroffenheit getrennt zu untersuchen. Unmittelbare Betroffenheit in diesem Sinne liegt vor, wenn sich die beanstandete Maßnahme unmittelbar auf die Rechtsstellung des Klägers auswirkt, ohne dass weitere Umstände, deren Eintritt ungewiss ist, hinzutreten müssen[142]. Dieses Merkmal ist vorliegend erfüllt, da die Wirkungen der Ablehnungsentscheidungen sich unmittelbar, das heißt ohne weitere Rechtsakte, auf den Kläger auswirken.

Schwieriger ist die Problematik der individuellen Betroffenheit zu beurteilen. Dieses Kriterium bedarf – ebenso wie die unmittelbare Betroffenheit – der Auslegung. Die Frage nach der individuellen Betroffenheit beantwortet die Rechtsprechung seit der „Plaumann-Entscheidung“[143] mit folgender Formel: „*Wer nicht Adressat einer Entscheidung ist, kann nur dann geltend machen, von ihr individuell betroffen zu sein, wenn die Entscheidung ihn wegen bestimmter persönlicher Eigenschaften oder besonderer, ihn aus dem Kreis aller übrigen Personen heraushebender Umstände berührt und ihn daher in ähnlicher Weise individualisiert wie den Adressaten.*“[144] Nach weiteren Ausführungen des EuGH in der Rechtssache „Plaumann“ soll diese Rechtsprechung nicht restriktiv interpretiert werden[145]. Die Anwendung dieser Rechtsprechung soll nicht dazu führen, dass nur Wenige in den Genuss eines Klagerechts kommen. Gleichwohl

---

141 *Booß* in: Grabitz/Hilf, Kommentar zum EGV in der Fassung des Vertrages von Amsterdam, Rn. 49 zu Art. 230; *Schwarze* in: Schwarze, EU-Kommentar, Rn. 30 zu Art. 230; die Autoren führen als Beipiel für eine Rechtsornung mit objektiver Legalitätskontrolle Frankreich an, was so jedoch zu pauschal erscheint (zur franz. Rechtsordnung unter „iii) Frankreich“ (S. 62 ff.)).

142 EuGH [Dreyfus/Kommission] Slg. 1998, I-2309 (Tz. 43) m.z.w.N. aus der Rspr.; ebenso EuG [Comafrica und Dole Fresh Fruit Europe/Kommission] Slg. 2001, II-1975 (Tz. 96); ebenso *Streinz*, Europarecht, S. 215 (Rn. 531).

143 EuGH [Plaumann] Slg. 1963, 211 ff.; zit. Formel auf S. 238.

144 Seither st. Rspr. des EuGH: u.a. [Spijker/Kommission] Slg. 1983, 2559 (2566, Tz. 8); [Piraiki, Patraiki u.a./ Kommission] Slg. 1985, 207 (242, Tz. 11); [Deutsche Lebensmittelwerke u.a./Kommission] Slg.1987, 2265, (2286, Tz. 10); [Cook/Kommission] Slg. 1993, I-2487 (2527, Tz. 20); [Matra/Kommission] Slg. 1993, I-3202, (3254, Tz. 14); [Greenpeace International u.a./Kommission] Slg. 1998, I-1651 (1708, Tz. 7; 1715, Tz. 28); [Antillean Rice Mills/Rat] Slg. 2001, I-8949 (8966, Tz. 49); [Nederlandse Antillen] Slg. 2001, I-8973 (8993, Tz. 60); ferner EuG [Air France/Kommission] Slg. 1994, II-323 (340, Tz. 42); [Greenpeace International u.a./Kommission] Slg. 1995, II-2205 (2226 f., Tz. 48 f.); [AIUFFASS und AKT/Kommission] Slg. 1995, II-1213 (1232 ff., Tz. 38 ff., insb. 40).

145 EuGH [Plaumann], Slg. 1963, 211 (237).

wurde dieser selbst gesteckte Maßstab aber in der Folgezeit nicht erfüllt[146]. Es haben sich aus der „Plaumann-Entscheidung“ Beschränkungen im Bereich der Klagebefugnis ergeben, die vielfach auf Kritik gestoßen sind[147]. Dennoch stehen diesen Entwicklungen auch Liberalisierungstendenzen gegenüber, die vorliegend von Relevanz sein können. Aus der Plaumann-Formel wird ersichtlich, dass die Betroffenheit – anders als die Klagebefugnis im deutschen Recht – nicht an den Begriff des subjektiven Rechts gekoppelt ist[148]. Es geht vielmehr um die Beeinträchtigung eines rechtlich geschützten Interesses[149], wobei eine rein unspezifische faktische Betroffenheit als Wirtschaftsteilnehmer irrelevant ist[150]. Es ist nun die Frage zu analysieren, ob durch die Ablehnungsentscheidung der Kommission das rechtliche Interesse des bisherigen Beschwerdeführers beeinträchtigt sein kann. Anders ausgedrückt bedeutet dies die Frage, wann eine unmittelbare und individuelle Betroffenheit im Sinn der Plaumann-Formel vorliegt oder ob die Formel fortzuentwickeln ist.

2. Ergänzung der „Plaumann-Formel“ unter dem Aspekt der Verfahrensbeteiligung

a) Entwicklung

Eine liberalere Interpretation der unmittelbaren und individuellen Betroffenheit vertritt die Rechtsprechung bei vorhergehender Verfahrensbeteiligung. So kann nach Auffassung des Gerichtshofs eine Individualisierbarkeit, die zur Klagebefugnis führen kann, in der Beteiligung in einem Verwaltungsverfahren bzw. in der Wahrnehmung von Verfahrensrechten liegen[151]. Entwickelt wurde diese

---

146 *Von Danwitz*, NJW 1993, 1108 (1115).

147 *Von Danwitz*, NJW 1993, a.a.O.; *Arnull*, CMLRev. 1995, S. 7 ff.; *Ehlers*, VerwArch 1993, S. 139 ff. (insb. 153).

148 *Schwarze*, EU-Kommentar, Rn. 30 zu Art. 230; *Cremer*, Forschungssubventionen im Lichte des EGV, S. 221; *Everling*, ZfRV 1992, S. 241 (251).

149 EuGH [Cofaz] Slg. 1986, 391 (416, Tz. 28): „[...] *Es genügt die Feststellung, dass die Klägerinnen in stichhaltiger Weise dargelegt haben, aus welchen Gründen die Entscheidung der Kommission möglicherweise – im Wesentlichen durch die Auswirkung auf die Stellung der Klägerinnen auf den betreffenden Markt –ihre* ***berechtigten Interessen*** *verletzt.*“; Hervorhebung durch den Verfasser.

150 EuGH [Plaumann] Slg. 1963, 211 (239 f.); EuGH [RAR/Rat] Slg. 1989, 2045.

151 *Waelbroeck/Fosselard*, CMLRev. 1996, S. 811 (824 ff.); *Cremer*, EWS 1999, S. 48 (52); *Wegener*, ZUR 1998, S. 131 (132); *von Dietze*, Verfahrensbeteiligung und Klagebefugnis im EG-Recht, S. 73 ff.; *Stotz* in: Rengeling, Handbuch zum europäischen und deutschen Umweltrecht Bd. I, § 45 Rn. 84.

Dogmatik im Bereich des Wirtschaftsrechts. So werden den Wirtschaftsteilnehmern im Bereich des Beihilfen-, Kartell- oder Fusionskontrollrechts häufig explizite Verfahrensrechte durch einschlägige Verordnungen eingeräumt[152]. Dementsprechend ist derjenige, dem ein Recht auf eine Verfahrensbeteiligung zusteht, unmittelbar und individuell betroffen[153]. Eine andere Variante ist hierbei die tatsächliche Beschwer eines Unternehmens bei der Durchführung eines Verfahrens, dies gilt vor allem im Antidumpingrecht, soweit einzelne Unternehmen durch die Verordnung genannt werden[154]. Maßgeblich ist daher die Gewährung eines Verfahrensrechts. Um diese Liberalisierung verständlich zu machen, ist die Frage zu stellen, weswegen die Rechtsprechung diese erweiterte Möglichkeit einer Klage zugelassen hat.

Ein entscheidendes Argument für die Anerkennung dieser Fallgruppe verkörpern die Prinzipien, die hinter den Art. 220 EG sowie Art. 230 Abs. 4 EG stehen. Nach Art. 220 EG obliegt dem Gerichtshof die Wahrung des Rechts bei Auslegung und Anwendung des Vertrags. Damit wird die Rolle des Gerichtshofs statuiert, für die ordnungsgemäße Interpretation sowie Vollzug des Rechts mittels der Judikatur zu sorgen – Stichwort: der EuGH als authentischer Inter-

---

[152] Vgl. bspw. Art. 3 Abs. 2 lit. b) VO 17/62/EWG in der Fassung des Beschlusses vom 1. Januar 1995 im ABl. 1995 Nr. L 1, S. 1 ff. Art. 3 Abs. 1, 2: *„(1) Stellt die Kommission auf Antrag oder von Amts wegen eine Zuwiderhandlung gegen Art. 85 oder Art. 86 des Vertrages* [nunmehr: Art. 81, 82 EG] *fest, so kann sie die beteiligten Unternehmen und Unternehmensvereinigungen durch Entscheidung verpflichten, die festgestellte Zuwiderhandlung abzustellen.*
(2) zur Stellung eines Antrags sind berechtigt
a) Mitgliedstaaten,
b) Personen, Personenvereinigungen, die ein berechtigtes Interesse darlegen."

[153] EuGH [Metro/Kommission] Slg. 1977, 1875 (1902, Tz. 13): *„Es liegt im Interesse eines sachgerechten Rechtsschutzes und einer ordnungsgemäßen Anwendung der Art. 85 und 86* [nunmehr: Art. 81 und 82 EG], *dass natürliche oder juristische Personen, die nach Art. 3 Abs. 2 Buchstabe b der Verordnung Nr. 17 einen Antrag auf Feststellung einer Zuwiderhandlung gegen Art. 85 oder 86* [nunmehr: Art. 81 und 82 EG] *bei der Kommission zu stellen berechtigt sind, bei völliger oder teilweiser Ablehnung ihres Antrags über eine Klagemöglichkeit zum Schutz ihrer berechtigten Interessen verfügen. Die Klägerin ist deshalb als im Sinne von Art. 173 Abs. 2* [nunmehr: Art. 230 Abs. 4 EG] *durch die streitige Entscheidung unmittelbar und individuell betroffen anzusehen.*"; etwas zurückhaltender EuGH [Buckl/Rat] Slg. 1992, I-6061 (6100, Tz. 29): *„Zwar hat der Gerichtshof im Rahmen von Antidumpingverfahren anerkannt, dass der Antragsteller in bestimmten Fällen eine Nichtigkeitsklage gegen die Ablehnung der Eröffnung eines Antidumpingverfahrens durch die Kommission erheben können, doch hat er ihnen ein solches Recht nur angesichts der ihnen in den einschlägigen Grundverordnungen verliehenen Rechtsstellung eingeräumt.*"; ferner EuGH [Timex Corporation/Rat] Slg. 1983, 849 (866, Tz. 15 f.); [Fediol/Kommission] Slg. 1983, 2913 (2935, Tz. 27); [Cook/Kommission] Slg. 1993, I-2487 (2526, Tz. 17).

[154] EuGH [Extramet/Rat] Slg. 1991, I-2501 (2532, Tz. 15), m.z.w.N.; EuG [Sinochem Heilongjiang] Slg. 1996, II-695 (741 f.); [Climax Paper Converters/Rat] Slg. 1996, II-873 (891 ff.).

pret des Gemeinschaftsrechts. Der Rechtsgedanke des Art. 230 Abs. 4 EG erfasst die Möglichkeit Einzelner, Rechtsschutz unter der Berücksichtigung der berechtigten Interessen zu erfahren. Aus dieser Situation heraus erscheint es billig, dem Einzelnen eine entsprechende Klagebefugnis zuzugestehen[155]. Die Rechtsprechung konkretisiert die Klagebefugnis dahingehend, dass dem Antragsteller, der wegen einer Verfahrensgarantie unmittelbar und individuell betroffen ist, die Möglichkeit offenstehen muss, die Ordnungsgemäßheit des Verfahrens gerichtlich überprüfen zu lassen. Auf diesen Aspekt bleibt das Klagerecht aber nicht begrenzt. Um das Recht auf Verfahrensbeteiligung effektiv auszugestalten, muss dem Antragsteller auch die Befugnis erteilt werden, die sachliche Richtigkeit unter Einbezug aller relevanten Rechtsfragen prüfen zu lassen[156]. Diese Judikatur illustriert, dass der originäre Schutz von Verfahrensrechten allenfalls nachrangig ist. Im Vordergrund steht die Rüge einer sachlich falschen Entscheidung der Kommission. Von Bedeutung ist allerdings, dass ein Verfahrensrecht, welches eine sachlich korrekte Entscheidung garantiert, nicht normiert ist[157]. Insgesamt liegt in dieser Entwicklung eine bemerkenswerte Ausdehnung des Rechtsschutzes[158].

Noch ungeklärt ist die Frage, welche drittbetroffenen Kläger im vorliegenden Sinn als klagebefugt anzusehen sind. Um dieser Problematik auf die Spur zu kommen, ist zunächst zu untersuchen, wie die Verfahrensgarantie im Einzelfall ausgestaltet sein muss. Als Ausgangspunkt dient die Rechtssache „Cofaz“[159]. Hier rekurriert die Jurisdiktion auf die Berechtigung des Einzelnen, angehört zu werden. Entscheidender Anknüpfungspunkt war in dieser Rechtssache die pri-

---

[155] EuGH [Fediol/Kommission] Slg. 1983, 2913 (2935, Tz. 29): *„Darüber hinaus ist den Antragstellern nach dem Sinngehalt der Grundsätze, auf denen die Art. 164* [nunmehr: Art. 220 EG] *und 173 EG-Vertrag* [nunmehr: Art. 230 EG] *beruhen, sowohl hinsichtlich der Beurteilung des Sachverhalts als auch hinsichtlich der Einführung der in der Verordnung vorgesehenen Schutzmaßnahmen eine gerichtliche Kontrolle in Anspruch zu nehmen, die der Natur der auf diesem Gebiet den Organen der Gemeinschaft vorbehaltenen Befugnis Rechnung trägt.“*

[156] EuGH [Fediol/Kommission] Slg. 1983, 2913 (2935, Tz. 30): *„Man kann daher den Antragstellern nicht das Recht verweigern, gerichtlich alles geltend zu machen, was die Prüfung ermöglicht, ob die Kommission die den Antragstellern* [...] *eingeräumten Verfahrensgarantien beachtet hat, ob sie offensichtliche Fehler bei der Würdigung des Sachverhalts begangen oder es unterlassen hat, wesentliche Gesichtspunkte zu berücksichtigen* [...] *oder ob sie in ihre Begründung ermessensmissbräuchliche Überlegungen hat einfließen lassen.“*; EuGH [Cook/Kommission] Slg. 1993, I-2487 (2528, Tz. 23); [Cofaz/Kommission] Slg. 1986, 391 (414, Tz. 23); [Schmidt/Kommission] Slg. 1983, 3045 (3063, Tz. 14).

[157] *Von Dietze*, Verfahrensbeteiligung und Klagebefugnis im EG-Recht, S. 80.

[158] Zum Ganzen auch EuGH [TU München] Slg. 1991, I-5469 ff. (insb. 5500 ff., Tz. 18 ff.); zu diesem Fall: *Schwarze*, NVwZ 1996, S. 22 (26 f.).

[159] EuGH [Cofaz/Kommission] Slg. 1986, 391 ff.

märrechtliche Normierung in Art. 88 Abs. 2 UAbs. 1 EG. Nach dieser Vorschrift hat die Kommission die *Beteiligten* binnen einer von ihr zu bestimmenden Frist anzuhören[160]. Eine präzise Formulierung der Verfahrensbeteiligung ist demnach nicht notwendig. Für die interessierende Ausgangsfrage – Antrag auf Einleitung des Vertragsverletzungsverfahrens – ist die Haltung der Judikatur in den Fällen von Interesse, in denen dem Dritten nicht ausdrücklich das Recht zusteht, die Einleitung eines Verfahrens zu beantragen. In der Rechtsprechung zu einschlägigen Konstellationen im Beihilfenrecht wird nicht deutlich, ob eine solche Berechtigung notwendige Voraussetzung ist[161]. Im Ergebnis ist zu konstatieren, dass die Jurisdiktion Klagen, die auf derartige Beschwerden zurückzuführen sind, nicht prinzipiell als unzulässig verwirft[162]. Entscheidend ist allerdings, dass der Einzelne bei Kenntnis einer Belastung die Kommission hiervon in Kenntnis setzt[163]. Auf diesen Problemkreis wird sogleich zurückzukommen sein[164].

Mit dieser erweiterten Klagemöglichkeit soll dem Kläger die Verfolgung seiner „berechtigten Interessen" offenstehen. Eine mögliche Gefährdung dieser Interessen muss hinreichend substantiiert vorgetragen werden[165]. Eine prinzipiell mögliche Beeinträchtigung wird dabei in typischen Fallgruppen anerkannt. Solche Konstellationen ergeben sich beispielsweise in der Position als Konkurrent[166] oder auch in der Nichtzulassung als Fachhändler[167].

---

160 EuGH [Cofaz/Kommission] Slg. 1986, 391 (415, Tz. 25).

161 Vgl. bspw. EuGH [Matra/Kommission] Slg. 1993, I-3203 (3252, Tz. 3), hier wird die Erhebung einer Beschwerde festgestellt; in der Folge ist es für den Gerichtshof allerdings irrelevant, ob die Berechtigung zu einer solchen Beschwerde überhaupt vorlag.

162 Vgl. bereits die Situation in EuGH [Cofaz/Kommission] Slg. 1986, 391 (410, Tz. 3); dieser Entwicklung zustimmend und für eine (noch) stärkere Durchsetzungsmöglichkeit von Verfahrensrechten: *Winter*, NuR 1989, S. 197 (204 f.); *Pernice*, NVwZ 1990, S. 414 (425); *Krämer*, WiVerw. 1990, S. 138 (157); *ders.*, AnwBl. 1991, S. 368 (375 f.); *Beckmann*, DVBl. 1991, S. 358 (364 f.); *Steinberg/Klößner*, BayVBl. 1994, S. 33 (38 f.).

163 EuGH [Matra/Kommission] Slg. 1993, I-3202 (3252, Tz. 4); [Cook/Kommission] Slg. 1993, I-2487 (2524, Tz. 6), in diesen Fällen nahm der Gerichtshof bereits eine unmittelbare und individuelle Betroffenheit durch den Vortrag einer Beschwerde an, obwohl dem Kläger zum Zeitpunkt des Einreichens noch keine Verfahrensrechte zustanden; großzügiger EuG [Métropole Télévision/Kommission] Slg. 1996, II-649 (675), rekurriert gerade nicht auf die Geltendmachung der Verfahrensgarantie.

164 Siehe unter „b) Bedeutung für das Umweltrecht" (S. 39 ff.).

165 EuGH [Cofaz/Kommission] Slg. 1986, 391 (415, Tz. 25), hier fordert der EuGH eine *„spürbare Beeinträchtigung"*.

166 EuGH [Matra/Kommisison] Slg. 1993, I-3203 (3255, Tz. 19).

167 EuGH [Schmidt/Kommission] Slg. 1983, 3045 (3064, Tz. 15).

b) Bedeutung für das Umweltrecht

Es ist im Hinblick auf die zu untersuchende Materie nunmehr die Problematik von Interesse, ob die soeben dargestellten Grundsätze sich zum einen auf das Umweltrecht übertragen lassen und zum anderen, ob das Individualbeschwerdeverfahren in Umweltsachen eine geeignete Verfahrensbeteiligung im Sinn der Rechtsprechung darstellen kann.

Bisher gibt es noch keine Rechtsprechung des EuGH, die sich dezidiert mit der Problematik der unmittelbaren und individuellen Betroffenheit im Zusammenhang mit Verfahrensbeteiligungen im Umweltrecht auseinander setzt. Zum Vergleich sei hier erwähnt, dass die deutschen Obergerichte eine Klagebefugnis lediglich aus Verfahrensnormen mehrheitlich ablehnen. Dieses Ergebnis rechtfertigt sich aus der deutschen Dogmatik des subjektiv-öffentlichen Rechts und wird vielfach auf Normen des Gemeinschaftsrechts übertragen[168]. Um indessen einen gesicherten Befund über die Klagebefugnis im Gemeinschaftsrecht herzuleiten, ist es notwendig, sich zu vergegenwärtigen, welche Bedeutung der Gerichtshof den Verfahrensrechten im Umweltbereich insgesamt zumisst.

Aufschlüsse hierüber bietet zunächst das „Grundwasserurteil" des Gerichtshofs[169]. Im Rahmen des Verfahrens trug die Bundesregierung vor, dass die Umsetzung der in der Grundwasser-Richtlinie[170] enthaltenen Verfahrensvorschriften keine über den Erlass von Verwaltungsvorschriften hinausgehende Umsetzungsmaßnahme erfordere, da die dort vorgesehenen Verfahrensvorschriften keine eigenständigen materiellrechtlichen Garantien vermittelten[171]. Im konkreten Fall standen die Vorschriften über das Genehmigungsverfahren, den Genehmigungsumfang, die Modalitäten der Kontrolle sowie der obligatorischen Befristung und Neuerteilung der Genehmigung zur Disposition[172]. Entgegen der Auffassung der Bundesregierung verwies die Jurisdiktion auf die Bedeutung der Verfahrensvorschriften, die zum einen effektiven Gewässerschutz sicher stellen sollen sowie zum anderen gerade individuelle Rechte und Pflichten des Einzelnen begründen. Daher komme diesen Vorschriften ein materiell-rechtlicher Ge-

---

[168] VGH Mannheim DÖV 1994, S. 527 f.; VGH München UPR 1991, S. 157 (158); UPR 1993, S. 274; ebenso in der Literatur: *Schmidt-Preuß*, DVBl. 1995, S. 485 (494 f.); *Weber/Hellmann*, NJW 1990, S. 1625 (1632); *Steinberg/Müller*, NuR 1989, S. 277 (278); a.A. OVG Koblenz ZUR 1995, S. 146 ff., das die Klagebefugnis von enteigneten Personen bei UVP-widrigen Genehmigungen anerkennt.

[169] EuGH [Kommission/Deutschland] Slg. 1991, I-825 ff.

[170] RL 80/68/EWG des Rates vom 17. Dezember 1979 über den Schutz des Grundwassers gegen Verschmutzung durch bestimmte gefährliche Stoffe in ABl. 1980 Nr. L 20, S. 43 ff., geändert durch RL 91/692/EWG in ABl. 1991 Nr. L 378, S. 48 ff.

[171] EuGH [Kommission/Deutschland] Slg. 1991, I-825 (843) – Sitzungsbericht.

[172] Vgl. Art. 4 ff RL 80/68/EWG in ABl. 1980 Nr. L 20, S. 43 ff.

halt zu[173]. Flankiert wird diese Rechtsprechungslinie durch entsprechende Maßnahmen des Gemeinschaftsgesetzgebers, der Verfahrensbeteiligungen insbesondere in Umweltsachen zunehmend als selbständig durchsetzbare Rechtspositionen ausgestaltet[174]. Damit erwartet sich der Gesetzgeber ausdrücklich eine Verbesserung des Umweltschutzniveaus[175].

Insgesamt muss man nicht zuletzt wegen der zitierten Rechtsprechung und der neueren Maßnahmen des Gesetzgebers von einer Übertragbarkeit der Grundsätze über (unmittelbare und) individuelle Betroffenheit durch Verfahrensbeteiligung auf Verfahren in Umweltsachen ausgehen.

Offen geblieben ist bisher die Frage, ob das Individualbeschwerdeverfahren in Umweltsachen eine geeignete Verfahrensbeteiligung im Sinne der erweiterten Auslegung des Elements „individuelle und unmittelbare Betroffenheit" darstellt. Zweifel könnten sich dadurch ergeben, dass das Individualbeschwerdeverfahren in Umweltsachen keine explizite Grundlage im kodifizierten Recht findet. Gleichwohl ist das Umweltbeschwerdeverfahren (in der Praxis) als Vorfeldmaßnahme zur Durchführung eines Infraktionsverfahrens zu sehen. Es dient der notwendigen Informationsweitergabe an die Kommission[176]. Rechtlich gesehen ist der entscheidende Anknüpfungspunkt damit Art. 226 EG[177]. Mit der rechtlich nicht notwendigen Einführung des Beschwerdeverfahrens hat die Kommission eine Anhörungsmöglichkeit für den Kreis potentieller Beschwerdeführer geschaffen. Unter diesem Aspekt ist diese Teilnahmemöglichkeit mit der anderer Verfahrensgarantien durchaus vergleichbar. Dass das Beschwerdeverfahren keine eindeutige Einordnung in spezifische Verfahrensabläufe erfährt, hindert die-

---

[173] EuGH [Kommission/Deutschland] Slg. 1991, I-825 (878 f., Tz. 59 ff.).

[174] Z.B.: Beschluss des Rates 93/731/EG über den Zugang der Öffentlichkeit zu Ratsdokumenten in ABl. 1993 Nr. L 340, S. 43; Beschluss der Kommission 94/90/EG über den Zugang der Öffentlichkeit zu den der Kommission vorliegenden Dokumenten in ABl. 1994 Nr. L 46, S. 58; den intendierten Rechtscharakter bestätigend: EuG [WWF UK/Kommission] Slg. 1997, II-313 (342 ff., Tz. 53 ff.); [Guardian Newspapers/Rat] Slg. 1995, II-2765 (2788 ff., Tz. 62 ff.); die Beschlüsse sind freilich nicht auf den Umweltbereich begrenzt.

[175] Bspw. die vierte Begründungserwägung der RL 90/313/EWG des Rates vom 7. Juni 1990 über den freien Zugang zu Informationen über die Umwelt in ABl. 1990 Nr. L 158, S. 56 ff.

[176] Dreizehnter Jahresbericht der Kommission über die Kontrolle des Gemeinschaftsrechts (1995) in ABl. 1996 Nr. C 303, S. 1 (8); *Scheuing*, NVwZ 1999, S. 475 (481); *Krämer*, EC Environmental Law, S. 286; *Macrory*, CMLRev. 1992, S. 347 (362 ff.); *Stotz* in: Rengeling, Handbuch zum europäischen und deutschen Umweltrecht Bd. I, § 45 Rn. 18.

[177] *Krämer*, EC Environmental Law, S. 286; *ders.*, AnwBl. 1991, S. 368 (377); *ders.*, WiVerw. 1990, S. 138 (159); *ders.*, EuGRZ 1988, S. 285 (294); *ders.* in: Deutscher Naturschutzring (Hrsg.), Beiträge zum Natur- und Umweltschutz, S. 29 (37 f.); ferner *Scheuing*, NVwZ 1999, S. 475 (481).

sen Befund ebenfalls nicht. Deutlich wird dies anhand der Rechtsprechung in den Rechtssachen „Matra“[178] und „Cook“[179]. In beiden Fällen erkannte der Gerichtshof die Klagebefugnis unter dem Gesichtspunkt der Verfahrensbeteiligung an, obwohl die Kommission die streitigen Verfahren in einem Zeitpunkt beendete, in welchem den Klägern keine Verfahrensrechte zustanden[180]. In der Konsequenz könnte aus den vorgetragenen Zusammenhängen geschlussfolgert werden, dass die Durchführung eines Beschwerdeverfahrens als eine Verfahrensbeteiligung anzusehen ist, die Klagebefugnis vermitteln kann[181]. Dies müsste gleichfalls für das europäische Umweltrecht gelten. Um dies jedoch mit hinreichender Sicherheit annehmen zu können, ist die Frage zu erörtern, ob die Vorenthaltung von Verfahrensrechten[182] mit der Situation einer eingebrachten Beschwerde in Umweltsachen vergleichbar ist. Bei der Entwicklung der Fallgruppe „individuelle Betroffenheit durch Verfahrensbeteiligung“ hat die Rechtsprechung durchweg daran angeknüpft, dass eine Verfahrensbeteiligung des Klägers in der der Maßnahme zugrunde liegenden Norm festgeschrieben ist[183]. So verhielt es sich auch in den zitierten Rechtssachen „Matra“[184] und „Cook“[185], nur dort wurde den Klägern die Verfahrensbeteiligung vorenthalten, da das Verfahren zu einem Zeitpunkt beendet wurde, in dem die Beteiligung noch nicht vorsehen war. Nun kann eingewendet werden, dass die Rechtsprechung auch in dieser Fallgruppe eine Weiterentwicklung vorgenommen hat und die tatsächliche Verfahrensbeteiligung genügen lässt[186]. Entwickelt wurde diese Liberalisierung in einer Fallkonstellation im Anti-Dumping-Recht. Entscheidend ist nach dieser Rechtsprechung aber, dass der Kläger in der streitgegenständlichen Maßnahme – zum Beispiel in der (Anti-Dumping-) Verordnung – ausdrücklich genannt wird[187]. Genau hierin liegt der entscheidende Unterschied zu der vorliegenden Konstellation. Das Beschwerdeverfahren in Umweltsachen ist nicht normiert. Es hat lediglich

---

[178] EuGH [Matra/Kommission] Slg. 1993, I-3203 ff.

[179] EuGH [Cook/Kommission] Slg. 1993, I-2487 ff.

[180] EuGH [Matra/Kommission] Slg. 1993, I-3203, 3252 (Tz. 4); [Cook/Kommission] Slg. 1993, I-2487, 2524 (Tz. 6).

[181] *Koenig/Sander*, Einführung in das EG-Prozessrecht, Rn. 170, erkennen ebenfalls ein Interesse des Beschwerdeführers.

[182] EuGH [Matra/Kommission] Slg. 1993, I-3203, 3252 (Tz. 4); [Cook/Kommission] Slg. 1993, I-2487, 2524 (Tz. 6).

[183] *Ehlers*, VerwArch 1993, S. 153 ff.; *Schwarze*, EuR 1986, S. 223 ff.

[184] EuGH [Matra/Kommission] Slg. 1993, I-3203 ff.

[185] EuGH [Cook/Kommission] Slg. 1993, I-2487 ff.

[186] EuGH [Allied Corporation/Kommisson] Slg. 1984, 1005 (Tz. 12).

[187] *Schwarze* in: Schwarze, EU-Kommentar, Rn. 38, 43 zu Art. 230; *Stotz* in: Rengeling, Handbuch zum europäischen und deutschen Umweltrecht Bd. I, § 45 Rn. 92.

rechtliche Anknüpfungspunkte[188]. Insofern genügt das Umweltbeschwerdeverfahren nicht den durch die Rechtsprechung entwickelten Kriterien.

Im Ergebnis ist damit zu konstatieren, dass zwar im europäischen Umweltrecht eine Verfahrensbeteiligung zur Begründung der individuellen Betroffenheit prinzipiell genügt, das Individualbeschwerdeverfahren jedoch keine geeignete Verfahrensbeteiligung in diesem Sinne darstellt. Der Kläger kann somit keine Klagebefugnis aus der Eingabe einer solchen Beschwerde herleiten.

3. Ergänung der „Plaumann-Formel" unter dem Aspekt besonderer Betroffenheit

Ein dritter dogmatischer Ansatz zur Feststellung der individuellen und unmittelbaren Betroffenheit wurde durch den Gerichtshof in seiner „Extramet-Entscheidung"[189] implementiert. In dieser Rechtssache erklärte der EuGH, dass ein Einzelner auch durch eine Verordnung mit tatsächlichem Normcharakter individuell und unmittelbar betroffen sein kann[190]. In dieser Entscheidung rekurrierte der Gerichtshof auf die Betroffenheit in einem *besonderen Interesse*[191]. In der vorliegenden Konstellation nahm der Gerichtshof eine Verletzung der wirtschaftlichen Interessen des Klägers durch eine Antidumping-Verordnung an[192].

Einen etwas anderen Schwerpunkt setzt die Rechtsprechung in der Rechtssache „Cordorniu"[193]. In dieser Entscheidung rekurrierte der Gerichtshof primär auf einen Eingriff in *spezifische Rechte* des Klägers zur Feststellung der unmittelbaren und individuellen Betroffenheit[194]. In der Rechtssache „Cordorniu" ging

---

[188] Siehe unter „I. Einführung"(S. 3 f.).

[189] EuGH [Extramet/Rat] Slg. 1991, I-2501 ff.

[190] EuGH [Extramet/Rat] Slg. 1991, I-2501 (2531, Tz. 13); [UPA/Rat] Slg. 2002, I-6677 (Tz. 32 ff.); ferner EuG [Jégo-Quéré et Cie/Kommission] Slg. 2002, II-2365 (Tz. 22 ff.)

[191] EuGH [Extramet/Rat] Slg. 1991, I-2501 (2532, Tz. 17); bestätigt durch EuGH [Antillieean Rice Mills/Rat] Slg. 2001, I-8949 (Tz. 46); ferner EuG [Antelliean Rice Mills/Rat] Slg. 1995, II-2310 (2318, Tz. 17); [Verenging van Exporteurs in Levende Varkens u.a./Kommission] Slg. 1995, II-2941 (2964, Tz. 61); ähnlich EuG [Comité central d´entreprise de la Société générale des grands sources u.a./Kommission] Slg. 1995, II-1213 (1228 f., Tz. 26 ff.); [Comité central d´entreprise de la Société anonyme Vittel/ Kommission] Slg. 1995, II-1247 (1266 f., Tz. 36 ff.). In der Zeit nach der Extramet-Entscheidung rekurriert die Rechtsprechung häufig darauf, dass es ein normatives Gebot zur Berücksichtigung der besonderen Interessen des Klägers geben müsse.

[192] EuGH [Extramet/Rat] Slg. 1991, I-2501 (2532, Tz. 17 ff.).

[193] EuGH [Cordorniu/Rat] Slg. 1994, I-1853 ff.

[194] EuGH [Cordorniu/Rat] Slg. 1994, I-1853 (1886, Tz. 21); seither st. Rspr. EuGH [Asocarne/Rat] Slg. 1995, I-4149 (4163, Tz. 43); [CNPAAP/Rat] Slg. 1996, I-2003 (2016, Tz.

es um die Begründung der Klagebefugnis durch einen Eingriff in das Markenrecht des Klägers[195]. Spezifische Rechtspositionen im Sinne dieser Rechtsprechung können prinzipiell auch durch Grundrechte vermittelt werden[196].

Die vorgestellte Rechtsprechung bezieht sich allerdings nur auf Zweipersonenverhältnisse. Im Hinblick auf die zu untersuchende Fragestellung – Erzwingung der Durchführung eines Infraktionsverfahrens – ist die Problematik relevant, ob sich diese Grundsätze auch in Bezug auf die Verletzung von Rechten in Konstellationen, denen eine Dreiecksbeziehung zugrunde liegt (Kläger – Mitgliedstaat – Kommission), übertragen lassen. Im Fall des Begehrens nach Durchführung eines Vertragsverletzungsverfahrens ist es durchaus denkbar, dass der Antragsteller einen Missstand rügt, der den Antragsteller nur mittelbar betrifft. Dennoch ist auch in dieser Situation ein Eingriff in Rechte des Klägers durch die Ablehnungsentscheidung der Kommission vorstellbar.

Einen Ansatzpunkt für derartige Überlegungen bietet das „Cofaz-Urteil"[197] des Gerichtshofs. Neben den Ausführungen sowie den Schlussfolgerungen zur Verfahrensbeteiligung als Kriterium zur Ermittlung der individuellen und unmittelbaren Betroffenheit erkannte der Gerichtshof die spürbare Beeinträchtigung einer Marktposition an[198]. Ein weiteres Indiz für die Übertragbarkeit der Fallgruppe „Individualisierung durch besondere Betroffenheit" liefert das „Air France-Urteil"[199] des Gerichts Erster Instanz. In dieser Rechtssache ging es um die Fusion zweier Mitbewerber auf dem europäischen Flugtransportmarkt. Die Kommission hatte im Vorfeld dieses Zusammenschlusses bekannt gegeben, dass hierdurch die Gemeinschaftsregelungen zur Wettbewerbskontrolle nicht berührt sind. Das Gericht schloss sich der Perspektive von Air France an und urteilte, dass Air France aufgrund ihrer starken Marktstellung durch die Fusion der Mitbewerber besonders beeinträchtigt sei. Dies unterscheide Air France von anderen Flugunternehmungen. Mithin erkannte das Gericht Erster Instanz die individuelle und unmittelbare Betroffenheit aufgrund der unterlassenen Untersagung der Fusion an[200]. Im Ergebnis bedeutet diese Rechtsprechung einen plausiblen Ansatz zur Begründung der unmittelbaren und individuellen Betroffenheit durch

36); a.A. in einer vergleichbaren Situation noch EuGH [Deutz und Geldermann/Rat] Slg. 1987, 941 (952, Tz. 12).

[195] EuGH [Cordorniu/Rat] Slg. 1994, I-1853 (1886, Tz. 21).

[196] *Wegener*, ZUR 1998, S. 131 (133); *Cremer*, EWS 1999, S. 48 (42); zur Beeinträchtigung von Grundrechten zur Begründung der Klagebefugnis: EuGH [Winzersekt/Rheinland-Pfalz] Slg. 1994,I-5555 (5582, Tz. 24).

[197] EuGH [Cofaz/Kommission] Slg. 1986, 391 ff.

[198] EuGH [Cofaz/Kommission] Slg. 1986, 391 (416, Tz. 28).

[199] EuG [Air France/Kommission]Slg. 1994, II-121 ff.

[200] Vgl. EuG [Air France/Kommission]Slg. 1994, II-121 (162 f., Tz. 82).

einen Eingriff in Rechte des Klägers auch in Dreieckskonstellationen. Im Übrigen ist auch kein Grund ersichtlich, warum dies ausgeschlossen sein sollte. Der Gerichtshof lässt seit jeher auch in Dreieckskonstellationen Klagemöglichkeiten zu[201].

Im Anschluss ist nunmehr zu klären, unter welchen Voraussetzungen der Kläger durch die Ablehnungsentscheidung der Kommission in einem besonderen Interesse oder einem spezifischen Recht betroffen wird. In diesem Fall kann der Kläger geltend machen, im Sinne des Art. 230 Abs. 4 EG „individuell betroffen" zu sein. Demgegenüber ist die Frage, ob sich der Einzelne auf Art. 226 EG berufen kann, eine Frage des Klagegrunds[202]. Im Mittelpunkt steht dort die Frage, ob Art. 226 EG in bestimmten Konstellationen als eine individualschützende Norm angesehen werden kann.

Hier interessiert zunächst die Frage, inwiefern der Einzelne durch die Entscheidung der Kommission, ein Vertragsverletzungsverfahren nicht einzuleiten, in spezifischen Rechten betroffen sein kann. Um dies hinreichend darlegen zu können, ist der Frage nachzugehen, was unter einem besonderen Interesse oder einem spezifischen Recht verstanden werden kann. Problematisch ist dabei, dass die Rechtsprechung eine genaue Definition dessen, was ein besonderes Interesse bzw. ein spezifisches Recht ist, bisher schuldig geblieben ist[203]. Vereinzelt wird davon ausgegangen, das es sich bei einem spezifischen Recht um ein „wohlerworbenes" Recht handeln muss. Ein in diesem Sinne „wohlerworbenes" Recht soll vorliegen, wenn beispielsweise eine neu eingeführte Verordnung ein bereits bestehendes (europäisches garantiertes) Recht einschränkt[204]. Hiervon werden Ausnahmen zugelassen. Insgesamt ist bei der Interpretation dieser Begriffe noch vieles ungeklärt.

Ausgehend von der Rechtssache „Cordoniu", in der es um die Verletzung des Markenrechts des Klägers ging[205], kann davon ausgegangen werden, dass ein spezifisches Recht nur vorliegen kann, soweit ein solches Recht eine normative Grundlage findet. Das bedeutet in der Konsequenz, dass zunächst danach zu fragen ist, unter welchen Voraussetzungen ein individuelles Recht zuwächst. Anschließend ist zu erörtern, inwiefern sich ein spezifisches Recht von einem individuellen Recht unterscheidet. Dabei kommt es auf die Frage an, ob ein spezifi-

---

[201] Vgl. nur EuGH [Eridania/Kommission] Slg. 1969, 459 ff. (insb. Tz. 7/8); im Ergebnis gleichfalls *von Danwitz*, Verwaltungsrechtliches System und europäische Integration, S. 241; *Rengeling* in: FS für Everling 1995, S. 1187 (1201).

[202] Siehe unter „IV. Klagegrund" (S. 156 ff.).

[203] *Schwarze* in: Schwarze, EU-Kommentar, Rn. 39, 45 zu Art. 230, der ebenfalls auf dieses Problem hinweist.

[204] Etwa die Darstellung bei *Stotz* in: Rengeling, Handbuch zum europäischen und deutschen Umweltrecht Bd. I, § 45 Rn. 86.

[205] EuGH [Cordoniu/Rat] Slg. 1994, I-1853 (1886, Tz. 21).

sches Recht nur unter strengeren Prämissen anerkannt werden kann. Im Hinblick auf ein besonderes Interesse ist die Untersuchung sinngemäß zu führen. Auch hier ist begriffsnotwendig davon auszugehen, dass ein besonderes Interesse eben ein Interesse voraussetzt. Auch hier ist der Frage nachzugehen, wann dem Kläger ein solches individuelles Interesse zusteht und wie sich ein solches Interesse von dem besonderen Interesse unterscheidet. Wie die nachstehende Untersuchung zeigen wird, kann die Prüfung eines unmittelbaren Interesses im Rahmen der Untersuchung nach einem spezifischen Recht vorgenommen werden. In Bezug auf die Ermittlung individueller Rechte und Interessen gibt es bereits detaillierte Diskussionen sowohl in der Literatur als auch in der Rechtsprechung, die für einen Erkenntnisgewinn im vorliegenden Zusammenhang von Bedeutung sind.

a) Individuelle Rechtspositionen im Umweltrecht

aa) Vorfragen

Um der Frage nachgehen zu können, nach welchen Kriterien ein spezifisches Recht entsteht, ist nach der hier vertretenen Konzeption zunächst die Problematik zu erörtern, unter welchen Voraussetzungen eine individuelle Rechtsposition anerkannt werden kann. Hieran anknüpfend ist zu erörtern, ob zur Begründung eines spezifischen Rechts weitere Voraussetzungen hinzutreten müssen.

Einleitend sei darauf hingewiesen, dass die gemeinschaftsrechtliche Dogmatik hinsichtlich der Frage nach einer individuellen Rechtsposition einen anderen Weg beschreitet als die deutsche Rechtsdogmatik. Nach der deutschen Rechtslehre wird von subjektiv-öffentlichen Rechten gesprochen[206], die der Einzelne inne haben kann und ihm auch Ansprüche eröffnen können. Der Begriff des subjektiv-öffentlichen Rechts ist der gemeinschaftsrechtlichen Dogmatik hingegen völlig fremd. Der EuGH nimmt diesen Begriff nur dann in seine Rechtsprechung auf, wenn dies sich aus dem an ihn gestellten Antrag ergibt, um hinreichende Klarheit bei der Beantwortung des Antrags herzustellen[207]. Die eigentliche Begrifflichkeit des EuGH geht in der Regel vom „Recht des Einzelnen" aus[208]. Um

---

[206] *Stüber*, Jura 2001, S. 798 (799); *von Danwitz*, DÖV 1996, S. 481 ff.; *Wahl*, DVBl. 1996, S. 641 ff.; *Bauer*, DVBl. 1986, S. 208 ff.; *Zuleeg*, DVBl. 1976, S. 509 ff.; weiterhin bei *Maurer*, Allgemeines Verwaltungsrecht, S. 152 (2. Teil § 8), der der deutschrechtlichen Dogmatik folgend von individuellen bzw. subjektiven Rechten spricht, m.w.N.

[207] Z.B. EuGH [Comet] Slg. 1976, 2043 (2051).

[208] Beginnend mit der Rspr. EuGH [van Gend & Loos] Slg. 1963, 1 ff.; ferner EuGH [Costa/E.N.E.L.] Slg. 1964, 1251 (1272 ff.); modifiziert bei EuGH [Becker] Slg. 1982, 53 (70,

aber einer Konfusion in der vorliegenden Arbeit vorzubeugen und um die deutsche Rechtstradition von der europarechtlichen Dogmatik eindeutig abzugrenzen, geht diese Arbeit in Anlehnung an die Terminologie des EuGH von den Begriffen der individuellen Rechtsposition oder individuellen Schutzposition aus.

Individuelle Rechtspositionen können sich nur aus der jeweiligen Vorschrift sowie aus der dazugehörigen Normsystematik ergeben[209]. Um Rechte des Einzelnen oder eine rechtsbegründende Wirkung des Gemeinschaftsrechts zu judizieren, stellt der EuGH in seinen Urteilen vielfach darauf ab, ob die in Rede stehende Norm in Anbetracht ihres Regelungsgehalts geeignet ist, isoliert aus dem Gesamtzusammenhang Anwendung zu finden. Der EuGH geht von einer Mindestgarantie für das Individuum aus[210]. Um letztlich eine Rechtsposition des Einzelnen festzustellen, muss aber nach Ansicht der Rechtsprechung zusätzlich eine Individualschutzrichtung der zugrunde liegenden Norm vorliegen[211].

Um die Voraussetzungen für eine individuelle Rechtsposition zu entwickeln, muss den unterschiedlichen gemeinschaftsrechtlichen Rechtsquellen insofern Rechnung getragen werden, als zunächst das Augenmerk auf ihre unterschiedliche Konzeption gelenkt werden muss. Damit verbindet sich allerdings die Frage, ob sich die unterschiedlichen Konzeptionen auch tatsächlich auf die Begründung einer individuellen Schutzposition auswirken. Bezüglich der unmittelbaren Geltung ergibt sich dies aus der divergierenden Natur der Normen. So bedarf beispielsweise die Richtlinie gemäß Art. 249 Abs. 3 EG der innerstaatlichen Umsetzung[212], während Primärrecht und Verordnung[213] prinzipiell unmittelbare

---

Tz. 19), hier spricht der EuGH von *„Wirkung für den Einzelnen"*. Grundsätzlich wird aber am Begriff *„Recht des Einzelnen"* festgehalten.

[209] Zum Normenzusammenhang unter anderem: EuGH [Becker] Slg. 1982, 53 (71); ferner g.h.M. im Schrifttum, so z.B. *Hailbronner*, JZ 1992, S. 284 (285); *Krämer*, WiVerw 1990, S. 138 (140); *Beckmann*, DVBl. 1991, S. 358 (364); *Jarass*, NJW 1990, S. 2420 (2423); *Grabitz* in: Grabitz/Hilf, Kommentar zum EGV in der Fassung des Maastrichter Vertrages, Rn. 62 zu Art. 189.

[210] EuGH [Becker] Slg. 1982, 53 (72, Tz. 29).

[211] EuGH [Becker] Slg. 1982, 53 (72, Tz. 30): „[...] [Erg. durch den Verf.: Es ist nicht gerechtfertigt] *denjenigen Bestimmungen jegliche Wirkung zu versagen, auf die sich angesichts ihres Gegenstandes die Einzelnen sinnvollerweise vor Gericht berufen können, auch wenn die Richtlinie in ihrer Gesamtheit nicht durchgeführt worden ist.*", deutlicher in EuGH [Francovich] Slg. 1991, I-5357 (5415, Tz. 40): *„Erstens muss das durch die Richtlinie vorgeschriebene Ziel die Verleihung von Rechten an Einzelne beinhalten. Zweitens muss der Inhalt dieser Rechte auf der Grundlage der Richtlinie bestimmt werden können.* [...]".

[212] *Gellermann*, Beeinflussung des bundesdeutschen Rechts durch Richtlinien der EG, S. 15 ff.

[213] Vgl. ebenfalls Art. 249 Abs. 2 EG.

Geltung beanspruchen dürfen[214]. Daher verweist das europarechtliche Schrifttum konsequenterweise darauf, dass für die unmittelbare Anwendbarkeit von Gemeinschaftsrecht danach differenziert werden müsse, ob das Individuum sich auf eine Richtlinie, Verordnung oder sogar auf das Primärrecht beruft. Bei der Richtlinie ist dabei zu beachten, dass sie in Ausnahmefällen auch ohne Umsetzungsakt innerstaatliche Geltung erlangt[215]. Primärrecht bzw. Normen des EGV können unter bestimmten Voraussetzungen ebenfalls in diesem Sinne unmittelbar anwendbar sein[216], dass der Einzelne sich hierauf berufen kann[217]. Bei der Verordnung ist bereits aus dem Grund der unmittelbaren Geltung eine individuelle Rechtsbegründung indiziert[218]. Anerkannt ist aber, dass auch Verordnungen daraufhin überprüft werden müssen, ob sie geeignet sind, individuelle Rechtspositionen zu verleihen. Hierbei geht es aber in erster Linie um eine Falsifikation[219]. Folglich muss festgestellt werden, ob die betreffende Verordnung ausnahmsweise keine individuelle Schutzposition vermittelt. Bei Richtlinien hingegen unterstellen Literatur und Rechtsprechung die Begründung von individuel-

---

214 Exemplarisch *Bleckmann*, Europarecht, S. 123 (Rn. 245).

215 Ständige Rspr. des EuGH, beginnend mit EuGH [Grad/Finanzamt Traunstein (Leberpfennig)] Slg. 1970, 825 (837 ff.) unter der Voraussetzung, dass die RL hinreichend bestimmt und genau ist, den Bürger im Verhältnis zum Staat nicht belastet und darüber hinaus die Frist zur Umsetzung in nationales Recht abgelaufen ist. Dies gilt aber nur für die sog. vertikale unmittelbare Wirkung. Ablehnend der EuGH für die horizontale unmittelbare Wirkung zwischen den Bürgern, vgl. z.B. EuGH [Faccini Dori/Recreb] Slg. 1994, I-3325 ff. Der vertikalen unmittelbaren Wirkung folgend die Literatur (horizontale unmittelbare Wirkung im Einzelnen str."): *Heim*, Die unmittelbare Wirkung von Richtlinien, S. 29 ff.; *Grabitz* in: FS Deringer, S. 59 ff.; *ders.*, EuR 1971, S. 1 ff.; *Nicolaysen*, EuR 1984, S. 380 ff.; *ders.*, EuR 1986, S. 370 ff.;. *Jadot* in: L. Lavrysen, Milieurecht/Droit de l'environnement, S. 245 ff.; *Pescatore*, ELRev. 1983, S. 155 ff.; *Pieper*, DVBl. 1990 S. 684 (685); *Morris*, JBL 1989, S. 233 (309); *Hilf*, EuR 1993, S. 1 (8); *Streinz*, Europarecht, S. 155 ff. (Rn. 394 ff.); *Gellermann*, Beeinflussung des bundesdeutschen Rechts durch Richtlinien der EG, S. 125 ff.; *Emmert/Pereira de Acevedo*, RTDE 1993, S. 503 ff.; *Hartley*, The Foundations of European Community Law, S. 206 ff.; *Bach*, JZ 1990, S. 1108 ff.; *Timmermanns*, CMLRev. 1979, S. 533 ff.; *Zuleeg*, ZGR 1980, S. 466 ff.; *Jarass*, NJW 1990, S. 2420 (2424); *Oldenbourg*, Die unmittelbare Wirkung von EG-Richtlinien, Kap. 5.; *Karoff*, RabelsZ 1984, S. 649 ff.

216 *Oppermann*, Europarecht, S. 234 (Rn. 629), der Autor setzt hier unmittelbare Anwendbarkeit und „subjekiv-öffentliche Rechte" gleich.

217 S. die wegweisende Präzidenzentscheidung des EuGH [van Gend & Loos] Slg. 1963, 1 ff. und nunmehr ständige Rspr., nach der Vertragsbestimmungen unter der Voraussetzung der rechtlichen Vollkommenheit (self-executing-Character), der Vollständigkeit und der Abgeschlossenheit unmittelbare Anwendung finden.

218 *Oppermann*, Europarecht, 234 f. (Rn. 630), hier stellt der Autor klar, dass die Grundsätze des Vertragsrechts auch für die VO gelten, da auch die VO unmittelbar anwendbares Recht darstellt.

219 *Klein*, Unmittelbare Geltung, Anwendbarkeit und Wirkung von Europäischem Gemeinschaftsrecht, S. 18.

len Rechtspositionen[220] nur bei Eintritt ganz restriktiv zu handhabender Voraussetzungen[221].

bb) Ausgangsunterscheidungen

Das europarechtliche Schrifttum geht bei der Frage der Entwicklung einer individuellen Rechtsposition nicht immer trennscharf vor. So werden in der Literatur unmittelbare Geltung/Wirkung auf der einen Seite und individuelle Rechtsposition auf der anderen Seite vielfach gleichgesetzt und auch gleich verstanden[222]. Diese Methodik wirft allerdings die Frage auf, ob diese Begriffspaare realiter als Synonyme anzusehen sind. Der Begriff der individuellen Schutzposition scheint aufgrund seiner sprachlichen Bedeutung nahe zu legen, dass er an engere Voraussetzungen geknüpft ist als der Terminus „unmittelbare Wirkung". Die Gleichsetzung der Begriffe hat die Literatur und Rechtsprechung bereits in vielfältiger Weise beschäftigt und ist wegen der mangelnden Präzision auf Kritik gestoßen.

Unter der unmittelbaren Geltung wird nach einem Großteil des Schrifttums die Problematik verstanden, wie das Gemeinschaftsrecht in das mitgliedstaatliche Recht integriert wird, so dass es Recht des jeweiligen Mitgliedstaates wird[223]. Kurzum bezeichnet die unmittelbare Geltung die Voraussetzungen der innerstaatlichen Anwendbarkeit einer gemeinschaftsrechtlichen Norm. Diese Überlegungen finden ihren Ursprung in der völkerrechtlichen Dogmatik über die

---

[220] In der Literatur werden die Begriffe der individuellen Schutzposition bzw. des subjektiven Rechts und der unmittelbaren Geltung häufig gleich gesetzt; zur Kritik daran s. sogleich die Ausführungen unter: „bb) Ausgangsunterscheidungen" (S. 48 ff.).

[221] *Oppermann*, Europarecht, S. 210 (Rn. 548), S. 212 (Rn. 556) hiernach verleiht die RL individuelle Schutzpositionen nur in Ausnahmesituationen bei *„perfekt regelungsintensiver Ausgestaltung"*; ferner *Klein*, Unmittelbare Geltung, Anwendbarkeit und Wirkung von Europäischem Gemeinschaftsrecht, S. 19.

[222] Bspw. *Streinz*, Europarecht, S. 129 (Rn. 349), der Autor spricht freilich von unmittelbaren Rechten und Pflichten; ferner *Oppermann*, Europarecht, S. 234 (Rn. 629), hier führt Oppermann der deutschrechtlichen Dogmatik folgend den Begriff des subjektive-öffentlichen Rechts; ferner *Heim*, Unmittelbare Wirkung von EG-Richtlinien, S. 42.

[223] *Winter*, CMLRev. 1972, S. 425 (426 f.); *Schaefer*, Die unmittelbare Wirkung des Verbots der nichttarifären Handelshemmnisse, S. 6; *Oldenbourg*, Die unmittelbare Wirkung von EG-Richtlinien, S. 14 ff.; *Pescatore*, ELRev. 1983, S. 155 (164); *Wegener*, Rechte des Einzelnen – die Interessentenklage, S. 127; *Wyatt*, ELRev. 1977, S. 215 (218); *Easson*, ELRev. 1979, S. 67 (72); ebenso GA Werner zu EuGH [Galli] Slg. 1975, S. 47 (70), unter Berufung auf EuGH [Bertholet] Slg. 1965, 112 (118 f.); a.A. unter dem Hinweis der begriffsnotwendigen Zusammengehörigkeit: *Klein*, Unmittelbare Geltung, Anwendbarkeit und Wirkung von Europäischem Gemeinschaftsrecht, S. 11; *Bach*, JZ 1990, 1108 (1110).

Anwendbarkeit von völkerrechtlichen Normen in innerstaatlichen Rechtsbeziehungen[224].

Umittelbare Wirkung im Sinn einer individuellen Rechtsposition stellt demgegenüber die Frage nach den Bedingungen unter denen Gemeinschaftsrecht derartig in das mitgliedstaatliche Recht eingeflochten ist, dass es dem Einzelnen möglich wird, sich auf das Gemeinschaftsrecht zu berufen[225]. Anders ausgedrückt, beschreibt die unmittelbare Wirkung den Zusammenhang, unter welchen Voraussetzungen es möglich ist, sich auf Gemeinschaftsrecht zu stützen.

Nach ständiger Rechtsprechung des EuGH bezieht sich der Terminus unmittelbare Geltung auf Verordnungen[226]. Hierbei handelt es sich um eine Schlussfolgerung aus Art. 249 Abs. 2 EG, die auch immer wieder von den Generalanwälten herangezogen wird[227]. Verordnungen seien fähig, Rechtswirkungen für den Einzelnen zu erzeugen. In strikter Abgrenzung zur Verordnung spricht der EuGH in den Ausnahmefällen der direkten Wirkung von Richtlinien ohne vorherige Umsetzung durch die Mitgliedstaaten von ähnlichen Wirkungen, wie sie eine Verordnung erzeuge[228]. Er bedient sich damit für den Fall der Richtlinie des Begriffs der unmittelbaren Wirkung. Im Ergebnis bedeutet dies für die Rechtsprechung, dass bei der direkten Anwendbarkeit der Verordnung gemäß Art. 249 Abs. 2 EG von unmittelbarer Geltung gesprochen wird und bei Richtlinien von unmittelbarer Wirkung. Dieser Unterscheidung soll in der Untersuchung gefolgt werden. Als Oberbegriff für die unmittelbare Geltung sowie die unmittelbare Wirkung soll der Terminus „unmittelbare Anwendbarkeit" fungieren.

Weiterhin ungeklärt bleibt trotz der eben gezeigten Abgrenzung, wann nach der Judikatur eine unmittelbar anwendbare Norm eine individuelle Schutzposition vermittelt. Die Rechtsprechung des EuGH hat in diesem Bereich Elemente der von der Literatur entwickelten Gedanken adaptiert[229]. Nach der Rechtspre-

---

224 *Zuleeg*, ZaöRV 1975, S. 341 (344); *Bleckmann*, Begriff und Kriterien der innerstaatlichen Anwendbarkeit völkerrechtlicher Verträge, S. 58; *Koller*, Die unmittelbare Anwendbarkeit völkerrechtlicher Verträge und des EWG-Vertrages, S. 120.

225 Ähnlich *Winter*, ELRev. 1972, S. 425, im Original lautet seine Analyse wie folgt: *„Directly effective norms of Community Law* [...]. *(2) the problem of the conditions under which Community norms thus incorporated into the municipal legal order are susceptible of being invoked before national courts by private individuals."*

226 EuGH [Ratti] Slg. 1979, 1629 ff.; EuGH [Kolpinghuis Nijmwegen] Slg. 1987, 3969 ff.

227 GA Reischl zu EuGH [Ratti] Slg. 1979, (1647 ff.); ferner GA Mischo zu EuGH [Kolpinghuis Nijmwegen] Slg. 1987 (3976 ff.).

228 EuGH [Ratti] Slg. 1979, 1629 ff.; EuGH [Becker] Slg. 1982, 53 ff.; EuGH [Kolpinghuis Nijmwegen] Slg. 1987, 3969 ff.; ebenso GA Reischl zu EuGH [Ratti] Slg. 1979, 1629 (1647 ff.); ferner GA Mischo zu EuGH [Kolpinghuis Nijmwegen] Slg. 1987, 3969 (3976 ff.).

229 EuGH [Eridania] Slg. 1979, 2749 (2771), für den Fall der Verordnung; ebenso GA Werner zu EuGH [Galli] Slg. 1975, 47 (70).

chung kann folglich nicht jede unmittelbar wirkende Norm des Gemeinschaftsrechts auch eine individuelle Schutzposition vermitteln. In bestimmten Fällen setzen beispielsweise Verordnungen weitere Ausführungsbestimmungen in den Mitgliedstaaten voraus[230], um schließlich anwendungsfähig zu sein. Vorstellbar wäre jedoch, dass eine Norm auch ohne unmittelbare Anwendbarkeit eine individuelle Rechtsposition vermittelt[231]. Dies zeigt sich am Beispiel der Verordnung, die häufig in ihrer Wirkung[232] mit dem mitgliedstaatlichen Gesetz verglichen wird. Trotz in diesen Fällen zweifellos vorliegender unmittelbarer Geltung findet nicht durchgängig die Verleihung individueller Rechtspositionen statt[233]. Das Kriterium der unmittelbaren Anwendbarkeit gibt danach keinen Aufschluss darüber, ob eine individuelle Schutzposition vorliegt. Es ist vielmehr das Auftreten bestimmter Bedingungen für das Entstehen einer individuellen Rechtsposition von Bedeutung, die aber von der Frage der unmittelbaren Wirkung unabhängig zu betrachten sind.

Im Gegensatz zur unmittelbaren Anwendbarkeit sind die notwendigen Kriterien für eine individuelle Schutzposition parallel für alle Rechtsakte zu entwickeln[234]. Die Rechtsprechung verfolgt ebenfalls eine einheitliche Bewertung der Voraussetzungen für die Entstehung einer individuellen Rechtsposition[235]. Nach der Rechtsprechung des EuGH sind zunächst bei allen Rechtsakten, also dem Primärrecht, den Verordnungen sowie den Richtlinien die inhaltliche Genauigkeit und Unbedingtheit (self-executing-character[236]) der in Rede stehenden

---

[230] *Pescatore*, ELRev. 1983, S. 155 (164); *Klein*, Unmittelbare Geltung, Anwendbarkeit und Wirkung von Europäischem Gemeinschaftsrecht, S. 11.

[231] I.d.S. auch *Hailbronner*, RIW 1992, S. 553 (557).

[232] Z.B. *Nicolaysen*, Europarecht I, S. 160, hier spricht der Autor von abstrakter und genereller Wirkung, also den Eigenschaften, die ein Gesetz kennzeichnen; dies wird auch in der ausländischen Literatur so gesehen: *Molina del Pozo*, Manual de Derecho de la Communidad Europea, S. 467, er spricht direkt von „*acto europeo*" (= europäisches Gesetz).

[233] GA Werner zu EuGH [Galli] Slg. 1975, 47 (70 f.).

[234] I.d.S. auch *Wegener*, Die Rechte des Einzelnen – die Interessentenklage, S. 127 f.; *Klein*, Unmittelbare Geltung Anwendbarkeit und Wirkung des Europäischen Gemeinschaftsrechts; *Pescatore*, ELRev. 1983, S. 155 (164); ferner GA Werner zu EuGH [Galli] Slg 1975, 47 (70).

[235] Z.B. EuGH [Difesa della Cava] Slg. 1994, I-483 ff; vgl. auch die Ausführungen von *Grabitz* in: Grabitz/Hilf, Kommentar zum EGV in der Fassung des Vertrages von Maastricht, Rn. 62 zu Art. 189.

[236] Dieser Begriff wurde durch das Urteil des amerikanischen Chief Justice Marshall im Jahr 1829 im Fall „Foster vs. Elam v. Neilson" vor dem Hintergrund des Art. 6 Abs. 2 der US-Verfassung von 1789 („*This Constitution and the Laws of the United States which shall be made in Pursuance thereof; and all Treaties made, or which shall be made, under the Authority of the United States, shall be, the supreme Law of the Land; and the Judges in every State shall be bound thereby, any Thing in the Constitution or Laws of any State to the Contrary notwithstanding.*") entwickelt, vgl. 27 U.S. (Pet.) 253, 314 (1829), zit. nach

Norm zu prüfen[237]. Diese Prämisse erscheint folgerichtig. Eine nicht hinreichend genaue und unbedingte Norm gestattet dem entscheidungsbefugten Gericht nicht, mit der notwendigen Stichhaltigkeit eine individuelle Rechtsposition zuzuerkennen. Nochmals ist in diesem Zusammenhang zu beachten, dass in Ausnahmefällen Verordnungen ergänzender verwaltungsinterner Ausführungsbestimmungen bedürfen können, um unmittelbare Anwendbarkeit zu erfahren[238]. Eine Ausnahme zu diesen grundsätzlichen Erwägungen stellt insofern die „Francovich-Entscheidung“[239] dar, nach der eine individuelle Rechtsbegründung auch für den Fall zugelassen wird, in dem die zugrunde liegende Richtlinie nicht der unmittelbaren Wirkung fähig ist. Der Staatshaftungsanspruch ist im Sinn dieser Rechtsprechung Ausdruck individualrechtsbegründender Aspekte einer Richtlinie[240]. Angelegt ist damit eine zweite Art der Rechtsbegründung/Rechtsdurchsetzung im Bereich der Staatshaftung neben der klassischen Variante, die eine unmittelbare Geltung voraussetzt[241].

Die Rechtsprechung bemüht sich bei der Ermittlung einer individuellen Schutzposition im Falle von Richtlinien regelmäßig um eine intensivere Begründung[242] als beispielsweise im Falle von Verordnungen[243]. Die aufwendigeren Begründungen im Bereich der „Richtlinienrechtsprechung“ finden wohl ihren Ursprung in rechtspolitischen Erwägungen. Richtlinien bedürfen zur Geltung in den Mitgliedstaaten der Umsetzung (Art. 249 Abs. 3 EG). Dies lässt den

---

Koller, Die unmittelbare Anwendbarkeit völkerrechtlicher Verträge und des EWG-Vertrages, S. 31 f.

[237] EuGH [Bussone] Slg. 1978, 2429 (2442 f., Tz. 14/16 ff.); EuGH [Schlüter] Slg. 1973, 1135 (1158); EuGH [Bertholet] Slg. 1965, 112 (118 f.).

[238] *Winter*, CLMRev. 1972, S. 425 (435); *Pescatore*, ELRev. 1983, S. 155 (164); ebenso anerkannt durch EuGH [Eridania] Slg. 1979, 2749 (2771).

[239] EuGH [Francovich] Slg. 1991, I-5357 ff.

[240] *Jarass*, NJW 1994, S. 881 (883); *Hailbronner*, JZ 1992, S. 284 (287); *Langenfeld*, DÖV 1992, S. 955 (961); *Gellermann*, Beeinflussung des bundesdeutschen Rechts durch Richtlinien der EG, S. 235 f.; *Schlemmer-Schultze/Ukrow*, RIW 1992, S. 411 f.; *dies.*, EuR 1992, S. 82 (88 ff.)

[241] *Gellermann*, Beeinflussung des bundesdeutschen Rechts durch Richtlinien der EG, S. 236 sowie *Schockweiler*, EuR 1993, S. 107 (119 f.), sehen den Staatshaftungsanspruch im Verhältnis der Subsidiarität zur unmittelbaren Wirkung.

[242] Vgl. z.B. EuGH [Costanzo] Slg. 1989, 1839 (1871, Tz. 31); diese Entscheidung bezieht sich freilich auf das öffentliche Vergaberecht, nach dem ein Bieter nur dann zum Zug kommen darf, wenn er gemeinschaftsrechtskonform agiert (ursprüngliche Fassung des Art. 29 Abs. 5 der RL 71/305/EWG in ABl. 1971 Nr. L 185, S. 5; reformiert durch die neugefasste RL 93/37/EWG des Rates vom 14. Juni 1993 zur Koordinierung der Verfahren zur Vergabe öffentlicher Bauaufträge in ABl. 1993 Nr. L 199, S. 54 ff.). Im Bereich des Umweltschutzes ist bisher noch keine relevante Entscheidung ergangen.

[243] *Klein*, Unmittelbare Geltung, Anwendbarkeit und Wirkung von Europäischem Gemeinschaftsrecht, S. 18 f.

Mitgliedstaaten den Freiraum, bei der Umsetzung ihrer jeweiligen nationalen (Rechts-) Tradition zu folgen. Es ist abermals darauf hinzuweisen, dass eine unmittelbare Anwendung ohne Umsetzungsakt exzeptionellen Charakter aufweist[244]. Richtlinien weisen somit oft nicht derartig in das Detail gehende Regelungen auf wie Verordnungen, damit ein Spielraum für die notwendige Umsetzung eröffnet bleibt. Dies macht die präzise Prüfung von inhaltlicher Genauigkeit und Unbedingtheit unerlässlich.

Bei Verordnungen lässt die Rechtsprechung statt dessen fast formelhaft die Begründung genügen, dass die Verordnung Bestandteil des Gemeinschaftsrechts sei und somit geeignet sei, Rechte und Pflichten zu erzeugen. Da sie klar und eindeutig sei und den zuständigen Stellen (regelmäßig) keinen Ermessensspielraum lasse, könne der Einzelne sich vor Gericht darauf berufen[245]. Als vorläufiges Ergebnis ist zu konstatieren, dass hinreichende Unbedingtheit und Genauigkeit als Voraussetzung insbesondere im Fall der Richtlinie für die Begründung einer individuellen Rechtsposition nicht ausreichen. Sie sind zwar – vorbehaltlich der Konsequenzen aus der „Francovich-Rechtsprechung“[246] – als notwendige Kriterien zu verstehen. Welche Voraussetzungen indessen darüber hinaus vorliegen müssen, damit eine individuelle Rechtsposition mit hinreichender Sicherheit erkannt werden kann, soll Gegenstand der folgenden Untersuchungen sein.

cc) Voraussetzungen der individuellen Rechtsposition

Die nun anschließenden Erörterungen dienen dem Zweck, die Voraussetzungen für eine individuelle Rechtsposition genau abzustecken. Allerdings bereitet dies insofern Schwierigkeiten, da sowohl die Lehre als auch die Rechtsprechung hier ebenfalls keine einheitliche Terminologie pflegen. Die Voraussetzungen für eine individuelle Schutzposition werden in der Literatur unter verschiedenen Aspekten diskutiert. Ein Teil der Literatur erörtert die Voraussetzungen einer individuellen Rechtsposition unter der Frage der unmittelbaren Wirkung des Gemeinschaftsrechts[247], während ein anderer Teil in diesem Zusammenhang

---

[244] Ständige Rspr. des EuGH für Vertikalverhältnisse, beginnend mit EuGH [Grad/Finanzamt Traunstein (Leberpfennig)] Slg. 1970, 825 (837 ff.); Ausschluss der horizontalen unmittelbaren Wirkung nach EuGH [Faccini Dori/Recreb] Slg. 1994, I-3325 ff.

[245] Exemplarisch EuGH [Tasca] Slg. 1976, 291 (309, Tz. 31/32) oder etwa EuGH [Schlüter] Slg. 1973, 1135 (1158, Tz. 32).

[246] EuGH [Francovich] Slg. 1991, I-5357 ff.

[247] *Streinz*, Europarecht, S. 158 f. (Rn. 402 f.); *Oppermann*, Europarecht, S. 234 f. (Rn. 629 ff.); *Nicolaysen*, Europarecht, S. 33; *Gellermann*, Beeinflussung des bundesdeutschen

nach weiteren Kriterien über die unmittelbare Wirkung hinaus forscht[248]. Da der EuGH immer wieder die Individualschutzrichtung in seine Argumentation miteinbezieht[249], erscheint im Hinblick auf die zu untersuchende Frage – Entstehung einer individuellen Rechtsposition – folgende Gliederung vorzugswürdig: Zunächst werden die unmittelbaren Voraussetzungen einer individuellen Schutzposition analysiert; es wird untersucht unter welchen Voraussetzungen eine Norm eine Individualschutzrichtung aufweist. Anschließend ist zu untersuchen, welche weiteren Voraussetzungen hinzutreten müssen. Dabei steht die Frage im Mittelpunkt, unter welchen Voraussetzungen sich der Einzelne auf eine individuelle Rechtsposition berufen darf. Es geht also um die Problematik der unmittelbaren Anwendbarkeit des Gemeinschaftsrechts.

(1) „Individuelle Rechtspositionen“ im Recht ausgewählter Mitgliedsstaaten

Der folgende Rechtsvergleich zwischen den Mitgliedsstaaten Deutschland, Vereinigtes Königreich, Frankreich sowie Italien soll zur besseren Orientierung beitragen. Er dient der Illustration der von der Literatur vorgeschlagenen und auch von der Rechtsprechung diskutierten Kriterien für die Ermittlung einer individuellen Rechtsposition. Er schärft das notwendige Verständnis, um die verschiedenen Lösungsansätze richtig einordnen und bewerten zu können[250]. Wie in der folgenden Untersuchung zu sehen ist, wird in den verschiedenen Rechtsordnungen der Mitgliedstaaten die Diskussion um individuelle Rechtspositionen und individuelle Interessen häufig im Zusammenhang mit der Klagezugangsberechtigung – regelmäßig in Form der Klagebefugnis – geführt. Damit können möglicherweise Anhaltspunkte im Hinblick auf die Interpretation des Art. 230

Rechts durch Richtlinien der EG, S. 165 ff; *Krämer*, WiVerw 1990, S. 138 (140 ff.); *Pieper*, DVBl. 1990, S. 684 ff.; *Geddes*, JEL 1992, S. 29 (36).

[248] In der neueren Literatur vertreten dies bspw.: *Stüber*, Jura 2001, S. 798 (800 ff.); *Klein*, Unmittelbare Geltung, Anwendbarkeit und Wirkung von Europäischem Gemeinschaftsrecht, S. 16 ff.; *Wegener*, Rechte des Einzelnen- die Interessentenklage, S. 132 ff.; in der älteren Literatur machten auf diese Konzeption u.a. aufmerksam: *Daig*, EuR 1970, S. 1 (11); *Grabitz*, EuR 1971, S. 1 (22); von objektiver Qualität oder objektivem Recht i.d. Zusammenhang sprechen: *Meier*, RIW 1968, S. 205 (209); *Werbke*, NJW 1970, S. 2137 (2141); *Wägenbaur*, DVBl. 1972, S. 244 (246), eher indirekt mit der Feststellung, dass unmittelbar anwendbares Gemeinschaftsrecht nicht mit subjektivem Recht verbunden sei.

[249] EuGH [Becker] Slg. 1982, 53 (71, Tz. 25); [Kommission/Deutschland] Slg. 1991, I-2567 (2601, Tz. 16); [Kommission/Deutschland] Slg. 1991, I-2607 (2631, Tz. 19); [Kommission/Deutschland] Slg. 1991, I-4983 (5023, Tz. 14).

[250] I.d.S. auch *Gellermann*, Beeinflussung des bundesdeutschen Rechts durch Richtlinien der EG, S. 48; *Langenfeld*, DÖV 1992, S. 955 (962).

Abs. 4 EG ermittelt werden, die die Auslegung des gemeinschaftsrechtlichen Begriffs der „individuellen Betroffenheit" unter dem Aspekt der besonderen Betroffenheit erleichtern. Allerdings darf aus dem Rechtsvergleich nicht ohne Weiteres geschlussfolgert werden, dass sich die gemeinschaftsrechtliche Dogmatik an der Gesamtschau der nationalen Rechtstraditionen orientieren müsste. Der EuGH ist authentischer Interpret des Gemeinschaftsrechts und insofern bei den über das kodifizierte Recht hinausgehenden Hilfsmitteln bei der Rechtserkennung frei. Er ist autonom in der Frage, ob er sich des Rechtsvergleichs bedienen will. So greift der EuGH beispielsweise in seiner Grundrechtsrechtsprechung auf den Rechtsvergleich zurück. Hier wird in allen Entscheidungen betont, dass als Anschauungsmaterial die EMRK sowie die gemeinsamen Verfassungsüberlieferungen dienen[251]. Andererseits lässt die Judikatur bei der Abhandlung anderer Rechtsmaterien den Rechtsvergleich völlig unberücksichtigt[252]. Im Ergebnis bleibt festzuhalten, dass der EuGH in nahezu allen Bereichen eine eigenständige Terminologie pflegt[253] und sich in bestimmten Fallgruppen durch die nationalen Rechtstraditionen lediglich inspirieren lässt. Dies ist schon aus psychologischen Gründen sehr zu begrüßen, damit nicht der Eindruck entsteht, eine mitgliedstaatliche Rechtsordnung würde das Gemeinschaftsrecht dominieren.

Bei dem nun folgenden Rechtsvergleich wird zunächst ein kursorischer Überblick über die wichtigsten Klagearten der jeweiligen Rechtsordnung gegeben und anschließ-end erörtert, unter welchen Voraussetzungen diese Klagen erhoben werden können, d. h. unter welchen Bedingungen eine individuelle Rechtsposition vermittelt wird, soweit diese für eine Klageerhebung eine Rolle spielt. Eine detaillierte Darstellung der Rechtsordnungen kann an dieser Stelle nicht erfolgen. Im Vordergrund steht das Anliegen, den später folgenden europarechtlichen Ansatz vor dem Hintergrund mitgliedstaatlicher Rechtsvorstellungen einordnen zu können.

---

[251] U.a. EuGH [Stauder] Slg. 1969, 419 (423); EuGH [Nold/Kommission] Slg. 1974, 491 (507); EuGH [Hauer/Land Rheinland-Pfalz] Slg. 1979, 3727 (3745, Tz. 15); EuGH [National Panasonic (UK)/Kommission] Slg. 1980, 2033 (2057, Tz. 18); vgl. aber auch Art. 6 Abs. 2 EU, der jetzt nach Art. 46 lit. d) EU explizit justiziabel ist, aber auch schon Art. F Abs. 2 EUV.

[252] Z.B. EuGH [Kommission/Belgien] Slg. 1980, 3881 (3902 f., Tz. 16-19), hier weist der EuGH im Zusammenhang mit der Auslegung des Ausnahmebereichs der Freizügigkeit der Arbeitnehmer nach Art. 48 Abs. 4 EGV (nunmehr: Art. 39 Abs. 4 EG) mit Hinweis auf die Einheit und die Wirksamkeit des Gemeinschaftsrechts den Rechtsvergleich bzw. den Rückgriff auf nationale (Verfassungs-) Bestimmungen zurück.

[253] Bspw. EuGH [Difesa della Cava] Slg. 1994, I-483 ff., hier greift der EuGH gerade nicht die Besonderheiten der italienischen Terminologie im Bereich der „individuellen Rechtsposition" auf; ferner EuGH [Enichem Base] Slg. 1989, 2491 ff.

i) Deutschland

Ausgangspunkt im deutschen Verwaltungsrecht ist der Verwaltungsakt im Sinne des § 35 VwVfG[254], da sich hiernach die einschlägige Klageart bestimmt[255]. Bei Vorliegen eines Verwaltungsaktes, dessen Aufhebung verlangt wird, kann Anfechtungsklage[256] erhoben werden. Im Fall der Erledigung des Verwaltungsakts kommt eine Fortsetzungsfeststellungsklage in Betracht[257]. Den Gegenpol zur Anfechtungsklage stellt im Fall der Versagung eines Verwaltungsaktes durch die entscheidende Behörde die Verpflichtungsklage[258] dar. Analog zur Anfechtungsklage kann bei Erledigung des streitgegenständlichen Begehrens Fortsetzungsfeststellungsklage[259] erhoben werden. Rechtsschutz für den Fall, dass kein Verwaltungsakt vorliegt, kann im Weg der allgemeinen Leistungsklage erlangt werden[260]. Die Rechtswegeröffnung zur Verwaltungsgerichtsbarkeit ergibt sich nach § 40 Abs. 1 S. 1 VwGO unter den Voraussetzungen des Vorliegens einer öffentlich-rechtlichen Streitigkeit nicht verfassungsrechtlicher Art ohne Sonderzuweisung an ein anderes Gericht[261].

---

[254] § 35 VwVfG: *„Verwaltungsakt ist jede Verfügung, Entscheidung oder andere hoheitliche Maßnahme, die eine Behörde zur Regelung eines Einzelfalles auf dem Gebiet des öffentlichen Rechts trifft und die auf unmittelbare Rechtswirkung nach außen gerichtet ist. Allgemeinverfügung ist ein Verwaltungsakt, der sich an einen nach allgemeinen Merkmalen bestimmten oder bestimmbaren Personenkreis richtet oder die öffentlich- rechtliche Eigenschaft einer Sache oder ihre Benutzung durch die Allgemeinheit betrifft."*

[255] Vgl. z.B. *Schmitt Glaeser/Horn*, Verwaltungsprozessrecht, S. 35.

[256] § 42 Abs. 1 Alt. 1 VwGO: *„Durch Klage kann die Aufhebung eines Verwaltungsaktes (Anfechtungsklage)* [...] *begehrt werden."*

[257] § 113 Abs. 1 S. 4 VwGO: *„Hat sich der Verwaltungsakt vorher durch Zurücknahme oder anders erledigt, so spricht das Gericht auf Antrag durch Urteil aus, dass der Verwaltungsakt rechtswidrig gewesen ist, wenn der Kläger ein berechtigtes Interesse an der Feststellung hat."*; ggf. wird dies analog angewandt bei Erledigung bereits vor Klageerhebung, eingehend: *Schmidt* in: Eyermann, VwGO, Rn. 96 ff zu § 113; *Schenke*, Verwaltungsprozessrecht, S. 98 f.

[258] § 42 Abs. 1 Alt. 2 VwGO: *„Durch Klage kann* [...] *die Verurteilung zum Erlass eines abgelehnten oder unterlassenen Verwaltungsakts (Verpflichtungsklage) begehrt werden."*

[259] Die Vorschrift des § 113 Abs. 1 S. 4 VwGO wird analog auf die Verpflichtungsklage angewandt, da sie vom Wortlaut her auf die Anfechtungsklage verweist. Im Fall der Erledigung vor Klageerhebung kommt eine doppelt analoge Anwendung der Vorschrift in Betracht; näher zu diesem Problemkreis z.B.: *Schenke*, Verwaltungsprozessrecht, S. 100 ff.; *Schmidt Glaeser/Horn*, Verwaltungsprozessrecht, S. 228 f.

[260] Die allgemeine Leistungsklage ist im Gesetz nicht ausdrücklich geregelt, lediglich erwähnt in § 43 Abs. 2 S. 1 VwGO; zur allgemeinen Leistungsklage: *Steiner*, JuS 1984, S. 853 ff.; speziell im Umweltrecht zur Erzwingung von Informationsansprüchen: *König*, NVwZ 2000, S. 45 ff.; *Kollmer*, NVwZ 1995, S. 858 ff.

[261] *Redeker/von Oertzen*, VwGO, Rn. 3 ff zu § 40; *Kopp/Schenke*, VwGO, Rn. 6 ff zu § 40, m.z.w.N.

Zentrale Bedeutung für die Zulässigkeit einer verwaltungsgerichtlichen Klage hat die Klagebefugnis. Entnommen wird dieser Gedanke aus Art. 19 Abs. 4 S. 1 GG[262] und fortgeführt in der einfachgesetzlichen Regelung des § 42 Abs. 2 VwGO[263] für die Anfechtungs- und Verpflichtungsklage. Dieser Gedanke aus Art. 19 Abs. 4 GG, § 42 Abs. 2 VwGO wird auf alle verwaltungsrechtliche Klagearten übertragen[264]. Klagebefugnis liegt gemeinhin dann vor, wenn die Möglichkeit einer Rechtsverletzung des Klägers gegeben ist[265]. Eine Rechtsverletzung kann nach deutschem Rechtsverständnis nur vorliegen, wenn der Kläger in einem eigenen subjektiven Recht betroffen ist. Ausgeschlossen wird somit der Gedanke einer objektiven Legalitätskontrolle und damit die Popularklage. Ferner stellt dies einen strengeren Maßstab dar als der des „rechtlich geschützten Interesses", wie es bei der Fortsetzungsfeststellungsklage in Form des Fortsetzungsfeststellungsinteresses[266] zusätzlich zur Klagebefugnis hinzutreten muss. Folglich ist die Klage eines lediglich faktisch Betroffenen unzulässig[267]. Allerdings wirft dies die Frage auf, wann ein subjektives Recht angenommen wird.

Ein subjektives Recht muss bereits in der Rechtsnorm angelegt sein, auf die der Kläger sich beruft. Gefragt wird danach, ob die in Rede stehende Norm Drittschutz vermittelt[268]. Ermittelt wird dies durch Auslegung der betreffenden Norm anhand der Frage, ob die Norm nur dem Allgemeininteresse dient oder auch individuellen Interessen zu dienen bestimmt ist (Schutznormtheorie)[269]. Umstritten ist bei der Feststellung von subjektiven Rechten nach deutschem

---

[262] Art. 19 Abs. 4 S. 1 GG: „*Wird jemand durch die öffentliche Gewalt in seinen Rechten verletzt, so steht ihm der Rechtsweg offen.*"

[263] § 42 Abs. 2 VwGO: „*Soweit gesetzlich nichts anderes bestimmt ist, ist die Klage nur zulässig, wenn der Kläger geltend macht, durch den Verwaltungsakt oder seine Ablehnung oder Unterlassung in seinen Rechten verletzt zu sein.*"

[264] Eine Ausnahme zum System der Klagebefugnis in den Rechtsbehelfen stellt in Bayern die in Art. 98 S. 4 Bayerische Verfassung anerkannte Popularklage dar.

[265] Beachte § 113 Abs. 5 S. 1 VwGO, wonach im Rahmen der Begründetheit der Klage eine eigene Rechtsverletzung festgestellt werden muss.

[266] Dies kann durch die Wiederholungsgefahr, das Rehabilitierungsinteresse bei schwerwiegenden Grundrechtsbeeinträchtigungen sowie durch die Vorbereitung eines Amthaftungsprozesses im Fall der direkten Anwendung des § 113 Abs. 1 S. 4 VwGO gegeben sein; vgl. dazu *Fechner*, NVwZ 2000, S. 121 (122); *Hufen*, Verwaltungsprozessrecht, S. 370 (Rn. 71); zur Problematik der Vorbereitung eines Amthaftungsprozessses: *Göpfert*, NVwZ 1997, S. 143 f.

[267] *Ehlers*, VerwArch 1993, S. 139 (141); *Martens*, NJW 1985, S. 2302 (2308); ebenfalls *Breuer*, NJW 1978, S. 1558 (1561).

[268] St. Rspr. BVerwG 1, 83 f.; 27, 29 (31 f.); 41, 58 (63); 51, 256 (262); BVerwG DVBl. 1982, S. 692; Literatur zum subjektiven Recht, vgl. dazu auch *Schmidt-Preuß*, Kollidierende Privatinteressen im Verwaltungsrecht, S. 84 ff.

[269] *Huber*, Konkurrentenschutz im Verwaltungsrecht, S. 103 ff.; *Bauer*, Geschichtliche Grundlagen der Lehre vom subjektiven öffentlichen Recht, S. 138 f.; *Eisele*, Subjektive öffentliche Rechte auf Normenerlass, S. 44.

Recht, ob diese stets Ausfluss einer grundrechtlich geschützten Position sind oder ob sich erst aufgrund der einfachgesetzlichen Norm ein Schutzanspruch gegenüber dem Staat ergibt[270]. Gerade für das deutsche Umweltrecht resultiert aus dem doch sehr engen Verständnis des subjektiven Rechts und der damit verbundenen Klagebefugnis der Vorwurf, dass sich hier eine überzogene, zu strenge Entwicklung abzeichnet[271].

Wegen der nicht immer leicht zu ermittelnden individuellen Interessen im Rahmen der Normauslegung und der restriktiven Anerkennung der Klagebefugnis ist die Schutznormtheorie nicht unumstritten. Ansatzpunkt hierbei ist, dass das Kriterium der Auslegung für die Vorstellungen des Rechtsanwenders anfällig ist und die Feststellung des subjektiven Rechts sich einer realen Kontrolle somit entzieht[272]. Problematisch ist darüber hinaus, dass im Umweltrecht typischerweise eine Dreieckskonstellation vorzufinden ist. Diese ergibt sich zum Beispiel bei einer Genehmigung dadurch, dass der individuelle Kläger, der sich gegen die Genehmigung wendet, eine Verletzung seiner Rechtspositionen rügt und im Fall der Stattgabe der Klage begünstigt wird und dass derjenige, dessen Genehmigung zurückgenommen wird, beschwert wird (sog. *Verwaltungsakte mit Doppelwirkung*). Die Schutznormtheorie ist indessen für eine Zweierkonstellation „Bürger – Staat" entwickelt worden[273]. Die Schutznormtheorie vermag die oben beschriebene Situation aus der Sicht ihrer Kritiker nur unzulänglich zu lösen[274].

Infolge der restriktiven Klagemöglichkeiten, die aus der Schutznormtheorie folgen, wurden besonders in den 1970er und 1980er Jahren immer wieder Forderungen nach einer großzügigeren Auslegung der Klagebefugnis[275], sogar nach einer umweltrechtlichen Bürgerklage im Sinne einer Popularklage, laut[276]. Verbandsklagen (im Umweltrecht) sind ohne besondere gesetzliche Grundlage im deutschen Recht unzulässig. Solche gesetzlichen Grundlagen gab es ursprüng-

---

270 *Schwerdtfeger*, NVwZ 1982, S. 5 (7); *Dirnberger*, Recht auf Naturgenuß, S. 84 ff.; siehe dazu auch *Huber*, Konkurrenzschutz im Verwaltungsrecht, S. 244 ff.

271 *Breuer*, DVBl. 1986, S. 849 (850); vgl. auch *Kloepfer*, VerwArch 1985, S. 371 (376 f.), der hier *„einen juristischen Stellvertreterkrieg"* vor politischem Hintergrund sieht.

272 *Bauer*, AöR 1988, S. 582 (596 ff.); *Bauer* in: Heckmann/Meßerschmidt, Gegenwartsfragen des öffentlichen Rechts, S. 130; aber auch *Huber*, Konkurrentenschutz im Verwaltungsrecht, S. 154.

273 Zur Entwicklung: *Bauer*, Geschichtliche Grundlagen der Lehre vom subjektiven öffentlichen Recht, S. 22 ff.; *Eisele*, Subjektive öffentliche Rechte auf Normenerlass, S. 38 ff., m.w.N.

274 *Ladeur*, UPR 1992, S. 81 (83); *Blankennagel*, DV 1993, S. 1 (4).

275 Stellvertretend für viele: *Sening*, NuR 1979, S. 9 (12); *ders.*, NuR 1980, S. 102 (106); *ders.*, BayVBl. 1982, S. 428; *ders.*, NuR 1985, S. 125 (131).

276 *Rehbinder/Burgbacher/Knieper*, Bürgerklage im Umweltrecht.

lich nur in einigen Landesgesetzen[277] oder Landesverfassungen[278]. Seit April 2002 ist durch die Novellierung des Bundesnaturschutzgesetzes die Möglichkeit einer altruistischen umweltrechtlichen Verbandsklage aufgenommen worden[279]. Darüber hinaus können Verbandsklagen unter der Voraussetzung durchgeführt werden, dass ein Verband in seinem eigenen subjektiven Rechten betroffen ist, etwa weil ihm ein Grundstück gehört. Ein lediglich ideelles Interesse ist im Übrigen in der deutschen Rechtsordnung unbeachtlich[280]. Das deutsche Recht kennt ganz stringente Voraussetzungen für ein subjektives Recht und stellt daher sehr strenge Voraussetzungen an die Klagebefugnis.

ii) Vereinigtes Königreich

Bei einem Rechtsvergleich mit dem Vereinigten Königreich[281] muss beachtet werden, dass die englische Rechtsordnung einem anderen Rechtskreis angehört und somit Spezifika aufweist, die den kontinentaleuropäischen Rechtstraditionen fremd sind. Im Zusammenhang mit der britischen Rechtsordnung wird von *common law*-Recht[282] gesprochen[283]. Hauptrechtsquellen sind *common law* (all-

---

[277] Landesrechtliche Klageberechtigungen für Verbände sind nur zulässig, soweit die Verbände nach § 29 Abs. 2 BNatSchG anerkannt sind. Landesrechtliche Regeln finden sich z. Zt. § 39b BerlNatSchG; § 65 BbgNatSchG; § 44 BremNatSchG; § 41 HambgNatSchG; § 36 HessNatSchG; § 60c NdsNatSchG; § 37b RhpfLPflegeG; § 33b SaarlNatSchG; § 58 SächsNatSchG; § 53 NatSchGLSA; § 51c SchlhNatschG; § 46 ThürNatSchG; zur Klagebefugnis von Umweltverbänden im Lichte des § 29 BNatSchG: *Bey*, Begleitende Verwaltungskontrolle, 70 ff.

[278] Landesverfasungsrechtliche Regelungen finden sich nur in Sachsen (Art. 10 Abs. 2 LVerf) und Brandenburg (Art. 39 Abs. 8 LVerf); zu den landesrechtlichen Regelungen näher *Bizer/Ormond/Riedel*, Die Verbandsklage im Naturschutzrecht, S. 60 ff.; zu den landesverfassungsrechtlichen Regelungen der neuen Länder s. im Einzelnen: *Wolf*, ZUR 1994, S. 1 ff. (insb. 6 ff.).

[279] Vgl. §§ 58 ff. BNatSchG n.F.; dazu *Gellermann*, NVwZ 2002, S. 1025 (1032 f.); *Louis*, NuR 2002, S. 385 (389); *Stich*, UPR 2002, S. 161 (168).

[280] VGH Mannheim NVwZ-RR 1999, S. 241 f., speziell zum Natur- und Umweltschutzinteresse eines Verbandes.

[281] Es wird im Folgenden nur die englische Rechtsordnung erfasst. Besonderheiten Schottlands, Wales oder Nordirlands bleiben außer Betracht.

[282] Der Begriff des *common law* entwickelte sich während der Regentschaft Königs Heinrichs II. (1154 – 1189). Er setzte fahrende Richter ein, die das Recht des Königs im ganzen Land vollzogen. Damit wurde der Einfluss lokaler Fürsten gebrochen und das Recht des Königs für die Allgemeinheit *(= common law)* anwendbar.
Common law ist darüber hinaus ein fester Begriff, der das „Allgemeine Recht“ von „Billigkeitsrecht“ (sog. *equity*) unterscheidet; ferner bezeichnet *common law* das gesamte anglo-amerikanische Rechtssystem; vgl. hierzu *Byrd*, Introduction to Anglo-American Law, S. 4; *Blumenwitz*, Einführung in das anglo-amerikanische Recht, S. 8 f., m.w.N.

gemeines Recht), *equity* (Billigkeitsrecht) sowie *acts* bzw. *statutes* (Einzelgesetze). Ferner gilt *case law* (Fallrecht), in dem grundsätzlich Entscheidungen höherer Gerichte für die Untergerichte bindend sind (sog. *doctrine of stare decisis*[284] oder *binding precedents*)[285]. Eine Besonderheit des englischen Rechts zeigt sich darin, dass es keine separate Verwaltungsgerichtsbarkeit gibt, allerdings haben sich spezielle Regeln des *administrative law* (Verwaltungsrecht) herauskristallisiert[286].

Im englischen Verwaltungsrecht werden aufgrund von *statutes* Klagen (sog. *statutory appeals*) zugelassen, deren Voraussetzungen freilich in den betreffenden Einzelgesetzen geregelt sind[287]. Im Hinblick auf die Voraussetzungen einer individuellen Rechtsposition liefern allerdings die Rechtschutzmöglichkeiten (*judical review*), die aufgrund des *common law* gewährt werden, mehr Erkenntnisse. Im Rahmen des *common law* gliedert sich der Verwaltungsprozess in zwei Stufen. Zunächst muss der Kläger bei Gericht ein Vorverfahren (*application for leave*) einleiten[288]. Ziel des Vorverfahrens bei hinreichender Begründetheit ist anschließend die eigentliche Klageerhebung durch das Gericht gegen die Behörde (sog. ex-parte-Prozess)[289]. Hauptklagearten sind *certiorari* (Anfechtungsklage) und *mandamus* (Verpflichtungsklage)[290]. Im Übrigen wurde im Zuge der Rechtsprechung des EuGH auch der einstweilige Rechtsschutz (*injunction*) gegen die Krone eingeführt[291].

Da nach der englischen Rechtsordnung das Hauptverfahren als ex-parte-Prozess ausgestaltet ist, muss daher die „Klagebefugnis" bereits im Vorverfahren vorliegen. Nach Art. 31 Abs. 3 *Supreme Court Act (1981)* soll das Gericht dem Vorverfahren nicht stattgeben, „wenn es nicht annimmt, dass der Antragsteller ein rechtlich geschütztes Interesse (*sufficient interest*) an der Haupt-

---

283 Die kontinentaleuropäischen Rechtsordnungen werden in Abgrenzung zum *common law* mit dem Begriff *civil law* beschrieben.

284 Abgeleitet aus dem Lat.: „stare decisis et non quieta movere".

285 *Byrd*, Introduction to Anglo-American Law, S. 7 f.; *Blumenwitz*, Einführung in das angloamerikanische Recht, S. 25 f., m.z.w.N.

286 *Epiney/Sollberger*, Zugang zu Gerichten und gerichtliche Kontrolle, S. 162; *Gerstner*, Die Drittschutzdogmatik im Spiegel des französischen und britischen Verwaltungsgerichtsverfahrens, S. 76; *Schwarze*, Europäisches Verwaltungsrecht I, 142; *Spoerr*, VerwArch 1991, S. 25 (31 ff.).

287 *Foulkes*, Administrative Law, S. 423 ff.

288 *Cane*, Public Law 1990, S. 307 f.; *ders.*, An Introduction to Administrative Law, S. 90 f.

289 *Riedel*, Kontrolle der Verwaltung im englischen Rechtssystem, S. 24 f.; *Foulkes*, Administrative Law, S. 426 ff.; ausführlich *Spoerr*, VerwArch 1991, S. 25, 40 ff., m.z.w.N.

290 *Riedel*, Kontrolle der Verwaltung im englischen Rechtssystem, S. 24 f., 46.

291 EuGH [Factortame] 1990, I-2433 (2473 f.) und die Folgen für das englische Verwaltungsrecht in Bezug auf eine einstweilige Verfügung: *Foulkes*, Administrative Law, S. 400 f.

sache hat, auf das sich das Vorverfahren bezieht"[292]. Die hieraus resultierende Position bezüglich des Hauptprozesses für den Antragsteller heißt *locus standi* oder *standing*. Dieses Verfahren dient einzig und allein dem Ausschluss der Popularklage und der damit einhergehenden Funktionstüchtigkeit der englischen Rechtspflege[293].

Problematisch ist indes, dass der Begriff des rechtlich geschützten Interesses noch der Auslegung bedarf. Letztlich bringt er allein keine Klärung der Frage, wann Klagebefugnis und der damit verbundene *locus standi* vorliegt[294]. Diese wichtige Frage war dementsprechend schon Gegenstand verschiedenster obergerichtlicher Entscheidungen. Es ist anzumerken, dass die vorliegende Arbeit lediglich einen Überblick über die Behandlung der Frage der individuellen Rechtsposition in England geben möchte und somit eine detaillierte Besprechung der englischen Entscheidungen den Rahmen sprengen würde. Hier sollen lediglich zwei Entscheidungen vorgestellt werden, die die vertretenen Extrempositionen verdeutlichen.

Der erste Fall *"R[295] vs. Inland Revenue Commissioners, ex parte National Federation of the Self Employed and Small Business Ltd."*[296] der das *House of Lords* beschäftigte, brachte keine Klärung. Die divergierenden Meinungen der *Lord Judges* reichten von einem weiten Verständnis des rechtlich geschützten Interesses fast im Sinne einer Legalitätskontrolle (auch für Verbände)[297] bis hin

---

292 Sec. 31 (3): „[...] *unless it* [Anm. gemeint ist das Gericht] *considers that the applicant has a sufficient interest in the matter to which the application relates.*"; dt. Übersetzung durch den Verfasser.

293 *Joenes* in: Koeman, Environmental Law in Europe, S. 576; *Schwarze*, Europäisches Verwaltungsrecht I, S. 141; *Cane*, An Introduction to Administrative Law, S. 59 ff.; *Epiney/Sollberger*, Zugang zu Gerichten und gerichtliche Kontrolle, S. 179 f.

294 Eingehend hierzu *Craig*, Administrative Law, S. 694 ff.; *Cane*, An Introduction to Administrative Law, S. 57 ff.

295 R steht für „rex" oder „regina" (König oder Königin), im Hauptprozess tritt der englische Staat als Kläger auf.

296 [1982] AC 617 ff., zum Sachverhalt: Streitgegenstand waren die von der Interessenvereinigung der Selbständigen und Kleinunternehmer *(National Federation of the self employed and Small Business)* für rechtswidrig erachteten Steuervergünstigungen für Gelegenheitsarbeiter bei Zeitungsverlagen *(Fleet Street Casuals)*. Die Gelegenheitsarbeiter umgingen die Besteuerung durch die Finanzbehörde dadurch, dass sie in die Steuerlisten fiktive Namen (daher ist der Fall auch als *„Mickey Mouse Case"* bekannt) eintrugen. Die streitgegenständliche Steuervergünstigung trat ein, nachdem sich die Steuerbehörde mit den Arbeitgebern und Gewerkschaften nach Bekanntwerden der Tatsache auf einen Verfolgungsverzicht verständigte. Die Klage wurde zugelassen, allerdings im Ergebnis als unbegründet abgewiesen.

297 [1982] AC 617, 644 E, Lord Diplock: „[...] *it would* [...] *be a grave lacuna* [...] *if a pressure group* [...] *or even a single public-spirited tax-payer, were prevented by outdated*

zu der restriktiven Aussage, dass nur der selbst Betroffene ein Interesse haben kann. Dies schließt beispielsweise Verbandklagen aus[298]. Letztlich fasst aber die gemeinsame Position der *Lord Judges* das hinreichende Interesse als Mischung zwischen tatsächlichen Gegebenheiten und rechtlicher Bewertung auf.

Zurückhaltender ist eine Entscheidung des *High Court „R vs. Poole Borough Council, ex parte Beebee and others“*[299]. Hier wird eine individuelle Rechtsposition bzw. *locus standi* nur für den Fall zuerkannt, dass jemand (hier ein Verband) auch tatsächlich Betroffener eines Verhaltens ist. Lediglich ideelle Interessen können nach dieser Entscheidung nicht zum *locus standi* führen[300].

Als Ergebnis muss festgestellt werden, dass die englischen Gerichte keine einheitliche Linie in dieser Frage verfolgen. Häufig stehen Erwägungen des materiellen Rechts im Vordergrund einer Entscheidung[301]. Die Urteile sind in ihrer Gesamtheit oft widersprüchlich[302]. Eine Ursache hierfür könnte die sehr starke Einzelfallorientierung der englischen Gerichte im Umweltrecht sein[303]. Viele erwarteten schon Mitte der 1990er Jahre eine zunehmende Liberalisierung[304], die die Frage nach der individuellen Rechtsposition eindeutig klärt. Insgesamt lässt sich aber eine Tendenz zur eher großzügigen Gewährung des *locus standi* feststellen.

---

technical rules of locus standi from bringing the matter to the attention of the court to vindicate the rule of law and get unlawful conduct stopped.“

298 [1982] AC 617, 633 D, Lord Wilberforce: „[...] *an aggregate of individuals each of whom has no interest cannot of itself have an interest.*“

299 JEL 1991, S. 293, zum Sachverhalt: Ein britischer Umweltverband klagt gegen die Aufhebung eines Naturschutzgebietes, für das sich der Verband jahrelang einsetzte. Gegenstand der Klage war unter welchen Voraussetzungen ein Verband eine individuelle Rechtsposition reklamieren kann und damit Klage erheben kann. Für den Umweltverband, der das Schutzgebiet betreute wurde dies anerkannt. *Locus standi* für den *World Wildlife Fund* wurde zurückgewiesen.

300 Vgl. auch *Ball/Bell*, Environmental Law, S. 33.

301 Siehe dazu *Schiemann*, Public Law 1990, S. 342 (345 f.).

302 So wurde im Fall „*R vs. Inspectorate of Pollution, ex parte Greenpeece Ltd. (II)*“, in: [1994] 4 All ER 329 ff., eine Klagebefugnis eines Umweltverbandes aus ideellem Interesse zugelassen.

303 I.d.S. *Gerstner*, Die Drittschutzdogmatik im Spiegel des französischen und britischen Verwaltungsgerichtsverfahrens, S. 89 ff.; *Schiemann*, Public Law 1996, S. 340 ff.; *Cane*, Public Law 1995, S. 276 ff.; *Geddes*, JEL 1992, S. 29 ff.

304 *Geddes*, JEL 1992, S. 29 (34); *Craig*, Administrative Law, S. 504 ff.

iii) Frankreich

Das französische Verwaltungsrecht wird – bei aller Vorsicht – von dem Gedanken einer objektiven Legalitätskontrolle geleitet[305]. Der rechtsschutzbegehrenende Bürger wird daher häufig als *surveillant de l'administration* (Kontrolleur der Verwaltung) bezeichnet[306].

Im Verwaltungsprozess spielen die wichtigste Rolle zum einen der *recours pour excès de pouvoir*[307], was sinngemäß der deutschen Anfechtungsklage entspricht. Zum anderen ist der *recours en pleine juridiction* zu nennen[308]. Diese Klageart bezweckt in erster Linie Schadenersatzleistungen, womit die Absicht der Aufhebung bzw. Vornahme bestimmter Entscheidungen oder Handlungen verfolgt wird. Nach traditionellem französischem Gewaltenteilungsverständnis kann die Verwaltung, anders als es in der deutschen Verpflichtungsklage angelegt ist, nicht zum Handeln gezwungen werden. Vielmehr führt der indirekte Weg über Schadenersatzleistungen zur Anerkennung von Rechten[309]. Zu beachten ist allerdings, dass eine Anfechtungsklage auch dann erhoben werden kann, wenn die Behörde binnen einer bestimmten Frist untätig bleibt. Dies wird nach französischem Rechtsverständnis als ablehnende Entscheidung ausgelegt[310]. Hieraus resultiert im Übrigen der Gedanke der Subsidiarität der Untätigkeitsklage, der gleichermaßen Einzug in das Gemeinschaftsrecht bei der Frage der Klage nach Art. 230 oder 232 EG gehalten hat[311]. Durch die Einführung des Art. 62 *Loi du 8 février 1995 relative à l'organisation des juridictions et à la procédure civile, pénale et administrative*[312] ist jedoch teilweise mit dem traditionellen französischen Gewaltenteilungsverständnis gebrochen worden. Dem Richter

---

305 *Sonnenberger/Autexier*, Einführung in das französische Recht, S. 80 f.; *Classen*, Europäisierung der Verwaltungsgerichtsbarkeit, S. 57; *Schwarze*, Europäisches Verwaltungsrecht I, S. 105 f.; *Jarass*, DÖV 1981, S. 813 (818); *Rivero*, Droit administratif, Rn. 245; *Everling*, RIW 1992, S. 379 (384).

306 *Schwarze*, Die Befugnis zur Abstraktion im europäischen Gemeinschaftsrecht, S. 133.

307 *Epiney/Sollberger*, Zugang zu Gerichten und gerichtliche Kontrolle, S. 93 ff.; *Woehrling*, NVwZ 1999, S. 502; *Gerstner*, Die Drittschutzdogmatik im Spiegel des französischen und britischen Verwaltungsgerichtsverfahrens, S. 65.

308 *Debbasch/Ricci*, Contentieux administratif, Rn. 308; *Epiney/Sollberger*, Zugang zu Gerichten und gerichtliche Kontrolle, S. 96 ff.

309 *Woehrling*, NVwZ 1985, S. 21 (25).

310 *Woehrling*, Verwaltungsgerichtlicher Rechtsschutz in Frankreich, S. 5.

311 EuGH [Lüttike/Kommission] Slg. 1966, 27 (40); EuGH [Eridania u.a./Kommission] Slg. 1969, 459 (484); EuGH [Nordgetreide/Kommission] Slg. 1972, 105 (110); vgl. ferner *Ehlermann* in: Groeben/Thiesing/Ehlermann, Kommentar zum EGV, Rn. 3 zu Art. 175 EGV.

312 Gesetz vom 8. Feb. 1995 bezüglich der Organisation der Gerichtsbarkeit und der Zivil-, Straf- und Verwaltungs(-prozess)verfahren, Journal Officiel, 9. Februar 1995, S. 2175 ff. (insb. die Art. 62 – 82 betreffen die Verwaltungsgerichtsbarkeit); dt. Übersetzung durch den Verfasser.

wird nämlich die Befugnis eingeräumt, unter bestimmten Voraussetzungen im Rahmen des *recours pour excès de pouvoir* der Verwaltung Anweisungen *(injonctions)* zu erteilen[313].

Da sich das französische Verwaltungsrecht an einer Legalitätskontrolle orientiert, könnte man davon ausgehen, dass individuelle Rechtspositionen keine Rolle spielen. Konsequenz hieraus wäre, dass die verschiedenen Klagearten in der Praxis als Popularklage ausgestaltet sein müssten. Im Interesse einer funktionierenden Rechtspflege wird dies jedoch abgelehnt[314]. Abgrenzungskriterium der Anfechtungsklage zur Popularklage ist hierbei das *intérêt pour agir* (Verfahrensinteresse) oder auch *intérêt légitime* (rechtlich geschütztes Interesse)[315]. Wie die Begriffe schon andeuten, sind sie der weiten Auslegung fähig und dies wird in der Tat durch die französische Rechtsprechungspraxis bestätigt. So genügt die Geltendmachung eines faktischen Interesses[316] im Sinne einer tatsächlichen Betroffenheit. Diese großzügige Interpretation des für die Anfechtungsklage notwendigen Interesses hat den Effekt einer popularklageähnlichen Situation[317].

Eine andere Beurteilung nimmt das französische Verwaltungsrecht im Bereich der Schadenersatzklage von Individuen vor. Hier wird eine substantiierte Behauptung einer eigenen Rechtsverletzung vorausgesetzt[318].

Neben dem *intérêt personnel* (Individualinteresse bei Klagen von Individuen) ist aber auch ein *intérêt collectif*[319] (Gruppeninteresse) anerkannt. Gestützt auf das Gruppeninteresse sind Verbandsklagen zulässig, die gerade im französischen Umweltrecht eine bedeutende Rolle spielen[320]. Ihr Verbandsinteresse wird bereits dann anerkannt, wenn ihr Tätigkeitsbereich oder eines ihrer verfassten Ziele in irgendeiner Weise betroffen ist[321]. Umweltverbände haben beispielswei-

---

313 *Koch*, VerwArch 1998, S. 560 (562, 576 f.).

314 *Rivero*, Droit administratif, Rn. 245.

315 *Koch*, Verwaltungsrechtsschutz in Frankrech, S. 108; *Kokott*, DV 1998, S. 335 (348); *Gabolde*, Procédure des tribunaux administratifs et des cours administratifs d'appel, Rn. 539 ff.

316 *Masing*, Die Mobilisierung des Bürgers für die Durchsetzung des Rechts, S. 200; *Schwarze*, NVwZ 1996, S. 22 (23); *Kloepfer/Mast*, RIW 1992, S. 5 (10); *Debbasch/Ricci*, Contentieux administratif, Rn. 303.

317 *Geurts*, Verwaltungsgerichtliche Kontrolle, S. 19; *Arnull*, CMLRev. 1995, S. 7 (9); *Kloepfer/Mast*, RIW 1992, S. 5 (10).

318 *Debbasch/Ricci*, Contentieux administratif, Rn. 308 ff.

319 Vgl. die wegweisende Entscheidung C.E. Urt. v. 28. Dezember 1906, Rec. 977, 1907 (3.23) – Syndicat des patrons coiffeurs de Limoges; eingehend *Debbasch/Ricci*, Contentieux administratif, Rn. 823.

320 *Masing*, Die Mobilisierung des Bürger für die Durchsetzung des Rechts, S. 204 ff.; *Classen*, Europäisierung der Verwaltungsgerichtsbarkeit, S. 61 ff.

321 *Woehrling*, NVwZ 1999, S. 502; *Schwarze*, NVwZ 1996, S. 22 (23 f.).

se in Strafverfahren Antragsrechte und können in dortigen Adhäsionsverfahren[322] etwaige Schäden liquidieren[323]. Im Zivilprozess können Verbände auch für immaterielle Schäden Schadenersatz reklamieren[324].

Ferner gibt es noch einen erwähnenswerten kodifizierten Sonderfall des klagebegründenden Interesses. In Frankreich werden gesundheits- oder umweltgefährdende Anlagen eingestuft und ähnlich wie in den Anlagen zu den Bundesimmissionsschutzverordnungen (BImSchVO) katalogisiert. Dementsprechend gibt es im französischen Verwaltungsrecht die *installations classées* (eingestufte Anlagen), für die besondere Regeln gelten. Nach Art. 14 der *loi du 19 juillet 1976 relative aux installations classées pour la protection de l'environnement*[325] kann jeder aus „Gründen zu befürchtender Nachteile oder Gefahren die vom Betrieb der Anlage ausgehen, aus Interessen wie sie in Art. 1 [Erg.: des Gesetzes vom 19. Juli 1976] niedergelegt sind"[326], Klage erheben. Die wichtigsten Interessen nach Art. 1 sind: „das Gebot der Rücksichtnahme, die Gesundheit des Einzelnen, Sicherheit, der Gesundheitsschutz der Allgemeinheit, die Landwirtschaft, der Schutz der Natur und Umwelt sowie die Erhaltung der Landschaft und (Natur-) Denkmäler"[327]. Diese Interessen werden als öffentliche Belange weit verstanden und geben Dritten somit großzügige Möglichkeiten zur Klage[328].

Zusammenfassend bleibt festzuhalten, dass für den Hauptanwendungsfall im französischen Verwaltungsrecht, nämlich die Anfechtungsklage, die individuelle Rechtsposition praktisch keine Rolle spielt. Diese Figur weist in der Rechtspraxis lediglich deklaratorischen Charakter auf und tritt allenfalls rudimentär in Er-

---

322 In Frankreich können Schadenersatzansprüche, die im Zusammenhang mit Straftaten stehen von dem Gereicht judiziert werden, das die Straftat aburteilt (Adhäsionsverfahren); hierzu *Sonnenberger/Autexier*, Einführung in das französische Recht, S. 140; ferner *Giumezanes*, Introduction au droit français, S. 223 f.

323 *Prieur*, Droit de l'environnement, Rn. 131 f.; *Kadner*, Der Ersatz ökologischer Schäden, S. 172 f.

324 *Kadner*, Der Ersatz ökologischer Schäden, S. 174 ff., m.z.w.N. sowie mit sehr anschaulichen Beispielen.

325 „Gesetz vom 19. Juli 1976 bezüglich eingestufter Anlagen zum Schutz der Umwelt"; dt. Übersetzung durch den Verfasser.

326 Art. 14: „[...] *en raison des inconvénients ou des dangers que le fonctionnement de l'installation présente pour les intérêts visés à l'article 1er.*"; dt. Übersetzung durch den Verfasser.

327 Art. 1: „[...] *la commodité du voisinage,* [...] *la santé, la sécurité, la salubrité publiques,* [...] *l'agiculture,* [...] *la protection de la nature et de l'environnement,* [...] *la conservation des sites et des monuments.*"; dt. Übersetzung durch den Verfasser.

328 *Fromont*, UPR 1983, S. 183 (189 f.); *Gerstner*, Die Drittschutzdogmatik im Spiegel des französischen und britischen Verwaltungsgerichtsverfahrens, S. 59 f.

scheinung; im Vordergrund steht die faktische Betroffenheit in einem rechtlich geschütztem Interesse.

iv) Italien

Die italienische Rechtsordnung weist Parallelen zur deutschen Rechtsordnung in der Frage der Ermittlung einer individuellen Rechtsposition auf, ohne Maßstäbe des deutschen Rechts zu übernehmen, wie beispielsweise schutznormtheoretische Aspekte[329]. Im Vordergrund des italienischen Verwaltungsprozesses steht ein der Anfechtungsklage ähnliches Verfahren, das auf die Rechtmäßigkeitskontrolle von Verwaltungsakten ausgerichtet ist *(competenza di legittimà)*. Überprüft werden in der Regel Gesestzesverstöße *(violazione di legge)*, Kompetenzfehler *(incompetenza)* und Ermessensmißbrauch *(eccesso di potere)*[330]. In besonderen durch Gesetz geregelten Fällen erstreckt sich die gerichtliche Kontrolle auch auf die Zweckmäßigkeit des streitgegenständlichen Verwaltungsaktes *(competenza di merito)*[331].

Ein besonderes Charakteristikum des italienischen Rechts ist die Eröffnung des Rechtswegs zum Verwaltungsgericht. Nach Art. 24 Abs. 1 der Verfassung Italiens von 1947 „kann jeder zur Wahrung seiner eigenen Rechte und rechtlich geschützten Interessen einen gerichtlichen Prozess anstrengen"[332]. Spezifiziert wird diese Vorschrift durch Art. 113 Abs. 1 Ital. Verf., der vorsieht: „Gegen Maßnahmen der öffentlichen Verwaltung wird immer die gerichtliche Kontrolle von Rechten und rechtlich geschützten Interessen *(interessi legittimi)* durch die Organe der ordentlichen Gerichtsbarkeit oder der Verwaltungsgerichte garantiert"[333]. Hieraus leitet sich die für das italienische Recht klassische Unterscheidung zwischen dem rechtlich geschützten Interesse und dem subjektives Recht *(diritto soggettivo)* ab[334]. Danach wird differenziert, ob der Kläger sein Begeh-

---

[329] *Hartwig* in: Frowein, Die Kontrolldichte bei der gerichtlichen Überprüfung von Handlungen der Verwaltung, S. 59 (60); *Huber*, Konkurrentenschutz im Verwaltungsrecht, S. 559.

[330] *Epiney/Sollberger*, Zugang zu Gerichten und gerichtliche Kontrolle, S. 281 ff.; *Schwarze*, Europäisches Verwaltungsrecht I, S. 129.

[331] *Nigro*, Giustizia amministrativa, S. 275 ff., m.w.N.

[332] Art. 24 (1) constituzione della repubblica italiana (1947): „*Tutti possono agire in giudizio per la tutela propri diritti e interessi legittimi.*"; dt. Übersetzung durch den Verfasser.

[333] Art. 113 (1) constituzione della repubblica italiana (1947): „*Contro gli atti della pubblica amministratione, è sempre ammessa la tutela giurisdizionale dei diritti e degli interessi legittimi dinanzi agli organi di giurisdizione ordinaria o amministrativa.*"; dt. Übersetzung durch den Verfasser.

[334] *Schmidt-Aßmann*, Europäische Rechtschutzgarantien, S. 1283, 1286 f.

ren an die ordentlichen Gerichte oder an die Verwaltungsgerichte richten muss. Im Fall der rechtlich geschützten Interessen ist Klage bei den Verwaltungsgerichten zu erheben[335]. Allerdings verbinden sich mit diesem Begriff des rechtlich geschützten Interesses diverse Auslegungsschwierigkeiten[336]. In Zweifelsfällen entscheidet der italienische Kassationshof *(Corte di Cassazione)*, der somit erheblichen Einfluss auf den tatsächlichen Kompetenzbereich der Verwaltungsgerichte ausübt[337]. Das rechtlich geschützte Interesse entspricht nach italienischem Verständnis ungefähr dem rechtlich geschützten Interesse nach deutschem Rechtsverständnis[338], mithin ein Minus zum Begriff des subjektiven Rechts, der ebenfalls eine Parallele zum deutschem Rechtsverständnis aufweist[339]. Im italienischen Umweltrecht gibt es seit 1986 die Möglichkeit einer Verbandsklage[340].

v) Besonderheiten in anderen Mitgliedsstaaten

Nachdem die Rechtsordnungen einzelner Mitgliedstaaten in Grundzügen dargestellt worden sind, soll im Anschluss die Aufmerksamkeit auf einige Besonderheiten in anderen Mitgliedstaaten gelenkt werden. Es folgt eine Skizzierung der Rechtslage Portugals, Spaniens, Österreichs und Dänemarks. Zu beachten ist freilich, dass die Rechtsordnungen Deutschlands, des Vereinigten Königreiches sowie Frankreichs Strukturen aufweisen, an denen sich die Rechtssysteme anderer Mitgliedsstaaten orientieren bzw. sich dort ähnliche Entwicklungen abzeichnen.

Die portugiesische Verfassung garantiert in Art. 52 Abs. 1 und 3 das Recht auf effektiven Rechtsschutz unter Einschluss der Popularklage in den vom Gesetz vorgesehenen Fällen[341]. Fernerhin statuiert Art. 66 der portugiesischen Ver-

---

[335] *Kindler*, Einführung in das italienische Recht, S. 65; *Certoma*, The Italien Legal System, S. 20 ff., 251 ff.

[336] *Winkler*, DV 1986, S. 519 (524 ff.); *Karwiese*, Kontrolle der Verwaltung durch ordentliche Gerichte und allgemeine Verwaltungsgerichte nach italienischem Recht, S. 21 ff.

[337] *Nigro*, Giustizia amministrativa, S. 183 ff., 190; *Schwarze*, Europäisches Verwaltungsrecht I, S. 128.

[338] *Ruffert*, Subjektive Rechte im Umweltrecht der europäischen Gemeinschaft, S. 140.

[339] *Rescigno*, Manuale elementare di diretto pubblico, S. 49 ff.; *Capaccioli*, Manuale di diritto amministrativo I, S. 251 ff.

[340] Gesetz Nr. 349/1986 in Gazzetta Ufficiale/Serie generale Nr. 162 (15.7.1986) zit. nach *Bizer/Ormond/Riedel*, Die Verbandsklage im Naturschutzrecht, Anhang I Nr. 4; *Gianpietro/Mazziotti di Celso* in: Koeman, Environmental Law in Europe, S. 364.

[341] Art. 52 Portugiesische Verfassung von 1976: „*(1) Alle Bürger können an die Hoheitsorgane sowie an irgendwelche Behörden, einzeln oder gemeinsam mit anderen, zum Zwecke*

fassung ein echtes Recht auf Umweltschutz[342]. Aus der Kombination der Erwähnung der Popularklage in Art. 52 und der Gewährung eines Umweltgrundrechtes in Art 66 wird teilweise vertreten, dass es im portugiesischen Umweltrecht eine Popularklage gebe[343]. Dem steht jedoch die grundsätzliche Einschränkung entgegen, dass nach der portugiesischen Rechtsordnung soziale Teilhaberechte unter dem Vorbehalt des tatsächlich Realisierbaren stehen[344].

Die größte Bedeutung im portugiesischen Verwaltungsrecht genießt der *recurso contencioso deu annulação* (Anfechtungsklage). Nach französischem Vorbild wird die Klagebefugnis sehr weit – fast im Sinn einer objektiven Rechtskontrolle – verstanden[345]. Im Übrigen wird neuerdings eine neue Klageart diskutiert, die zum Zweck der Anerkennung eines Rechts oder rechtlich geschützten Interesses erhoben werden kann[346]. Insgesamt ist das portugiesische Recht fast noch stärker als das französische Recht an einer objektiven Legalitätskontrolle ausgerichtet, so dass subjektive Rechte in der portugiesischen Rechtslehre nur eine untergeordnete Rolle einnehmen.

Im spanischen Verwaltungsprozess wird vergleichbar dem französischen Verwaltungsprozess lediglich ein *interés directo* (direktes Interesse) für eine Klageerhebung gefordert[347], in der Praxis wird diese Voraussetzung aber noch

---

der Verteidigung ihrer Rechte, der Verfassung und der Gesetze oder des Allgemeininteresses, Petitionen, Erklärungen, Klagen oder Beschwerden richten.
(2) [...].
(3) Jedermann wird, individuell oder durch Vereinigung zum Schutz der betroffenen Interessen, das Recht auf Popularklage in den vom Gesetz vorgesehenen Fällen und nach den gesetzlichen Bestimmungen verliehen, insbesondere das Recht, die Vorbeugung, Beendi gung oder gerichtliche Verfolgung der widerrechtlichen Verstöße gegen die öffentliche Gesundheit, der Verschlechterung der Umwelt und der Lebensqualität oder der Beeinträchtigung des Kulturgutes zu fördern, sowie das Recht die entsprechende Entschädigung für den oder die Verletzten zu verlangen.“; deutsche Übersetzung zit. nach Kimmel, Verfassungen der EG-Mitgliedsstaaten.

342 Art. 52 Portugiesische Verfassung von 1976: „*(1) Jeder hat das Recht auf eine menschenwürdige, gesunde und ökologisch ausgewogene Umwelt, und ist verpflichtet für ihre Erhaltung Sorge zu tragen.*
(2) [...].“; deutsche Übersetzung zit. nach Kimmel, Verfassungen der EG-Mitgliedsstaaten.

343 *Wegener*, Rechte des Einzelnen – die Interessentenklage, S. 152, m.w.N.

344 *Thym*, NuR 2000, S. 557 (560).

345 I.d.S. auch *Schwarze*, Europäisches Verwaltungsrecht I, S. 186.

346 *Freitas do Amaral/Garcia Marques* in: Koeman, Environmental Law in Europe, S. 459 f.

347 S. Art. 28 LJCA (Ley de la Jurisdicción Contencioso de 27. XII. 1956; span. Gerichtsverfahrensgesetz):
(1) [...]. *Los que tuvieren interés directo en ello.* [(...). Diejenigen, welche ein direktes Interesse daran haben.]
(2) Si el recurso tuviere [...] *en que bastará la legitimación a que se refiere el apartado primero.* [Wenn Klage erhoben wird, wird die Legitimation genügen, auf die Absatz 1 verweist.]; Übersetz. durch den Verfasser;

aufgeweicht, da lediglich ein sehr weit verstandenes *interés legítimo* (rechtlich geschütztes Interesse) für das Vorliegen der Klagebefugnis gefordert wird[348]. Darüber hinaus kennt das spanische Recht in einigen Fachgesetzen die *acción pública* (Popularklage)[349]. Im Unterschied zur französischen Rechtsordnung ist der spanische Verwaltungsprozess nicht als objektives Beanstandungsverfahren sondern vielmehr als kontradiktorisches Verfahren ausgestaltet[350]. Zusammenfassend ist im spanischen Prozessrecht eine ebenso großzügige Handhabung der Klagemöglichkeiten wie in Frankreich oder Portugal festzustellen.

Im österreichischen Verwaltungsprozeß stehen die *Beschwerdeverfahren*, die je nach Situation näher spezifiziert sind[351], im Vordergrund. Das *Beschwerdeverfahren* ist mit der deutschen Anfechtungsklage vergleichbar. Der Zugang zum Beschwerdeverfahren wird durch das österreichische *Bundesverfassungsgesetz (B-VG)* gewährleistet und findet seine nähere Regelung in der einfachgesetzlichen Regelung des österreichischen *Verwaltungsgerichtshofsgesetzes (VwGG)* seine Fortsetzung.

Ausgangspunkt für eine Klageerhebung nach der *Erschöpfung des Instanzenzuges* (Widerspruchsverfahren) ist nach deutschem Vorbild eine *Beschwerdeberechtigung* (Klagebefugnis), die bereits in Art. 131 Abs. 1 *B-VG* [352] angelegt ist und auch in der einfachgesetzlichen Regelung des § 28 Abs. 1 *VwGG* [353] enthal-

---

ferner *Hofmann* in: Frowein, Die Kontrolldichte bei der gerichtlichen Überprüfung von Handlungen der Verwaltung, S. 157; *Barrachina Juan*, Curso de Derecho Administrativo, S. 289.

348 *Hofmann* in: Frowein, Die Kontrolldichte bei der gerichtlichen Überprüfung von Handlungen der Verwaltung, S. 157.

349 *Martín Mateo*, Tratado de Derecho Ambiental, S. 193, der Autor weist ferner in Fn. 188 auf Art. 235. 1. *Ley del Suelo* (vom 9. April 1976) als Beispiel für eine solche spezialgesetzliche Regelung hin; *García de Enterría/Fernández*, Curso de Derecho Administrativo II, S. 537 f.

350 *Hofmann* in: Frowein, Die Kontrolldichte bei der gerichtlichen Überprüfung von Handlungen der Verwaltung, S. 150.

351 Es gibt z. B. die *Parteibeschwerde*, die *Amtsbeschwerde* oder die *Säumnisbeschwerde*, vgl. im Einzelnen: *Koja*, Allgemeines Verwaltungsrecht, S. 740 ff.

352 Art 131 Abs. 1 österreichisches *B-VG*: „*Gegen den Bescheid einer Verwaltungsbehörde kann wegen Rechtswidrigkeit Beschwerde erheben:*
1. wer durch den Bescheid in seinen Rechten verletzt zu sein behauptet, nach Erschöpfung des Instanzenzuges;
2. [...]; 3. [...]."

353 § 28 Abs. 1 österreichisches *VwGG*: „*Die Beschwerde hat zu enthalten:*
1. [...]; 2. [...]; 3. [...];
4. die bestimmte Bezeichnung des Rechts, in dem der Beschwerdeführer verletzt zu sein behauptet (Beschwerdepunkte);
5. die Gründe, auf die sich die Behauptung der Rechtswidrigkeit stützt;
6. [...]; 7. [...]."

ten ist. Erforderlich ist hiernach eine mögliche individuelle Rechtsverletzung. Die Ermittlung der *Beschwerdeberechtigung* und der damit einher gehenden individuellen Rechtsverletzung erfolgt nicht nach den strengen Grundsätzen der Schutznormtheorie, zieht jedoch ansonsten ähnliche Grundsätze wie das deutsche Verwaltungsrecht heran. Es gelten in etwa die Anforderungen der deutschen Möglichkeitstheorie[354]. Alles in allem wird die österreichische Rechtsordnung durch das deutsche Recht beeinflusst.

Nach dänischem Recht muss ein Beschwerter in Umweltsachen sich zunächst an das Umweltamt *(Miljøstyrelsen)* wenden, in zweiter Instanz an den Umweltklageausschuss (ehemals *Miljøankenævet*; nunmehr: *Miljøklageævet)*[355]. Dieses Verfahren stellt zwar keinen gerichtlichen Rechtsschutz im Sinne der dänischen Verfassung dar, kann aber durchaus als „quasi-gerichtlich" angesehen werden[356], da es festen Regeln folgt[357]. Beschwerdebefugnis bei Adressaten belastender Entscheidungen liegt unter der Voraussetzung vor, dass ein individuelles, wesentliches Interesse reklamiert wird[358]. Zur Ermittlung des relevanten Interesses werden Anhaltspunkte wie zum Beispiel die räumliche Nähe zur Belastungsquelle, eine tatsächliche gesundheitliche oder eigentumsrechtliche Betroffenheit herangezogen[359], was zu einer eher restriktiven Anerkennung einer Beschwerdebefugnis führt. Die Entscheidung des *Miljøklagenævet* kann vor der ordentlichen Gerichtsbarkeit angefochten werden[360]. Soweit der Beschwerdeführer naturschutz- oder planungsrechtliche Fragen rügt, muss er sich an die Naturschutzkommission *(Naturklageævet)* wenden[361].

---

354 *Adamovich*, Allgemeines Verwaltungsrecht, S. 354 ff.; *Koja*, Allgemeines Verwaltungsrecht, S. 744.

355 *Epiney/Sollberger*, Zugang zu Gerichten und gerichtliche Kontrolle, S. 218.

356 *Tonne*, Effektiver Rechtsschutz durch staatliche Gerichte als Forderung des europäischen Gemeinschaftsrechts, S. 53 f.; *Prieur*, Plaints et Voies de Recours en Matièrs d'Environnement, S. 48.

357 Der *Miljøklageævet* ist von der Verwaltung funktionell unabhängig. Ihm steht ein vollamtlicher hoher Richter vor. Der *Miljøklageævet* ist im Übrigen mit Vertretern verschiedener Interessengruppen besetzt. Das prozedurale Verfahren ist im dänischen Naturschutzgesetz gesetzlich geregelt. Im Einzelnen bei: *Epiney/Sollberger*, Zugang zu Gerichten und gerichtliche Kontrolle, S. 219.

358 *Walter* in: Ress, Grenzüberschreitende Verfahrensbeteiligung im Umweltrecht der Mitgliedstaaten, S. 344.

359 *Tonne*, Effektiver Rechtsschutz durch staatliche Gerichte als Forderung des europäischen Gemeinschaftsrechts, S. 55; *Winkelmann*, Verbandsklage im Umweltrecht im internationalen Vergleich, S. 146 f.

360 *Epiney/Sollberger*, Zugang zu Gerichten und gerichtliche Kontrolle im Umweltrecht, S. 219.

361 *Epiney/Sollberger*, a.a.O., S. 217, m.w.N.

vi) Abschließende Betrachtung

Der vorstehende Rechtsvergleich zeigt ein Spektrum verschiedener Konzeptionen zum subjektiven Recht bzw. zu den Zugangsvoraussetzungen zum gerichtlichen Rechtsschutz. Dabei reichen die Varianten von der restriktiven Lösung des deutschen Rechts bis hin zur großzügigen Gewähr von Klagemöglichkeiten zum Beispiel im französischen Recht. Ein uneinheitliches Bild vermittelt hierbei das englische Rechtssystem. Dort lässt sich aber insgesamt eine Tendenz zur Liberalisierung erkennen[362]. Insbesondere die Rechtsordnungen Frankreichs, Deutschlands und Englands haben die gesetzlichen Regelungen in anderen Mitgliedstaaten mehr oder weniger deutlich beeinflusst. So hat vor allem die französische Rechtsdogmatik mit Ausnahme Italiens maßgeblichen Einfluss auf alle romanischen Rechtssysteme. Die englischen Rechtsvorstellungen beeinflussen vor allem die irische Rechtsordnung, die ebenfalls dem *Common Law*-Kreis angehört[363]. Einflüsse des deutschen Rechts finden sich vor allem in Österreich und auch in Italien. Darüber hinaus verfolgen tendenziell die nordeuropäischen Staaten innerhalb ihrer vorgesehenen Rechtsschutzmöglichkeiten eher restriktivere Ansätze.

Im Vordergrund der verschiedenen Ansätze und darin angelegten Voraussetzungen, an die die Klagemöglichkeiten geknüpft sind, steht mit Ausnahme der deutschen und österreichischen Rechtslage der Begriff des (klagebegründenden) „Interesses“[364]. Nur die deutsche Rechtsordnung verlangt für die Klagebefugnis ein in Rede stehendes subjektives Recht, das unter den strengen Voraussetzungen der Schutznormtheorie ermittelt wird[365]. Wie gesehen, hängt eine liberale oder restriktive Position bezüglich der Klagebefugnis davon ab, ob das „rechtliche Interesse“ bzw. das „subjektive Recht“ auf ein weites rechtsdogmatisches Verständnis trifft beziehungsweise auf eine enge Auslegung.

---

[362] Vgl. hierzu auch *Griffiths*, CLJ 1982, S. 6 (8), der sogar Tendenzen zur Popularklage *(actio popularis)* sieht; *Gerstner*, Die Drittschutzdogmatik im Spiegel des französischen und britischen Verwaltungsgerichtsverfahrens, S. 83 ff.; aber auch die liberalere Rspr., z.B. [1995] 1 All ER 611 ff. *„R vs. Secretary of State for Forgein and Commonwelth Affairs, ex parte World Development Movement Ltd.“*.

[363] So ist der Wortlaut irischer Gesetze, die die Voraussetzung des *locus standi* regeln, mit dem englischen Gesetz identisch, vgl. zum irischen Verwaltungsrecht und den Voraussetzungen des *locus standi*: *Morgan/Hogan*, Administrative Law, S. 331 ff.

[364] Auch in Italien ist für den Verwaltungsprozess das rechtlich geschützte Interesse maßgeblich, nur im Zivilprozess wird nach dem subjektiven Recht gefragt, vgl. *Kindler*, Einführung in das italienische Recht, S. 65.

[365] Siehe zur Schutznormtheorie auch *Bühler*, Die subjektiven öffentlichen Rechte und ihr Schutz in der deutschen Verwaltungsrechtsprechung, S. 21, *Bauer*, Geschichtliche Grundlagen der Lehre des subj. öffentlichen Rechts, S. 140.

In diesem Zusammenhang ist aber eine der Gemeinsamkeiten der mitgliedstaatlichen Rechtsordnungen deutlich zu formulieren. Allen Vorstellungen ist schließlich inhärent, dass um eine Lösung gerungen wird, in welchen Konstellationen das für eine Klage notwendige rechtliche Interesse anerkannt wird. An dieser Stelle beeinflussen die jeweiligen nationalen Rechtstraditionen das Ergebnis. Aus dieser Analyse wird aber auch ersichtlich, dass die praktizierten Ansätze in Frankreich und Deutschland sich nicht diametral gegenüberstehen, sondern die Übergänge fließend sind. So wird beispielsweise in Deutschland und in bestimmten Fällen in Frankreich gesetzlich vorgegeben, wann das rechtlich geschützte Interesse vorliegt[366].

Das zweite und wichtigste Korrelat ergibt sich daraus, dass alle Rechtsordnungen eine etwaige Prozessführung nur zulassen, wenn der Beschwerdeführer eine Individualberechtigung reklamieren kann. Die Interpretation eines rechtlichen Interesses dient folglich dem Ausschluss der Popularklage[367], den die Mitgliedstaaten mit Ausnahme Portugals – selbst dort nur unter dem Vorbehalt des tatsächlich Möglichen[368] – anstreben. In allen anderen Rechtsordnungen ist die Popularklage nur in Ausnahmefällen vorgesehen. Das zur Stützung dieses Ergebnisses am häufigsten bemühte Argument ist die Funktionstüchtigkeit und –garantie der Rechtspflege.

Fraglich ist allerdings, ob dieser Begründungsansatz auch wirklich trägt. Dies wäre wohl nur dann der Fall, wenn die Existenz einer Popularklagemöglichkeit innerhalb einer Rechtsordnung die Funktionstüchtigkeit der Rechtspflege tatsächlich gefährdete. Problematisch ist dabei die Einbringung querulatorischer Anträge. Gleichwohl wird man skeptisch sein müssen, ob tatsächlich zahlreiche querulatorische Klagen eingereicht werden würden, da mit einer Klage doch erhebliche Mühen sowie Kosten verbunden sind. Bei Klägern, denen ein „eigentliches" Interesse an der Klage fehlt, wird man unterstellen können, dass sie durch die außerprozessualen Hürden wie beispielsweise Kosten oder notwendige Recherchen abgeschreckt werden. Überdies würden wohl nur wenige Anträge gestellt, die rein querulatorischer Natur sind. Diese wenigen Klagen würden es nicht vermögen, die Funktionstüchtigkeit der Rechtspflege in Frage zu stellen. Für dieses Ergebnis sprechen zum Beispiel die Erfahrungen, die in Bayern mit

---

366 Siehe hierzu für das französische Recht Art. 1 des Gesetzes vom 19. Juli 1976 bezüglich eingestufter Anlagen zum Schutz der Umwelt „iii) Frankreich". Für das deutsche Recht ergibt sich dieser Gedanke aus der Schutznormtheorie.

367 Stellv. für das englischen Recht, *Joenes* in: Koeman, Environmetal Law in Europe, S. 576; für das französische Recht, *Vedel/Devolvé*, Le système français de protection des administés contre l'administration, Rn. 481 ff; im deutschen Recht ergibt sich dies bereits aus Art. 19 Abs. 4 GG.

368 *Thym*, NuR 2000, S. 557 (560).

der Popularklage zum Verfassungsgerichtshof gesammelt wurden[369]. Eine prinzipielle Überlastung der Rechtsprechung müsste wohl nicht befürchtet werden. Hinzu kommt überdies, dass durch die Festlegung einer Klagefrist eine Begrenzung der Klagemöglichkeit immerhin möglich wäre.

Grundsätzlich gilt, dass die Judikative als dritte Gewalt eine staatstragende Rolle spielt. Da sich die EU in rechtsstaatlicher Tradition verwurzelt sieht und dies auch im Vertrag über die Europäische Union verankert ist[370], nimmt auch dort eine funktionierende Judikatur eine besondere Stellung ein. Aus dem Rechtsvergleich kann wohl bei aller Vorsicht darauf geschlossen werden, dass auch ein europarechtlicher Ansatz die Popularklage ausschließen sollte und folglich notwendigerweise die Frage nach der individuellen Schutzposition oder zumindest einer Individualberechtigung gestellt werden muss. Individuelle Rechtspositionen dienen unter prozessualem Aspekt dazu, die in Rede stehende Rechtsposition – und nur sie – der Klagefähigkeit zuzuführen. Ferner gibt aber der Rechtsvergleich keine Lösung des Problems für das Europarecht vor, sondern stellt lediglich Varianten dar, die bei der Rechtsentwicklung von Bedeutung sein können. Die europarechtliche Dogmatik wird darüber hinaus von originären Wertentscheidungen des Europarechts und der Rechtsprechung angereichert. Erst in der Konsequenz ergibt sich eine europarechtliche Lösung. Fernerhin legt der Rechtsvergleich den Schluss nahe, dass die Diskussion über das subjektive Recht nicht zuletzt wegen der klagebegründenden Bedeutung im Rahmen des deutschen Rechts ein Spezifikum der deutschen Rechtsordnung darstellt.

(2) Streitstand in der Literatur zum Gemeinschaftsrecht

Nach dem vorgetragenen Rechtsvergleich soll nun aufgezeigt werden, wie die Literatur zum Gemeinschaftsrecht das Problem der Entwicklung einer individuellen Rechtsposition angeht. Es erscheint angesichts der divergierenden Rechtslagen in den anderen Mitgliedstaaten einleuchtend, dass sich insbesondere die deutschsprachige Literatur mit dieser Problematik auseinandersetzt.

Gerade im Bereich der Voraussetzungen für individuelle Rechtspositionen im Gemeinschaftsrecht gibt es ein breit gefächertes Meinungsspektrum in der Literatur. Diese unterschiedlichen Strukturen begründen sich bereits dadurch, dass es grundsätzlich zwei eklatant divergierende Ansätze bei der Betrachtung der

---

[369] Nach Art. 98 S. 4 BV i.V.m. Art. 2 Nr. 7, 55 BayVerfGHG ist grundsätzlich eine Popularklage zum Bayerischen Verfassungsgerichtshof zulässig.

[370] Art. 6 Abs. 1 EU; aber auch schon in Art. F Abs. 1 EUV.

vorliegenden Frage gibt. Ein großer Teil des Schrifttums nimmt die Differenzierung zwischen der Entstehung einer individuellen Rechtsposition und deren (objektiver) Rechtsdurchsetzung nicht vor, während ein anderer Teil der Literatur dies erkennt. Innerhalb dieser Ansichten sind Einzelheiten sehr strittig und die Grenzen zwischen den einzelnen Positionen fließend.

Eine weit verbreitete Auffassung nimmt an, dass die Grundsätze der deutschrechtlichen Dogmatik der Schutznormtheorie auf gemeinschaftsrechtliche Sachverhalte übertragen werden können[371]. Diese Argumentation stützt sich einerseits auf die Rechtsprechung des EuGH zur Rechtssache „Francovich"[372] sowie andererseits auf verschiedene Urteile des EuG[373]. Einige Autoren zogen aus dem Urteil in der Rechtssache „Francovich" die Konsequenz, für diejenigen Mitgliedsstaaten, in deren Rechtsordnungen die Klagebefugnis nur eine untergeordnete Rolle spielt, im Sinne einer einheitlichen Rechtspraxis innerhalb der Union, die Einführung einer Klagebefugnis unter der Voraussetzung einer möglichen eigenen Rechtsverletzung zu fordern[374].

Eine Variante innerhalb dieser Ansicht sieht in Anlehnung an andere Urteilsbegründungen des EuGH eine individuelle Rechtsposition dann begründet, wenn die zugrunde liegende Richtlinie als Schutzzweck den Gesundheitsschutz beinhalte oder Rechte für den Einzelnen statuiere[375]. Diese Überlegungen zum Schutzzweck finden sich vielfach in der Literatur, freilich mit unterschiedlichen Nuancen. Einige Autoren präferieren (sinnvollerweise) einen europarechtlichen Ansatz mit einer eigenständigen Terminologie. Häufig wird hier von Interessen oder qualifiziertem Interesse gesprochen, welches dazu geeignet sein muss, den

---

371 *Cremer*, EWS 1999, S. 48 (53); *Betlem* in: Micklitz/Reich, Public Interest Litigation, S. 319 ff.; *Fuchs/Rapsch*, DÖV 1991, S. 873 (878); *Schockweiler*, EuR 1993, S. 107 (114); dies wird auch teilweise in der ausländischen Literatur so gesehen, vgl. z.B. *Waelbroek/Fosselard*, CMLRev. 1996, S. 811 (824), sie sprechen von *„protective norm"* (Schutznorm).

372 EuGH [Francovich] Slg. 1991, I-5357 ff. (s. insb. 5415, Tz. 40): *„Erstens muss das durch die Richtlinie vorgeschriebene Ziel die Verleihung von Rechten an Einzelne beinhalten. Zweitens muss der Inhalt dieser Rechte auf der Grundlage der Richtlinie bestimmt werden können.* [...]".

373 EuG [Antillean Rice Mills/Kommission] Slg. 1995, II-2310 (2332, Tz. 67); [Verenging van Exporteurs in Levende Varkens u.a./Kommission] Slg. 1995, II-2941 (2964, Tz. 61), hier stellt das EuG darauf ab, dass bei Vollzug gemeinschaftsrechtlicher Normen die Lage bestimmter (betroffener) Personen zu berücksichtigen ist; vgl. auch EuG [Vittel u.a./ Kommission] Slg. 1995, II-1247 (Tz. 36 ff.).

374 *Triantafyllou*, DÖV 1997, S. 192 (195 f.); *ders.*, DÖV 1992, S. 564 (569).

375 *Stüber*, Jura 2001, S. 798 (801); *Zuleeg*, NJW 1993, S. 31 (37); *Wegener*, ZUR 1994, S. 196 (197), *ders.*, IUR 1992, S. 35 (38), *Jadot*, Aménagement-Environnement, 1992, S. 157 (158).

Einzelnen von der Allgemeinheit abzuheben[376]. Andere geben einer nach Möglichkeit besonders großzügigen Interpretation den Vorzug[377].

Die extreme Gegenposition zu der vorgenannten Ansicht nehmen die Autoren ein, die unter den Voraussetzungen einer individuellen Rechtsposition lediglich die Faktoren der unmittelbaren Wirkung einer Richtlinie diskutieren[378]. So rücken in das Zentrum dieser Ansichten die Kriterien der hinreichenden Genauigkeit und der Unbedingtheit (sowie Umsetzungsfristablauf bei Richtlinien). Aus diesen Betrachtungen folgt für die Vertreter dieser Ansicht ein allgemeiner Normvollziehungsanspruch von Gemeinschaftsrecht[379]. Dies begründe sich zusätzlich durch einen Rechtsvergleich mit dem französischen Verwaltungsrecht. Hier spielen individuelle Schutzpositionen keine Rolle für eine Klagebefugnis. Damit sei die Tendenz zur Popularklage im Europarecht deutlich gegeben[380].

Einen Sonderweg scheint zunächst ein dritter Ansatz zu gehen[381]. Er unterstellt eine duale Struktur dergestalt, dass zwischen der Möglichkeit des Einzelnen sich auf unmittelbar wirkende – weil nicht umgesetzte – Richtlinien zu berufen und der durch den Schutzzweck der zugrunde liegenden Richtlinie intendierten Individualrechtsbegründung bei nationalem Umsetzungsrecht[382] unterschieden werden müsse. Auf nicht umgesetzte Richtlinien könne der Einzelne sich unter den Voraussetzungen der hinreichenden Genauigkeit und der Unbedingt-

---

376 Exemplarisch *Gellermann*, Beeinflussung des bundesdeutschen Rechts durch Richtlinien der EG, S. 51.

377 Zu diesem Problemkeis u.a. *Kahl*, Umweltprinzip und Gemeinschaftsrecht, S. 146; *Krämer*, WiVerw 1990, S. 138 (156); *Jarass*, NJW 1991, S. 2665 (2668); *Ward*, JEL 1993, S. 221 (242); *Mercatory*, JEL 1992, S. 298 (303); *Winter*, NUR 1991, S. 453 (455); *Gellermann*, Beeinflussung des bundesdeutschen Rechts durch Richtlinien der EG, S. 45 ff., 165 ff., insb. 170; *Classen*, EuZW 1993, S. 83 (85).

378 *Streinz*, Europarecht, S. 158 f. (Rn. 402 f.); *Nicolaysen*, Europarecht I, S. 33 ff.; *Krämer*, WiVerw 1990, S. 138 (140 ff.), hier spricht der Autor im Zush. mit der einschlägigen Rspr. von subj. Rechten.

379 *Von Danwitz*, Verwaltungsrechtliches System und Europäische Intergration, S. 235, 236 f., hier fordert er i.S.e. Normvollziehungsanspruchs: „[...] *und damit den in der deutschen Schutznormtheorie angelegten Zusammenhang von prozessualer Einklagbarkeit und materiellrechtlicher Klagebegründetheit aufzulösen.*“; *ders.*, DÖV 1996, S. 481 (489); *Breuer*, Entwicklungen des europäischen Umweltrechts, S. 15; ähnlich *Klein*, Unmittelbare Geltung, Anwendbarkeit und Wirkung von Europäischem Gemeinschaftsrecht, S. 20.

380 *Classen*, EuZW 1993, S. 83 (85); *Everling*, NVwZ 1993, S. 209 (214 f.); *ders.*, Jahrbuch des Umwelt- und Technikrechts, 1992, S. 3 (18); *ders.*, NVwZ 1987, S. 1 (6); *Wegener*, ZUR 1994, S. 196 f.; *Murswieck*, JuS 1992, S. 428 (430); *Woerling*, NVwZ 1985, S. 21 (23).

381 *Ruffert*, CMLRev. 1997, S. 307 ff.; *ders.*, Subjektive Rechte im Umweltrecht der europäischen Gemeinschaft, S. 145 ff.

382 *Ruffert*, CMLRev. 1997, S. 307 (322); *ders.*, Subj. Rechte im Umweltrecht der europ. Gemeinschaft, S. 157 f.

heit berufen[383]. Damit postuliert diese Ansicht einen allgemeinen Normvollziehungsanspruch hinsichtlich nicht umgesetzten EG-Rechts. Im Unterschied zur erstgenannten Auffassung, wird dieser aber inkonsequenterweise im Hinblick auf die prozessuale Durchsetzung davon abhängig gemacht, ob derjenige, der eine Richtlinie heranzieht auch ein berechtigtes Interesse daran hat[384]. Im Ergebnis läuft dies in beiden unterschiedenen Fällen auf eine Prüfung von individualrechtsbegründenden Kriterien hinaus, wie dies auch im Wesentlichen die erstzitierte Meinung proklamiert.

(3) Gemeinschaftsrechtlicher Ansatz

Im Anschluss an die Darstellung der im Schrifttum geäußerten Meinungen ist es nunmehr erforderlich, sich dem europarechtlichen Ansatz zur Lösung des Problemkreises „Eröffnung einer individuellen Schutzposition" zu nähern. Die herausgearbeiteten Literaturansichten sind dabei als theoretischer Hintergrund eines europarechtlichen Ergebnisses zu verstehen. Zu berücksichtigen sind zunächst die Wertungen, die das Gemeinschaftsrecht vorgibt. Das Hauptaugenmerk gilt indes der Rechtsprechung sowie der Rechtsfortbildung, die durch den Gerichtshof der Europäischen Gemeinschaften vorgenommen werden.

i) Maßstab aus Art. 230 Abs. 4 EG?

Um nunmehr die Interessen bzw. ein individuelles Recht mit hinreichender Sicherheit zu bestimmen, stellt sich die Frage, von welcher normativen Grundlage auszugehen ist. Denkbar sind zwei Alternativen: Zum einen könnte ein entsprechender Maßstab zur Entwicklung von Kriterien hinsichtlich einer individuellen Rechtsposition aus Art. 230 Abs. 4 EG unmittelbar gewonnen werden. Dafür spräche, dass es vorliegend um eine Auslegungsfrage zu Art. 230 Abs. 4 geht. Zum anderen gäbe es die Möglichkeit, die Rechtsprechung zur „Einklagbarkeit individueller Rechtspositionen vor den mitgliedstaatlichen Gerichten aufgrund gemeinschaftsrechtlicher Normen" heranzuziehen. Der Vorteil des zweiten Lösungswegs wäre darin zu sehen, dass es hierzu eine eingehende Rechtsprechung gibt, die im Schrifttum im Wesentlichen auf eine breite Zu-

---

383 *Ruffert*, CMLRev. 1997, S. 307 (312); *ders.*, Subj. Rechte im Umweltrecht der europ. Gemeinschaft, S. 175.

384 *Ruffert*, Subjektive Rechte im Umweltrecht der europäischen Gemeinschaft, S. 176 ff.; ähnlich *ders.*, CMLRev. 1997, S. 307 (324 ff.).

stimmung stößt[385]. Insgesamt gibt es in diesem Bereich – trotz wissenschaftlicher Diskussionen in Einzelbereichen[386] – eine Dogmatik, auf deren Basis gesicherte Aussagen getroffen werden können. Eine derart gesicherte Dogmatik gibt es bei der Interpretation von besonderen Interessen bzw. spezifischen Rechten im Rahmen des Art. 230 Abs. 4 EG, die eine individuelle Betroffenheit auslösen können, nicht. Hier orientiert sich die Rechtsprechung häufig an den Umständen im Einzelfall und hat bisher viele Fragen offen gelassen[387], so dass gesicherte Erkenntnisse hinsichtlich spezifischer Rechte nicht allein auf der Basis des Art. 230 Abs. 4 EG gewonnen werden können.

Eine Diskussion über die Heranziehung der Kriterien aus der Rechtsprechung bezüglich der Einklagbarkeit von individuellen Rechtspositionen, wie sie im Wesentlichen in der Rechtssache „Becker"[388] dargelegt worden sind, hat – soweit ersichtlich – weder in der Literatur noch in der Rechtsprechung in dieser Deutlichkeit stattgefunden. Diskutiert wurde bisher nur die umgekehrte Konstellation, nämlich, ob die bisherigen Interpretationen zur „individuellen Betroffenheit" im Sinne des Art. 230 Abs. 4 EG ein taugliches Instrument für die Be-

---

385 Streitig ist zwischen Teilen der Literatur und der Rspr. vor allem vor allem die Frage, ob eine horizontale Direktwirkung von Richtlinien zugelassen werden soll; siehe unter anderem bei: *Middeke*, Nationaler Umweltschutz im Binnenmarkt, S. 57 ff.; *Kahl*, Umweltprinzip und Gemeinschaftsrecht, S. 155 ff.; *Emmert*, EWS 1992, S. 56 (64 ff.); *Winter*, DVBl. 1991, S. 657 (664 f.); *Nicolaysen*, Europarecht I, S. 165; *ders.*, EuR 1986, S. 370 f.; *ders.*, EuR 1984, S. 380 (385 ff.); *Curtin*, CMLRev. 1990, S. 709 (723); *dies.*, ELRev. 1990, S. 195 (196); *Prechal*, CMLRev. 1990, S. 451 ff.

386 Siehe neben der Diskussion um die „horizontale Direktwirkung" das Sonderproblem einer „objektiven unmittelbaren Richtlinienwirkung" ohne zugrunde liegende individuelle Rechtsposition; vgl. zum Begriff etwa: *Lackhoff/Nyssens*, ELRev. 1998, S. 397 (398). Anstoß dieser Diskussion war die Rechtssache „Großkrotzenburg" (EuGH, Slg. 1995, I-2189 ff.). Gegenstand des Verfahrens war eine unterlassenen UVP, da die entsprechende UVP-Richtlinie (RL 85/337/EWG in ABl. 1985 Nr. L 175, S. 40 ff.) noch nicht in nationales Recht umgesetzt war. Der Gerichtshof nahm dennoch eine Bindung der nationalen Behörden an die Vorschriften der UVP-Richtlinie an. Eine objektive Direktwirkung befürwortend: *Epiney*, DVBl. 1996, S. 409 (412); *Streinz*, Europarecht, S. 159 (Rn. 403); *Ress* in: Gedächtnisschrift für Ahrens, S. 351 (357); *Langenfeld*, DÖV 1992, S. 955 (957); eher skeptisch: *Calliess*, NVwZ 1996, S. 339 (341); *Jarass*, Grundfragen der innerstaatlichen Bedeutung des EG-Rechts, S. 81 f.; mit Sondervotum *Winter*, ZUR 2002, S. 313 (315), der grundsätzlich die Direktwirkung von Richtlinien zulassen will, außer bei der Einführung strafrechtlicher Sanktionen durch eine Richtlinie wegen des Prinzips „nulla poene sine lege".

387 Dazu auch *Schwarze* in: Schwarze, EU-Kommentar, Rn. 39, 45 zu Art. 230.

388 EuGH [Becker] Slg. 1982, 53 (71, Tz. 25): „*Die Einzelnen* [Erg.: können sich] *in Ermangelung von fristgemäß erlassenen Durchführungsmaßnahmen auf Bestimmungen einer Richtlinie, die inhaltlich als unbedingt und hinreichend genau erscheinen, gegenüber allen innerstaatlichen, nicht richtlinienkonformen Vorschriften berufen; Einzelne können sich auf diese Bestimmungen auch berufen, soweit diese Rechte festlegen, die dem Staat gegenüber geltend gemacht werden können.*"

stimmung der Voraussetzungen einer individuellen Rechtsposition sein können[389].

Ausgangspunkt dieser Überlegungen ist die „Plaumann-Formel“[390]. Nach dieser Formel wird grundsätzlich die individuelle Betroffenheit im Sinne des Art. 230 Abs. 4 EG in den Konstellationen ermittelt, in denen ein Individualkläger eine an Dritte ergangene Maßnahme anfechten möchte[391]. Aus der Plaumann-Formel wird ersichtlich, dass die individuelle Betroffenheit nicht an den Begriff des subjektiven Rechts gekoppelt ist[392]. Es geht vielmehr um die Beeinträchtigung eines rechtlich geschützten Interesses[393], wobei bloße Betroffenheit als Wirtschaftsteilnehmer irrelevant ist[394]. Die Rechtsprechung zieht bei der Erkenntnis, ob Sekundärrecht eine individuelle Schutzposition verleiht, die Wertungen aus Art. 230 Abs. 4 EG nicht direkt heran[395]. Daher ist eine Übertragung der Kriterien, wie sie in Art. 230 Abs. 4 EG vorzufinden sind, für die Frage der Entwicklung einer individuellen Rechtsposition vielfach für ungeeignet angesehen worden, um hieraus eine allgemeinverbindliche Aussage abzuleiten[396]; sie können allerdings die vorliegenden Erkenntnisse abrunden.

---

389 *Wegener*, Rechte des Einzelnen – die Interessentenklage im europäischen Umweltrecht, S. 158 f., m.w.N.; mit einem solchen Ansatz: EuGH [Zuckerfabrik Südtherdithmarschen] Slg. 1991, I-415 (543, Tz. 27), hier finden die Grundsätze aus Art. 242 EG (in der zit. Entscheidung Art. 185 EGV) zur Entwicklung eines einstweiligen Rechtsschutzes gegen Maßnahmen, die auf sekundärem Gemeinschaftsrecht beruhen, im Rahmen des nationales Recht Anwendung (gemeinschaftsrechtskonforme Auslegung).

390 EuGH [Plaumann] Slg. 1963, 211 (238): *„Wer nicht Adressat einer Entscheidung ist, kann nur dann geltend machen, von ihr unmittelbar betroffen zu sein, wenn die Entscheidung ihn wegen bestimmter persönlicher Eigenschaften oder besonderer, ihn aus dem Kreis aller übrigen Personen heraushebender Umstände berührt und ihn daher in ähnlicher Weise individualisiert wie den Adressaten.“*

391 Seither st. Rspr. des EuGH: u.a. [Spijker/Kommission] Slg. 1983, 2559 (2566, Tz. 8); [Piraiki, Patraiki u.a./ Kommission] Slg. 1985, 207 (242, Tz. 11); [Deutsche Lebensmittelwerke u.a./Kommission] Slg.1987, 2265 (2286, Tz. 10); [Cook/Kommission] Slg. 1993, I-2487 (2527, Tz. 20); [Matra/Kommission] Slg. 1993, I-3202 (3254, Tz. 14); [Greenpeace International u.a./Kommission] Slg. 1998, I-1651 (1708, Tz. 7; 1715, Tz. 28); ferner EuG [Air France/Kommission] Slg. 1994, II-323 (340, Tz. 42); [Greenpeace International u.a./Kommission] Slg. 1995, II-2205 (2226 f., Tz. 48 f.); [AIUFFASS und AKT/Kommission] Slg. 1995, II-1213 (1232 ff., Tz. 38 ff., insb. Tz. 40).

392 *Schwarze* in: Schwarze, EU-Kommentar, Rn. 30 zu Art. 230; *Cremer*, Forschungssubventionen im Lichte des EGV, S. 221; *Everling*, ZfRV 1992, S. 241 (251).

393 EuGH [Cofaz] Slg. 1986, 391 (416).

394 EuGH [Plaumann] Slg. 1963, 211 (239 f.); EuGH [RAR/Rat] Slg. 1989, 2045.

395 Siehe hierzu EuGH [Kommission/Deutschland] Slg. 1991, I-825 ff.; EuGH [Kommission/ Deutschland] Slg. 1991, I-2607 ff.; EuGH [Kommission/Deutschland] Slg. 1991, I-2567 ff.

396 Ebenso *von Danwitz*, VerwArch 1993, S. 73 (88); *Frenz*, DVBl. 1995, S. 408 (410).

Fraglich ist, ob dieser Befund für den hier interessierenden umgekehrten Fall ebenso gilt. Im vorliegenden Fall ist die Frage zu beantworten, ob aus der Rechtsprechung zur „Einklagbarkeit individueller Rechte vor den mitgliedstaatlichen Gericht aufgrund gemeinschaftsrechtlicher Normen“ Erkenntnisse in Bezug auf die Auslegungsfrage zu Art. 230 Abs. 4 EG gewinnen lassen. Dieser Rückschluss erscheint nicht zuletzt wegen der noch ungeklärten Zusammenhänge im Bereich des besonderen Interesses bzw. des spezifischen Recht zulässig und sogar angebracht, da der Gerichtshof ein spezifisches Recht nur dann angenommen hat, wenn sich dies auf eine normative Grundlage stützen konnte[397]. In der Konsequenz ist nunmehr zu prüfen, unter welchen Voraussetzungen ein individuelles Interesse bzw. eine individuelle Rechtsposition entsteht. Dabei ist zunächst zu untersuchen, wann ein individuelles Interesse aufgrund einer gemeinschaftsrechtlichen Norm erkannt werden kann und sodann welche Voraussetzungen für die Begründung einer individuellen Schutzposition noch hinzutreten müssen.

ii) Schutzzweckerwägungen

Als Ausgangspunkt der Erkenntnisgewinnung in Bezug auf Schutzzweckerwägungen muss zunächst geprüft werden, ob der EuGH überhaupt derartige Betrachtungen anstellt. Dabei spielt immer wieder die Umsetzung von EG-Richtlinien eine Rolle. Nach ständiger Rechtsprechung postuliert der EuGH bei der Transformation von Richtlinien in nationales Recht hinreichende Umsetzungsklarheit und –genauigkeit. Dadurch soll die tatsächliche, vollständige Anwendung einer Richtlinie durch die Behörden der Mitgliedsstaaten sichergestellt werden und soweit die Richtlinie Ansprüche des Einzelnen begründet, sollen die Begünstigten in die Lage versetzt werden, von ihren Rechten Kenntnis zu erlangen und ihre Rechte auch geltend zu machen[398]. Aufgrund dieser Argumentation lehnt die Rechtsprechung eine Umsetzung individualschützender Richtlinien mittels Verwaltungsvorschriften ab. Untermauert wird diese Doktrin durch die Überlegung, dass bei reinen Verwaltungsvorschriften die Exekutive diese jeder-

---

[397] EuGH [Cordoniu/Rat] Sg. 1994, I-1853 (1886, Tz. 21); [Asocarne/Rat] Slg. 1995, I-4149 (4163, Tz. 43); [CNPAAP/Rat] Slg. 1996, I-2004 (2016, Tz. 36).

[398] Z.B. EuGH [Emmot] Slg. 1991, I-4269 (4298); [Kommission/Deutschland] Slg. 1991, I-2567 (2605); [Kommission/Niederlande] Slg. 1990, I-851 (880); *Ruffert*, DVBl. 1998, S. 69 (72); *Rengeling*, DVBl. 1995, S. 945 (951 ff.); *Himmelmann*, DÖV 1996, S. 145 (149 f.); *Pernice*, EuR 1994, S. 325 (330 ff.); *Uerpmann*, BayVBl. 2000, S. 705 (710); *Ruthig*, BayVBl. 1997, S. 289 f.

zeit nach Belieben abändern kann[399]. Fernerhin wäre durch die mangelnde Transparenz bei der Umsetzung von Richtlinien mittels Verwaltungsdekreten die Stellung der Kommission als Hüterin des Gemeinschaftsrechts gefährdet[400].

Im Hinblick auf den Schutzzweck der Norm lässt sich aus dieser Rechtsprechung ableiten, dass der EuGH nur unter bestimmten Voraussetzungen der Norm Schutzzweckcharakter unterstellt. Ohne diese Voraussetzungen sind Normen aus der Sicht des Europarechts wegen fehlender Rechtsklarheit gar nicht im Stande, einen Schutzzweck zu erfüllen[401]. Zwar bezieht sich die vorstehende Rechtsprechung auf Umsetzungsrecht, welches durch die Mitgliedstaaten geschaffen wird, gleichwohl werden hieran die Schutzzweckerwägungen des EuGH belegt. Ohne weitere Ergebnisse vorwegzunehmen, kann hier bereits festgestellt werden, dass betreffende Normen Außenwirkung gegenüber dem Bürger entfalten müssen, um einen Schutzzweck erfüllen zu können. Probleme können dabei insbesondere bei Richtlinien oder bei europarechtlichen Verwaltungsvorschriften auftreten. Allerdings wird wohl nur selten eine gemeinschaftsrechtliche Verwaltungsvorschrift anzutreffen sein, da nur wenige Bereiche der Verwaltung durch die Gemeinschaft selbst vollzogen werden (sog. gemeinschaftsunmittelbarer Vollzug)[402]. Dies beantwortet allerdings noch nicht die Frage, wann ein Schutzzweck unterstellt werden darf.

Zur Ermittlung eines gemeinschaftsrechtlichen Maßstabes bezüglich solcher Normen im Europarecht könnten möglicherweise die Grundsätze des „Francovich-Urteils“[403] heranzuziehen sein. Die Rechtsprechung erkannte hier den Zusammenhang zwischen unmittelbarer Individualrechtsbegründung und Normintention an. Entscheidendes Kriterium für die Entstehung eines Rechtes ist die Überlegung, ob die Richtlinie Rechte des Einzelnen zu begründen vermag[404]. Wie bereits gesehen, werden aufgrund dieser Argumentation schutzzwecktheoretische Erwägungen angestellt. Es ergibt sich daher die Frage, ob sich aus derartigen Schutzzwecküberlegungen europarechtliche Erkenntnisse gewinnen las-

---

[399] EuGH [Kommission/Italien] Slg. 1986, 2945 (2961); *Vedder*, EWS 1991, S. 293 (295); *Gellermann/Szczekalla*, NuR 1993, S. 54 (57).

[400] *Gellermann*, Beeinflussung des bundesdeutschen Rechts durch Richtlinien der EG, S. 22 ff.

[401] *Von Danwitz*, VerwArch 1993, S. 73 (88); *Rengeling*, DÖV 1996, S. 145 (149).

[402] Zum gemeinschaftsunmittelbaren Vollzug: Bergmann, BWVBl. 2000, S. 169 (185); Kunze, BWVBl. 2001, S. 5 (11); *Streinz*, Europarecht, S. 194 f. (Rn. 463 ff.), 197 (477 f.).

[403] EuGH [Francovich] Slg. 1991, I-5357 ff.

[404] EuGH [Francovich] Slg. 1991, I-5357 (5415, Tz. 40): *„Erstens muss das durch die Richtlinie vorgeschriebene Ziel die Verleihung von Rechten an Einzelne beinhalten. Zweitens muss der Inhalt dieser Rechte auf der Grundlage der Richtlinie bestimmt werden können.* [...]“; Schutzzwecküberlegungen auch in EuGH [Kampfmeyer] Slg. 1967, 331 (354 f.); EuGH [Transporoute] Slg. 1982, 417 (428 f.).

sen. Ein Teil der Literatur kritisiert diese Vorgehensweise allerdings als unzulässige Übertragung deutschen Rechtsdenkens auf europarechtliche Sachverhalte[405]. Für einen möglichen Erkenntnisgewinn ist eine Analyse wichtiger EuGH-Urteile in Umweltsachen vorzunehmen.

In seinem Urteil zur Bleirichtlinie[406] beruft sich der EuGH bei der Prüfung der maßgeblichen Vorschriften auf den Gedanken des Gesundheitsschutzes, der den Einzelnen in die Lage versetzt, sich auf die betreffende Richtlinie zu berufen[407]. Den gleichen Gedanken formuliert das Gericht in seinem Urteil zur Schwefeldioxid-Richtlinie[408]. Die Richt- und Grenzwerte der streitgegenständlichen Richtlinie bezweckten nach der Rechtsprechung den Gesundheitsschutz[409]. Diesem Paradigma schloss sich der EuGH in seiner Entscheidung zu den Richtlinien für Oberflächenwasser zur Trinkwassergewinnung an[410]. Er stellte fest, dass die zu Grunde liegenden Richtlinien den Schutz der Volksgesundheit zum Ziel haben[411].

Aufgrund dieser Stellungnahmen durch den EuGH muss danach gefragt werden, ob die engen Voraussetzungen, die durch die Schutznormtheorie im deutschen Recht gelten, auch im Europarecht Anwendung finden[412]. Gegen diese Annahme sprechen jedoch verschiedene Argumente.

In der deutschen Rechtsdogmatik wird im Rahmen der Schutzzweckbetrachtungen streng danach unterschieden, ob eine Norm ausschließlich Allgemeininteressen dient oder darüber hinaus auch den Schutz von Individualinteressen bezweckt[413]. Sollte nun die Schutznormthoerie Einzug in europarechtliche Be-

---

405 *Gellermann*, Beeinflussung bundesdeutschen Rechts durch Richtlinien der EG, S. 51; a.A. *Jarass*, NJW 1991, S. 2665 (2667); *ders.*, NJW 1994, S. 881 (883); *Hailbronner*, JZ 1992, S. 284 (288); *Triantafyllou*, DÖV 1997, S. 192 (195 ff.); *ders.*, DÖV 1992, S. 564 (569).

406 EuGH [Kommission/Deutschland] Slg. 1991, I-2607 ff.; urspr. Version der Bleirichtlinie 82/884/EWG bzgl. der Grenzwerte für Blei in der Luft in ABl. 1982 Nr. L 378, S. 15.

407 EuGH a.a.O., S. 2631 (Tz. 19): „[...], *dass die Betroffenen in allen Fällen, in denen die Überschreitung des Grenzwertes die menschliche Gesundheit gefährden könnte, in der Lage sein müssten, sich auf zwingende Vorschriften zu berufen, um ihre Rechte geltend machen zu können.*“

408 EuGH [Kommission/Deutschland] Slg. 1991, I-2567 ff.; urspr. Version der Schwefeldioxid-RL 80/779/EWG bzgl. der Grenzwerte und Leitwerte der Luftqualität für Schwefeldioxid und Schwebestaub in ABl. 1980 Nr. L 229, S. 30.

409 EuGH a.a.O, S. 2601 (Tz. 16).

410 EuGH [Kommission/Deutschland] Slg. 1991, I-4983 (5023, Tz. 14); urspr. Versionen der Oberfächenwasser- RL 75/44/EWG bzgl. dessen Qualitätsanforderungen in ABl. 1975 Nr. L 194, S. 34 sowie Meßmethoden-RL 79/869/EWG in ABl. 1979 Nr. L 271, S. 44.

411 EuGH a.a.O.

412 So *Triantafyllou*, DÖV 1997, S. 192 (195 ff.); *ders.*, DÖV 1992, S. 564 (569).

413 *Schoch*, NVwZ 1999, S. 457 (458); *Kokott*, DV 1998, S. 335 (349); *Huber*, Konkurrentenschutz im Verwaltungsrecht, S. 103 ff.; *Maurer*, Allgemeines Verwaltungsrecht, S. 157 f.;

trachtungen gehalten haben, so müsste diese unabdingbare Differenzierung ebenfalls ihren Niederschlag im Europarecht finden. Im Gemeinschaftsrecht gibt es zwar auch prinzipiell die Unterscheidung nach Allgemeininteresse und Individualinteresse. Dies zeigt sich in der Judikatur des EuGH, indem er erklärt, dass der Schutz von Individualinteressen nicht ausgeschlossen werde, wenn die zugrunde liegende Norm dem Allgemeininteresse dient[414]. Allerdings zeigt sich die entscheidende Divergenz zwischen der europarechtlichen und der deutschrechtlichen Lösung in der Interpretation, wann welches Interesse verifiziert werden kann. Nach der deutschen Rechtstradition muss bei jeder Norm gesondert verifiziert werden, ob sie fernerhin (tatsächlich) dem Schutz individueller Interessen dient, während das Europarecht den Individualinteressenschutz – großzügiger als das deutsche Recht – bei erkanntem Allgemeininteressenschutz nicht ausschließt. Es besteht demnach ein gradueller Unterschied zwischen der gemeinschaftlichen Rechtsdogmatik und der deutschen Rechtsdogmatik[415]. Gestützt wird dieser Befund anhand der Rechtsprechung in der Rechtssache „Oberflächenwasser". Hier hatte der zuständige Generalanwalt dargelegt, dass die dem Rechtsstreit zugrunde liegenden Richtlinien sich zuvörderst an die Wasserversorgungsunternehmen richteten. Er zog aus diesem Umstand die Konsequenz, dass eine Berechtigung anderer ausscheide[416]. Diese Argumentation entspricht in etwa der strengen Argumentation nach der Schutznormtheorie. Diese Erwägungen hat der Gerichtshof allerdings – wie bereits gesehen – nicht akzeptiert und lehnte diese Ansicht mit Hinweis auf den bezweckten Schutz der Volksgesundheit ab[417].

Im Ergebnis werden nicht die strengen Maßstäbe der Schutznormtheorie adaptiert, vielmehr dienen Betrachtungen zum Schutzzweck von Gemeinschaftsnormen lediglich als Filter, ob die Norm überhaupt den Bürger, im Sinn einer abstrakten Berufensmöglichkeit, begünstigen kann. Sobald dies der Fall ist, liegt nach der Rechtsprechung eine wichtige Voraussetzung vor, die ein Individuum berechtigt, aufgrund der in Rede stehenden Norm Rechte geltend zu machen. Wichtig ist aber, dass die Individualberechtigung in Form personenbezogener Rechtsgüter bereits in der Norm angelegt sein muss. Mithin muss mit dem

---

Eisele, Subjektive öffentliche Rechte auf Normenerlass, S. 44; *Bauer*, AöR 1988, S. 582 (583).

414 EuGH [Kampfmeyer] Slg. 1967, 331 (355): „[...] *dass* [Erg.: die von einer europarechtlichen Norm erfassten] *Interessen allgemeiner Art sind, schließt nicht aus, dass sie auch die Interessen einzelner* [...] *umfassen.*"

415 I.d.S. ebenfalls *Stüber*, Jura 2001, S. 798 (801).

416 GA Jacobs in EuGH [Kommission/Deutschland] Slg. 1991, I-4983 (5008).

417 EuGH [Kommission/Deutschland] Slg. 1991, I-4983 (5023, Tz. 14); urspr. Versionen der Oberfächenwasser- RL 75/44/EWG bzgl. dessen Qualitätsanforderungen in ABl. 1975 Nr. L 194, S. 34 sowie Meßmethoden-RL 79/869/EWG in ABl. 1979 Nr. L 271, S. 44.

Schutz von Allgemeininteressen auch ein Schutz von Individualinteressen einhergehen. Eine konkrete Ausgestaltung erfährt die individuelle Schutzposition im Fall einer Richtlinie erst durch den Umsetzungsakt des Mitgliedstaates. An diesem Punkt kann dann die gemeinschaftsrechtskonforme Auslegung eine Rolle spielen[418].

Nach der Rechtsprechung ist der Schutzzweck kein Kriterium, das dazu dient, den Zugang zum Rechtsschutz restriktiv zu gestalten. Vielmehr ist die Jurisdiktion an dieser Stelle sehr großzügig in ihren Anschauungen. Es findet keine Ab- und Eingrenzung einer Gruppe von potentiellen Rechtsträgern statt. Korrektiv zur Begrenzung der Klagebefugnis ist nach der Rechtsprechung hingegen das Merkmal der „unmittelbaren und individuellen Betroffenheit" nach Art. 230 Abs. 4 EG.

Abschließend stellt sich die Frage, welche Schlüsse im Hinblick auf die Begründung einer individuellen Rechtsposition gezogen werden können. Letztlich ist der Schutzzweck der Norm als notwendiges, freilich nicht hinreichendes Kriterium für die Begründung einer individuellen Schutzposition anzusehen. Deshalb ist die Frage zu erörtern, welche Merkmale noch hinzutreten müssen.

iii) Interessenschutz

In der Rechtssache „Grad"[419] hatte der EuGH die Frage zu beantworten, unter welchen Voraussetzungen die Durchsetzung von Gemeinschaftsrecht vor mitgliedstaatlichen Gerichten verlangt werden kann. Im Mittelpunkt der zitierten Entscheidung stand der Aspekt der unmittelbaren Wirkung einer staatengerichteten Entscheidung im Sinne des Art. 249 Abs. 4 EG. Nach der Judikatur stellte sich das Problem, wer sich aufgrund der Verbindlichkeit einer Entscheidung auf dieselbe berufen darf. Darf dies nur das Gemeinschaftsorgan gegenüber dem Adressaten oder darf dies jeder, der ein Interesse an der Erfüllung der Verpflichtung hat, die aus der Entscheidung resultiert, tun[420]? Nach der Rechtsprechung in den „Leber-Pfennig-Urteilen"[421] gibt es ein solches Recht für denjenigen, der ein

---

[418] Ähnlich *Ruffert*, DVBl. 1998, S. 69 (72); *Schoch*, NVwZ 1999, S. 457 (463 f.)

[419] EuGH [Grad] Slg. 1970, 825 ff.

[420] EuGH [Grad] Slg. 1970, 825 (Tz. 5): *„Namentlich die Bestimmung, dass Entscheidungen in allen Teilen verbindlich sind, erlaubt die Frage, ob sich auf die durch die durch die Entscheidung begründete Verpflichtung nur die Gemeinschaftsorgane gegenüber dem Adressaten berufen können oder ob ein solches Recht ggf. allen zusteht, die ein* ***Interesse*** *an der Erfüllung dieser Verpflichtung haben."*; Hervorhebung durch den Verfasser.

[421] EuGH [Lesage] Slg. 1970, 861 ff. und EuGH [Haselhorst] Slg. 1970, 881 ff.

Interesse nachweist. Entstanden ist damit eine neue Kategorie, nämlich die Frage nach dem Interesse eines potentiellen Klägers.

Der Schutz von Interessen blieb auch in der Folgezeit im Mittelpunkt der Rechtsprechung. Deutlich abzulesen ist dies anhand der Rechtssache „REWE – Butterfahrten“[422]. Eine Handelskette monierte, dass die Möglichkeit eines zollfreien Warenkaufs während so genannter Butterfahrten, die zeitweilig aus den Hoheitsgewässern der EG heraus führen, gegen sekundäres Gemeinschaftsrecht[423] verstoße. Der Ausgangsprozess zu dem Vorabentscheidungsersuchen wurde am Finanzgericht Hamburg geführt[424]. Nach deutschem Recht handelte es sich um eine Konkurrentenklage, die nach Auffassung des FG Hamburg zulässig war. Der Generalanwalt lehnte in seinem Schlussantrag[425] eine Klagebefugnis eines Konkurrenten aus Gründen der Einhaltung von gemeinschaftsrechtlichen Normen ab. Konkurrenten seien in der vorliegenden Konstellation Dritte. Spräche man Dritten ein Klagerecht in dieser Situation zu, bedeute dies umfangreiche Klagemöglichkeiten in Bezug auf die Durchführung unmittelbar geltenden Gemeinschaftsrechts, die quasi einer Popularklage gleich kämen. Nach Ansicht des Generalanwalts könne derjenige, der lediglich ein Interesse an der Einhaltung von gemeinschaftsrechtlichen Vorschriften habe, keine Klagebefugnis für sich in Anspruch nehmen[426]. Dieser Stellungnahme schloss der EuGH sich jedoch nicht an. Er bestätigte vielmehr, dass potentiellen Klägern die nach nationalem Recht eingeräumte Klagemöglichkeiten auch bezüglich europarechtsrelevanter Sachverhalte zustünden[427]. Der Gerichtshof erkannte damit eine Klage aus dem Motiv des Interessenschutzes weiterhin an.

Eine definitive Klärung dieser Frage brachte die Rechtssache „Verholen u.a./Sociale Verzekeringsbank“[428]. Gegenstand dieses Vorabentscheidungsverfahrens war die Frage der Vereinbarkeit einer niederländischen Bestimmung über Anrechnungszeiten bei der Festsetzung der Rentenhöhe mit der Richtlinie

---

[422] EuGH [REWE – Butterfahrten] Slg. 1981, 1805 ff.

[423] Im Einzelnen wurden Verstöße gegen die VO 1544/69/EWG des Rates vom 23. Juli 1969 über die zolltarifliche Behandlung von Waren, die im persönlichen Gepäck der Reisenden eingeführt werden in ABl. 1969 Nr. L 191, S. 1 ff., gegen die RL 69/169/EWG des Rates vom 28. Mai 1969 zur Harmonisierung der Rechts- und Verwaltungsvorschriften über die Befreiung von Umsatzsteuern und Sonderverbrauchssteuern bei der Einfuhr im grenzüberschreitenden Reiseverkehr in ABl. 1969 Nr. L 133, S. 6 ff. sowie gegen die VO 3023/77/EWG des Rates vom 20. Dezember 1977 über Maßnahmen, mit denen Missbräuche durch den Verkauf landwirtschaftlicher Erzeugnisse an Bord von Schiffen ein Ende bereitet werden soll in ABl. 1977 Nr. L 358, S. 2 ff. gerügt.

[424] Zum Sachverhalt: EuGH [REWE – Butterfahrten] Slg. 1981, 1805 (1826 f., Tz. 1 ff.).

[425] GA Capotorti zu EuGH [REWE – Butterfahrten] Slg. 1981, 1805 (1850 ff.).

[426] GA Capotorti zu EuGH [REWE – Butterfahrten] Slg. 1981, 1805 (1856).

[427] EuGH [REWE – Butterfahrten] Slg. 1981, 1805 (1837 f.)

[428] EuGH [Verholen u.a./Sociale Verzekeringsbank] Slg. 1991, I-3757 ff.

79/7/EWG[429]. Aufgeworfen wurde unter anderem die Frage, ob ein Kläger sich auf eine Richtlinienbestimmung berufen darf, wenn er nicht vom persönlichen Anwendungsbereich der Richtlinie erfasst wird. Der zuständige Generalanwalt beantwortete diese streitgegenständliche Frage negativ[430]. Der Gerichtshof schloss sich abermals der Auffassung seines Generalanwalts nicht an. Vielmehr stellte er fest, dass auch über den persönlichen Anwendungsbereich einer Richtlinie hinaus Personen sich auf eine Richtlinie berufen können, soweit sie ein „unmittelbares Interesse" nachweisen[431]. Der EuGH nimmt erneut den Begriff des Interesses in seine Rechtsprechung auf. Damit ist der Interessenschutz endgültig Bestandteil der nunmehr gefestigten Rechtsprechung[432]. Untermauert wird dieser Befund dadurch, dass auch die Generalanwälte fortan den Begriff des Interesses in ihrer Argumentation berücksichtigen[433].

(a) Bedeutung des Interessenschutzes für die individuelle Rechtsposition

Nunmehr stellt sich die Frage, welche Schlüsse aus der Rechtsprechung für den hier interessierenden Zusammenhang gezogen werden können. Zunächst zeigt sich, dass der Europäische Gerichtshof Klagen zulässt, die auf klägerischen

---

429 RL 79/7/EWG vom 19. Dezember 1978 zur schrittweisen Verwirklichung des Grundsatzes der Gleichbehandlung von Männern und Frauen im Bereich der sozialen Sicherheit in ABl. 1979 Nr. L 6, S. 24 f.

430 GA Darmon zu EuGH [Verholen u.a./Sociale Verzekeringsbank] Slg. 1991, I-3757 (3774, Tz. 25 f.): „*25. Die RL 79/7 verlangt die* [...] *Anwendung der Gleichbehandlung* ***innerhalb ihres Geltungsbereichs****. Wenn eine Person nicht in den Geltungsbereich fällt, so gehören die fraglichen nationalen Rechtsvorschriften nicht zu denen, für die die RL die Beachtung des Grundsatzes der Gleichbehandlung verbindlich vorschreiben wollte.* [...]
26. Da der Sachverhalt [...] *nicht unter die RL 79/7 fällt, kann das vorlegende Gericht* [...] *selbstverständlich nicht die Vereinbarkeit des nationalen Rechts mit dieser Richtlinie prüfen.*"; Hervorhebung auch im Original.

431 EuGH [Verholen u.a./Sociale Verzekeringsbank] Slg. 1991, I-3757 (3790, Tz. 23): „[...] *das Recht, sich auf die Richtlinie 79/7 zu berufen, nicht auf diejenigen beschränkt* [...], *die in den persönlichen Anwendungsbereich der RL fallen, da nicht ausgeschlossen werden kann, dass andere Personen ein* ***unmittelbares Interesse*** *daran haben können* [...]."; Hervorhebung durch den Verfasser.

432 Ebenso *Kahl*, Umweltprinzip und Gemeinschaftsrecht, S. 146; *Gellermann*, Beeinflussung des bundesdeutschen Rechts durch Richtlinien der EG, S. 49 ff.; *Hailbronner*, JZ 1992, S. 284 (288).

433 Z.B. GA van Gerven zu EuGH [Kommission/Italien] Slg. 1991, I-6011 (6018, Tz. 6); ferner GA Mischo zu EuGH [Francovich] Slg. 1991, I-5357 (5398, Tz. 77): „[...] *Es ist aber schon schwierig, sich Fälle vorzustellen, in denen ein Einzelner einen durch die Verletzung einer Rechtsnorm verursachten Schaden geltend machen könnte, wenn diese nicht zum* ***Schutz seiner Interessen*** *bestimmt ist.*", siehe auch Fn. 25 auf S. 5398; Hervorhebung durch den Verfasser.

Interessen beruhen. Damit erkennt die Rechtsprechung das Modell der Interessentenklage im Gemeinschaftsrecht an[434], während sich die deutsche Rechtsordnung am Modell der Verletztenklage orientiert[435]. Allerdings geht es im vorliegenden Fall darum, weitere Voraussetzungen einer individuellen Rechtsposition zu erfassen. Daher muss untersucht werden, ob sich aus dieser Erkenntnis Konsequenzen ergeben. Wenn der EuGH nun eine Klage aus dem Motiv potentiell verletzter Interessen zulässt, heißt dies andererseits, dass eine Rechtsposition sich aus einem berechtigen oder rechtlich geschütztem Interesse ergeben kann. Anders gewendet bedeutet das Interesse neben dem Schutzzweck der zugrunde liegenden Norm mithin eine zweite Voraussetzung einer individuellen Rechtsposition. Auf dieser zweiten Stufe der Prüfung, die dazu dient zu ermitteln, ob sich der Kläger im konkreten Fall auf eine Norm berufen darf, gibt es ähnlich wie im ersten Prüfungsschritt – Schutzzweck – Berührungspunkte mit der Schutznormtheorie, so dass sich erneut die Frage nach der Abgrenzung zur Schutznormtheorie stellt. Grundsätzlich bedarf es im Rahmen der Schutznormtheorie zur Begründung eines subjektiven Rechts eines zwingenden Rechtssatzes des objektiven Rechts, der zumindest auch den Schutz individueller Interessen bezweckt sowie dem Begünstigten die Rechtsmacht zur Durchsetzung[436] der geschützten Interessen einräumt[437]. Zu bedenken ist, dass im Gemeinschaftsrecht die Ermittlung des Interesses auf zwei Stufen der Gesamtprüfung der unmittelbaren Voraussetzungen einer individuellen Rechtsposition relevant wird, nämlich zunächst im Rahmen von abstrakten Schutzzwe-ckerwägungen und im zweiten Schritt bezüglich der Frage, ob sich der Kläger im konkreten Fall auf die streitige Norm berufen darf.

Freilich geschieht die Eingrenzung der Klagebefugten im Rahmen der deutschen Schutznormlehre sehr restriktiv – bereits bei der Überlegung, ob der Kläger durch den Schutzzweck der Norm erfasst wird – was Teile der Literatur veranlasst hat, vom „engen Korsett“[438] der deutschen Dogmatik zu sprechen. Es stellt sich also die Frage, ob sich auch das Europarecht im vorliegenden Prü-

---

[434] *Ruthig*, BayVBl. 1997, S. 289 (292 f.); *Ehlers*, VerwArch 1993, S. 139 (141, 149).

[435] *Wahl/Schütz* in: Schoch/Schmidt-Aßmann/Pietzner, VwGO, Rn. 7 f. zu § 42 Abs. 2; zur generellen Abgrenzung von Interessentenklage und Verletztenklage: *Skouris*, Verletztenklagen und Interessentenklagen, S. 7 ff.

[436] Speziell zu diesem dritten Element: *Petersen*, Der Drittschutz in der Baunutzungsverordnung, S. 15 ff.

[437] Zu diesen Kriterien: *Hölscheidt*, EuR 2001, S. 376 (379); *Stüber*, Jura 2001, S. 798 (799 f.); *Schoch*, NVwZ 1999, S. 457 (458); *Ruffert*, DVBl. 1998, S. 69; *ders.*, CMLRev. 1997, S. 307 (310 f.); ausführlich *Bauer*, AöR 1988, S. 582 ff.; zur historisch-rechtspolitischen Entwicklung: *Jellinek*, System der subjektiven öffentlichen Rechte, S. 86 ff.

[438] Siehe dazu *Winter*, NVwZ 1999, S. 467 (469); *Ruffert*, DVBl. 1998, S. 69 (72); *ders.*, CMLRev. 1997, S. 307 (335); *Schoch*, NVwZ 1999, S. 457 f.

fungssektor der Kriterien der Schutznormtheorie quasi durch „die Hintertür" bedient[439]. Um diese Problematik zu klären, ist zu prüfen, wie das Interesse im europarechtlichen Sinn ausgestaltet sein muss, damit eine Klageberechtigung vorliegt. Es ist also der Maßstab für die Interpretation des Interesses zu analysieren.

(b) Ausgestaltung des Interesses

Der Begriff des Interesses bereitet indessen Schwierigkeiten. Am Beispiel des deutschen Rechts zeigt sich, dass sowohl bei der Bestimmung als auch bei Abgrenzung von Allgemeininteresse und Individualinteresse durchaus argumentative Komplikationen bei der Differenzierung auftreten können[440]. Es kann einerseits zu Wertungswidersprüchen zwischen verschiedenen Problemkreisen kommen. Andererseits entscheiden verschiedene Gerichtszweige bestimmte Fragen nicht zuletzt deshalb unterschiedlich, weil sie auf unterschiedliche Kriterien zurückgreifen[441].

Der Europäische Gerichtshof führt in seiner Judikatur den Terminus des Interesses. Er hat es aber bisher vermieden, diesen Begriff näher zu erläutern. Lediglich in der Entscheidung „Verholen u.a./Sociale Verzekeringsbank" sprach der EuGH von einem unmittelbaren Interesse[442]. Damit wird klar, dass es sich vorliegend um ein graduelles Problem handelt. Es können also nicht alle irgendwie gearteten Interessen im vorliegenden Zusammenhang genügen. Eine nähere Spezifikation hat bisher noch nicht stattgefunden.

Allerdings beschränkt sich die Rechtsprechung in Umweltsachen nicht auf den Begriff des „(unmittelbaren) Interesses". Häufig bedient sich der EuGH vor allem im Bereich der Umsetzung von Umweltrichtlinien der Terminologie des „Betroffenen"[443], um den Kreis der potentiellen Kläger festzulegen. Dieser Begriff ist dem Gemeinschaftsrecht nicht unbekannt. Er hat neben Art. 230 EG in

---

[439] *Triantafyllou*, DÖV 1997, S. 192 (195 f.); *ders.*, DÖV 1992, S. 564 (569); *Cremer*, EWS 1999, S. 48 (53); *Betlem* in: Micklitz/Reich, Public Interest Litigation, S. 319 ff.; *Schockweiler*, EuR 1993, S. 107 (114); *Waelbroek/Fosselard*, CMLRev. 1996, S. 811 (824), gehen von der Anwendung der Schutznormtheorie im Europarecht aus.

[440] *Winter*, NVwZ 1999, S. 467 (468); schon *Bauer*, AöR 1988, S. 582 (594), m.w.N.

[441] *König*, Drittschutz, S. 77, 137 f.; die Autorin weist nicht zuletzt auf die Problematik der Konfusion zwischen Auslegung der Schutznorm und der Subsumtion unter die Schutznorm hin, vgl. a.a.O., S. 123 f.

[442] EuGH [Verholen u.a./Sociale Verzekeringsbank] Slg. 1991, I-3757 (3790, Tz. 23).

[443] Z.B.: EuGH [Roks u.a.] Slg. 1994, I-571 (601, Tz. 39 ff.); [Kommission/Deutschland] Slg. 1991, I-4983 (5023, Tz. 14); [Kommission/Deutschland] Slg. 1991, I-2607 (2631, Tz. 19); [Kommission/Deutschland] Slg. 1991, I-2567 (2601, Tz. 16); [Kommission/Italien] Slg. 1991, I-791 (816, Tz. 12).

Art. 6 Abs. 2 Spstr. 2 der UVP-Richtlinie[444] Einzug in das Gemeinschaftsrecht gehalten. Nach dieser Norm erhält die von einem bestimmten Projekt betroffene Öffentlichkeit Gelegenheit zur Anhörung. Eine weitere Untersuchung des Begriffs „Betroffener" nach der UVP-Richtlinie lohnt jedoch nicht, da Art. 6 Abs. 3 Spstr. 1 UVP-Richtlinie die Mitgliedstaaten ermächtigt, den Kreis der betroffenen Personen festzulegen. Bekanntlich können nationale Regelungen Gemeinschaftsrecht grundsätzlich nicht interpretieren[445].

Die Literatur hilft sich zuweilen damit, dass sie eine unmittelbare, individuelle und erhebliche Betroffenheit postuliert[446]. Um letztlich der Frage auf die Spur zu kommen, wann eine Person betroffen ist beziehungsweise ein Interesse geltend machen kann, ist zu untersuchen, in welchen Fällen der Gerichtshof dies angenommen hat. Dabei ist zunächst auf die bereits vorgestellte Rechtsprechung zur Schwefeldioxid-Richtlinie sowie zur Bleirichtlinie zurückzugreifen[447]. Der Gerichtshof argumentiert, dass die betreffenden Richtlinien den Schutz der Gesundheit bezwecken und es daher jedem Betroffenen im Fall einer potentiellen Gesundheitsgefährdung möglich sein muss, die Einhaltung der Grenzwerte zu reklamieren[448]. Eine analoge Bewertung nimmt der EuGH im Fall „Süßwasser-Richtlinie"[449] vor. Nach der zweiten Begründungserwägung der Richtlinie wird der Schutz der Volksgesundheit beabsichtigt. Folglich müssten Betroffene ihre Rechte für den Fall geltend machen können, dass das Unterlassen von Maßnahmen, die nach der Richtlinie obligatorisch sind, die menschliche Gesundheit gefährden könnte[450]. Betroffen ist demnach derjenige, der faktisch durch staatli-

---

444 RL 85/337/EWG über die Umweltverträglichkeitsprüfung bei bestimmten öffentlichen und privaten Projekten in ABl. 1985 Nr. L 175, S. 40 ff.

445 Diese Überlegung ergibt sich schon aus Art. 10 EG und den daraus resultierenden Gedanken des *„effet utile"* sowie der *„Einheitlichkeit der Auslegung des Gemeinschaftsrechts"*. Als eine Durchbrechung des *Grundsatzes der Einheitlichkeit der Auslegung des Gemeinschaftsrechts* könnte angesehen werden, dass die UVP nach deutscher Rechtsprechung lediglich als formales Erfordernis angesehen wird, nach britischer Rechtsprechung als materielles Erfordernis, das eine Genehmigung nichtig machen kann; vgl. dazu für die deutsche Rechtsordnung: VGH Mannheim BWVBl. 1994, 271 (274); BVerwGE 100, 238 (243); für das engl. Recht: *Ward*, JEL 1993, S. 221 ff., m.w.N.

446 So bspw. *Kahl*, Umweltprinzip und Gemeinschaftsrecht, S. 146.

447 EuGH [Kommission/Deutschland] Slg. 1991, I-2567 ff.; [Kommission/Deutschland] Slg. 1991, I-2607 ff.; urspr. Version der Schwefeldioxid-RL 80/779/EWG bzgl. der Grenzwerte und Leitwerte der Luftqualität für Schwefeldioxid und Schwebestaub in ABl. 1980 Nr. L 229, S. 30 ff.; urspr. Version der Bleirichtlinie 82/884/EWG bzgl. der Grenzwerte für Blei in der Luft in ABl. 1982 Nr. L 378, S. 15 ff.

448 EuGH a.a.O.

449 EuGH [Kommission/Deutschland] Slg. 1996, I-6747 ff.

450 EuGH [Kommission/Deutschland] Slg. 1996, I-6747 (6760, Tz. 16) unter Berufung auf EuGH [Kommission/Deutschland] Slg. 1991, I-4983 (5023, Tz. 14); [Kommission/ Deutschland] Slg. 1991, I-2607 (2631, Tz. 19); [Kommission/Deutschland] Slg. 1991, I-2567 (2601, Tz. 16).

ches Handeln oder Unterlassen berührt wird. Eine faktische Betroffenheit ist allerdings nicht nur bei potentieller oder eingetretener Gesundheitsbeeinträchtigung denkbar[451]. Wie die Entscheidungen „Verholen“[452] und „Roks“[453] zeigen, kann auch eine finanzielle Betroffenheit des Beschwerdeführers genügen.

Eine Betroffenheit und damit ein schützenswertes Interesse kann sich ebenso aus Verfahrensgarantien ergeben[454]. Hintergrund dessen ist die vom EuGH vorgenommene (Selbst-) Beschränkung der gerichtlichen Kontrolle komplexer Entscheidungen durch die Kommission. Der Gerichtshof erkennt zwar einen weiten Ermessensspielraum der Kommission an[455]. Um indes ein derartiges Ermessen anerkennen zu können, verlangt die Rechtsprechung eine konsequente Einhaltung der vorgeschriebenen Verfahrensbeteiligungen[456]. Dieser Standpunkt wird auch in der Rechtssache „TU München“[457] bestätigt. Das Ermessen der Kommission kann gerichtlich nur überprüft werden, wenn nachvollzogen werden kann, ob die der Entscheidung der Kommission zugrunde gelegten sachlichen und rechtlichen Umstände vorgelegen haben. Notwendige Voraussetzung hierfür ist die unbedingte Einhaltung der Verfahrensgarantien[458], denen in diesem Zusammenhang eine bedeutende Rolle zuwächst. Nach der Rechtsprechung ist es dem Einzelnen in Ausnahmefällen sogar möglich, die Unanwendbarkeit mitgliedstaatlicher Normen aufgrund unterlassener Notifizierung herbeizuführen[459]. Die Bedeutung der Verfahrensgarantien erlangt auch dadurch besonderes Gewicht, dass das Gemeinschaftsrecht auf ein Höchstmaß an Transparenz im Verwaltungsverfahren abzielt. Daraus resultiert der Grundsatz der Verwaltungsöf-

---

451 Andeutungsweise *Epiney*, NVwZ 1999, S. 485 (487), m.w.N., zu eng in der Analyse *Schoch*, NVwZ 1999, S. 457 (464), der ein individuelles Interesse (und schließlich eine individuelle Rechtsposition) nur unter der Voraussetzung erkennt, dass die zugrunde liegende Norm den Schutz der Gesundheit bezweckt.

452 EuGH [Verholen u.a./Sociale Verzekeringsbank] Slg. 1991, I-3757 ff.

453 EuGH [Roks u.a.] Slg. 1994, I-571 (596 ff.).

454 Im Ergebnis ebenfalls *Epiney*, NVwZ 1999, S. 485 (489 f.).

455 EuGH [Fediol/Kommission] Slg. 1983, 2913 (2934 f., Tz. 26 ff.); [Fediol] Slg. 1988, 4155 (4223 f., Tz. 6); [TU München] Slg. 1991, I-5470 (5499, Tz. 14).

456 EuGH [Al-Jubail Fertilizer u.a./Rat] Slg. 1991, I-3187 (3241, Tz. 15), hiernach werden die Verteidigungsrechte als so wesentlich angesehen, dass bei Verletzung derselben auch innerhalb von (Vor-) Untersuchungsverfahren die Unternehmen unmittelbar und individuell betroffen sein können; dazu *Schwarze* in: Institutional Dynamics of European Integration, S. 487 (493 f.); EuGH [DGDB] Slg. 1992, I-4785 (4832, Tz. 36), konstatiert, dass das Recht auf Verteidigung eine Information über die Ziele der Kommission beinhaltet, allerdings dürfen die erlangten Informationen *„nicht außerhalb des rechtl. Rahmens des Auskunftsverlangens verwendet werden“*.

457 EuGH [TU München] Slg. 1991, I-5470 ff.

458 EuGH [TU München] Slg. 1991, I-5470 (5499, Tz. 14); dazu *Schwarze*, RTDE 1993, S. 235 (238 f.).

459 EuGH [Securitel] Slg. 1996, I-2201 (2245 f. Tz. 40 ff.).

fentlichkeit[460]. Fernerhin baut der Gemeinschaftsgesetzgeber die Verfahrensbeteiligungen kontinuierlich aus und gestaltet sie gelegentlich als selbständige Schutzpositionen aus. So ist beispielsweise der Zugang zu Dokumenten der Kommission, des Rates sowie des Parlaments mittlerweile durch den Amsterdamer Vertrag in Art. 255 EG aufgenommen worden. Nach Art. 3 der Umweltinformationsrichtlinie[461] haben natürliche oder juristische Personen das Recht, auf Antrag bei mitgliedstaatlichen Behörden Informationen über die Umwelt zu erhalten. Art. 4 der Richtlinie garantiert bei Verweigerung des Informationsersuchens den Rechtsweg[462]. Aber bereits im Rahmen der UVP-Richtlinie wurde eine breite Öffentlichkeitsbeteiligung angelegt[463].

Insgesamt ist zu konstatieren, dass die Betroffenheit des Klägers jedoch personalen Bezug aufweisen muss, damit das Interesse (gemeinschaftsrechtliche) Relevanz im Hinblick auf eine mögliche Klage aufweist[464]. Durch dieses Element genügt nicht jedes irgendwie geartete Interesse, wie beispielsweise ein Interesse am Naturschutz überhaupt. Andererseits hat der Gerichtshof mit der „Greenpeace-Entscheidung“[465] das Umweltinteresse als besonderes Interesse quasi anerkannt[466]. In diesem (Rechtsmittel-) Fall wandten sich Greenpeace und weitere Kläger gegen eine an Spanien ergangene Entscheidung der Kommission, mit der zwei Elektrizitätswerke auf Gran Canaria und Teneriffa aus dem Regionalfonds der Gemeinschaft gefördert wurden[467]. Die Kläger rekurrierten in die-

---

460 Zu diesem Konzept im Vergleich zum deutschen Modell der begrenzten Aktenöffentlichkeit nach § 29 VwVfG: *Schoch*, VVDStRL 1998, S. 158 (185 f., 201 ff.); zum Zugang zu Kommissions- und Ratsdokumenten: *Röger*, DVBl. 1994, S. 1182 ff.; *Callies*, ZUR 1996, S. 143 f; *Dreher*, EuZW 1996, S. 487 ff.

461 RL 90/313/EWG über den freien Zugang zu Informationen über die Umwelt in ABl. 1990 Nr. L 158, S. 56 ff.

462 Näher *Epiney*, Umweltrecht in der Europäischen Union, S. 158 ff., insb. 160 zur individuellen Schutzposition.

463 RL 85/337/EWG über die Umweltverträglichkeitsprüfung bei bestimmten öffentlichen und privaten Projekten Projekten in ABl. 1985 Nr. L 175, S. 40 ff.

464 *Gellermann*, DÖV 1996, S. 433 (436); *Ruthig*, BayVBl. 1997, S. 289 (295); *Masing*, Die Mobilisierung des Bürgers für die Durchsetzung des Rechts, S. 184 f.; *Classen*, VerwArch 1997, S. 645 (667).

465 EuGH [Greenpeace Council/Kommission] Slg. 1998, I-1651 ff.

466 EuGH [Greenpeace Council/Kommission] Slg. 1998, I-1651 (1715, Tz. 27 ff.); viel deutlicher GA Cosmas zu EuGH [Greenpeace Council/Kommission] Slg. 1998, I-1651 (1696, Rn. 109): „[...] *die Schwere der möglichen Beeinträchtigung der Lebensqualität des Klägers oder jedes anderen mit der Umwelt zusammenhängenden Interessesvon besonderer Wichtigkeit ist* [...]“; ferner *Schikhof*, EurEnvLRev. 1998, S. 276 (277 f.); *Berrod*, CMLRev. 1999, S. 635 (655 f.).

467 Die Entscheidung wurde gestützt auf die VO 1787/84/EWG des Rates vom 19. Juni 1984 betreffend den Europäischen Fonds für regionale Entwicklung in ABl. 1984 Nr. L 169, S. 1 ff., reformiert durch die VO 3641/85/EWG vom 20. Dezember 1985 in ABl. 1985 Nr. L 350, S. 40 ff.

sem Fall zur Begründung der individuellen Betroffenheit auf die Verletzung ihres Umwelt- sowie Gesundheitsschutzinteresses[468]. Das Gericht Erster Instanz erkannte an, dass den wirtschaftlichen Interessen auch sonstige Interessen gleichgestellt sein können[469]. Im vorliegenden Fall seien die Kläger aber nach Auffassung des Gerichts Erster Instanz nur in gleicher Weise betroffen wie jeder andere Einwohner. Der Gerichtshof, der im Rechtsmittelverfahren das Gericht Erster Instanz bestätigt, legte den Schwerpunkt seiner Argumentation allerdings auf die fehlende Unmittelbarkeit der Betroffenheit. Die letztendliche Entscheidung zum Bau der Werke, obliege den spanischen Behörden, weswegen die streitgegenständliche Zuweisung der Gemeinschaftsförderung nur mittelbare Auswirkungen zeitige[470].

Aus alledem kann geschlossen werden, dass das Umweltinteresse genügen kann, wenn es hinreichend personalen Bezug aufweist. Dies ist regelmäßig dann der Fall, wenn es mit Gesundheitsschutzinteressen einhergeht. Es bleibt folglich bei der Feststellung, dass ein „reines" Naturschutzinteresse nicht genügt. Problematisch ist in diesem Zusammenhang, ob auch andere lediglich ideelle Interessen für die Rechtswegsbeschreitung genügen können. Dies ist nach dem derzeitigen Stand der Rechtsprechung zweifelhaft[471]. Ein Ansatzpunkt hierfür könnte sich aus dem Schlussantrag des Generalanwalts in der „Grundwasser-Entscheidung" ergeben[472]. Danach sollen auch Interessen, die nicht wirtschaftlicher Natur sind, klagebegründend sein. Alles in allem ist diese Frage noch nicht abschließend geklärt[473]. Auch hier gilt, dass auf jeden Fall ein entsprechender personaler Bezug gegeben sein muss.

Das Element des personalen Bezugs wird durch die Rechtsprechung untermauert, nach der eine schlichte Gruppenbetroffenheit zur Individualisierung nach Art. 230 Abs. 4 EG nicht genügt[474]. Nach (bisheriger) Rechtsprechung ge-

---

[468] EuGH [Greenpeace Council/Kommission] Slg. 1998, I-1651 (1711 ff., Tz. 17 ff.); ähnliche Argumentation bei EuG [Danielsson/Kommission (Atomtest Mururoa)] Slg. 1995, II-3051 ff.

[469] EuG [Greenpeace Council/Kommission] Slg. 1995, II-2205 (2227).

[470] EuGH [Greenpeace Council/Kommission] Slg. 1998, I-1651 (1715 f., Tz.30 ff.); im Einzelnen zu dieser Entscheidung: *Berrod*, CMLRev. 1999, S. 635 ff.; *Wegener*, ZUR 1998, S. 131 ff.; *Schikhof*, EurEnvLRev. 1998, S. 276 ff.

[471] *Krämer*, WiVerw 1990, S. 138 (158), ebenso *Kahl*, Umweltprinzip und Gemeinschaftsrecht, S. 147, machen darauf aufmerksam, dass bestimmte Richtlinien den Schutz der Umwelt bezwecken und somit nur indirekten Schutz eines potentiellen Klägers beinhalten.

[472] GA Van Gerven zu EuGH [Kommission/Deutschland] Slg. 1991, I-825 (850 ff.).

[473] *Wegener*, Rechte des Einzelnen – die Interessentenklage, S. 188, bejaht diese Möglichkeit mit Hinweis auf das Prinzip des bestmöglichen Umweltschutzes sowie die Rechtsprechung des EuGH bzgl. des Schutzes des gemeinsamen Naturerbes; siehe dazu bspw. EuGH [Kommission/Italien] Slg. 1987, 3073 (3097, Tz. 9).

[474] EuGH [Buralux/Rat] Slg. 1996, I-615 (646, Tz. 24): *„Nach ständiger Rechtsprechung folgt aus dem Umstand, dass die Personen, für die eine Maßnahme wie die streitige Be-*

nügt eine Gruppenbetroffenheit nur – wenn zum Zeitpunkt des Entscheidungserlasses – die Gruppe nicht mehr erweiterbar ist. Die Gruppe muss hinreichend herausgehoben sein[475]. Diese Rechtsprechung verdeutlicht den Aspekt, dass es darauf ankommt, aus dem Kreis der Allgemeinheit durch Personalisierung hervorzutreten.

Durch das Element der (individuellen) Betroffenheit wird im Übrigen eine Popularklage im Gemeinschaftsrecht ausgeschlossen. Keine Rolle für das Gemeinschaftsrecht spielt in diesem Zusammenhang die aus dem deutschen Recht bekannte Abgrenzung zwischen Gefahrenabwehr- und Vorsorgenormen[476]. Nach der deutschen Dogmatik können grundsätzlich nur Gefahrenabwehrnormen Drittschutz entwickeln.

iv) Geschützter Personenkreis

Es stellt sich fernerhin die Frage, wer im Falle einer Rechtsbegründung dem geschützten Personenkreis unterfällt. Die Rechtsprechung rekurriert, wie gesehen, auf den Begriff des Betroffenen. Allerdings wurde bisher versäumt, Kriterien zu entwickeln, die in Abgrenzung zu den sachlichen Voraussetzungen den in personeller Hinsicht geeigneten Träger von Rechten nach Gemeinschaftsrecht bestimmen.

Bei der Ermittlung der Rechtsbegünstigten durch eine gemeinschaftsrechtliche Norm kann es nicht in erster Linie darum gehen, ein rigoroses Ausschlussverfahren zu entwickeln, das – unter numerischer Perspektive – nur wenige in den Genuss eines Rechtes kommen lässt[477]. Anknüpfungspunkt ist vielmehr die Überlegung, jeden potentiellen Begünstigten aufgrund seiner Individualität zu

---

stimmung gilt, nach Zahl oder sogar Identität mehr oder weniger genau bestimmbar sind, nicht, dass diese Personen als von der Maßnahme individuell betroffen anzusehen sind, sofern nur feststeht, dass die Maßnahme aufgrund eines durch sie bestimmten objektiven Tatbestands rechtlicher oder tatsächlicher Art anwendbar ist [...]"; [Abertal/Rat] Slg. 1993, I-3265 (3278, Tz. 16); [Buckl & Söhne u.a./Kommission] Slg. 1992, I-6061 (6099, Tz. 24 f.); zuletzt EuGH [UPA/Rat] Slg. 2002, I-6677 (Tz. 34 ff., ins. Tz. 44); a.A. nach neuester Rspr.: EuG [Jégo-Quéré et Cie/Kommission] Slg. 2002, II-2365 (Tz. 22 ff.).

[475] EuGH [Piraiki Patraiki/Kommission] Slg. 1985, 207 (244, Tz. 19; 244 f, Tz. 21 ff.); [Sofrimport/Kommission] Slg. 1990, I- 2477 (2507, Tz. 11); [Antillean Rice Mills/Kommission] Slg. 1999, I-769 (810 f., Tz. 25 ff.); ferner EuG [Antillean Rice Mills/Kommission] Slg. 1995, II-2305 (2332, Tz. 67); [Rica Foods/Kommission] Slg. 2002, I-113 (Tz. 41); großzügiger EuG [Jégo-Quéré et Cie/Kommission] Slg. 2002 II- 2365 (Tz. 22 ff.).

[476] *Himmelmann*, DÖV 1996, S. 145 (149); *Schoch*, NVwZ 1999, S. 457 (464); *Wahl* in: Landmann/Rohmer, Umweltrecht-Kommentar, Bd. IV (sonstiges Umweltrecht), Rn. 92 zu § 6 GenTG, m.w.N.

[477] *Classen*, VerwArch 1997, S. 645 (668); ihm folgend *Schoch*, NVwZ 1999, S. 457 (464).

erfassen, die die zugrunde liegende Rechtsnorm anspricht[478]. Um die potentiellen Rechtsbegünstigten zu spezifizieren, bietet sich eine Differenzierung nach Fallgruppen an. Unterschieden werden soll in den vorliegenden Betrachtungen nach dem Individualbegünstigten, Verbänden sowie den Körperschaften des öffentlichen Rechts.

(a) Individualbegünstigter

Zunächst ist der Grundfall des Individualbegünstigten zu analysieren. Eine gemeinschaftsrechtliche Norm kann nach der vorstehenden Untersuchung eine individuelle Rechtsposition vermitteln, wenn sie – zumindest auch – dem Individualinteresse dient. Dieses abstrakte Merkmal liegt vor, wenn ein potentieller Kläger in einer konkreten Situation die Verletzung eines rechtlich geschützten Interesses nachweist, was allerdings schon im Fall der faktischen Betroffenheit angenommen werden kann. Damit avanciert in erster Linie der (nach Gemeinschaftsrecht anerkannte) Umweltbelastete zum Rechtsträger. Diese Kategorie von Rechtsträger stellt das gemeinschaftsrechtliche Komplementär zu der nach deutschem Recht bekannten Figur des Nachbarn[479] dar. Der Umweltbelastete wird freilich nach großzügigeren Kriterien ermittelt[480]. Anknüpfungspunkt bei der Ermittlung ist die Verletzung eines personalisierten Interesses, wobei ein Interesse am „bloßen" Naturschutz nicht genügt. Dem letztgenannten Interesse ermangelt es am hinreichenden personalen Bezug. Geeignete Rechtsträger können sowohl natürliche als auch juristische Personen des Privatrechts sein. Über dieses Grundmodell des individuell Umweltbelasteten hinaus gibt es progressive Ansätze, wie sie sich zum Beispiel in den Schlussanträgen der Generalanwälte finden.

---

[478] Mit ähnlichen Überlegungen: *Schmidt-Aßmann* in: Maunz/Dürig, Kommentar zum Grundgesetz, Rn. 140 zu Art. 19 Abs. 4 GG.

[479] Zum Nachbarbegriff speziell im deutschen Umweltrecht: BVerwG NJW 1993, S. 1507 (1508) fordert eine „*qualifizierte Betroffenheit*"; ferner OVG Lüneburg DVBl. 1985, S. 1322 (1323); *Breuer*, DVBl. 1986, S. 849 (853) zum Nachbarbegriff in Umweltsachen; *Schmidt-Aßmann* in: Maunz/Dürig, Kommentar zum Grundgesetz, Rn. 141 zu Art. 19 Abs. 4, m.z.w.N.

[480] S. die Untersuchung unter „(3) Gemeinschaftsrechtlicher Ansatz" (S. 75 ff.); *Schmitz*, ZUR 1996, S. 12 (15); *Classen*, EuZW 1993, S. 83 (85); *Frenz*, DVBl. 1995, S. 408 (412), will den deutschen Nachbarbegriff erweitert auslegen.

Im Schlussantrag zu den Rechtssachen „Schwefeldioxid-Richtlinie“ und „Bleirichtlinie“[481] vertrat der zuständige Generalanwalt die Auffassung, dass Unternehmungen aufgrund nicht eingehaltener Grenzwerte berechtigt sein sollen, Konkurrentenklage einzureichen. In der zweiten Begründungserwägung der Schwefeldioxid-Richtlinie ist der Wettbewerbsschutz berücksichtigt[482]. Bei Nichteinhaltung von Grenzwerten könne es zu Wettbewerbsverzerrungen kommen[483]. Aufgrund dieser Konstellation entsteht aufgrund jeder nicht durchgeführten Umweltschutzmaßnahme und der damit verbundenen (zumindest kurzfristigen) Kostenersparnis ein Wettbewerbsvorteil, der gewissermaßen mit einer Subvention vergleichbar ist[484]. Freilich sind im vergleichbaren Fall aus dem Beihilferecht Konkurrentenklagen wegen gemeinschaftsrechtswidrig gewährter Subventionen zulässig[485]. Letztlich entsteht eine Betroffenheit und damit ein Interesse bei einem Wettbewerber, der sich an alle Umweltschutzauflagen hält. Einwände, die gegen eine solche Konkurrentenklage sprechen, sind nicht erkennbar. Letztlich handelt es sich nur um eine Variante der Konkurrentenklage wegen gewährter Subventionen. Für eine solche Möglichkeit spricht auch die Durchsetzung des Prinzips des bestmöglichen Umweltschutzes. Dies würde vorliegend zwar indirekt über den Bürger geschehen. Eine „Instrumentalisierung“ des Bürgers zur Rechtsdurchsetzung ist dem Gemeinschaftsrecht indes nicht fremd[486].

(b) Verbände als Begünstigte?

Im Bereich der Verbandsklage sind zwei Situationen zu unterscheiden, nämlich eine Verbandsklage vor dem Gerichtshof[487] sowie eine Verbandsklage auf Einhaltung des Gemeinschaftsrechts vor mitgliedstaatlichen Gerichten.

---

[481] GA Mischo mit gemeinsamen Schlussantrag zu EuGH [Kommission/Deutschland] Slg. 1991, I-2567 (2590 ff.).

[482] RL 80/779/EWG über Grenzwerte und Leitwerte der Luftqualität für Schwefeldioxid und Schwebestaub in ABl. 1980 Nr. L 229, S. 30 ff.

[483] Zustimmend zu dieser Konzeption: *Pernice*, EuR 1994, S. 325 (336); mit vorsichtigerer Bewertung: *Classen*, VerwArch 1997, S. 645 (661).

[484] *Krämer*, EuGRZ 1989, S. 353 (359 f.).

[485] *Cremer*, Rechtsschutzmöglichkeiten gegenüber Subventionen, S. 220 ff.; *Everling*, ZfRV 1992, S. 241 (251); ebenso bei der öffentlichen Auftragsvergabe: *Triantafyllou*, NVwZ 1994, S. 943 ff.; *Hailbronner*, WiVerw 1994, S. 173 ff.; *ders.*, RIW 1992, S. 553 ff.

[486] *Masing*, Die Mobilisierung des Bürgers für die Durchsetzung des Rechts, S. 196 ff.; *Kingreen/Störmer*, EuR 1998, S. 263 (264); *Ruffert*, DVBl. 1998, S. 69 (71); *Kokott*, DV 1998, S. 335 (353); *von Danwitz*, DÖV 1996, S. 481 (484).

[487] *Henke*, EuGH und Umweltschutz, S. 26, bezeichnet diese Variante als irrelevant.

Zunächst stellt sich die Frage, ob das aktuelle Gemeinschaftsrecht die Möglichkeit einer Verbandsklage eines Umweltschutzverbandes vor dem Gerichtshof bzw. dem Gericht Erster Instanz zulässt. Die Rechtsprechung hat sich mit dieser Problematik bisher nicht auseinander gesetzt[488]. Mithin haftet allen Ansätzen ein spekulatives Element an. Im Rahmen einer Norm, die grundsätzlich eine Rechtsposition vermitteln kann, muss der potentielle Rechtsträger konkret die Verletzung eigener Interessen nachweisen. Unter dieser Voraussetzung ist es denkbar, dass auch Verbände Begünstigte sein können[489]. Zu bedenken ist indessen, dass Verbände häufig eine Vielzahl von Mitgliedern vertreten, also gebündelte Interessen geltend machen. Sind bereits die Mitglieder in eigenen Interessen betroffen, so dürfte auch der Verband klagebefugt sein (egoistische Verbandsklage[490]). Problematisch ist jedoch, dass Umweltschutzverbände sich regelmäßig dem Ziel verschreiben, eine verbesserte Umweltqualität herbeizuführen. Dabei kann sich allerdings die Grenze zwischen einem Individualinteresse im Einzelfall und dem Allgemeininteresse verwischen. Ein Allgemeininteresse berechtigt in der Konsequenz indessen nicht zur Klage. Mit anderen Worten kann ein Verband nur dann eine Rechtsposition geltend machen, wenn er Interessen geltend machen kann, die über ein allgemeines Interesse wie zum Beispiel „Schutz der Umwelt" hinausgehen. Die Interessen müssen im Einzelfall dargelegt werden[491].

Zur Abrundung ist kurz auf die Frage einzugehen, ob eine Verbandsklage auf Einhaltung des Gemeinschaftsrechts vor mitgliedstaatlichen Gerichten zuzulassen ist. Traditionell war in Deutschland eine Verbandsklage nur eingeschränkt zulässig, während andere Mitgliedstaaten – in erster Linie Frankreich – sehr weitreichende Klagemöglichkeiten für Verbände eröffneten[492]. Es wurde immer wieder diskutiert, ob sich für die deutsche Rechtsordnung gemeinschaftsrechtliche Vorgaben zur Zulässigkeit einer Verbandsklage ergäben[493]. Verwiesen wur-

---

[488] Aus neuerer Rspr.: EuG [Greenpeace Council u.a./Europäische Kommission] Slg. 1995, II-2205 ff.; EuGH [Greenpeace Council u.a./Europäische Kommission] Slg. 1998, I-1651 ff. beschäftigten sich vor allem mit der Frage, wann ein Kläger nach Art. 230 Abs. 4 EG individuell und unmittelbar betroffen ist, weniger mit der Klagebefugnis von Verbänden.

[489] Art. 255 Abs. 1 EG erfasst in seinem Anwendungsbereich auch Verbände; andeutungsweise für eine Klagebefugnis bei Verbänden EuGH [Gewerkschaftsbund] Slg. 1974, 917 (925).

[490] Zum Begriff bspw. *Krück* in: von der Groeben/Thiesing/Ehlermann, Kommentar zum EU-/EG-Vertrag, Rn. 43 zu Art. 173 EGV.

[491] Im Ergebnis *Epiney*, NVwZ 1999, S. 485 (490); *Wegener*, Rechte des Einzelnen – die Interessentenklage, S. 197 f.; a.A. Ruffert, Subjektive Rechte im Umweltrecht der Europäischen Gemeinschaft, S. 217.

[492] Zur französischen Rechtsordnung unter „iii) Frankreich" (S. 62 ff.).

[493] Zuletzt bei *Epiney*, NVwZ 1999, S. 485 (486 ff.); *Kloepfer*, Umweltrecht, § 8 Rn. 29 ff.

de dabei unter anderem auf Art. 3 der Umweltinformationsrichtlinie, der jeder natürlichen und juristischen Person auf Antrag ohne Nachweis eines Interesses das Recht einräumt bei Behörden eines Mitgliedstaates Informationen über die Umwelt zu erhalten[494]. Art. 4 der Richtlinie gewährt den Rechtsweg gegen ablehnende Entscheidungen[495]. Da Art. 4 der Richtlinie jedem ein Klagerecht einräumt, lässt sich aus diesem Gesamtzusammenhang schließen, dass der nationale Gesetzgeber den Umweltverbänden in Bezug auf das Auskunftsrecht ein umfängliches Klagerecht einräumen muss[496]. Vor diesem Hintergrund wurden immer wieder Forderungen nach Reformen mit dem Ziel der Anerkennung einer Verbandsklage im nationalen Recht erhoben. Bereits im fünften Umweltaktionsprogramm von 1993[497] wurden die Bedeutung aller gesellschaftlichen Gruppen für einen effektiven Umweltschutz festgeschrieben und ausgedehnte Möglichkeiten der Verbandsklage angedacht[498].

Nach der Reform des Bundesnaturschutzgesetzes aus dem April 2002 ist in die §§ 58 ff. BNatSchG n.F. eine umfassende Möglichkeit zur Verbandsklage auf nationaler Ebene eingefügt worden. Nach der Neuregelung ist es den durch das Gesetz anerkannten Umweltverbänden prinzipiell möglich, Klage zu erheben. Voraussetzung für einen Widerspruch und eine eventuell sich anschließende Klage ist allerdings die Beteiligung im Verwaltungsverfahren (sog. Präklusi-

---

[494] Richtlinie 90/313/EWG über den freien Zugang zu Informationen über die Umwelt in ABl. 1990 Nr. L 158, S. 56 ff.; ausführlich zu Tragweite und Inhalt der RL, *Epiney*, Umweltrecht in der Europäische Union, 158 ff.

[495] Der Rechtsweg bestimmt sich nach Art. 4 der Richtlinie *„gemäß der einschlägigen einzelstaatlichen Rechtsordnung"*. Damit sind die Grundsätze der innerstaatlichen Verfahren auch auf den Zugang zu Umweltinformationen anzuwenden. Aus dieser Überlegung sowie dem grundsätzlichen Effizienzgebot und Diskriminierungsverbot von Gemeinschaftsrecht (st. Rspr. EuGH [REWE] Slg. 1976, 1989 (1998); [Peterbroeck/Belgien] Slg. 1995, I-4599 (4620, Tz. 12), m.z.w.N aus der Rspr.) ergibt sich die Zulässigkeit aller auch sonst gegen Verwaltungshandeln möglichen Rechtsbehelfe; vgl. ferner Art. 6 Abs. 2 der UVP-Richtlinie (in ABl. 1985 Nr. L 175, S. 40 ff.); Art. 15 Abs. 1 der IVU-Richtlinie (Richtlinie 96/61/EG über die integrierte Vermeidung und Verminderung der Umweltverschmutzung in ABl. 1996 Nr. L 257, S. 26 ff.); Art. 13 Abs. 5 der Richtlinie 96/82/EG (ABl. 1997 Nr. L 10, S. 13 ff.).

[496] *Krämer* in: Krämer/Micklitz/Tonner, Law and Diffuse Interests in European Legal Order, S. 740 (745); zum Rechtsschutz nach der Umweltinformationsrichtlinie: *Turiaux*, NJW 1994, S. 2319 (2323).

[497] „Gemeinschaftsprogramm für Umweltpolitik und Maßnahmen im Hinblick auf eine dauerhafte und umweltgerechte Entwicklung" in ABl. 1993 Nr. C 138, S. 1 ff.

[498] [Erg.: Es] *„müssen [...] öffentliche Interessengruppen im praktischen Sinn Zugang zu den Gerichten haben, um sicher stellen zu können, dass ihre rechtmäßigen Interessen gewahrt, die vorgeschriebenen Umweltmaßahmen effektiv durchgeführt und illegale Praktiken unterbunden werden."*; vgl. ABl. 1993 Nr. C 138, S. 1 (82).

onswirkung)[499]. Möglich wird damit auch die Geltendmachung von Gemeinschaftsrecht im Wege des nationalen Rechtsschutzes.

(c) Körperschaften des öffentlichen Rechts

Abschließend ist zu erörtern, inwiefern auch Körperschaften des öffentlichen Rechts Begünstigte von Gemeinschaftsrecht sein können. Voraussetzung für eine Klagebefugnis von Gemeinden nach deutschem Recht ist eine Verletzung von eigenen Rechten. In Betracht kommt in der Regel das gemeindliche Recht auf kommunale Selbstverwaltung aus Art. 28 Abs. 2 GG[500], insbesondere bei Verletzung des Kernbereichs der Selbstverwaltungsgarantie[501]. Nach ständiger Rechtsprechung des Bundesverfassungsgerichtes ist die Berufung auf das Eigentumsgrundrecht aus Art. 14 GG ausgeschlossen[502]. Begründet wird dies zumeist damit, dass die Gemeinde Teil des Staates ist und Grundrechte als Abwehrrechte gegen den Staat konzipiert wurden (sog. Konfusionsargument). Allerdings kann die Gemeinde als Teil des Staates nicht Freiheiten gegen den Staat geltend machen. Es fehlt mithin an der „*grundrechtstypischen Gefährdungslage*"[503]. Es ist jedoch den Gemeinden erlaubt, auf einfachgesetzliche eigentumsschützende Vorschriften zu rekurrieren, soweit Grundstücke oder Einrichtungen der Gemeinde betroffen sind[504]. Nach Gemeinschaftsrecht werden gleichwohl Rechts-

---

[499] Im Einzelnen zu den neuen Regelungen: *Gellermann*, NVwZ 2002, S. 1025 (1032 ff.); *Louis*, NuR 2002, S. 385 (389); *Stich*, UPR 2002, S. 161 (168).

[500] Art. 28 Abs. 2 GG: „*[1]Den Gemeinden muss das Recht gewährleistet sein, alle Angelegenheiten der örtlichen Gemeinschaft im Rahmen der Gesetze in eigener Verantwortung zu regeln.* ***[2]Auch die Gemeindeverbände haben im Rahmen ihres gesetzlichen Aufgabenbereichs nach Maßgabe der Gesetze das Recht der Selbstverwaltung.*** *[3]Die Gewährleistung der Selbstverwaltung umfasst auch die Grundlagen der finanziellen Eigenverantwortung; zu diesen Grundlagen gehört eine den Gemeinden mit Hebesetzrecht zustehende wirtschaftskraftbezogene Steuerquelle.*" Die Verwaltungsautonomie der Gemeinden ist regelmäßig auch Gegenstand der Landesverfassungen, vgl.: Art. 83 BayLVerf; Art. 97 BgbLVerf; Art. 144 BremLVerf; Art. 137 HessLVerf; Art. 72 Meck.-Vorp. LVerf; Art. 71 LVerf-BW; Art. 87 LVerf-LSA; Art. 78 LVerf-NRW; Art. 57 NdsLVerf; Art. 47 RhPfLVerf; Art. 118 SaarlLVerf; Art. 84 SächsLVerf; Art. 48 SHLVerf; Art. 91 ThürLVerf.

[501] BVerwGE 69, 256 (260).

[502] BVerfGE 61, 82 (108); 45, 63 (78 f.); 21, 362 (370); a.A. BayVerfGH 29, 1 (5); 105, 119; zur bayerischen Rechtslage: *Jachmann*, BayVBl. 1998, S. 129 ff., m.z.w.N.

[503] Zur Problematik: *Waechter*, Kommunalrecht, S. 115 f.; *Knemeyer*, Bayerisches Kommunalrecht, S. 63.

[504] BVerwGE 69, 256 (261); 87, 332 (391); ebenso VGH Kassel NVwZ 1989, S. 484 (485); VGH Mannheim UPR 1985, S. 144 f; OVG Lüneburg DVBl. 1984, S. 895 f.; in der Lit.

positionen unter großzügigeren Prämissen gewährt. Aus dieser Konzeption ergibt sich die Forderung, dass sich Gemeinden auch auf gemeinschaftsrechtliche Normen stützen dürfen. Zuweilen findet eine Projektion dieser Überlegung auf das Umweltrecht der Gemeinschaft statt und auf das Verhältnis staatlicher Stellen zueinander[505]. Die Rechtsprechung erkannte das Recht der Gemeinden an, sich im Sinn von Art. 4 Abs. 5 der Sechsten Umsatzsteuerrichtlinie[506] auf den Status als nicht steuerpflichtige Person zu berufen. Gemeinden, Staaten, Länder sowie übrige Körperschaften des öffentlichen Rechts seien explizit durch die Richtlinie erfasst[507].

Im Ergebnis ist festzustellen, dass es Situationen geben kann, in denen Körperschaften des öffentlichen Rechts in derselben Situation wie eine natürliche Person oder eine juristische Person des Privatrechts (Individualbegünstigter) stehen, z.B. wegen verletzter fiskalischer Interessen. In derartigen Situationen muss es der Körperschaft des öffentlichen Rechts möglich sein, gemeinschaftsrechtlich verliehene Rechtspositionen geltend zu machen. Für diese Annahme spricht ebenfalls die Förderung der Durchsetzung des Gemeinschaftsrechts. Auf diese Weise wird nicht nur der Bürger instrumentalisiert, sondern auch staatliche Einrichtungen. Für ein anderes Ergebnis spricht nicht, dass öffentliche Stellen untereinander grundsätzlich nicht dem Treu-und-Glauben-Prinzip unterliegen. Im vorliegenden Fall kann, im Gegensatz zu den grundsätzlichen Bedenken, gegenüber den zuständigen Stellen der Vorwurf erhoben werden, nicht auf die rechtzeitige Umsetzung der Richtlinie oder Durchsetzung von Gemeinschaftsrecht hingewirkt zu haben[508].

dd) Zusammenfassung und Schlussfolgerung

Nach der vorliegenden Untersuchung lassen sich die unmittelbaren Voraussetzungen einer individuellen Rechtsposition, die nach Gemeinschaftsrecht verliehen werden, folgendermaßen zusammenfassen:

Die fragliche Vorschrift des Gemeinschaftsrechts muss abstrakt die Fähigkeit aufweisen, individuelle Rechtspositionen zu vermitteln[509]. Zu prüfen ist dies an-

---

z.B. *Bender/Sparwasser/Engel*, Umweltrecht, Rn. 4/14; ausführlich *Wahl*, NVwZ 1990, S. 923 (926), m.w.N.

505 *Gellermann*, Beeinflussung des bundesdeutschen Rechts durch Richtlinien der EG, S. 190; *Jarass*, NJW 1991, S. 2665 (2666 f.); zum Verhältnis staatlicher Stellen EuGH [Commune di Carpaneto Piacentino] Slg. 1989, 3233 (insb. 3279).

506 RL 77/388/EWG über die Harmonisierung der Rechtsvorschriften der Mitgliedstaaten über die Umsatzsteuer in ABl. 1977 Nr. L 145, S. 1 ff.

507 EuGH [Commune di Carpaneto Piacentino] Slg. 1989, 3233 (3279).

508 Dazu *Winter*, DVBl. 1991, S. 657 (663).

509 Im Einzelnen: „ii) Schutzzweckerwägungen“ (S. 78 ff.).

hand des Kriteriums des Schutzzweckes der Norm. Zur Begründung des Schutzzwecks ist zunächst danach zu fragen, ob die betreffende Vorschrift den Schutz von Individualinteressen impliziert. Soweit das geschützte Rechtsgut prinzipiell personalen Bezug aufweisen kann, ist dies nach der gemeinschaftsrechtlichen Dogmatik der Fall. Häufig wird das geschützte Interesse in umweltrechtlichen Bestimmungen durch den Gesundheitsschutz reflektiert. Es ist hierauf aber nicht beschränkt.

In einem zweiten Schritt ist zu prüfen, ob es dem potentiellen Kläger konkret möglich ist, sich auf die streitgegenständliche Norm zu berufen[510]. Diese Möglichkeit besteht unter der Voraussetzung, dass der potentielle Rechtsinhaber in der konkreten Situation ein persönliches Interesse geltend machen kann. Ein in diesem Sinne rechtlich geschütztes Interesse liegt vor, wenn der mögliche Begünstigte eine Betroffenheit erleidet. Es genügt eine faktische Betroffenheit. Eine faktische Betroffenheit kann sich bereits daraus ergeben, dass der Rechtsträger in den sachlichen Anwendungsbereich der Norm fällt. Lediglich ideelle Inteessen allgemeiner Natur reichen gleichwohl nicht aus. Ein generelles Interesse am Umweltschutz stellt hierbei keine hinreichende Konkretisierung dar.

Abschließend ist festzustellen, ob der potentielle Begünstigte auch geeigneter Rechtsträger im Sinn des Gemeinschaftsrechts ist. Geeignete Rechtsinhaber sind Individuen, in Form des Umweltbelasteten (Grundkonstellation) aber auch in der Eigenschaft als Konkurrent[511]. Ferner können Verbände unter bestimmten Bedingungen Rechte reklamieren[512]. Dies gilt ebenfalls für Körperschaften des öffentlichen Rechts[513].

Als Ergebnis der vorstehenden Untersuchung ergeben sich folgende drei Kriterien zur Ermittlung einer individuellen Rechtsposition:

1. Abstrakte Prüfung anhand des Schutzzwecks, ob die Norm geeignet ist, individuelle Rechte zu begründen (abstraktes Element),
2. konkrete Prüfung anhand des persönlichen Interesses des potentiell Begünstigten, ob er sich in einer konkreten Situation auf die in Rede stehende Norm berufen kann (konkretes Element) sowie
3. Prüfung, ob der Betroffene geeigneter Begünstigter der zugrunde liegenden Norm ist (geeigneter Begünstigter).

---

510 Im Einzelnen: „iii) Interessenschutz“ (S. 82 ff.); „(a) Bedeutung des Interessenschutzes für die individuelle Rechtsposition” (S. 84 ff.); „(b) Ausgestaltung des Interesses“ (S. 86 ff.).

511 Im Einzelnen: „(a) Individualbegünstigter“ (S. 92 ff.).

512 Im Einzelnen: „(b) Verbände als Begünstigte?“ (S. 93 ff.).

513 Im Einzelnen: „(c) Körperschaften des öffentlichen Rechts“ (S. 96 f.).

b) Weitere Voraussetzungen der Rechtsbegründung

Im vorhergehenden Abschnitt wurde erörtert, unter welchen Voraussetzungen eine Norm eine individuelle Schutzposition vermitteln kann. Ein Eingriff in eine individuelle Rechtsposition kann aber nur insoweit vorliegen, als der Einzelne sich auf eine Norm des Gemeinschaftsrechts berufen kann. Diese Untersuchung trägt dazu bei, die Voraussetzungen für eine individuelle Schutzposition genau abzustecken, damit letztlich ein hinreichender Vergleich zwischen individuellen Rechtspositionen und spezifischen Rechten im Hinblick auf die Voraussetzung der unmittelbaren Betroffenheit im des Art. 230 Abs. 4 EG angestellt werden kann.

Für eine Diskussion bietet sich eine separate Analyse von Richtlinien, Verordnungen sowie Primärrecht im Hinblick auf den Aspekt an, unter welchen Voraussetzungen sich der Einzelne auf Normen des Gemeinschaftsrechts berufen kann. Anders ausgedrückt, stellt sich die Frage nach der unmittelbaren Anwendbarkeit gemeinschaftsrechtlicher Normen.

aa) Richtlinien

(1) Vorbemerkung

Die Richtlinie hat mittlerweile die größte Bedeutung im Umweltrecht erlangt. Sie ist das Instrument, auf das am häufigsten zurückgegriffen wird. Im Übrigen wirft sie auch die meisten Probleme auf.

Gemäß Art. 249 Abs. 3 EG richten sich Richtlinien an die Mitgliedstaaten und bedürfen prinzipiell der Transformation in innerstaatliches Recht. Aufgrund dieser Konzeption wird von einem zweistufigen Gesetzgebungsverfahren ausgegangen[514]. Der Vorteil, den diese Prozedur bietet, ist die mögliche Rücksichtnahme auf nationale Rechtstraditionen. Eine unmittelbare Wirkung einer Richtlinie kann dementsprechend nur Platz greifen, wenn keine Umsetzungsmaßnahme vorgenommen wurde oder (völlig) ungeeignete Schritte unternommen wurden[515], die keinen Raum für eine richtlinienkonforme Auslegung lassen[516]. Vom

---

[514] *Luttermann*, EuZW 1998, S. 264 (265); *Schröder* in: Jahrbuch des Umwelt- und Technikrechts 1992, S. 3 (4 f.).

[515] *Hölscheidt*, EuR 2001, S. 376 (383).

[516] Zur richtlinienkonformen Auslegung: EuGH [Dorsch Consult] Slg. 1997, I-4961 (4997, Tz. 43); [Spano/Fiat Geotech] Slg. 1995, I-4321 (4346, Tz. 17); [Faccini Dori/Recreb] Slg. 1994, I-3325 (3357, Tz. 26); [Wagner Miret] Slg. 1993, I-6911 (6932); [Marleasing] Slg. 1990, I-4135 (4159, Tz. 8); EuGH [Colson u.a./NRW] Slg. 1984, 1891 (1909, Tz. 26,

Grundsatz her sind Richtlinien – anders als Verordnungen – nicht der unmittelbaren „Wirkung" fähig[517]. Diese Analyse ergibt sich aus Art. 249 Abs. 3 EG.

Die Darstellung des Richtlinienrechts ist bisher schon Gegenstand vieler Arbeiten gewesen, weshalb in der nachfolgenden Untersuchung nur auf die Grundzüge der Problematik „unmittelbare Anwendbarkeit von Richtlinien" eingegangen werden soll. Für eine detaillierte Besprechung wird insbesondere auf die Darstellung bei *Martin Gellermann*[518] sowie in den einschlägigen Lehrbüchern und Kommentaren verwiesen[519]. Die allgemeinen Grundsätze, die zum Richtlinienrecht entwickelt wurden, finden auf das europäische Umweltrecht ebenfalls uneingeschränkte Anwendung[520].

---

28); Darstellungen in der Literatur unter anderem bei: *Brechmann*, Die richtlinienkonforme Auslegung; *Dreher*, EuZW 1997, S. 522 ff., am Beispiel des Vergaberechts; *Ehricke*, EuZW 1999, S. 553 ff.; *ders.*, RabelsZ 1995, S. 598 ff.; *Everling*, ZGR 1992, S. 376 ff.; *Grundmann*, ZEuP 1996, S. 399 ff.; *Leible/Sosnitza*, NJW 1998, S. 2507 ff.; *Lindacher*, DZWiR 1998, S. 514 ff.; *Moellers*, EuR 1998, S. 20 (41 ff.); *Ress*, DÖV 1994, S. 489 ff.; *Weiß*, DVBl. S. 568 ff.; *Zuleeg* in: Schulze, Auslegung des europäischen Privatrechts und angeglichenen Rechts, S. 163 ff.

517 Verordnungen entfalten allerdings unmittelbare Geltung. Dieser Terminus ergibt sich aus Art. 249 Abs. 2 EG. Siehe dazu im Einzelnen „bb) Ausgangsunterscheidungen" (S. 48 ff.).

518 *Gellermann*, Beenflussung des bundesdeutschen Rechts durch Richtlinien der EG; zur neueren Rechtsentwicklung: *Gundel*, EuZW 2001, S. 143 ff.; speziell zum Umweltrecht: *Winter*, ZUR 2002, S. 313 ff.

519 Bspw. *Sreinz*, Europarecht, S. 155 ff., *Isaac*, Droit communautaire général, S. 125 ff.; weitere Darstellungen bei (in Auswahl): *Albin*, NuR 1997, S. 29 ff.; *Bach*, JZ 1990, S. 1108 ff.; *Bleckmann*, RIW 1984, S. 774 ff.; *Breuer*, WiVerw 1990, S. 79 ff.; *Calliess*, NVwZ 1996, S. 339 ff.; *Classen*, EuZW 1993, S. 83 ff.; *Curtin*, CMLRev. 1990, S. 195 ff.; *Daig*, Eur 1970, S. 1 ff.; *Dendrios*, Rechtsprobleme bei der Direkwirkung von EWG-Richtlinien; *Di Fabio*, NJW 1990, S. 947 ff.; *Doepner/Reese*, GRUR 1998, S. 761 ff.; *Easson*, ELRev. 1979, S. 67 ff.; *Emmert*, EWS 1992, S. 56 ff.; *ders./Pereira de Avecedeo*, RTDE 1993, S. 503 ff.; *Epiney*, DVBl. 1996, S. 409 ff.; *Fuß*, DVBl. 1965, S. 378 ff.; *Götz*, NJW 1992, S. 1849 ff.; *Haller*, UPR 994, S. 88 ff.; *Haneklaus*, DVBl. 1993, S. 129 ff.; *Heim*, Unmittelbare Wirkung von EG-Richtlinien; *Herber*, EuZW 1991, S. 401 ff.; *Himmelmann*, DÖV 1993, S. 497 ff.; *Jarass*, NJW 1990, S. 2420 ff.; *ders.*, NW 1991, S. 2665 ff.; *Krämer*, WiVerw 1990, S. 138 ff.; *ders.*, AnwBl. 1991, S. 368 ff.; *Lackhoff/Nyssens*, ELREv. 1998, S. 397 ff.; *Langenfeld*, DÖV 1992, S. 955 ff.; *Morris*, JBL. 1989, S. 233 ff., S. 309 ff.; *Oldenbourg*, Die unmittelbare Wirkung von EG-Richtlinien im innerstaatlichen Bereich; *Papier, H.-J.*, DVBl. 1993, S. 809 ff.; *Papier, S. U.*, DVBl. 1990, S. 684 ff.; *Pescatore*, ELRev. 1983, S. 155 ff.; *Royla/Lackoff*, DVBl. 1998, S. 1116 ff.; *Scherzberg*, Jura 1990, S. 225 ff.; *Stadie*, NVwZ 1994, S. 435 ff.; *Steinberg/Klößner*, BayVBl. 1994, S. 33 ff.; *Timmermans*, YEL 1997, S. 1 ff.; *ders.*, CMLRev. 1979, S. 533 ff.; *Viebrock*, JZ 1991, S. 555 ff.; *Ward*, ELRev. 1998, S. 65 ff.; *Wegener*, ZUR 1993, S. 17 ff.; *Weiß*, DVBl. 1998, S. 568 ff.; *ders.*, DVBl. 1991, S. 657 ff.; *Zuleeg*, ZGR 1980, S. 466 ff.

520 Dazu *Winter*, ZUR 2002, S. 313 ff., der dies am Beispiel der Vogelschutz-Richtlinie sowie der FFH-Richtlinie erläutert.

(2) Grundzüge des Richtlinienrechts

Eine Zusammenfassung der Entwicklung heutigen Richtlinienrechts findet mit der Rechtssache „Becker"[521] statt[522]. Gegenstand des Verfahrens war Art. 13 Richtlinie 77/388/EWG[523]. Nach dieser Vorschrift wird eine Kreditvermittlung nicht besteuert. Die Bundesrepublik versäumte jedoch die fristgemäße Umsetzung der Richtlinie in nationales Recht. Überdies entstand nun die Problematik, ob die deutschen Finanzbehörden auf entsprechendes nationales Recht, das die Besteuerung vorsieht, zurückgreifen dürfen. Die Klägerin, Frau Becker reklamierte das Recht auf Steuerbefreiung aus Art. 13 der Richtlinie 77/388/EWG. Das FG Münster legte die Frage dem EuGH zur Vorabentscheidung vor. Die Rechtsprechung erkannte die Möglichkeit, sich auf Richtlinien zu berufen, in bestimmten Konstellationen an. Die Prämissen hierfür seien, dass die Umsetzungsfrist für die Richtlinie abgelaufen ist, der Einzelne durch die Richtlinie begünstigt wird sowie die hinreichend genaue und unbedingte Formulierung der Richtlinie[524].

Unter hinreichender Genauigkeit wird die Eindeutigkeit der Norm verstanden, d.h. die zugrunde liegende Richtlinie muss einen präzisen Rechtsgehalt zum Gegenstand haben. Eine hinreichende Genauigkeit einer Norm kann angenommen werden, solange eine Richtlinie durch den Normanwender insbesondere durch die Gerichte auslegungsfähig ist[525]. Im Zweifel können die nationalen Gerichte im Wege eines Vorabentscheidungsverfahrens eine authentische Interpretation der streitgegenständlichen Richtlinie einholen[526]. Unbedingt ist eine Richtlinie, wenn sie *„weder mit einem Vorbehalt noch mit einer Bedingung versehen ist*

---

[521] EuGH [Becker] Slg. 1982, 53 ff.

[522] Erstmals wurde über die unmittelbare Anwendbarkeit von Gemeinschaftsrecht im Zusammenhang mit dem Primärrecht diskutiert (vgl. EuGH [van Gend & Loos] Slg. 1963, 1 ff.); die unmittelbare Anwendbarkeit von Richtlinien war zum ersten Mal Gegenstand einer Entscheidung des EuGH in der Rs. „Leberpfennig" (Slg. 1970, 825 ff.); weitere Meilensteine waren die Entscheidungen in den Rs. „van Duyn" (Slg. 1974, 1337 ff.) sowie „Verbond van Nederlandse Ondermingen" (Slg. 1977, 113 ff.); zum Ganzen: *Heim*, Unmittelbare Wirkung von EG-Richtlinien, S. 29 ff.

[523] Richtlinie 77/388/EWG zur Harmonisierung der Rechtsvorschriften über die Umsatzsteuern in ABl. 1977 Nr. L 145, S. 1 ff.

[524] EuGH [Becker] Slg. 1982, 53 (71, Tz. 25): *„Die Einzelnen* [Erg.: können sich] *in Ermangelung von fristgemäß erlassenen Durchführungsmaßnahmen auf Bestimmungen einer Richtlinie, die inhaltlich als unbedingt und hinreichend genau erscheinen, gegenüber allen innerstaatlichen, nicht richtlinienkonformen Vorschriften berufen; Einzelne können sich auf diese Bestimmungen auch berufen, soweit diese Rechte festlegen, die dem Staat gegenüber geltend gemacht werden können."*

[525] *Jarass*, NJW 1990, S. 2420 (2424).

[526] EuGH [van Duyn] Slg. 1974, 1337 (1349, Tz. 13/14).

und ihrem Wesen nach keiner weiteren Maßnahme der Gemeinschaftsorgane oder der Mitgliedstaaten bedarf“[527].

Die Möglichkeit der unmittelbaren Richtlinienwirkung liegt nach der Rechtsprechung zum einen im „*effet utile*“ des Gemeinschaftsrechts begründet. Nach Art. 249 Abs. 3 EG weist die Richtlinie gegenüber den Mitgliedstaaten Verbindlichkeit auf. Im Hinblick auf die Verbindlichkeit kann nicht ausgeschlossen werden, dass sich der Einzelne auf die Richtlinie berufen kann[528]. Der praktischen Wirksamkeit des Gemeinschaftsrechts muss in jedem Fall Geltung verschafft werden. Der Einzelne muss daher die Möglichkeit haben, sich vor Gericht auf Gewährleistungen des Gemeinschaftsrechts zu berufen[529].

Das wohl weitaus wichtigste Argument für die unmittelbare Wirkung ist das Verbot des „*venire-contra-factum-proprium*“[530] durch die Mitgliedstaaten. Diese Begründung führt der EuGH erstmals im Urteil zur Rechtssache „Ratti“[531] an. Den Mitgliedstaaten muss es verwehrt bleiben, gegenüber dem Bürger auf sein pflichtwidriges Verhalten – eine Richtlinie nicht ordnungsgemäß umzusetzen – zu rekurrieren[532]. Anders ausgedrückt bedeutet dies, dass dem Einzelnen eine Rechtsposition, die das Gemeinschaftsrecht gewährt, auch dann zustehen muss, wenn der betreffende Mitgliedstaat eine Richtlinie nicht ordnungsgemäß umgesetzt hat. Dahinter steckt auch ein Sanktionsgedanke. Ein Mitgliedstaat soll kei-

---

527 EuGH [van Duyn] Slg. 1974, 1337 (1349); aus der neueren Respr.: EuGH [Klattner] Slg. 1997, I-2719 (2753, Tz. 33); [Cooperativa Agricola Zootica S. Antonio] Slg. 1996, I-4373 (4440, Tz. 18).

528 EuGH [van Duyn] Slg. 1974, 1337 (1348, Tz. 12): „*Mit den den Richtlinien durch Art. 189 EWGV* [nunmehr: Art. 249 EG] *zuerkannten verbindlichen Wirkungen wäre es unvereinbar, grundsätzlich auszuschließen, dass betroffene Personen sich auf die durch die Richtlinie auferlegte Verpflichtung berufen können.*“; wortgleich EuGH [Becker] Slg. 1982, 53 (70, Tz. 22).

529 EuGH [van Duyn] Slg. 1974, 1337 (1348, Tz. 12): „*Insbesondere in den Fällen, in denen etwa die Gemeinschaftsbehörden die Mitgliedstaaten durch Richtlinien zu einem bestimmten Verhalten verpflichten, würde die nützliche Wirkung („effet utile“) einer solchen Maßnahme abgeschwächt, wenn die Einzelnen sich vor Gericht hierauf nicht berufen und die staatlichen Gerichte sie nicht als Bestandteil des Gemeinschaftsrechts berücksichtigen könnten.*“; ferner EuGH [Verbond van Nederlandse Ondernemingen] Slg. 1977, 113 (126 f.); [Rewe] Slg. 1981, 1805 (1837 f., Tz. 41); [Becker] Slg. 1982, 53 (70 f., Tz. 23); [Foster] Slg. 1990, I-3343 (3347 f., Tz. 16); [Emmot] Slg. 1991, I-4269 (4299).

530 Das „venire-contra-factum-proprium“ wird in Anlehnung an anglo-amerikanische Rechtsvorstellungen vielfach „Estoppel-Prinzip“ (anglo-amerikanisches Rechtsinstitut: „*principle of estoppel*“) bezeichnet. Das Estoppel-Prinzip bedeutet keinen sachlichen Unterschied zum venire-contra-factum-proprium.

531 EuGH [Ratti] Slg. 1979, 1629 (1642, Tz. 20 bis 24).

532 EuGH [Ratti] Slg. 1979, 1629 (1642, Tz. 24); [Becker] Slg. 1982, 53 (71, Tz. 24); [Busseni] Slg. 1990, I-495 (525, Tz. 22); [Foster] Slg. 1990, I-3343 (3347 f., Tz. 16); [Francovich] Slg. 1991, I-5357 (5488, Tz. 11).

nen Vorteil aufgrund eines eigenen Versäumnisses erlangen können[533]. Dem Bürger muss es möglich sein, sein Recht reklamieren zu können.

Nach der Rechtsprechung ist eine Direktwirkung von Richtlinien grundsätzlich nur im vertikalen Verhältnis, also im Verhältnis „Bürger – Staat", möglich. Der EuGH lässt dies unter den Voraussetzungen des Fristablaufs für die Umsetzung, einer inhaltlichen Unbedingtheit sowie Genauigkeit zu. Fernerhin muss die Richtlinie dem Einzelnen eine individuelle Rechtsposition vermitteln[534]. Allerdings soll eine Richtlinie Direktwirkung in Vertikalverhältnissen nur erlangen können, wenn der Bürger im Verhältnis zum betreffenden Mitgliedstaat begünstigt wird. In den Konstellationen, in denen eine Richtlinie für den Bürger belastende Wirkung entfaltet und eine unmittelbare Richtlinienwirkung im Übrigen nach den benannten Kriterien in Betracht käme, scheidet sie gleichwohl aus, da es dem Mitgliedstaat verwehrt ist, dem Bürger aufgrund der zugrunde liegenden Richtlinie – ohne Transformation in nationales Recht – Belastungen aufzuerlegen[535]. Diese Restriktion begründet der EuGH mit Art. 249 Abs. 3 EG, wonach sich eine Richtlinie nur an den Mitgliedstaat richtet. Gegenüber Einzelnen kann eine Richtlinie zu diesem Zweck folglich keine unmittelbare Anwendbarkeit erfahren[536]. Mit dieser feinsinnigen Differenzierung wird deutlich, dass der Unterschied zwischen Verordnungen, die gem. Art. 249 Abs. 2 EG unmittelbare *Gel-*

---

[533] Z.B. bei EuGH [Marshall] Slg. 1986, 723 (749, Tz. 49).

[534] Vgl. dazu EuGH [Becker] Slg. 1982, 53 (71, Tz. 25).

[535] EuGH [Kolpinghuis Nijmegen] Slg. 1987, 3969 (3985, Tz. 9); [Trean] Slg. 1987, 2141 (2159, Tz. 24); [Luciano Arcaro] Slg. 1996, I-4705 (4729, Tz. 36); EuGH [Marshall] Slg. 1986, 723 (749, Tz. 48 f.).

[536] EuGH [Marshall] Slg. 1986, 723, 749 (Tz. 48, 49): „*48. Zu dem Argument, wonach eine Richtlinie nicht gegenüber einem Einzelnen in Anspruch genommen werden kann, ist zu bemerken, dass nach Art. 189 EWGV* [nunmehr: Art. 249 EG] *der verbindliche Charakter einer Richtlinie, auf dem die Möglichkeit beruht, sich vor einem nationalen Gericht auf die Richtlinie zu berufen, nur für „jeden Mitgliedstaat, an den sie gerichtet wird", besteht. Daraus folgt, dass eine Richtlinie nicht selbst Verpflichtungen für einen Einzelnen begründen kann und dass eine Richtlinienbestimmung daher als solche nicht gegenüber einer derartigen Person in Anspruch genommen werden kann. Es ist deshalb zu prüfen, ob im vorliegenden Fall davon auszugehen ist, dass die Beklagte als Einzelne gehandelt hat. 49. Hierzu ist festzustellen, dass, wenn die Rechtsbürger imstande sind, sich gegenüber dem Staat auf eine Richtlinie zu berufen, sie dies unabhängig davon tun können, in welcher Eigenschaft – als Arbeitgeber oder als Hoheitsträger – der Staat handelt. In dem einen wie dem anderen Fall muss nämlich verhindert werden, dass der Staat aus seiner Nichtbeachtung des Gemeinschaftsrechts Nutzen ziehen kann.*"; ferner EuGH [Kolpinghuis Nijmegen] Slg. 1987, 3969 (3985, Tz. 9); [Faccini Dori/Recreb] Slg. 1994, I-3325 (3355, Tz. 20); [Coote] Slg. 1998, I-5199 (5219, Tz. 17); [Centrosteel] Slg. 2000, I-6007 (6027, Tz. 15).

tung erlangen und Richtlinien, die unmittelbare *Wirkung* entfalten, weiterhin beachtet werden soll[537].

Demgegenüber wird eine unmittelbare Richtlinienwirkung nach der Rechtsprechung entgegen einer gewichtigen Literaturmeinung[538] prinzipiell in Horizontalbeziehungen (Verhältnis der Bürger untereinander) nicht zugelassen Dies gilt selbst, wenn die streitgegenständliche Richtlinie alle strukturellen Voraussetzungen für eine unmittelbare Wirkung erfüllt[539]. Die Rechtsprechung lässt von diesem Grundsatz zwei Ausnahmen zu: Zum einen soll eine horizontale Direktwirkung von Richtlinien zugelassen werden, wenn ein Konkurrent einen

---

537 Sehr umstritten ist die Fallgruppe in denen eine Richtlinie Doppelwirkung entfaltet, d.h. eine Person im Verhältnis zum Staat begünstigt und einen anderen zugleich beachtet (sog. „indirekte Hrizontalwirkung“ oder „mittelbare Drittwirkung“; zum Begriff etwa: *Winter*, DVBl. 1991, S. 657 (663); *Wegener*, ZUR 1993, S. 17 (23); kritisch zu diesen Begriffen: *Ruffert*, Subjektive Rechte im Umweltrecht der Europäischen Gemeinschaft, S. 230). Ausgangspunkt sind die Urteile des EuGH in den Rechtssachen „Constanzo“ (Slg. 1989, 1839 ff.) und „Busseni“ (Slg. 1990, I-49 ff.). In der Rechtsache „Constanzo“ hielt der EuGH eine Vorschrift aus einer Vergaberechtsrichtlinie für unmittelbar anwendbar, was dazu führte, dass der Bieter der den Zuschlag nach der Entscheidung der nationalen Behörden hätte erhalten sollen einem anderen Bieter erteilt wurde. In der Rechtssache „Busseni“ wurde in einer Dreieckskonstellation eine Vorschrift einer EGKS-Konkursrichtlinie nicht für unmittelbar anwendbar gehalten, da nach Auffassung des EuGH Konkursrecht nicht zu Lasten Privater durchgesetzt werden könne (Slg. 1990, I-495 (526, Tz. 26). Aus diesen konträren Urteilen hat sich eine kontroverse Diskussion in der Literatur entwickelt; siehe dazu etwa: *Albin*, NuR 1997, S. 29 ff.; *Classen*, EuZW 1993, S.83 (84 f.); *Epiney*, DVBl. 1996, S. 409 (412 f.); *Fischer*, NVwZ 1991, S. 635 (638); *Krämer*, WiVerw 1990, S. 138 (152 f.); *ders.*, AnwBl. 1991, S. 368 (375); *Lackhoff/Nyssens*, ELRev. 1998, S. 397 (401 ff.); *Royla/Lackhoff*, DVBl.1998, S. 1116 (1119 f.); *Timmermans*, YEL 1997, S. 1 (17 ff.); *Winter*, DVBl. 1991, 657 (663 ff.); *ders.*, ZUR 2002, S. 313 (314).

538 So *Emmert*, EWS 1992, S. 56 (64 ff.); *Kahl*, Umweltprinzip und Gemeinschaftsrecht, S. 155 ff.; *Middeke*, Nationaler Umweltschutz im Binnenmarkt, S. 57 ff.; *Nicolaysen*, Europarecht I, S. 165; *ders.*, EuR 1986, S. 370 f.; *ders.*, EuR 1984, S. 380 (385 ff.); *Curtin*, CMLRev. 1990, S. 709 (723); *dies.*, ELRev. S. 195 (196); *Prechal*, CMLRev. 1990, S. 451 ff.; *Winter*, DVBl. 1991, S. 657 (664 f.); *ders.*, ZUR 2002, S. 313 (314 f.); ebenso GA Jacobs zu EuGH [Vaneetfeld] Slg. 1994, I-763 (770 f., Rn. 18 ff.); GA van Gerven zu EuGH [Marshall] Slg. 193, I-4367 (4387 f., Rn. 12);
a.A.: *Easson*, ELRev. 1979, S.67 (71); *Emmert/Pereira de Avezedo*, RTDE 1993, S. 503 ff.; *Freyer*, EuZW 1991, S. 49 (52); *Gellermann*, Beeinflussung des bundesdeutschen Rechts durch Richtlinien der EG, S. 171 ff.; *Götz*, NJW 1992, S. 1849 (1855 f.); *Herber*, EuZW 1991, S. 401 ff.; *Hilf*, EuR 1993, S. 1 (9 f.); *Isaac*, Droit communautaire général, 180 f.; *Prechal*, Directives in Community Law, S. 296 f.; *Streinz*, Europarecht, S. 159 (Rn. 405).

539 EuGH [Faccini Dori/Recreb] Slg. 1994, I-3325 (3355, Tz. 20); [Marshall] Slg. 1986, 723 (749, Tz. 48 f.); [Kolpinghuis Nijmegen] Slg. 1987, 3969 (3985 f.); [Busseni] Slg. 1990, I-495 (525, Tz. 22 f.); [El Corte Inglés] Slg. 1996, I-1281 (1303, Tz. 15 ff.); [Eurim Pharm] Slg. 1996, I-3603 (3617, Tz. 26); [Daihatsu] Slg. 1997, I-6843 (6865, Tz. 24); [Silhouette] Slg. 1998, I-4799 (4834, Tz. 36); [Coote] Slg. 1998, I-5199 (5219, Tz. 17); [Centrosteel] Slg. 2000, I-6007 (6027, Tz. 15).

Wettbewerber zur Einhaltung staatlicher Verbotsregeln, die ihrerseits gegen Richtlinienrecht verstoßen, verpflichten will[540]. Zum anderen soll eine horizontale Richtlinienwirkung auch dann zum Tragen kommen, wenn eine Vertragserfüllung mit Hinweis auf richtlinienwidrige nationale Verbotsnormen verweigert werden soll[541].

Diese Ausnahmekonstellationen können im Umweltrecht Bedeutung erfahren. Nach Art. 8 Richtlinie 98/34/EG[542] besteht eine grundsätzliche Notifizierungspflicht von technischen Vorschriften bei der Kommission. Praktisch relevant wird dies im Bereich des Umweltrechts dann, wenn einem Kläger eine Vorschrift des innerstaatlichen Rechts entgegengehalten wird, die zwar notifizierungspflichtig ist, tatsächlich nicht notifiziert wurde. Soweit derartige nationale Bestimmungen auch nicht im Wege des Art. 176 EG als nationale Schutzverstärkungsklauseln notifiziert wurden, können sie Privaten prinzipiell nicht entgegengehalten werden[543].

(3) Sonderfall: Staatshaftung

Bei der Erforschung der Grenzen, innerhalb derer sich der Einzelne auf eine Richtlinie berufen kann, spielt die rechtliche Vollkommenheit der Richtlinie eine zentrale Rolle. Unter rechtlicher Vollkommenheit sind die hinreichende Genauigkeit sowie die Unbedingtheit der Richtlinie zu verstehen[544]. Dahinter steht die Überlegung, dass individuelle Rechtspositionen einen konkreten Rahmen erhalten sollen, in den sie eingebettet sind. Über diesen Grundsatz hinaus sind

---

540 EuGH [CIA Security] Slg. 1996, I-2201 (2248 f., Tz. 55); ähnlich bereits bei EuGH [Piageme] Slg. 1991, I-2971 ff.; [Piageme II] Slg. 1995, I-2955 ff.; zum Ganzen: *Craig/de Búrca*, The Evolution of EU Law, S. 207 f.; *Gundel*, EuZW 2001, S. 143 (145); *Lackhoff/Nyssens*, ELRev. 1998, S. 397 (403, 406); *Slot*, CMLRev. 1996, S. 1035 (1049); *Doepner/Reese*, GRUR 1998, S. 761 (774); GA Elmer zu EuGH [CIA Security] Slg. 1996, I-2201 (2226, Rn. 69); siehe bereits: *Stuyck/Wytinck*, CMLRev. 1991, S. 205 (216 f.).

541 EuGH [Unilever/Central Food] Slg. 2000, I-7535 (7584 f., Tz. 50); dazu auch: *Gundel*, EuZW 2001, S. 143 (145 f.).

542 RL 98/34/EG des Europäischen Parlaments und des Rates vom 22. Juni 1998 über ein Informationsverfahren auf dem Gebiet der Normen und technischen Vorschriften in ABl. 1998 Nr. L 204, S. 37 ff.

543 Siehe zu einer ähnlichen Fallkonstellation mit umweltrechtlichem Bezug: EuGH [Bic Benelux] Slg. 1997, I-1753 ff., in der Entscheidung ging es um die Vorläuferrichtlinie 83/189/EWG; zur Bedeutung der Informationsrichtlinie im Rahmen des Umweltrechts: *Jans*, European Environmental Law, S. 316; *Epiney*, Umweltrecht in der Europäischen Union, S. 152; siehe zu Notifizierungspflichten im Bereich des Abfallrechts: Art. 3 Abs. 2 RL 75/442/EWG vom 15. Juli 1975 über Abfälle in ABl. 1975 Nr. L 194, S. 47 ff., reformiert durch die RL 91/156/EWG in ABl. 1991 Nr. L 78, S. 32 ff.

544 *Streinz*, Europarecht, S. 159 (Rn. 402); *Isaac*, Droit communautaire général, S. 173 f.

aber Fälle denkbar, in denen sich zwar individuelle Schutzpositionen eindeutig ermitteln lassen, die zugrunde liegende Richtlinie gleichwohl keine rechtliche Vollkommenheit aufweist. In dieser Situation scheidet eine unmittelbare Richtlinienwirkung aus. Gleichwohl könnte es interessengerecht sein, wenn sich der Einzelne unter Umständen auch in derartigen Fällen auf eine Richtlinie berufen könnte.

Der EuGH hatte bereits mehrfach über dieses diffizile juristische Problem zu befinden[545]. Die Rechtsprechung gewährt dem Einzelnen bei einem *hinreichend qualifizierten Verstoß* gegen Gemeinschaftsrecht[546] durch einen Mitgliedstaat, zum Beispiel wegen unterlassener Transformation von Richtlinien, einen Schadensersatzanspruch gegen den betreffenden Mitgliedsstaat[547] soweit der Einzel-

---

[545] Siehe die beiden wegweisenden Entscheidungen: EuGH [Francovich] Slg. 1991, I-5357 ff., in diesem Fall ging es um die Auslegung der RL 80/987/EWG (RL des Rates vom 20. Oktober 1980 zur Angleichung der Rechtsvorschriften der Mitgliedstaaten über den Schutz der Arbeitnehmer bei Zahlungsunfähigkeit des Arbeitgebers in ABl. 1980 Nr. L 283, S. 23 ff.). Diese Richtlinie sah eine Garantieeinrichtung durch den Staat vor, um Arbeitnehmer vor der Insolvenz eines Betriebes abzusichern. In Italien wurde diese Richtlinie allerdings nicht umgesetzt. Da die Richtlinie nicht hinreichend bestimmt und eindeutig war, konnte sie keine unmittelbare Wirkung entfalten. Allerdings gewährte der EuGH wegen der eindeutig bestimmbaren individuellen Rechtspositionen einen Schadenersatzanspruch gegen den italienischen Staat;
ferner EuGH [Brasserie du Pêcheur und Factortame] Slg. 1996, I-1029 ff., in dieser Rechtssache ging es darum, dass die deutschen Behörden einer französischen Brauerei den Import von Bier wegen eines Verstoßes gegen das deutsche Bierbrau-Reinheitsgebot untersagten. Die betreffenden Vorschriften wurden bereits durch ein Urteil des EuGH wegen Verstoßes gegen Art. 28 EG für rechtswidrig erklärt (EuGH [Kommission/Deutschland] Slg. 1987, 1227 (1276, Tz. 54)). Problematisch stellte sich für den deutschen Richter die Rechtsgrundlage dar, da Art. 839 BGB i.V.m. Art. 34 GG eine Drittbezogenheit der verletzten Amtspflicht voraussetzen. Nach der deutschen Rechtsdogmatik weist aber die Gesetzgebung keine Drittbezogenheit auf, da sie im Allgemeininteresse geschieht. Der EuGH entschied, dass es hierauf nicht ankomme, da nach gemeinschaftsrechtlichen Grundsätzen (vgl. Art. 288 Abs. 2 EG) für eingetretene Schäden wegen eines Gemeinschaftsrechtsverstoßes zu haften sei. Dabei sei die Frage irrelevant, welches Organ eines Staates diesen Verstoß zu verantworten habe (EuGH [Brasserie du Pêcheur und Factortame] Slg. 1996, I-1029 (1144, Tz. 29; 1144 f., Tz. 31 f.; 1149, Tz. 51).

[546] Zu den verschiedenen Fallgruppen des Staatshaftungsanspruchs: *Detterbeck*, AöR 2000, S. 202 (223 ff.); *Hermes*, DV 1998, S. 371 (374); *von Danwitz*, DVBl. 1997, S. 1 (4 f.); *Kadelbach/Petersen*, EuGRZ 2002, S. 213 ff., zum Aspekt der Staatshaftung wegen Verstoßes gegen Grundfreiheiten.

[547] In der Literatur war lange Zeit die Frage umstritten, wer in einem bundesstaatlich organisiertem Mitgliedstaat der richtige Anspruchsgegner ist. Zur Diskussion stand die Frage, ob dies auch die Länder sein können (so *Gundel*, DVBl. 2001, S. 95 (98 f.); *Detterbeck/ Windthorst/Sproll*, Staatshaftungsrecht, S. 69; *Claßen*, Nichtumsetzung von Gemeinschaftsrichtlinien, S. 208 f.; *Seltenreich*, Die Francovich-Rechtsprechung des EuGH und ihre Auswirkung auf das deutsche Staatshaftungsrecht, S. 190 f.; *Trüe*, EuR 1996, S. 179 (194 f.); *Rebhan*, JBl. 1996, S. 749 (759)) oder dies der Gesamtstaat ist (so *Ossenbühl*, Staatshaftungsrecht, S. 520 f.; *Hidien*, Die gemeinschaftsrechtliche Staatshaftung der EU-

ne durch die Gemeinschaftsrechtsverletzung einen Schaden erlitten hat. Die wichtigste Voraussetzung hierfür ist allerdings, dass sich die individuellen Rechtspositionen des Geschädigten hinreichend klar aus der verletzten Norm ergeben[548]. Bei Richtlinien ergibt sich der Ausnahmecharakter insbesondere dadurch, dass weitestgehend auf die hinreichende Genauigkeit sowie die Unbedingtheit der Richtlinie als solcher verzichtet wird. Vielmehr wird geprüft, ob es Sinn und Zweck der Richtlinie ist, individuelle Schutzpositionen zu vermitteln und ob der Inhalt derartiger Rechte aufgrund der Richtlinie eindeutig bestimmt werden kann[549]. Individuelle Rechtspositionen werden auch in diesen Fällen nach den bereits erörterten Kriterien ermittelt[550]. In der zweiten Bedingung zeigt sich, dass hinreichende Genauigkeit nicht vollkommen obsolet ist. Zwar muss nicht die Richtlinie als solche (insgesamt) hinreichend genau und bestimmt sein. Anders als bei der unmittelbaren Wirkung muss jedoch der Zweck, das heißt in

---

Mitgliedstaaten, S. 72 f.; *Wollgast*, Das haftende Subjekt der gemeinschaftsrechtlich gebotenen Staatshaftung der Bundesrepublik Deutschland, S. 47 ff.; *Bonnie*, ELRev. 1998, S. 537 ff.; *Detterbeck*, VerwArch 1994, S. 159 (191 f.); *Nettesheim*, DÖV 1992, S. 999 (1001); in diesem Sinn ebenfalls *Hessel/Mortelmans*, CMLRev. 1993, S. 905 (929); diskutiert wurde in der Situation eines Verstoßes gegen Gemeinschaftsrecht durch ein Land ein Regressanspruch des Gesamtstaates: *Böhm*, JZ 2000, S. 382 ff., m.w.z.N.). Eine Klärung dieser Frage brachte die Entscheidung des EuGH [Konle] Slg. 1999, I-3099 ff., wonach sich zwar ein Mitgliedstaat nicht durch seine innerstaatliche Ordnung exkulpieren kann, es aber genügt, wenn der Schadenersatz im Rahmen der mitgliedstaatlichen Ordnung gesichert ist (vgl. Tz. 64: „[...] *ein bundesstaatlich aufgebauter Mitgliedstaat* [Erg.: kann] *seine gemeinschaftsrechtlichen Verpflichtungen auch erfüllen* [...], *wenn nicht der Gesamtstaat den Ersatz der einem Einzelnen durch gemeinschaftsrechtswidrige innerstaatliche Maßnahmen entstandenen Schaden sicherstellt.*“; bestätigt in EuGH [Haim/ Kassenärztliche Vereinigung Nordrhein] Slg. 2000, I-5123, 5159 (Tz. 29 f.).

548 EuGH [Brasserie du Pêcheur und Factortame] Slg. 1996, I-1029 (1149, Tz. 51): „[...] *erkennt das Gemeinschaftsrecht einen Entschädigungsanspruch an, sofern drei Voraussetzungen erfüllt sind, nämlich dass die Rechtsnorm gegen die verstoßen worden ist, bezweckt, dem Einzelnen Rechte zu verleihen, dass der Verstoß hinreichend qualifiziert ist und schließlich dass zwischen dem den geschädigten Personen entstandenen Schaden ein unmittelbarer Kausalzusammenhang besteht.*“ Eine weitere Erläuterung der Kriterien „*hinreichend qualifizierter Verstoß*“, „*Kausalität*“ sowie „*Schaden*“ unterbleibt hier, da für die Untersuchung keine Relevanz besteht; speziell zum Staatshaftunganspruch als Audruck subjektiver Gemeinschaftsrechte: *Grzeszick*, EuR 1998, S. 417.

549 EuGH [Francovich] Slg. 1991, I-5357 (5415, Tz. 40): „*Erstens muss das durch die Richtlinie vorgeschriebene Ziel die Verleihung von Rechten an Einzelne beinhalten. Zweitens muss der Inhalt dieser Rechte auf der Grundlage der Richtlinie bestimmt werden können. Drittens muss ein Kausalzusammenhang zwischen dem Verstoß gegen die dem Staat auferlegte Verpflichtung und dem den Geschädigten entstandenen Schaden bestehen.*“

550 Vgl. „(3) Gemeinschaftsrechtlicher Ansatz“ (S. 75 ff.).

diesem Fall die individuelle Schutzposition, hinreichend präzise formuliert sein, damit sie eindeutig aufgrund der Richtlinie bestimmt werden kann[551].

Der Gerichtshof begründet seine Rechtsprechung zunächst mit Art. 10 EG. Nach dieser Vorschrift obliegt den Mitgliedstaaten die Pflicht zur Durchsetzung des Gemeinschaftsrechts. Vor diesem Hintergrund muten die Ausführungen des EuGH in der Rechtssache „Francovich" geradezu als Selbstverständlichkeit an. Hier führte der Gerichtshof aus, dass es zu dieser Verpflichtung auch gehöre, die Folgen eines Verstoßes gegen diese Pflicht zu regulieren[552]. Soweit die Richtlinie mit ihren Begünstigungen für den Bürger aufgrund der Notwendigkeit des (weiteren) Tätigwerdens des nationalen Gesetzgebers keine unmittelbare Wirkung entfaltet, ist eine Entschädigung als angemessenes Mittel für die Durchsetzung individueller Rechtspositionen anzusehen[553].

In seinem zweiten wegweisenden Urteil zur Rechtssache „Brasserie du Pêcheur" stellt der EuGH klar, dass der Staatshaftungsanspruch eine notwendige Ergänzung der Instrumente zur Sicherstellung der uneingeschränkten Anwendung des Gemeinschaftsrechts darstellt[554]. Der Gerichtshof zieht insbesondere eine Parallele zur außervertraglichen Haftung der Gemeinschaft nach Art. 288 Abs. 2 EG. Die dort normierte außervertragliche Haftung ist als Ausprägung des in den Mitgliedstaaten geltenden allgemeinen Grundsatzes, dass eine rechtswidrige Handlung oder Unterlassung die Verpflichtung öffentlicher Stellen zum Ersatz der dadurch verursachten Schäden nach sich zieht, zu verstehen[555]. Letztlich geht es bei der Rechtsprechung zur Staatshaftung darum, dass es den Mitglied-

---

551 EuGH [Brasserie du Pêcheur und Factortame] Slg. 1996, I-1029 (1149, Tz. 51; 1150, Tz. 56); EuGH [Dillenkofer] Slg. 1996, I-4845 (4879, Tz. 24); [Norbrook] Slg. 1998, I-1531 (1599, Tz. 107).

552 EuGH [Francovich] Slg. 1991, I-5357 (5414, Tz. 36) sowie S. 5415 (Tz. 39): „*Verstößt ein Mitgliedstaat wie im vorliegenden Fall gegen seine Verpflichtung* [...] *so verlangt die volle Wirksamkeit dieser gemeinschaftsrechtlichen Regelung einen Entschädigungsanspruch* [...]."

553 EuGH [Francovich] Slg. 1991, I-5357 (5414, Tz. 34; 5415, Tz. 40 f.).

554 EuGH [Brasserie du Pêcheur und Factortame] Slg. 1996, I-1029 (1143, Tz. 22).

555 EuGH [Brasserie du Pêcheur und Factortame] Slg. 1996, I-1029 (1144, Tz. 28 f.; 1146 f., Tz. 41); zur außervertraglichen Haftung der Gemeinschaft bereits EuGH [Schöppenstedt] Slg. 1971, 975 (984 f., Tz. 11); in den Folgeurteilen zur gemeinschaftsrechtlichen Staatshaftung rekurriert der Gerichtshof im Wesentlichen auf die Natur der mit dem Vertrag geschaffenen Rechtsordnung: EuGH [Norbrook] Slg. 1998, I-1531 (1598, Tz. 106); [British Telecommunications] Slg. 1996, I-1631 (1667, Tz. 38); [Hedley Lomas] Slg. 1996, I-2553 (2612, Tz. 24); [Dillenkofer] Slg. 1996, I-4845 (4878, Tz. 20); [Maso] Slg. 1997, I-4051 (4073, Tz. 34).

staaten nicht möglich sein soll, durch eine Handlung oder Unterlassung dem Einzelnen eine individuelle Rechtsposition vorzuenthalten[556].

bb) Verordnung

Individuelle Rechtspositionen im Gemeinschaftsrecht können sich auch aus Verordnungen ergeben. Da es nach der hier vertretenen Argumentation für die Feststellung der unmittelbaren Betroffenheit im Sinne des Art. 230 Abs. 4 EG unter dem Aspekt „Betroffenheit wegen der Verletzung eines spezifischen Rechts" zunächst auf die Entstehung einer individuellen Schutzposition ankommt, sind die verschiedenen Varianten, in denen eine individuelle Rechtspositionen entstehen kann, zu betrachten. Es ist nunmehr dazulegen, inwiefern sich der Einzelne auf Verordnungen des Gemeinschaftsrechts berufen kann. Um die Bedeutung der Entstehung von individuellen Schutzpositionen im Rahmen von Verordnungen einschätzen zu können, ist zunächst kurz die Relevanz von Verordnungen im europäischen Umweltrecht zu skizzieren.

(1) Bedeutung von Verordnungen im Europäischen Umweltrecht

Verordnungen führen im Umweltrecht bisher lediglich ein Schattendasein. Das häufigste Rechtssetzungsinstrument stellt die Richtlinie dar. Verordnungen werden in der Regel erlassen, wenn durch die Gemeinschaft ein einheitlicher Standard geschaffen werden soll[557]. So wurden zunächst durch Verordnungen Verwaltungsstrukturen implementiert[558]. Über Verwaltungsstrukturen hinaus sind unter anderem die Verordnungen zur Einführung eines Umweltzeichens[559]

---

[556] *Gellermann*, EuR 1994, S. 342 (347); *ders.*, Beeinflussung des bundesdeutschen Rechts durch Richtlinien der EG, S. 224 (232); *von Danwitz*, JZ 1994, S. 335 (339).

[557] ABl. 1994 Nr. C 358, S. 15 f. (Schriftliche Anfrage E-3089/93 vom 5. November 1993 und Antwort von *J. Delors* vom 5. Mai 1994).

[558] So wurde die Europäische Umweltagentur (VO 1210/90/EWG zur Errichtung einer Europäischen Umweltagentur und eines Europäischen Umweltinformations- und Umweltbeobachtungsnetzes in ABl. 1990 Nr. L 120, S. 1 ff.), das finanzielle Instrumentarium LIFE (VO 1973/92/EWG zur Schaffung eines Finanzierungsinstruments für die Umwelt (LIFE) in ABl. 1992 Nr. L 206, S. 1 ff.) sowie ein Kohäsionsfonds (VO 1164/94/EG zur Errichtung eines Kohäsionsfonds in ABl. 1994 Nr. L 130, S. 1 ff.) geschaffen.

[559] VO 880/92 EWG betreffend eines gemeinschaftlichen Systems zur Vergabe eines Umweltzeichens (Öko-Label) in ABl. 1992 Nr. L 99, S. 1 ff.

sowie des Öko-Audit-Systems[560] nennenswert. Häufig werden durch Verordnungen völkerrechtliche Verträge in Gemeinschaftsrecht transformiert. Ein bekanntes Beispiel ist die Verordnung zum Schutz der Ozonschicht[561], die in der Folge des Montrealer Protokolls[562] sowie der Umweltkonferenz von Rio de Janeiro 1992 entstand[563].

Im Bereich des medienschützenden Umweltrechts, mithin Wasser-, Luft- sowie Bodenschutz, sind keine Verordnungen vorzufinden. Lediglich im Sektor des Abfallim- und Exports in die Europäische Union[564] sowie des Im- und Exports bestimmter gefährlicher Chemikalien existieren Verordnungen[565]. Die seltene Verwendung von Verordnungen zeigt, dass sich dieses Instrument vor dem Hintergrund des Mittels der Verabschiedung einer Richtlinie nicht unbedingt eignet. Gerade in Zeiten, in denen über Kompetenzverteilung diskutiert wird und dies auch Eingang in die Rechtsprechung gefunden hat[566], erscheint ein Richtlinienerlass aus psychologischen Gründen als die geeignetere Maßnahme, um einheitliche Maßstäbe herbeizuführen[567].

---

[560] VO 1836/93/EG über die freiwillige Beteiligung gewerblicher Unternehmen in einem Gemeinschaftssystem für das Umweltmanagement und die Umweltbetriebsprüfung (Öko-Audit) in ABl. 1993 Nr. L 168, S. 1 ff.

[561] VO 3094/94/EG über Stoffe, die zum Abbau der Ozonschicht führen in ABl. 1994 Nr. L 333, S. 1 ff.

[562] Montrealer Protokoll vom 16. September 1987 über Stoffe, die zu einem Abbau der Ozonschicht führen in BGBl. 1989 II, 622 ff.; internationaler Text in: *UNEP*, Montreal Protocol on Substances that Deplete the Ozone Layer, Final Act (1987), S. 12 ff.

[563] Die Umweltkonferenz von Rio de Janeiro (*United Nations Conference on Environment and Development*) fand vom 3. bis 14. Juni 1992 statt. Näher *Beyerlin*, Umweltvölkerrecht, S. 19 ff.; *ders.*, ZaöRV 1994, S. 124 (132 ff.); *Bodansky*, YIEL 1992, S. 60 ff.; *ders.*, YIEL 1993, S. 451 ff. (speziell zur Klimakonvention); *Feist*, JuS 1997, S. 490 (493 ff.); *Hauser* in: Blumenwitz/Wehner, Rechte der Staaten, Volksgruppen und Individuen (2002), S. 145 (154 ff.); *Hermitte*, AFDI 1992, S. 844 ff.; *Hobe*, JA 1997, S. 160 (162 ff.); *Hohmann*, NVwZ 1993, S. 311 (314 ff.); *Kiss*, RJE 1993, S. 45 (64 ff.); *Klemm/Shine*, Biological Diversity Convention, S. 18 ff.; *Lal Panjabi*, DJILP 1993, S. 215 ff.; *Malanczuk* in: Sustainable Development, S. 23 (27 ff.); *ders.* in: FS Bernhardt, S. 985 (996 ff.); *Rest*, AVR 1996, S. 145 (148 ff.); *Sand*, EJIL 1993, S. 377 (378 ff.); *Sands*, Principles of International Environmental Law, S. 48 ff.; *Schäfer*, NuR 1995, S. 504 (506 f.); *Schally*, YIEL 1993, S. 30 ff.; *Wolfrum* in: Enforcing Environmental Standards, S. 373 ff.

[564] VO 259/93/EWG zur Überwachung und Kontrolle der Verbringung von Abfällen in der, in die und aus der Europäischen Gemeinschaft in ABl. 1993 Nr. L 30, S. 1 ff.

[565] VO 2455/92/EWG betreffend die Ausfuhr und Einfuhr bestimmter gefährlicher Chemikalien in ABl. 1992 Nr. L 251, S. 13 ff.

[566] Dazu EuGH [Deutschland/Europ. Parlament und Rat der EU (Tabakwerbeverbot)] Slg. 2000, I-8419 ff.

[567] Vgl. dazu auch das Subsidiaritätsprotokoll des Amsterdamer Vertrages, in dem es heißt: *„Die Rechtsetzungstätigkeit der Gemeinschaft sollte über das erforderliche Maß nicht hinausgehen. Dementsprechend wäre unter sonst gleichen Gegebenheiten eine Richtlinie ei-*

(2) Rechtswirkungen

Fraglich ist, unter welchen Voraussetzungen sich der Einzelne auf Verordnungen berufen kann, damit er auf eine individuelle Rechtsposition rekurrieren kann. Damit ist der Frage nachzugehen, inwieweit Verordnungen unmittelbare Anwendbarkeit erfahren.

i) Allgemeine Geltung

Nach Art. 249 Abs. 2 EG hat eine Verordnung allgemeine Geltung. Nach der Rechtsprechung bedeutet dies, dass dieser Rechtsakt *„auf objektiv bestimmte Sachverhalte anwendbar ist und Rechtswirkungen für allgemein und abstrakt umrissene Personengruppen zeitigt“*[568]. Das Element der allgemeinen Geltung dient vor allem zur Differenzierung gegenüber der Entscheidung im Sinne des Art. 249 Abs. 4 EG (Einzelakt)[569]. Der Gerichtshof legt das Merkmal der allgemeinen Geltung weit aus. Nach seiner Auffassung verliert ein Rechtsakt nicht bereits dadurch seine allgemeine Geltung, dass der Adressatenkreis nach Zahl und Identität bestimmbar ist, soweit dies aus den Bedingungen der Verordnung resultiert[570]. Eine Entscheidung liegt im Gegenschluss vor, wenn die Vorschrift sich bei Erlass an einen Personenkreis wendet, der bereits feststeht und nicht mehr erweitert werden kann[571]. In diesem Fall handelt es sich um eine „verkappte Entscheidung“. Um dieser Situation Rechnung zu tragen, erlaubt Art. 230

---

ner Verordnung oder eine Rahmenrichtlinie einer detaillierten Maßnahme vorzuziehen.“; zitiert nach *Reich*, Bürgerrechte in der Europäischen Union, S. 87.

[568] EuGH [Koninklijke Scholten Honig/Rat und Kommission] Slg. 1977, 797 (807, Tz. 20/22); dem folgend EuG [Weber] Slg. 1996, II-609 (627, Tz. 55).

[569] *Fuß*, NJW 1964, S. 945 (946 f.); *Ruffert* in Calliess/Ruffert, Kommentar zu EU- und EG-Vertrag, Rn. 39 zu Art. 249; *Schmidt* in Groeben/Thiesing/Ehlermann, Kommmentar zum EU-/EG-Vertrag, Rn. 28 zu Art. 189.

[570] EuGH [Roquette Frères] Slg. 1982, 3213 (3220, Tz. 7): „[...] *verliert ein Rechtsakt seinen Verordnungscharakter nicht schon dadurch, dass sich die Rechtssubjekte, für die er in einem Zeitpunkt gilt, nach Zahl oder Identität bestimmen lassen, solange feststeht, dass diese Geltung sich aus einer in dem Rechtsakt umschriebenen objektiven Rechts- oder Sachlage i.V.m. der Zielsetzung dieses Aktes ergibt.*“; [Codorniu] Slg. 1994, I-1853 (1885 f., Tz. 18); [Alusuisse] Slg. 1982, 3463 (3472 f., Tz. 11); [Zuckerfabrik Watenstedt] Slg. 1968, 611 (621); [Gibraltar/Rat] Slg. 1993, I-3605 (3654, Tz. 15 sowie 17), m.z.w.N. aus der Rspr.

[571] EuGH [International Fruit Company] Slg. 1971, 411 (422, Tz. 16/22), hier geht der EuGH von einem Bündel individueller Entscheidungen aus; [CAM] Slg. 1975, 1393 (1403, Tz. 14/18); [NTN Toyo Bearing Company] Slg. 1979, 1185 (1205, Tz. 11).

Abs.4 EG Rechtsschutz der Einzelnen auch gegen Entscheidungen *„obwohl sie als Verordnung [...] ergangen sind, sie unmittelbar und individuell betreffen"*[572].

Verordnungen sind nach Art. 249 Abs. 2 EG verbindlich. Dieses Element grenzt die Verordnung von den unverbindlichen Handlungsformen Empfehlung und Stellungnahme im Sinne des Art. 249 Abs. 5 EG ab. Fernerhin ist die Verbindlichkeit das zentrale Abgrenzungskriterium zur Richtlinie, die nur hinsichtlich des zu erreichenden Ziels verbindlich ist und zusätzlich der Transformation in mitgliedstaatliches Recht bedarf. Aus der Verbindlichkeit folgt, dass Rechte und Pflichten für diejenigen begründet werden, die von der Verordnung betroffen werden. Da die Verordnung in den Mitgliedstaaten gilt, werden von ihr nicht nur die Mitgliedstaaten sowie die Gemeinschaftsorgane betroffen, sondern auch der Gemeinschaftsbürger[573]. Darüber hinaus ist die Verordnung auch für das Organ verbindlich, das sie erlassen hat[574].

ii) Unmittelbare Geltung

Art. 249 Abs. 2 EG schreibt der Verordnung unmittelbare Geltung zu. Unmittelbarkeit bedeutet in diesem Zusammenhang, dass es im Gegensatz zum Fall des Richtlinienerlasses keiner Mitwirkung der Mitgliedstaaten mehr bedarf. Mithin bedarf die Verordnung keiner zusätzlichen nationalen Bekanntgabe[575].

Für die Durchsetzbarkeit einer individuellen Rechtsposition bedeutet dies, dass der Einzelne sich auf die Gewährungen der Verordnung direkt berufen kann. Eine Ausnahme liegt vor, wenn der Verordnungstext nicht abschließend ist und den Mitgliedstaaten eine Konkretisierung überlässt[576]. In diesem Zusammenhang darf der Gemeinschaftsgesetzgeber bei Erlass einer Verordnung

---

[572] Neurdings EuG [Jégo Quéré und Cie SA/Kommission] Slg. 2002, II-2365 (Tz. 24 ff.) mit der Möglichkeit unter bestimmten Voraussetzungen gegen echte Verordnungen vorzugehen; dazu *Callies*, ZUR 2002, S. 402; *ders./Lais*, ZUR 2002, S. 344 (346); *Dittert*, EuR 2002, S. 708 (709 ff.); *Lübbig*, EuZW 2002, S. 415 f.; restriktiver EuGH [UPA/Rat] Slg. 2002, I-6677 ff.

[573] *Isaac*, Droit communautaire général, S. 129; *Grabitz* in: Grabitz/Hilf, Kommentar zum EGV in der Fassung des Vertrages von Maastricht, Rn. 46 zu Art. 189.

[574] *Schmidt* in: Groeben/Thiesing/Ehlermann, Kommmentar zum EU-/EG-Vertrag, Rn. 29 zu Art. 189; *Biervert* in: Schwarze, EU-Kommentar, Rn. 20 zu Art. 249.

[575] EuGH [Cobelex] Slg. 1972, 1055 (1061 f., Tz. 11 ff.).

[576] Bspw. in Art. 26 Abs. 5 VO 259/93/EG zur Überwachung und Kontrolle der Verbringung von Abfällen in der, in die und aus der Europäischen Gemeinschaft in ABl. 1993 Nr. L 168, S. 1 ff.: *„Die Mitgliedstaaten verbieten und ahnden die illegale Beförderung durch geeignete rechtliche Maßnahmen."* oder Art. 6 Öko-Audit-VO 1836/93/EG (in ABl. 1993 Nr. L 168, S. 1 ff.).

die Mitgliedstaaten zu Durchführungsverordnungen ermächtigen[577]. Die Überlegungen gelten im Übrigen in entsprechender Weise für die Begründung von Pflichten. Ein Mitgliedstaat kann die Durchsetzung einer Verordnung nicht mit Hinweis auf seine innerstaatlichen Vorschriften oder Verwaltungspraktiken blockieren[578]. Insofern gilt der Anwendungsvorrang des Gemeinschaftsrechts[579]. Ebenso dürfen durch die Mitgliedstaaten keine verbindlichen Auslegungsregeln geschaffen werden[580]. Vielmehr sind die Mitgliedstaaten – soweit erforderlich – gehalten, alle notwendigen Maßnahmen einzuleiten, damit die Verordnung uneingeschränkte Anwendung im innerstaatlichen Bereich erfahren kann[581]. Um die praktische Wirksamkeit des Gemeinschaftsrechts zu wahren, sind die Mitgliedstaaten auch ohne ausdrückliche Ermächtigung verpflichtet (Art. 10 EG), Durchführungsmaßnahmen zu erlassen, soweit das Gemeinschaftsrecht fragmentarischer Natur ist[582].

iii) In jedem Mitgliedstaat

Nach Art. 249 Abs. 2 EG gilt die Verordnung in jedem Mitgliedstaat. Damit wird der Geltungsbereich beschrieben. Wie sich auch aus den bereits diskutierten Elementen ergibt, erstreckt sich der personale Geltungsbereich auf die Mitgliedstaaten, die Einzelnen sowie die juristischen Personen. Der territoriale Geltungsbereich umfasst den gesamten Geltungsbereich des EGV, mithin alle (derzeit) fünfzehn Mitgliedstaaten. Dieser Grundsatz kann aber Ausnahmen erfahren, wenn bestimmte von der Verordnung erfasste Sachverhalte in einigen Mitgliedstaaten nicht vorkommen (z.B. bestimmte Produktionszweige) oder Ausnahmen hinsichtlich des räumlichen Geltungsbereichs vorgesehen werden. Ein-

---

[577] EuGH [Roland Teulie] Slg. 1992, I-5599 (5618, Tz. 13).

[578] EuGH [Leonesio] Slg. 1972, 287 (294, Tz. 5/6); [Kommission/Deutschland] Slg. 1990, I-2879 (2906, Tz. 26).

[579] EuGH [Politi/Italien] Slg. 1971, 1039 (1049, Tz. 9): „[...] *steht die Wirkung, die der Verordnung nach Art. 189 EGV* [nunmehr: Art. 249 EG] *zukommt, der Anwendung aller – auch jüngeren – gesetzgeberischen Maßnahmen entgegen, die mit den Verordnungsbestimmungen unvereinbar sind.*"

[580] EuGH [Fratelli Zerbone/Amministrazione delle Finanze dello Stato] Slg. 1978, 99 (115 f., Tz. 22/27); ebenso abwegig ist es, über die Schwierigkeiten bezüglich der Auslegung von Gemeinschaftsrecht ein Sachverständigengutachten gem. § 293 ZPO einzuholen (so aber unverständlicherweise das OLG München EuR 1988, S. 409 ff.; mit lesenswerten Anmerkungen *Nicolaysen*, EuR 1988, S. 411 f.), bei derartigen Konstellationen kommt eine Vorlage an den EuGH gem. Art. 234 EG in Betracht.

[581] EuGH [Deutschland/Kommission] Slg. 1993, I-3399 (3430 f., Tz. 38); [Kommission/Frankreich] Slg. 1995, I-4443 (4466, Tz. 28).

[582] EuGH [Hauptzollamt Hamburg/Bollmann] Slg. 1970, 69 (80 f., Tz. 4 ff.); ferner GA de Lamothe zu EuGH [Fleischkontor/Hamburg] Slg. 1971, 49 (67).

schränkungen sind überdies wegen grundrechtlicher Gewährleistungen denkbar oder aufgrund allgemeiner Rechtsgrundsätze. Vor diesem Hintergrund kann sich die Notwendigkeit von Ausnahmevorschriften ergeben[583].

iv) Schlussfolgerung

Insgesamt kann eine Verordnung durchaus als europäisches Gesetz angesehen werden[584]. Für diesen Befund gilt freilich eine Einschränkung. Bei Verordnungen muss grundsätzlich zwischen Grund- und darauf ergehenden Durchführungsverordnungen differenziert werden, da dem Gemeinschaftsrecht die eigentümliche Unterscheidung des nationalen Rechts zwischen Gesetz und Rechtsverordnung fehlt. Nur die erstere Gruppe ist mit den formellen Gesetzen vergleichbar[585]. Die Bezeichnung als Gesetz im Rahmen der Verträge wurde vereitelt, da nach dem Verständnis der Mitgliedstaaten unter einem Gesetz nur formelle Parlamentsgesetze zu verstehen sind[586]. Gleichwohl darf bei einem Vergleich der Verordnung mit einem nationalen Gesetz nicht außer Betracht gelassen werden, dass das Gemeinschaftsrecht schon aufgrund seines supranationalen Charakters eine andere Struktur aufweist als traditionelles nationales Recht[587].

Dem Einzelnen ist es möglich, sich in vollem Umfang auf eine Verordnung zu berufen. Eine Verordnung erfährt prinzipiell unmittelbare Anwendbarkeit.

---

[583] *Schmidt* in: Groeben/Thiesing/Ehlermann, Kommentar zum EU-/EG-Vertrag, Rn. 33 zu Art. 189.

[584] EuGH [Fédération Charbonnière de Belgique/Hohe Behörde] Slg. 1955/56, 197 (226), zu einer EGKSV-Entscheidung, die gem. Art. 14 Abs. 2 EGKS (Art. 14 Abs. 2 EGKS lautet: *„Die Entscheidung ist in allen ihren Teilen verbindlich."*) mit einer Verordnung vergleichbar ist: „[...] *fast* [...] *Gesetzgebungsakt.*"); ebenfalls *Molina del Pozo*, Manual de Derecho de la Communidad Europea, S. 467, er verwendet den Begriff des *„acto europeo"* (europäisches Gesetz); ferner *Isaac*, Droit communautaire général, S. 128, der die Verordnung mit dem *„loi"* vergleicht, dieser Begriff ist nach französischem Verständnis dem Gesetz vorbehalten, das die *Assemblée Nationale* (französisches Parlament) erlässt; a.A. *Ruffert* in: Calliess/Ruffert, Kommentar zu EU- und EG-Vertrag, Rn. 38 zu Art. 249.

[585] GA Lagrange zu EuGH [Conféderation Nationale des producteurs de fruits et légumes] Slg. 1962, 961 (990) schlägt folgende Definition für eine Verordnung vor: *„Verwaltungsmaßnahme im formellen Sinne, weil von einer von der Exekutive abhängigen Behörde oder von der Exekutive selbst erlassen; im materiellen Sinne dagegen Vorschrift normativen Charakters, echte sekundäre Gesetzgebung, die objektive aus sich selbst heraus unabhängig von der Person, vom Einzelnen, auf alle von ihr erfassten Fälle anwendbaren Normen aufstellt."*

[586] *Grabitz* in: Grabitz/Hilf, Kommentar zum EGV in der Fassung des Vertrages von Maastricht, Rn. 43 zu Art. 189, der dies am Beispiel der französischen Rechtstradition erläutert.

[587] Verfehlt ist es indessen, eine Verordnung am Maßstab des Art. 80 Abs. 1 GG zu messen (so allerdings das FG Rheinland-Pfalz DÖV 1964, S. 306 (307 f.)).

nur in Ausnahmefällen sind noch weitere Akte der Mitgliedstaaten zur Ausführung von Verordnungen notwendig.

cc) Primärrecht

Als letzter wichtiger Teil ist das Primärrecht zu besprechen. Individuelle Rechtspositionen können sich letztlich auch aus dem Primärrecht ergeben. Um hier weitere Voraussetzungen einer Individualrechtsbegründung in diesem Bereich zu untersuchen, ist die Frage aufzuwerfen, unter welchen Voraussetzungen sich der Einzelne auf Primärrecht berufen kann – es ist daher die Frage nach der unmittelbaren Anwendbarkeit des Primärrechts zu stellen. Darüber hinaus ist zu analysieren, welche Materien des Primärrechts individuelle Rechtspositionen vermittelt können.

(1) Kriterien für die unmittelbare Anwendbarkeit

Die unmittelbare Anwendbarkeit von Primärrecht wurde erstmals im Fall „van Gend & Loos" diskutiert[588]. Nach dieser Rechtsprechung ist es dem Einzelnen grundsätzlich möglich, auf Primärrecht zu rekurrieren. Voraussetzung hierfür ist, dass durch die streitgegenständliche Norm eine individuelle Rechtsposition gewährt wird[589]. Weiterhin muss die Norm hinreichend genau sowie unbedingt sein (sog. self-executing-Charakter)[590].

Wie im Bereich des Richtlinienrechts ist auch im Bereich des Primärrechts zwischen vertikaler und horizontaler Direktwirkung zu differenzieren. Dabei bereitet die vertikale unmittelbare Anwendbarkeit – also die Direktwirkung in Beziehungen zwischen Bürger und Staat – keine besonderen Schwierigkeiten. Für diese Fallgruppe wurde die unmittelbare Anwendbarkeit zunächst entwickelt[591]. Begründet wird dies schlicht mit der Durchsetzungspflicht des Gemeinschaftsrechts aus Art. 10 EG[592]. Die allgemeinen Rechtsgrundsätze, zu denen der Gerichtshof insbesondere die Grundrechte zählt, sind – obwohl es sich um nicht

---

[588] EuGH [van Gend & Loos] Slg. 1963, 1 ff.

[589] EuGH [van Gend & Loos] Slg. 1963, 1 (24 ff.); zur Ermittlung einer individuellen Schutzposition siehe unter „a) Individuelle Rechtspositionen im Umweltrecht" (S. 45 ff.).

[590] EuGH a.a.O.; dazu: *Oppermann*, Europarecht, S. 234 (Rn. 629); *Isaac*, Droit communautaire général, S. 125.

[591] EuGH a.a.O.; [van Binsbergen] Slg. 1974, 1291 (1311, Tz. 27).

[592] *Reich*, Bürgerrechte in der Europäischen Union, S. 74.

kodifizierte Bestimmungen (auf Primärrechtsebene) handelt – ebenfalls der unmittelbaren Anwendbarkeit fähig[593].

Schwieriger gestaltet sich die Frage nach der horizontalen Direktwirkung, also der unmittelbaren Anwendbarkeit im Verhältnis der Bürger untereinander. Eine bekannte Paralleldiskussion im deutschen Verfassungsrecht stellt die Problematik der sog. „mittelbaren Drittwirkung der Grundrechte“[594] dar, die nach der deutschen Rechtsdogmatik stattfindet[595]. Im Gemeinschaftsrecht entsteht gleichsam das Problem, dass Wertentscheidungen des Gemeinschaftsrechts durch nichtstaatliches Handeln – in der Regel durch privatrechtliche Vertragsbeziehungen – unterminiert werden können. Dies gilt vornehmlich für die Grundfreiheiten des EG-Vertrages. Sollte ein Vertrag, der inhaltlich gegen Vorgaben des (unmittelbar anwendbaren) Primärrechts verstößt, gerichtlich durchgesetzt werden können, so liegt hierin ein Verstoß gegen die Durchsetzungspflicht des Gemeinschaftsrechts (Art. 10 EG)[596]. Letztlich muss aber im Einzelfall festgestellt werden, wie weit der Schutzbereich einer gemeinschaftsrechtlichen Gewährleistung reicht[597]. Schwer vorstellbar – jedoch nicht ausgeschlossen – erscheint unter Berücksichtigung der Rechtsprechung[598] zu den Grundfreiheiten eine Horizontalwirkung von Gemeinschaftsgrundrechten. Allerdings ergibt sich wohl eher ein Anspruch des Belasteten gegen den Staat aus dem „status activus“ der Grundrechte[599], mithin aus Schutzpflichten, die sich aus Grundrechten ergeben können.

---

593 St. Rspr. EuGH [Eridania] Slg. 1979, 2749 (2771, Tz. 31); [Lageder] Slg. 1993, I-1761 (1790, Tz. 33).

594 Nach dieser Doktrin gibt es keine unmittelbare Wirkung der Grundrechte im Privatrecht, ihre Leitprinzipien müssen aber im Rahmen der Interpretation privatrechtlicher Normen berücksichtigt werden, insbesondere bei der Auslegung von zivilrechtlichen Generalklauseln.

595 BVerfGE 7, 198 (205 f.); 73, 261 (269); BAGE 62, 59.

596 Instruktiv EuGH [Union Royale des Sociétés de Football Association/Bosman] Slg. 1995, I-4921 ff. (insb. 5065 f., Tz. 82 f.).

597 *Steindorff*, EG-Vertrag und Privatrecht, S. 277, m.w.N.

598 Diese Konstellation wäre in „nationalen Sachverhalten“ nur in den Fällen des Vollzugs des Gemeinschaftrechts (EuGH [Wachauf] Slg. 1989, 2609 ff.) sowie bei der Einschränkung von Grundfreiheiten (EuGH [ERT] Slg. 1991, I-2925 ff.) relevant.

599 *Jarvis/Sherlock*, ELRev. 1999, S. 15 (18 f.), am Beispiel der EMRK-Gewährleistungen mit Verweis auf die Rspr. des EGMR.

(2) kodifiziertes Primärrecht

Zu diskutieren ist nunmehr die Frage, ob es im kodifizierten Primärrecht umweltrechtliche Vorschriften gibt, auf die sich der Einzelne berufen könnte. Es stellt sich somit das Problem, ob es umweltrechtliche Vorschriften gibt, die zugunsten des Privatklägers unmittelbar anwendbar sind. Um diese Frage zu beantworten, ist ein kursorischer Überblick über die Gewährleistungen des kodifizierten Primärrechts zu geben.

Der Umweltschutz wird bereits in der Präambel des EU-Vertrages (7. Erwägung) genannt. Darüber hinaus ist der Umweltschutz in Art. 2 Spstr. 1 EU berücksichtigt, in dem auf eine nachhaltige Entwicklung[600] Bezug genommen wird[601]. In der 3. Erwägung der Präambel des EG-Vertrages gibt sich die Gemeinschaft das Ziel einer stetigen Besserung der Lebens- und Beschäftigungsbedingungen. Durch den ersten Aspekt wird ebenfalls der Umweltschutz umfasst[602]. Nach Art. 2 EG gehört es zu den Gemeinschaftsaufgaben ein hohes Maß an Umweltschutz sowie die Verbesserung der Umweltqualität unter Berücksichtigung einer nachhaltigen Entwicklung zu fördern. Art. 3 Abs. 1 lit. l) EG schreibt eine Tätigkeit der Gemeinschaft auf dem Gebiet der Umwelt vor. Nach Art. 6 EG muss der Umweltschutz bei der Durchführung jedweder Politik der Gemeinschaft berücksichtigt werden (sog. Querschnitts- oder Integrationsklausel)[603]. Schließlich finden sich im EG-Vertrag Regelungen zum Umweltschutz in den Art. 174 ff. Nach Art. 174 Abs. 1 EG trägt die Umweltpolitik der Gemeinschaft zur Verbesserung der Qualität der Umwelt[604], zum Schutz der

---

600 Der Begriff des *„sustainable development“* wurde erstmals im Brundtland-Bericht von 1987 erwähnt (abgedruckt bei *Hauff (Hrsg.)*, Unsere gemeinsame Zukunft, S. 9 ff.; zum Brundtland-Bericht etwa: *Freestone*, JEL 1994, S. 193 (199); *Hohmann*, NVwZ 1993, S. 311 (313 f.); *ders.*, Präventive Rechtspflichten, S. 112 ff.; *Kiss*, RJE 1993, S. 45 (64); *Epiney/Scheyli*, Strukturprinzipien des Umweltrechts, S. 25, m.w.N.; die Übersetzung *„nachhaltige Entwicklung“* für *„sustainable development“* ist nicht unumstritten, vgl. *Feist*, JuS 1997, S. 490 (493, Fn. 41); *Hohmann*, NVwZ 1993, S. 311 (314), übersetzt *„sustainable“* mit der Vokabel *„bestandsfähig“*.

601 Näher: *Frenz*, Europäisches Umweltrecht, S. 2 f.; *Wasmeier*, CMLRev. 2001, S. 159; *Blanke* in: Calliess/Ruffert, Kommentar zu EU-Vertrag und EG-Vertrag, Rn. 5 zu Art. 2 EU.

602 *Grabitz/Nettesheim* in: Grabitz/Hilf, Kommentar zum EGV in der Fassung des Vertrages von Maastricht, Rn. 9 zu Art. 130r.

603 *Scheuing*, EuR 1989, S. 152 (176); *Jans*, European Environmental Law, S. 17, verwendet den Begriff *„integration principle“*; *Epiney*, Umweltrecht in der Europäischen Union, S. 105 f.; *Kahl*, Umweltprinzip und Gemeinschaftsrecht, S. 300; *Krämer* in: Groeben/Thiesing/Ehlerman, Kommentar zum EU-/EG-Vertrag, Rn. 38 zu Art. 130r EGV; *Calliess* in: Callies/Ruffert, Kommentar zu EU-Vertrag und EG-Vertrag, Rn. 1 ff. zu Art. 6 EG.

604 *Kahl*, Umweltprinzip und Gemeinschaftsrecht, S. 14 ff.; *Schmitz*, Die EU als Umweltunion, S. 145 f.; *Schröder* in: Rengeling, Handbuch zum europäischen und deutschen Um-

menschlichen Gesundheit[605], der schonenden Verwendung der natürlichen Ressourcen[606] sowie zur Förderung der internationalen Zusammenarbeit in Umweltsachen[607] bei. Art. 174 Abs. 2 UAbs. 1 EG sieht vor, dass die Umweltpolitik auf ein hohes Schutzniveau abzielt[608] sowie die Umweltpolitik auf dem Vorsorge-/ Vorbeuge[609]-, Ursprungs-[610] und Verursacherprinzip[611] beruht. Die Art. 175 f. EG betreffen Verfahrensfragen, die vorliegend ohne Belang sind.

Es stellt sich nunmehr die Frage, ob sich aus den kodifizierten primärrechtlichen Gewährleistungen eine konkrete Pflicht zum Umweltschutz ergibt, auf die sich der Einzelne berufen kann. Grundsätzlich gilt nach der hier vertretenen Auffassung[612], dass der Umweltschutz nur unter ganz engen Voraussetzungen

---

weltrecht Bd. I, § 9 Rn. 17; *Jahns-Böhm* in: Schwarze, EU-Kommentar, Rn. 6 f. zu Art. 175.

605 *Frenz*, Europäisches Umweltrecht, S. 8; *Kahl*, Umweltprinzip und Gemeinschaftsrecht, S. 20; *Grabitz/Nettesheim* in: Grabitz/Hilf, Kommentar zum EGV in der Fassung des Vertrages von Maastricht, Rn. 22 zu Art. 130r.

606 *Schröder* in: Rengeling, Handbuch zum europäischen und deutschen Umweltrecht Bd. I, § 9 Rn. 20 f.; *Schmitz*, Die EU als Umweltunion, S. 146; *Calliess* in: Calliess/Ruffert, Kommentar zu EU-Vertrag und EG-Vertrag, Rn. 10 zu Art. 174.

607 *Frenz*, Europäisches Umweltrecht, S. 11 f.; *Breier/Vygen* in: Lenz, EG-Vertrag, Rn. 9 zu Art. 174; *Calliess* in: Calliess/Ruffert, Kommentar zu EU-Vertrag und EG-Vertrag, Rn. 11 zu Art. 174; *Pernice*, EuR 1991, S. 273 ff.; *Wasmeier*, CMLRev. 2001, S. 159 (160 f.).

608 *Krämer*, ZUR 1997, S. 303 ff.; *Schroeder*, DVBl. 2002, S. 213 ff., jeweils m.w.N.

609 Das Vorsorge- oder Vorbeugeprinzip (*precautionary principle*) erlaubt es der Gemeinschaft frühstmöglich auch ohne wissenschaftliche Gewissheit Umweltschutzmaßnahmen zu ergreifen. Dies umfasst freilich neben repressiven Akten auch präventives Handeln; Einzelheiten sind jedoch höchst streitig. Der Grundsatz schließt implizit das Gebot einer nachhaltigen Entwicklung (*sustainable development*) ein. Zum Ganzen: EuGH [Queen/Ministry of Agriculture, ex parte National Farmers' Union u.a.] Slg. 1998, I-2211 (2259, Tz. 63 ff.); [UK/Kommission] Slg. 1998, I-2265 (2298, Tz. 99 ff.); *Epiney*, Umweltrecht in der Europäischen Union, S. 98 ff.; *Kahl*, Umweltprinzip und Gemeinschaftsrecht, S. 21 f.; vor völkerrechtlichem Hintergrund: *Kiss/Shelton*, International Environmental Law, S. 162 ff.; *Freestone*, JEL 1994, S. 193 (210 ff.); *Sands*, Principles of International Environmental Law, S. 208 ff.

610 Nach dem Ursprungsprinzip soll – wie der Name bereits verrät – am Ursprung einer Umweltbelastung angesetzt werden. Ausführlich: *Burgi*, NuR 1995, S. 11 ff.; *Kahl*, Umweltprinzip und Gemeinschaftsrecht, S. 22 f.; in völkerrechtlichem Zusammenhang: *Epiney/Scheyli*, Umweltvölkerrecht, S. 90; ferner EuGH [Kommission/Deutschland] Slg. 1995, I-1097 (1135, Tz. 34); [Dusseldorp] Slg. 1998, I-4075 (4122 ff., Tz. 25 ff.).

611 Das Verursacherprinzip (*polluter-pays-principle*) statuiert den Grundsatz, dass der Emittent einer Umweltbelastung für die Kosten der Folgenbeseitigung einzustehen hat. Dazu: *Krämer*, EuGRZ 1989, S. 353 ff.; *Epiney*, Umweltrecht in der Europäischen Union, S. 103 f.; *Purps*, Umweltpolitik und Verursacherprinzip; EuGH [Queen/Secretary of State for the Environment, Ministry of Agriculture, ex parte H.A. Standley] Slg. 1999, I-2603 (2646, Tz. 51 f.).

612 Siehe „(b) Ausgestaltung des Interesses" (S. 86 ff.).

ein individuelles Rechtsgut verkörpern kann[613]. Hinreichendes Kriterium hierfür ist, dass personaler Bezug hergestellt werden kann. Dies ergibt sich vor allem, wenn über den Umweltschutz der Gesundheitsschutz (mit-) bezweckt wird. In diesen Fällen liegt ein entsprechender individualisierender Bezug vor[614]. Nun sieht Art. 174 Abs. 1 Spstr. 2 EG explizit vor, dass durch die Umweltschutzpolitik unter anderem der Gesundheitsschutz befördert werden soll. Im Ergebnis kann wohl bei einem entsprechenden Missstand hieraus allenfalls eine Handlungspflicht der Gemeinschaft abgelesen werden. Es wären demnach Maßnahmen seitens der Gemeinschaft zu ergreifen, die eventuelle Missstände beseitigten. Im Hinblick auf die Ausgangsproblematik – unmittelbare Anwendbarkeit kodifizierten Primärrechts – hilft dieser Befund dem möglichen Kläger nicht weiter. Eine Kompetenz der Gemeinschaft zum Zwecke des Gesundheitsschutzes Maßnahmen ergreifen zu können, statuiert keine individuelle Rechtsposition bezüglich eines bereits entstandenen Problems. Der Rechtsschutz, den der Kläger in der hier interessierenden Problematik – Anspruch auf Durchführung eines Vertragsverletzungsverfahrens – zu erreichen sucht, weist aufgrund der der Klage zugrunde liegenden Situation repressiven Charakter auf, während ein Anspruch auf (zukünftiges) Tätigwerden präventiver Natur ist. Es ergibt sich hieraus kein individuelles Recht des Einzelnen gegenüber dem Mitgliedstaat. Ebensowenig kann eine konkrete Schutzpflicht seitens der Gemeinschaft in einer bestimmten Konstellation abgeleitet werden. Hierfür ist das kodifizierte (Umwelt-) Primärrecht zu unbestimmt[615]. Solche konkrete Pflichten bzw. individuelle Schutzpositionen ergeben sich regelmäßig aus dem Sekundärrecht, insbesondere aufgrund von Richtlinien.

(3) Grundrechte

Individuelle Schutzpositionen, die dem potentiellen Kläger zuwachsen können, könnten sich in der vorliegenden Situation aus Gemeinschaftsgrundrechten ergeben. Dabei ist zu berücksichtigen, dass Grundrechte zunächst die Gemeinschaftsorgane binden. Die Mitgliedstaaten werden durch Gemeinschaftsgrundrechte nur verpflichtet, wenn sie Gemeinschaftsrecht vollziehen[616] oder Grundfreiheiten des EG-Vertrags einschränken[617]. In der vorliegenden Konstellation kann insbesondere von Bedeutung sein, dass die Mitgliedstaaten bei Vollzug des

---

[613] Siehe auch EuGH [Greenpeace Council] Slg. 1998, I-1651 (1715, Tz. 30 f.)

[614] U.a. EuGH [Kommission/Deutschland] Slg. 1991, I-2567 ff.; *Krämer*, European Environmental Law, S. 37.

[615] Im Ergebnis ebenfalls: *Frenz*, Europäisches Umweltrecht, S. 17.

[616] EuGH [Wachauf] Slg. 1989, 2609 (2639 f., Tz. 19).

[617] EuGH [ERT] Slg. 1991, I-2925 (2964, Tz. 43).

Gemeinschaftsrechts – hier bei Vollzug des Umweltrechts – durch Grundrechte des Gemeinschaftsrechts gebunden werden. Möglicherweise kann aufgrund mangelhaften Vollzugs ein Verstoß gegen ein Gemeinschaftsgrundrecht vorliegen. Hieraus kann sich ein Rechtsverstoß (gegen Gemeinschaftsrecht) ergeben, der für den Kläger „individuelle Betroffenheit" im Sinne des Art. 230 Abs. 4 EG auslösen kann. Es würde sich in diesem Fall um eine Gemeinschaftsrechtsverletzung handeln. Die Einhaltung des Gemeinschaftsrechts ist genau das Ziel, das mit einem Infraktionsverfahren beabsichtigt wird. Es stellt sich daher die Frage, in welcher Weise Gemeinschaftsgrundrechte Bezug zum EG-Umweltrecht haben. Anders ausgedrückt ist die Frage zu beantworten, ob es ein Grundrecht oder Grundrechte gibt, die den Umweltschutz zu Ziel haben bzw. welche umweltrechtlichen Garantien von Grundrechten der Gemeinschaft ausgehen.

i) Gemeinschaftsgrundrechte

Bisher sind die Gemeinschaftsgrundrechte (lediglich) richterrechtlich durch den EuGH entwickelt[618]. Eine rechtsverbindlich Kodifikation hat bisher nicht stattgefunden. Einen (bisher) unverbindlichen Katalog[619] der Grundrechte verkörpert die am 7. Dezember 2000 anlässlich des Gipfels von Nizza proklamierte Grundrechte-Charta[620]. Bei der Entwicklung der Grundrechte greift der EuGH gemäß Art. 6 i.V.m. Art. 46 lit. d) EU auf die gemeinsamen Verfassungsüberlieferungen der Mitgliedstaaten[621] sowie auf die EMRK[622] zurück. Die Grundrechte stehen dabei auf der Ebene des Primärrechts. Als Grundrechte anerkannt wurden in konkreten Fällen: die Menschenwürde, Achtung der Privatsphäre, Achtung

[618] Beginnend mit EuGH [Stauder] Slg. 1969, 419 ff. Der EuGH erkennt die Grundrechte einer Person als primärrechtsimanente Prinzipien an (vgl. EuGH a.a.O., S. 425 (Tz. 7)); ein Überblick über die Entwicklung bei *Ressel/Ukrow*, EuZW 1990, S. 499 ff.; *Colneric*, AuR 2001, S. 366 ff.

[619] Das EuG sowie die Generalanwälte haben aber bereits ihre Argumentation auf die Charta gestützt, vgl. bspw. EuG [Jégo Quéré et Cie SA/Kommission] Slg. 2002, II-2365 (Tz. 42).

[620] Volltext der Grundrechte-Charta in ABl. 2000 Nr. C 364, S. 1 ff.; EuGRZ 2000, S. 559 ff. (hier mit halbamtlichen Erläuterungen des Konventspräsidiums); näher zur Grundrechte-Charta: *Magiera*, DÖV 2000, S. 1017 ff.; *Weber*, NJW 2000, S. 537 ff.; *Lindner*, DÖV 2000, S. 543 ff.; *Grabenwarter*, DVBl. 2001, S. 1 ff.; *Knöll*, NJW 2001, S. 392 ff.; *Tettinger*, NJW 2001, S. 1010 ff.; *Pache*, EuR 2001, S. 475 ff.; Art. 37 der Charta garantiert ein hohes Umweltschutzniveau unter dem Aspekt der nachhaltigen Entwicklung, was sachlich keinen Unterschied zu den Vorgaben der Art. 2, 6 sowie 174 EG bedeutet, vgl. EuGRZ 2000, S. 559 (566).

[621] EuGH [Internationale Handelsgesellschaft] Slg. 1970, 1125 (1135, Tz. 4).

[622] Nach EuGH [Nold] Slg. 1974, 491 (507, Tz. 13) ist ein Rückgriff auf die von den Mitgliedstaaten geschlossenen internationalen Verträge möglich; zum Ganzen: *Isaac*, Droit communautaire générale, S. 162 f.; *Kingreen/Störmer*, EuR 1998, S. 263 (272).

der Wohnung sowie des Briefverkehrs, der Gleichheitsgrundsatz, die Religionsfreiheit, die Vereinigungsfreiheit, die Handelsfreiheit, die Berufsfreiheit, die Eigentumsfreiheit, das Diskriminierungsverbot aufgrund des Geschlechts, die Meinungs- und Veröffentlichungsfreiheit, das Rückwirkungsverbot (von Strafgesetzen), das Recht auf ein faires Verfahren[623].

Mit dieser Enumeration wird deutlich, dass eine individuelle Schutzposition, die Umweltschutz als solchen zum Ziel hat, noch nicht durch den EuGH anerkannt wurde. Aufgrund eines fehlenden Judikats kann noch nicht der Schluss gezogen werden, dass ein derartiges Grundrecht nicht existiert. Dies kann erst sicher gefolgert werden, wenn die Quellen, derer sich der EuGH bedient, ein solches Recht nicht aufweisen. Mit anderen Worten bedeutet dies, dass untersucht werden muss, ob die EMRK ein solches Recht kennt oder ein solches Grundrecht den gemeinsamen Verfassungsprinzipien der Mitgliedstaaten entspricht.

Zunächst ist dabei die EMRK auf ein explizites Recht auf Umweltschutz in der EMRK zu untersuchen. Der Befund ist dabei sehr eindeutig. Im Katalog der Menschenrechte der Art. 2 bis 12 EMRK ist ein explizites Grundrecht auf Umweltschutz nicht berücksichtigt[624]. Daraus ergibt sich die notwendige Schlussfolgerung, dass Umweltschutz nur insoweit im Rechtsschutzsystem der EMRK relevant werden kann, wenn Einwirkungen in die Umwelt zugleich den Rechtsbereich der klassischen Grundrechtsgarantien tangieren. Insoweit kann es nur um einen „egoistischen Umweltschutz" gehen[625]. Der Frage, inwieweit Umweltschutz durch die klassischen Grundrechte, erfasst werden kann, soll erst später nachgegangen werden.

---

[623] Im Einzelnen bei: *Kingreen* in: Calliess/Ruffert, Kommentar zu EU-Vertrag und EG-Vertrag, Rn. 93 ff. zu Art. 6 EU; *Pernice* in: Grabitz/Hilf, Kommentar zum EGV in der Fassung des Vertrages von Maastricht, Rn. 62 ff. zu Art. 164; *Bochardt* in: Lenz, EG-Vertrag, Rn. 39 ff. zu Art. 220; *Beutler* in: Groeben/Thiesing/Ehlermann, Kommentar zum EU-/EG-Vertrag, Rn. 47 zu Art. F EUV.

[624] Zu Beginn der 70er Jahre des vergangenen Jahrhunderts gab es verschiedene Reformbestrebungen. So regte die vom Europarat im Jahr 1970 organisierte *Conférence européene sur la protection de la nature* ein EMRK-Zusatzprotokoll an, in dem ein individuelles Recht auf eine gesunde und menschenwürdige Umwelt garantiert werden sollte (dazu *Prieur*, Droit de l'environnement, Rn. 147). Der Vorschlag für ein entsprechendes Zusatzprotokoll wurde durch die Umweltministerkonferenz 1973 aufgegriffen (Empfehlung 73/720 der Parlamentarischen Versammlung des Europarates). Anlässlich dieses Treffens brachte die BRD einen Antrag für ein Zusatzprotokoll ein (sog. *Steiger*-Projekt), das einerseits als Abwehrrecht gegen den Staat konzipiert wurde, andererseits auch die staatliche Überprüfung privaten Handelns vorsah; näher: *Steiger*, Das Recht auf eine menschenwürdige Umwelt.

[625] *Kley-Struller*, EuGRZ 1995, S. 507 (508).

Zuvor ist aber zu prüfen, ob ein direktes individuelles Recht auf Umweltschutz aus der zweiten Erkenntnisquelle – den gemeinsamen mitgliedstaatlichen Verfassungsüberlieferungen – abgeleitet werden kann. Daher wird zunächst ein kursorischer Überblick über ausgewählte mitgliedstaatliche Rechtsordnungen gegeben, bevor die Problematik der „ökologischen Interpretation klassischer Grundrechtsgarantien“ diskutiert wird.

Als theoretischer Hintergrund einer möglich Rechtserkenntnis sei erwähnt, dass immer wieder diskutiert wird, ob es ein Grundrecht auf „gesunde Umwelt“ gibt oder geben sollte[626]. Dem liegt der Gedanke zugrunde, dass der Wert „gesunde Umwelt“ nicht unbedingt rechtlichen Schutz erfährt. Einen Anknüpfungspunkt stellt hierbei der Grundsatz 1 der Stockholm-Deklaration[627] dar, der ein Recht auf angemessene Lebensbedingungen in entsprechender Umwelt zugesteht. Dort heißt es: „*Man has the fundamental right to freedom, equality and adequate conditions of life, in an environment of a quality that permits a life of dignity and well-being, and he bears a solemn responsibility to protect and improve the environment for present and future generations.*“[628] Im Zusammenhang mit einen solchen Recht wird in der Menschenrechtsdogmatik von Rechten der dritten Generation gesprochen[629]. Allerdings ist darauf hinzuweisen, dass Schwierigkeiten bezüglich der konkreten inhaltlichen Ausgestaltung eines entsprechenden Rechts bestünden; insbesondere die Problematik, welchen Inhalts ein solches Recht wäre und welche Maßnahmen ein Staat im Einzelnen zu ergreifen hätte[630].

---

[626] *Steinberg*, Der ökologische Verfassungsstaat, S. 421 ff.; *Hattenberger*, Der Umweltschutz als Staatsaufgabe, S. 77 ff.; *Ladeur* in: Winter (Hrsg.), European Environmental Law, S. 15 (17, 19); Hobe, ZUR 1994, S. 15 (18).

[627] ILM 1972, S. 1416 ff.; ferner bei *Sohn*, HILJ 1973, S. 423 (434 ff.), mit Kommentierung; deutsche Übersetzung in VN 1972, S. 109 ff.; *Epiney/Scheyli*, Strukturprinzipien des Umweltvölkerrechts, S. 22 f.

[628] Grundsatz 1 Stockholm-Deklaration: „*Der Mensch hat ein Grundrecht auf Freiheit, Gleichheit und angemessene Lebensbedingungen in einer Umwelt, die so beschaffen ist, dass sie ein Leben in Würde und Wohlergehen ermöglicht und hat die feierliche Pflicht, die Umwelt für gegenwärtige und künftige Genrationen zu schützen und zu verbessern.* [...]“.

[629] U.a. bei *Crawford*, The Rights of Peoples; *Donnelly* in: Brölmann/Lefeber/Zieck, Peoples and Minorities in International Law, S. 119 ff.; *Riedel*, EuGRZ 1989, S. 9 ff.

[630] *Kind*, Umweltschutz durch Verfassungsrecht, S. 190.

ii) Vergleich ausgewählter mitgliedstaatlicher Rechtsordnungen

Bei einem Erkenntnisgewinn aus den Rechtsordnungen der Mitgliedstaaten ist Folgendes zu berücksichtigen: Ein wertender Rechtsvergleich sucht nicht nach dem kleinsten gemeinsamen Nenner[631] aller Rechtsordnungen sondern nach der „besten Lösung" unter Berücksichtigung der gemeinsamen Wertentscheidungen[632]. Aus diesem Grund ist es auch nicht notwendig, alle derzeitigen Mitgliedstaaten auf ihre Rechtslage hin zu untersuchen. Es soll vielmehr genügen, exemplarisch die Rechtslage in Deutschland, Frankreich, Spanien sowie Portugal zu skizzieren, um unterschiedliche Arten der Regelung kennenzulernen.

In *Deutschland* scheiterte zunächst der Versuch aus den Art. 1, 2 Abs. 1, 2, 20[633] GG ein allgemeines Umweltgrundrecht herzuleiten[634]. Das Bundesverwaltungsgericht bestätigte, dass aus dem Grundgesetz kein Umweltgrundrecht abgelesen werden kann[635]. Nach einer langen Diskussion, ob durch eine Verfassungsänderung ein Umweltgrundrecht in das GG aufgenommen werden sollte[636], fokussierte sich die Diskussion zusehends auf die Frage, ob nicht eine Staatszielbestimmung „Umweltschutz" in das GG aufgenommen werden sollte[637]. Im Ergebnis wurde der Umweltschutz durch den Verfassungsgebungsauftrag des Art. 5 Spstr. 3 Einigungsvertrag in die Staatszielbestimmungen des Art. 20a GG integriert[638]. Eine Staatszielbestimmung stellt nach der deutschen Rechtsdogmatik eine Verfassungsnorm mit rechtlich verbindlicher Wirkung dar, welche dem

---

631 *Isaac*, Droit communautaire générale, S. 161, m.w.N. aus der Rspr.

632 *Daig* in: Groeben/Thiesing/Ehlermann, Kommentar zum EU-/EG-Vertrag, Rn. 47 zu Art. 164; *Schwarze*, Befugnis zur Abstraktion, S. 222; *Bleckmann*, NVwZ 1993, S. 824 (826); *Rengeling*, EuR 1984, S. 331 (346 f.); *Ress*, ZaöRV 1976, S. 227 (232, 256).

633 Bei Art. 20 GG wurde zuvörderst das Sozialstaatsprinzip bemüht.

634 *Brohm*, JZ 1994, S. 213 (218); *Stober*, JZ 1988, S. 426 (430); aber auch bereits: *Maus*, JA 1979, S. 287 (288 f.).

635 BVerwGE 54, 211 ff.; anders entschied das OVG Berlin für das ehemalige West-Berlin, es erkannte ein Umweltgrundrecht der Bürger, vgl. OVG Berlin, DVBl. 1977, S. 901 (902). Nach der Rspr. des BVerfG wurde aber aus Art. 2 Abs. 2 S. 1 GG eine objektive Schutzpflicht des Staates abgeleitet, die teilweise kongruent zu der Gewährleistung des heutigen Art. 20a GG war, vgl. BVerfGE 49, 89 (137 ff.) – Kalkar I; BVerfGE 56, 54 (73) – Düsseldorfer Flughafen; BVerfGE 79, 175 (202) – Lärmschutz.

636 Z.B. bei *Karpen*, JuS 1987, S. 593 ff.; *Soell*, NuR 1985, S. 205 ff.; *Kloepfer*, Zum Grundrecht auf Umweltschutz, S. 35 f.; kritisch *Brohm*, JZ 1994, S. 213 (216 f.).

637 *Heinz*, NuR, 1994, S. 1 ff.; *Sommermann*, DVBl. 1991, S. 34 ff.; *Stiens/Voß* in: Jahrbuch des Umwelt- und Technikrechts 1993, S. 3 ff.

638 Zum Staatsziel „Umweltschutz" u.a. bei: *Westphal*, JuS 2000, S. 339 ff.; *Schink*, DÖV 1997, S. 221 ff.; *Bernsdorff*, NuR 1997, S. 328 ff.; *Frenz* in: Jahrbuch des Umwelt- und Technikrechts 1999, S. 37 ff.; *Becker*, DVBl. 1995, S. 713 ff.; *Kloepfer*, DVBl. 1996, S. 73 ff.; *Murwieck*, NVwZ 1996, S. 222 ff.; *Schmidt-Preuß*, JZ 2000, S. 581 ff.

Staat die fortdauernde Erfüllung bestimmter Aufgaben auferlegt. Sie ist fernerhin eine Richtlinie für das staatliche Handeln, die außerdem bei der Auslegung und Anwendung von Gesetzen zu berücksichtigen ist[639]. Dementsprechend begründet eine Staatszielbestimmung kein subjektives Recht nach der deutschen Rechtslage[640]. Im Einzelfall kann aber aus einer Staatszielbestimmung eine Handlungspflicht des Staates insbesondere des Gesetzgebers unterstellt werden[641].

Nach der *französischen Rechtsordnung* entstammen die anwendbaren Grundrechte aus verschiedenen Rechtsquellen. Grundsätzlich richten sich die Garantien nach der Präambel der derzeit geltenden Verfassung der Fünften Republik vom 4. Oktober 1958. In der Präambel wird einerseits auf die *Déclaration des droits de l'homme et du citoyen* von 1789 sowie anderseits auf die Präambel der Verfassung der Vierten Republik von 1946 verwiesen. Insbesondere aufgrund der Gesundheitsschutzklausel des elften Erwägungsgrunds der fortgeltenden Präambel der Verfassung von 1946 wird eine Umweltschutzpflicht des Staates diskutiert[642]. Nach der französischen Tradition ist das demokratische Selbstverständnis der Bürger sehr stark ausgeprägt. Eine Folge dessen ist die Begrenzung der Kontrollrechte des *Conseil constitutionnel*[643]. Aus diesem Grund ist eine Rechtsfortbildung von Verfassungsprinzipien nur sehr eingeschränkt möglich, so dass im Ergebnis von einem Fehlen einer Umweltschutzbestimmung in der Verfassung ausgegangen werden muss[644].

---

639 *Stern*, Staatsrecht I, § 4 II 3; *Schink*, DÖV 1997, S. 221 (222); *Klein*, DVBl. 1991, S. 728 (733).

640 BVerwG NVwZ 1998, S. 1080 (1081); BVerwG UPR 1995, S. 309 (310); BFH E 181, 243 (250 f.); *Waechter*, NuR 1996, S. 321; *Kunig* in: von Münch/Kunig, Grundgesetz-Kommentar, Rn. 10 zu Art. 20a.

641 BVerfGE 5, 85 (128): „*Der Richter könnte eine Maßnahme der politischen Organe nur dann als verfassungswidrig beanstanden, wenn die Verletzung des Verfassungsgebots* [...] *durch sie evident und die Maßnahme unter keinem Gesichtspunkt zu rechtfertigen wäre*“; eine Anrufung des BVerfG kommt mangels subjektiven Rechts nur im Wege der Normenkontrolle in Betracht; dazu: *Waechter*, NuR 1996, S. 321 (322), *Thym*, NuR 2000, S. 557 (558).

642 *Bergmann*, Der Schutz der Umwelt im französischen Recht, S. 729; allerdings wird der Gesundheitsschutz nach der Präambel nicht als Teilhaberecht sondern als objektives Prinzip i.S. eines Staatsziels verstanden; dazu *Renoux/Vilmiers*, Code constitutionnel, S. 192; *Favoreu/Philip*, Les grandes décisions du Conseil constitutionnel, S. 295 (315), der *Conseil constitutionnel* geht von „***principes** économiques et sociaux*“ aus; Hervorhebung durch den Verfasser.

643 Art. 61 Abs. 1, 62 der Verfassung Frankreichs vom 4. Oktober 1958, hiernach kommt eine Normenkontrolle nur vor Verkündung eines Gesetzes in Betracht.

644 *Thym*, NuR 2000, S. 557 (559); im Ergebnis ebenfalls: *Ruffert*, Subjektive Rechte im Umweltrecht der europäischen Gemeinschaft, S. 34 f.

Die *Verfassung Spaniens* verfolgt einen anderen Ansatz. Nach Art. 45 Abs. 1 der spanischen Verfassung vom 29. Dezember 1978 wird den Bürgern ein Umweltgrundrecht gewährt[645]. Das auf den ersten Blick umfassende Umweltgrundrecht sieht sich aber verschiedenen Restriktionen ausgesetzt. Zum einen kann das Recht auf eine gesunde Umwelt gemäß Art. 45 Abs. 1 Spanische Verfassung nicht im Wege der Verfassungsbeschwerde (Art. 52 Abs. 2 Spanische Verfassung) eingeklagt werden[646]. Die Verfassungsbeschwerde nach Art. 52 Abs. 2 Spanische Verfassung kann nur bei Verletzung bestimmter Grundrechte erhoben werden, zu den Art. 45 Abs. 1 freilich nicht gehört[647]. Zum anderen stehen Anerkennung, Schutz sowie die Ausgestaltung nach Art. 53 Abs. 3 Spanische Verfassung[648] unter dem Vorbehalt des einfachen Gesetzes[649]. Letztlich kann in der Verfassungspraxis nicht mehr von einem justiziablen Grundrecht mit individuellen Schutzansprüchen ausgegangen werden.

Ein in der Verfassung begründetes Umweltgrundrecht kennt auch *Portugal.* Nach Art. 66 Abs. 1 der Verfassung vom 2. April 1976 hat jeder *„das Recht auf eine menschenwürdige, gesunde und ökologisch ausgewogene Umwelt und ist verpflichtet, für ihre Erhaltung Sorge zu tragen“*[650]. Allerdings ergibt sich aus

---

645 Art. 45 Abs. 1 Span. Verf. lautet: *„Alle haben das Recht, eine der Entfaltung der Persönlichkeit förderliche Umwelt zu genießen, sowie die Pflicht, sie zu erhalten.“*; vgl. i.Ü. Art. 45 Abs. 2, 3: *„(2) Die öffentliche Gewalt wacht über die vernünftige Nutzung aller Naturreichtümer mit dem Ziel, die Lebensqualität zu schützen und wiederherzustellen. Dabei stützt sie sich auf die unerlässliche Solidarität der Gemeinschaft.*
(3) Für Verstöße gegen die Bestimmungen des vorigen Absatzes sieht das Gesetz strafrechtliche oder gegebenenfalls administrative Sanktionen vor sowie die Verpflichtung, den Schaden wiedergutzumachen.“; zitiert nach *Kimmel,* Die Verfassungen der EG-Mitgliedstaaten.

646 Zur Problematik: *Ibán,* Einführung in das spanische Recht, S. 67; *Parejo Alfonso,* DVBl. 1992, S. 1272 (1275 f.); *Martín Mateo,* Tratado de Derecho Ambiental I, S. 108.

647 Art. 52 Abs. 2 Span. Verf.: *„Jeder Bürger kann durch ein Verfahren vor den ordentlichen Gerichten, das auf den Grundsätzen der Priorität und der Schnelligkeit beruht, sowie gegebenenfalls durch eine Verfassungsbeschwerde vor dem Verfassungsgericht den Schutz der in Art. 14 und im Abschnitt 1 des Kapitel 2 anerkannten Freiheiten und Rechte erreichen* [...].“; Art. 45 ist in Kapitel 3 angeordnet, welches mit *„**Leitprinzipien** der Sozial- und Wirtschaftspolitik“* betitelt ist; zitiert nach *Kimmel,* Die Verfassungen der EG-Mitgliedstaaten; Hervorhebung durch den Verfasser.

648 Art. 53 Abs. 3 Span. Verf.: *„Die Anerkennung, die Achtung und der Schutz der in Kapitel 3 anerkannten Grundsätze liegen der positiven Gesetzgebung, der Rechtsprechung und dem Handeln der öffentlichen Gewalt zugrunde. Sie können nur vor der ordentlichen Gerichtsbarkeit in Übereinstimmung mit den dafür maßgeblichen Gesetzen geltend gemacht werden.“*; zitiert nach *Kimmel,* Die Verfassungen der EG-Mitgliedstaaten.

649 *Nieto,* Umweltschutz und Wirtschaft in Spanien, S. 11; *Fernández,* RJE 1984, S. 179 (183).

650 Vgl. ferner Art. 66 Abs. 3, 4 Port. Verf.: *„(3) Jedermann hat das Recht, nach Maßgabe der Gesetze die Verhinderung oder Unterbindung von Ursachen der Verschlechterung der*

dieser Norm kein Leistungsanspruch gegen den Staat[651]. Eine zusätzliche Beschränkung ergibt sich dadurch, dass die sozialen Grundrechte des Kapitel III Portugiesische Verfassung – wozu Art. 66 zählt – unter einem Realisierungsvorbehalt stehen[652].

Nach diesem notgedrungen kurzen Überblick lässt sich im Hinblick auf die Deduktion eines Umweltgrundrechts aus den mitgliedstaatlichen Rechtsordnungen folgern, dass es ein Umweltgrundrecht im eigentlichen Sinn (jedenfalls bisher) nicht gibt. Selbst in den Mitgliedstaaten Portugal und Spanien, in denen auf den ersten Blick ein Umweltgrundrecht normiert ist, muss eher von einem Staatsziel ausgegangen werden. Derzeit gewährt keine Rechtsordnung in Europa ein justiziables Grundrecht auf Umweltschutz[653]. Dies ergibt sich wohl nicht zuletzt aufgrund der praktischen Schwierigkeiten, die ein Umweltgrundrecht mit sich brächte[654]. Darüber hinaus wäre ein Umweltgrundrecht auf die Frage hin zu untersuchen, ob es sich um ein Kollektiv- oder Individualrecht handelt. Bei der Beantwortung dieser Frage weisen bisher bestehende Kodifikationen Widersprüche auf[655].

Im Übrigen findet sich der Umweltschutz als Aufgabe der Gemeinschaft gleichfalls im EG-Vertrag[656]. Letztlich kann damit kein Umweltgrundrecht des Gemeinschaftsrechts aus den mitgliedstaatlichen Verfassungsüberlieferungen gefolgert werden.

Umwelt zu unterstützen und in den Fällen einer unmittelbaren Schädigung eine diesbezügliche Entschädigung zu fordern.
(4) Der Staat hat die rasch fortschreitende Verbesserung der Lebensqualität aller Portugiesen zu fördern."; zitiert nach *Kimmel*, Die Verfassungen der EG-Mitgliedstaaten.

651 Vgl. Art. 17 Port. Verf.: „*Das System der Rechte, Freiheiten und Garantien findet Anwendung auf die in Kapitel II genannten Rechte und auf die ihrer Natur nach analogen Grundrechte.*"; Art. 66 ist in Kapitel III der Verfassung angesiedelt; zitiert nach *Kimmel*, Die Verfassungen der EG-Mitgliedstaaten.

652 *Thym*, NuR 2000, S. 557 (560), ferner mit Hinweisen auf Rechtsordnungen weiterer Mitgliedstaaten; Hinweise auf andere Rechtsordnungen auch bei: *Kahl*, Umweltprinzip und Gemeinschaftsrecht, S. 88 f.

653 *Thym*, NuR 2000, S. 557 (560, 561).

654 *Steinberg*, Der ökologische Verfassungsstaat, S. 424 f.; *Hattenberger*, Der Umweltschutz als Staatsaufgabe, S. 77 ff.; *Ladeur* in: Winter (Hrsg.), European Environmental Law, S. 15 (17, 19); Hobe, ZUR 1994, S. 15 (18).

655 Die nur unverbindliche Stockholm-Deklaration erkennt in Grundsatz Nr. 1 ein Individualrecht an. Die völkerrechtlich verbindliche *African Charter on Human and Peoples' Rights* spricht in Art. 24 („*All peoples shall have the right to a general satisfactory environment favorable to their development.*") vom „Recht der Völker"; zur Problematik: *Untermaier*, RJE 1978, S. 329 ff.; *Handl* in: Trindade, Co-existance and Co-ordination of Mechanisms of International Protection of Human Rights, S. 117 (119).

656 Art. 2, 3 Abs. 1 lit. l), 6, 174 ff., insb. 174 Abs. 1 EG sowie 3. Erwägung der Präambel des EGV.

iii) Grundrechte und Umweltschutz

Weder die EMRK noch die Verfassungsordnungen der Mitgliedstaaten gewähren nach der derzeitigen Rechtslage ein umfassendes Grundrecht auf Umweltschutz. Dieser Befund sagt aber noch nichts darüber aus, inwieweit es dem Einzelnen möglich ist, Umweltschutz mittels klassischer Grundrechtsgarantien durchzusetzen[657]. Die Diskussion, ob und wie weit Grund- oder Menschenrechte Umweltschutz beinhalten, findet ihren Ausgangspunkt im (Umwelt-) Völkerrecht, insbesondere in der Stockholm-Deklaration[658]. Zwischen dem völkerrechtlichen Umweltschutz[659] einerseits und den im Völkerrecht garantierten Menschenrechten andererseits besteht eine enge Verknüpfung. Menschenrechte sind gleichsam als Kehrseite des Umweltschutzes zu verstehen. Das Bedürfnis nach gesunder Umwelt – dazu zählen beispielsweise saubere Luft, intakte Klimabedingungen, etc. – ist Grundlage für die Durchsetzung von Menschenrechten wie zum Beispeil das Recht auf Leben nach Art. 2 Abs. 1 EMRK[660]. Angesprochen sind damit fundamentale Interessen und Bedürfnisse des Menschen[661]. Insge-

[657] Vgl. zu derartigen Überlegungen in der deutschen Rechtsordnung bspw. BVerfGE 79, 175 (202 ff.) – Lärmschutz; BVerfGE 77, 170 (212 ff.); in Italien wird ebenfalls auf einen Zusammenhang zwischen Gesundheitsschutz und Umweltschutz hingewiesen, vgl. *Amato/Barbera*, Manuale di Diritto Publico, S. 774.

[658] Stockholm-Deklaration (ILM 1972, S. 1416 ff.); zur Problematik: *Hauser* in: Blumenwitz/Wehner, Rechte der Staaten, Volksgruppen und Individuen (2002), S. 145 (150 f.).

[659] Wichtige Dokumente des Umweltvölkerrecht sind bspw.: Genfer Übereinkommen über weiträumige grenzüberschreitende Luftverunreinigung vom 13. November 1979 (ILM 1979, S. 1442 ff.) mit sieben konkretisierenden Protokollen (jüngste Protokolle: 1. und 2. Arhus-Protokoll in ILM 1998, S. 505 ff.); UN-Seerechtskonvention vom 10. Dezember 1982 mit maritimen Umweltschutzregeln (ILM 1982, S. 1261 ff.; BGBl. 1994 II, S. 1799 ff.); Wiener Übereinkommen zum Schutz der Ozonschicht vom 22. März 1985 (ILM 1986, S. 214 ff.; BGBl. 1988 II, S. 902 ff.) mit dem Montrealer Protokoll vom 16. September 1987 (ILM 1987, S. 1541 ff.) geändert durch die 2. Konferenz der Vertragsparteien am 29. Juni 1990 (ILM 1991, S. 539 ff.); ECE-Übereinkommen über die Umweltverträglichkeitsprüfung im grenzüberschreitenden Verkehr vom 25. Februar 1991 (ILM 1991, S. 802 ff.); Rio-Deklaration (Text ILM 1992, S. 876 ff.), die Waldgrundsatz-Erklärung (ILM 31 (1992), S. 882 ff.), die Klimakonvention (ILM 31 (1992), S. 849 ff.; BGBl. 1993 II, S. 1784 ff.) sowie die Bio-Diversitätskonvention (ILM 31 (1992), S. 818 ff.; BGBl. 1993 II, S. 1742 ff.).

[660] Art. 2 Abs. 1 EMRK: *„Das Recht jedes Menschen auf Leben wird gesetzlich geschützt. Niemand darf absichtlich getötet werden, außer durch Vollstreckung eines Todesurteils, das ein Gericht wegen eines Verbrechens verhängt hat, für das die Todesstrafe gesetzlich vorgesehen ist.*“; Das 6. Protokoll vom 28. April 1983 zur EMRK (BGBl. 1988 II, S. 662 ff.) geändert durch das 11. Protokoll vom 11. Mai. 1994 zur EMRK (BGBl. 1995 II, S. 579 ff.) sieht die Abschaffung der Todesstrafe vor; vgl. fernerhin Art. 6 IPbürgR: *„Jeder Mensch hat ein Recht angeborenes Recht auf Leben. Dieses Recht ist gesetzlich zu schützen. Niemand darf willkürlich seines Lebens beraubt werden.*“

[661] So etwa *Kiss*, in: Environmental Change and International Law, S. 199.

samt ist von einem Menschenrechtsstandard auszugehen, der andere Rechte beeinflusst[662]. Die Beeinflussung anderer Rechte durch den entwickelten Menschenrechtsstandard kann sich durch ökologische Interpretation klassischer Rechte vollziehen[663], beispielsweise aus der EMRK[664]. Ökologische Interpretation[665] meint hierbei eine ethische Wertorientierung. Ökologische Interessen werden durch Abwägung innerhalb eines anderen Rechtes berücksichtigt. Das klassische Recht erfährt eine „ökologische Färbung"[666]. Diese Möglichkeit stellt einen interessengerechten Ausgleich zum fehlenden Umweltgrundrecht dar.

iv) Parallelen aus der EMRK

Wie gesehen, achtet die Union nach Art. 6 Abs. 2 EU die Grundrechte, wie sie in der am 4. November 1950 unterzeichneten Europäischen Konvention zum Schutz der Menschenrechte und Grundfreiheiten gewährleistet werden. Das bedeutet allerdings noch nicht, dass der EuGH die Interpretation der Grundrechte durch den Europäischen Gerichtshof für Menschenrechte in Straßburg vollständig übernimmt. Vielmehr dient die Straßburger Rechtsprechung lediglich als unverbindliche Orientierung. Dies ergibt sich nicht zuletzt dadurch, dass die Grundrechte der Gemeinschaft ihrem Charakter nach Gemeinschaftsrecht repräsentieren. Freilich judiziert der EuGH Gemeinschaftsrecht als authentischer Interpret und ist nur an Recht und Gesetz gebunden.

Die anschließende Untersuchung soll der Illustration dienen, inwieweit durch klassische Grundrechtsgarantien der EMRK mittlerweile Umweltschutz erfasst wird. Da diese Thematik im Rahmen dieser Arbeit nicht vollständig abgearbeitet werden kann, soll die Problematik am Beispiel der klassischen Garantie aus Art. 8 EMRK[667] dargelegt werden. Dabei wird zunächst der Schutzbereich kurz vor-

---

[662] *Schmidt-Radefeldt*, Ökologische Menschenrechte, S. 44; *Riedel*, Theorie der Menschenrechtsstandards, *ders.*, EuGRZ 1989, S. 9 (18), m.w.N.

[663] *Birnie/Boyle*, International Law and the Environment, S. 192.

[664] Ausführlich zum Bereich der ökologischen Interpretation der Menschenrechte, *Schmidt-Radefeld*, Ökologische Menschenrechte; beeinflusst werden auch andere internationale Übereinkünfte wie der „Internationale Pakt über bürgerliche und politische Rechte".

[665] Zum Begriff der Ökologisierung/Ökologische Interpretation: *Böhret/Hill*, Ökologisierung des Rechts- und Verwaltungssystems, S. 208.

[666] Ähnlich *Storm*, Umweltrecht, S. 23, der freilich von „ökologischer Tönung" spricht.

[667] Art. 8 EMRK: *„(1) Jede Person hat das Recht auf Achtung ihres Privat- und Familienlebens, ihrer Wohnung und ihrer Korrespondenz.*
(2) Der Eingriff einer öffentlichen Behörde in die Ausübung dieses Rechts ist nur statthaft, insoweit dieser Eingriff gesetzlich vorgesehen ist und eine Maßnahme darstellt, die in einer demokratischen Gesellschaft für die nationale Sicherheit, die öffentliche Ruhe und Ordnung, das wirtschaftliche Wohl des Landes, die Verteidigung der Ordnung und zur

gestellt und anschließend seine erweiterte Interpretation. Zu einer ausführlichen Diskussion der ökologischen Interpretation der Menschenrechte sei auf die Darstellung bei *Roman Schmidt-Radefeldt* verwiesen[668].

(a) Schutzgut des Art. 8 EMRK

Grundsätzlich schützt Art. 8 EMRK „Wohnung" und „Privatleben". Bei einer möglichen Verletzung des Art. 8 EMRK stellt sich jedenfalls die Frage, ob und ggf. welche Immissionen die Wohnung oder das Privatleben beeinträchtigen können und welche staatlichen Maßnahmen im Verletzungsfalle verlangt werden können[669]. Die Schutzbereiche des Art. 8 EMRK können nicht immer eindeutig von einander abgegrenzt werden, da die Wohnung wohl auch Teil der Privatsphäre ist. In der Praxis kann der Beschwerdeführer sich daher auf den Gesamttatbestand des Art. 8 EMRK stützen[670].

Die verbindlichen Fassungen der EMRK[671] führen den Begriff „home" oder „domicile", was mit Wohnung oder Wohnsitz übersetzt werden kann[672]. Nach der Rechtsprechung des Europäischen Menschenrechtsgerichtshofs (EGMR) wird aufgrund der gemeinsamen Gewährleitung von „Wohnung" und „Privatleben" bezüglich der „Wohnung" nur der räumliche Bereich im Sinn der eigenen „vier Wände" verstanden[673].
Schwieriger stellt sich die Beschreibung der Gewährleistung „Privatleben" dar. Häufig wird Privatleben/Privatsphäre mit dem anglo-amerikanischen Begriff der *privacy* verwechselt. *Privacy* geht vom Schutz der persönlichen Belange und die Abgeschiedenheit im eigenen Bereich aus, während das Recht auf Privatleben darüber hinausgeht, indem die Erleichterung von offenen Beziehungen zwischen den Individuen gefordert wird[674]. Letztlich geht es um die Verwirklichung eines Teils menschlicher Würde und Freiheit. Die Straßburger Menschen-

---

Verhinderung von strafbaren Handlungen, zum Schutz der Gesundheit und der Moral oder zum Schutz der Rechte und Freiheiten anderer notwendig ist."

[668] *Schmidt-Radefeldt*, Ökologische Menschenrechte, im Rahmen dieser Arbeit werden über die EMRK hinaus auch Garantien aus dem IPbürgR erfasst; ferner werden Schlussfolgerungen im Hinblick auf deutsche Grundrechte gezogen.

[669] *Harris/O'Boyle/Warbrick*, Law of the European Convention on Human Rights, S. 302.

[670] *Schmidt-Radefeldt*, Ökologische Menschenrechte, S. 106.

[671] Verbindlich sind nur die englische und französische Fassung der EMRK.

[672] *Doucet/Fleck*, Dictionaire juridique et économique, Bd. I.

[673] *Frowein/Peukert*, EMRK-Kommentar, Rn. 28 zu Art. 8; *Breitenmoser*, Schutz der Privatsphäre, S. 255 f., m.w.N.

[674] *Harris/O'Boyle/Warbrick*, Law of the European Convention on Human Rights, S. 303, 306.

rechtskommission[675] vertrat die Auffassung, dass das Privatleben über die *Privacy* hinaus den Anspruch beinhalte, „*Beziehungen zu anderen Menschen aufzunehmen und zu entwickeln, insbesondere im Gefühlsbereich zur Entfaltung und Erfüllung der eigenen Persönlichkeit*"[676]. Der Gerichtshof hat im Fall Dudgeon[677] angeführt, dass Art. 8 EMRK nur „*wesentliche Ausdrucksmöglichkeiten der menschlichen Persönlichkeit garantiere*". Es gibt indessen keine einheitliche Rechtsprechung durch den EGMR, wie „Privatleben" zu definieren ist. Die Entscheidungen sind vielmehr einzelfallorientiert. Wichtig ist, dass der Europäische Menschenrechtsgerichtshof Art. 8 EMRK nicht nur bei direkten physischen Eingriffen prüft[678]. Damit ist der Weg einer ökologischen Interpretation eröffnet.

Im Folgenden werden drei Beispiele aus der Rechtsprechung des EGMR zu Art. 8 EMRK vorgestellt, die wegweisend für die ökologische Interpretation von Grundrechten sind.

(b) Rechtssache „Lopez Ostra vs. Königreich Spanien"

In der Rechtssache „Lopez Ostra vs. Königreich Spanien"[679] ging es um die Folgen einer defekten Abwasseranlage in Murcia. Aufgrund des Defekts kam es zu Lärmbelästigungen, üblem Geruch sowie Rauch. Die nur 12 m von der Anlage entfernt wohnende Beschwerdeführerin erkrankte in Folge der Immissionen. Nach zwei durch den Staat vorgenommenen Evakuierungen entschloss sich die Beschwerdeführerin zum Verkauf ihres Hauses.

Der Gerichtshof urteilte, dass der Schutzbereich des Art. 8 Abs.1 EMRK nicht nur gesundheitsgefährdende Eingriffe erfasse, sondern auch umweltrelevante Beeinträchtigungen, die unterhalb der Schwelle der Gesundheitsgefährdung liegen, aber über das zu tolerierende Maß hinausgehen[680]. Demnach läßt sich keine exakte Grenze der Eingriffsintensität bestimmen. Dies ist ein Beispiel für die angesprochenen Einzelfallorientierung des Gerichtshofs. Unter Berücksichtigung der Rechtsprechung in der Rechtssache „Powell and Rayner"[681] stellte der

---

[675] Die Menschenrechtskommission wurde durch das 11. Zusatzprotokoll zur EMRK abgeschafft.

[676] Beschwerde Nr. 6825/74, X. gegen Island, DR 5, 86 ff. = EuGRZ 1975, S. 420 ff.

[677] EuGRZ 1993, S. 488.

[678] *Schmidt-Radefeldt*, Ökologische Menschenrechte, S. 109; s. sogleich die unter (b) aufgeführte Rspr.

[679] Beschwerde Nr. 8878/80 vom 7. Dezember 1981 in EuGRZ 1982, S. 537 Nr. 4.

[680] *Holoubek*, Grundrechtliche Gewährleistungspflichten, S. 287.

[681] Beschwerde Nr. 9310/81 in DR 47, 5 ff.: Die Beschwerdeführer *Powell* und *Rayner* wandten sich gegen Fluglärm des Airports London Heathrow. Die Kommission erkannte im Fall des Beschwerdeführers *Rayner* einen Eingriff in die Garantie des Art. 8 EMRK durch in der Zeit unverhältnismäßig gestiegene Lärmemissionen. Im Ergebnis war die Kommis-

Gerichtshof fest, dass die Schutzpflichten nach Art. 8 Abs. 1 EMRK und Art. 8 Abs. 2 EMRK gleichwertig zu berücksichtigen seien. Problematisch war für den Gerichtshof, dass die Behörden nicht direkt für die Immissionen verantwortlich waren, dennoch die Stadt den Bau der Anlage genehmigte. Aus dieser Ausgangslage resultierte die Frage, ob die Behörden ausreichende Maßnahmen zum Schutz der Klägerin unternommen hatten. Solche Maßnahmen erkannte der Gerichtshof nicht und verurteilte das Königreich Spanien zu einem Schadensersatz i.H.v. 4 Mio. Peseten (ca. 25.000 EUR).

(c) Rechtssache „Guerra u.a. vs. Republik Italien"

In der Rechtssache „Guerra u.a. vs. Republik Italien"[682] standen verletzte Informationspflichten durch den Staat im Mittelpunkt. Eine Chemiefabrik in der Provinz Foggia produzierte Chemikalien und Düngestoffe. Bei Störfällen wurden toxische Gase freigesetzt, die zu schweren Gesundheitsschäden unter den Anwohnern führten. Nachdem eine technische Expertengruppe auf mangelnde Sicherheitstechnik hingewiesen hatte, wurde der Präfektur Foggia eine Weisung erteilt, die potentiell betroffene Bevölkerung über die Lage zu informieren. Dieser Weisung kamen die örtlichen Behörden mit dem Hinweis auf noch folgende Untersuchungen jedoch nicht nach. Die Beschwerdeführerin Anna Maria Guerra rügte mangelnde Maßnahmen seitens des Staates zur Unterbindung gesundheitlicher Beeinträchtigungen (Art. 2 EMRK) sowie eine unterlassene Informationspflicht (Art. 10 EMRK).

Der Gerichtshof gab der Klage insofern statt, als er einstimmig die Verletzung des Art. 8 EMRK unter Bezugnahme auf die Rechtsprechung „Lopez Ostra" feststellte. Informationen hätten es den Beteiligten ermöglicht, die entstandenen Risiken abzuschätzen und demnach zu beurteilen, ob sie in der Nähe der Fabrik weiter wohnen bleiben wollten[683]. Aufgrund mangelnder Kenntnisse wurde das Privatleben beeinträchtigt. Die Prüfung weiterer Rechte der Antragsteller erübrigte sich nach Auffassung des Gerichts somit. Nach den abweichenden Meinungen der Richter *Walsh* und *Jambrek* sei auch eine Verletzung des Art. 2 EMRK einschlägig und in besonders schweren Fällen käme auch die Verletzung des Art. 3 EMRK (Folterverbot) in Betracht. Die Konvention zeige durch diese Normen (Art. 2, 3 EMRK), dass der Schutz der körperlichen Integrität ein be-

---

sion der Auffassung, dass der Eingriff gerechtfertigt war. Der Gerichtshof hielt ein Berufen auf Art. 8 EMRK in diesem Fall für ausgeschlossen. S. dazu *Schmidt-Radefeld*, Ökologische Menschenrechte, S. 120 ff.

682 Beschwerde Nr. 14967/89, Bericht der Kommission vom 29.6.1996 und Urteil des EGMR vom 19. Februar 1998 in EuGRZ 1999, S. 188 ff.

683 Dazu *Jarvis/Sherlock*, ELRev. 1999, S. 15 (19).

sonders wichtiges Ziel sei. Gerade nach der Auffassung Richter *Jambreks* sei die Rechtsprechung dahingehend weiter zu entwickeln.

(d) Rechtssache „Hatton u.a. vs. Vereinigtes Königreich"

In der Rechtssache „Hatton u.a. vs. Vereinigtes Königreich"[684] monierte die Beschwerdeführerin Ruth Hatton den Lärm, der durch nächtliche Starts und Landungen auf dem Flughafen London Heathrow entsteht. Frau Hatton lebte bis 1997 in der Einflugschneise des Flughafens in *East Sheen*[685]. Zwar gibt es Einschränkungen der Nachtflugaktiviät in *London Heathrow*, die bereits 1962 eingeführt wurden und in der Folge den Bedürfnissen entsprechend mehrfach modifiziert wurden. Gleichwohl gab es nicht zuletzt aufgrund verschiedenster gerichtlicher Urteile zahlreiche Ausnahmen von einem Nachtflugverbot[686]. Zuletzt wurde ein subtiles Punktesystem eingeführt, welches besonders laute Maschinen mit vielen Punkten belegte. Die Lärmpunkte wurden kontingentiert, was dazu führte, dass sich das Flugaufkommen leiserer Maschinen erheblich erhöhte. Im Ergebnis vermochten es die verschiedensten Ansätze nicht, die Lärmbelastungen der Anwohner im Einzugsgebiet des Flughafens zu vermeiden bzw. erträglich zu gestalten. So trug die Klägerin vor, dass es ihr ohne Ohrenschutz unmöglich ist, zur Nachtruhe zu kommen. Insbesondere ihre Kinder wachten häufig bereits vor sechs Uhr morgens auf, manchmal auch vor fünf Uhr. Die Situation spitzte sich besonders ab dem Winterhalbjahr 1996/97 zu, als der Flugverkehr nochmals zunahm und somit auch Starts und Landungen ab fünf Uhr morgens. Die Situation eskalierte für die Klägerin so sehr, dass sie sich Anti-Depressiva verschreiben ließ. Im Oktober 1997 verzog die Beschwerdeführerin mit ihrer Familie[687].

Der Gerichtshof folgte mit fünf gegen zwei Stimmen dem Antrag der Klägerin und erkannte eine Verletzung des Art. 8 EMRK. Trotz expliziten Hinweises seitens der britischen Regierung, dass der Fall ähnlich gelagert sei wie die Rechtssache „Powell und Rayner"[688] – auch hier reklamierten die Kläger eine Verletzung des Art. 8 EMRK wegen Fluglärms im Einzugsgebiet des Flughafens London Heathrow – wiesen die Richter des EGMR diesen Einwand zurück.

---

[684] Beschwerde Nr. 36022/97, Urteil des EGMR vom 2. Oktober 2001 (abrufbar unter http://www.echr.coe.int); vgl. Bericht in: THE TIMES vom 3. Oktober 2001 (Nr. 67260), S. 14 (Artikel: „*Night Flights breach Human Right to Sleep*") mit (abwegiger) Kommentierung auf S. 17 (Artikel: „*Unbalanced Judgment – There is no Human Right to Ban Night Flights*").

[685] EGMR, a.a.O., Rn. 10.

[686] Vgl. dazu die ausführliche Darstellung in EGMR, a.a.O., Rn. 18 ff.

[687] EGMR, a.a.O., Rn. 10.

[688] Beschwerde Nr. 9310/81 in DR 47, 5 ff.

Der Unterschied sei gerade darin zu sehen, dass die Kläger in der vorliegenden Rechtssache eine Beschwerde über *Nacht*lärm vortrügen, während im Referenzfall eine generelle Beschwerde über Fluglärm vorgebracht wurde[689]. Zwar liege durch den Fluglärm kein aktiver Eingriff durch den britischen Staat vor, freilich müsse die Krone geeignete Maßnahmen treffen, um die in Art. 8 EMRK garantierten Rechte durchzusetzen[690]. Eingriffe bzw. Unterlassungen können zwar nach Art. 8 Abs. 2 EMRK gerechtfertigt sein. Dem Staat obliegt ein Ermessen wie er Konventionskonformität herstellen will. Die garantierten Rechte müssen jedoch effektiv gewährleistet werden. Das Vereinigte Königreich hat zwar Maßnahmen zum Schutz vor Fluglärmbelästigungen in der Nacht getroffen. Diese waren aber nach Ansicht des Gerichts in keinem Fall ausreichend. Generell sei eine Abwägung (ökologischer) Menschenrechte gegen ökonomische Interessen des Landes unstatthaft, wobei dies insbesondere im vorliegenden Fall gelte, da die ökonomischen Interessen nicht spezifiziert wurden[691].

Im Übrigen wurde ein Verstoß gegen Art. 13 EMRK – Recht auf effektiven Rechtsschutz – aufgrund der Eigentümlichkeiten des *Civil Aviation Act*, auf den eine Klage hätte gestützt werden müssen, mit sechs zu einer Stimme durch den EGMR festgestellt[692]. Das Gericht verurteilte das Vereinigte Königreich, an jeden Kläger 4.000 GBP als Schadensersatz zu zahlen (ca. 6.000 EUR)[693].

v) Schlussfolgerung für das Gemeinschaftsrecht

Zur Zeit gibt es kein durch den EuGH entwickeltes Gemeinschaftsgrundrecht auf Umweltschutz. Nach dem derzeitigen Stand der Rechtsentwicklung kann kein derartiges Grundrecht deduziert werden. Keine Rechtserkenntnisquelle des EuGH – EMRK sowie die mitgliedstaatliches Verfassungsüberlieferungen – weisen ein umfassendes Grundrecht auf Umweltschutz aus. Obwohl die EMRK kein derartiges Grundrecht kennt, bleibt der Umweltschutz in der Grundrechtsprechung des Straßburger Menschenrechtsgerichtshof nicht außer Betracht. Es findet vielmehr eine ökologische Interpretation klassischer Menschenrechtsgarantien statt, die durchaus Umweltstandards implementiert. Dies zeigt sich schon am Beispiel der Rechtsprechung des EGMR zu Art. 8 EMRK[694]. Die Auslegung

---

689 EGMR, a.a.O., Rn. 94; Vortrag der britischen Regierung (Rn. 84).

690 EGMR, a.a.O., Rn. 95; ferner Beschwerde Nr. 9310/81 (Powell and Rayner), Rn. 41; Beschwerde Nr. 14967/89 (Guerra u.a. vs. Republik Italien), Rn. 58.

691 EGMR, a.a.O., Rn. 106.

692 EGMR, a.a.O., Rn. 113 ff.

693 EGMR, a.a.O., Rn. 120.

694 Beschwerde Nr. 8878/80 in EuGRZ 1982, S. 537 Nr. 4 (Lopez Ostra vs. Königreich Spanien); Beschwerde 14967/89 in EuGRZ 1999, S. 188 f. (Guerra u.a. vs. Republik Italien);

von Grundrechten unter ökologischen Aspekten findet auch in den nationalen Rechtsordnungen statt[695]. Aus diesen Umständen kann nunmehr gefolgert werden, dass auch im Rahmen der Gemeinschaftsgrundrechte eine derartige Interpretation denkbar ist, wenngleich bisher noch kein solcher Fall judiziert wurde[696]. Dementsprechend kann sich die Konsequenz ergeben, dass unter der Berücksichtigung dieser Entwicklung bei Vollzug des EG-Umweltrechts ein Verstoß gegen Gemeinschaftsgrundrechte unter Umständen vorliegen kann. Ein Verstoß gegen die Unverletzlichkeit der Wohnung[697] kann analog zur Argumentation in den besprochenen Fällen des EGMR[698] vorliegen, wenn beispielsweise zwar Grenzwerte verschiedener Richtlinien eingehalten werden, die Ausschöpfung zugelassener Grenzwerte der verschiedenen Richtlinien jedoch kumulativ zu (schwerwiegenden) gesundheitlichen Beeinträchtigungen führen.

Ein gravierender Unterschied besteht jedoch zwischen den Rechtschutzsystemen der EU und der EMRK. Bei festgestellter Grundrechtsverletzung kann der EGMR nach Art. 41 EMRK[699] eventuell einen Entschädigungsanspruch zusprechen. Der Kläger müsste im Fall der Verletzung von Gemeinschaftsgrundrechten einen Schadensersatzanspruch innerstaatlich durchsetzen.

c) Schlussfolgerung für den Aspekt der indiv. Betroffenheit nach Art. 230 Abs. 4 EG

Nach der ausführlichen Diskussion, wann eine individuelle Rechtsposition (bzw. ein individuelles Interesse) anerkannt wird, ist nunmehr auf die Frage zu-

---

deutlicher Beschwerde Nr. 36022/97, Urteil des EGMR vom 2. Oktober 2001 (abrufbar unter http://www.echr.coe.int).

695 Exemplarisch: BVerfGE 56, 54 (74 ff.) – Düsseldorfer Flughafen.

696 Mit ähnlichen Überlegungen: *Jarvis/Sherlock*, ELRev. 1999, S. 15 (26).

697 Zur Annerkennung dieses Grundrechts durch den EuGH im Einzelnen bei: *Kingreen* in: Calliess/Ruffert, Kommentar zu EU-Vertrag und EG-Vertrag, Rn. 93 ff. zu Art. 6 EU; *Pernice* in: Grabitz/Hilf, Kommentar zum EGV in der Fassung des Vertrages von Maastricht, Rn. 62 ff. zu Art. 164; *Bochardt* in: Lenz, EG-Vertrag, Rn. 39 ff. zu Art. 220; *Beutler* in: Groeben/Thiesing/Ehlermann, Kommentar zum EU-/EG-Vertrag, Rn. 47 zu Art. F EUV.

698 Rs. „*Lopez Ostra vs. Spanien*" in EuGRZ 1975, S. 420 ff.; Rs. „*Guerra u.a. vs. Italien*" in EuGRZ 1999, S. 188 ff.; Rs. „ *Hatton u.a. vs. Vereinigtes Königreich*" (Beschwerde Nr. 36022/97, Urt. vom 2. Oktober 2001, http://www.echr.coe.int); ferner unter „iv) Parallelen aus der EMRK".

699 Art. 41 EMRK: „*Gerechte Entschädigung. Stellt der Gerichtshof fest, dass diese Konvention oder die Protokolle dazu verletzt worden sind und gestattet das innerstaatliche Recht der Hohen Vertragspartei nur eine unvollkommene Wiedergutmachung für die Folgen dieser Verletzung, so spricht der Gerichtshof der verletzten Partei eine gerechte Entschädigung zu, wenn dies notwendig ist.*"

rückzukommen, ob das vom EuGH geforderte *besondere Interesse* bzw. *spezifische Recht*[700] zur Anerkennung der individuellen Betroffenheit nach Art. 230 Abs. 4 EG[701] sich von dem allgemeinen individuellen Interesse bzw. der individuellen Rechtsposition unterscheidet. Es ist also zu untersuchen, ob zu den bisher diskutierten Voraussetzungen eines individuellen Interesses bzw. individuellen Rechts noch weitere Voraussetzungen hinzutreten müssen.

aa) Zusätzliche Voraussetzung?

Es drängt sich die Problematik auf, ob angesichts der Plaumann-Formel[702] und ihrer Liberalisierungen[703] den Anforderungen an Individualisierbarkeit durch die prinzipielle Berufensmöglichkeit auf eine individuelle Rechtsposition bzw. ein individuelles Interesse genügt wird. Nach der Rechtsprechung in der Rechtssache „Plaumann" ist das zentrale Merkmal die Hervorhebung des Klägers aus dem Kreis der Allgemeinheit[704]. Diese den Kläger aus dem Kreis der Allgemeinheit heraushebenden Umstände sind durch die eingetretenen Erweiterungen der Plaumann-Formel großzügiger ausgelegt worden. Es geht namentlich um die vorgetragenen Erweiterungen durch Verfahrensbeteiligungen und einen Eingriff in spezifische Rechte bzw. besondere Interessen[705].

Reichen für eine hinreichende Individualisierung nach der letztzitierten Fallgruppe bereits ein „schlichtes" individuelles Recht bzw. individuelles Interesse aus? Genügt es den Anforderungen, wenn eine Begünstigung aller Rechtssubjekte erfolgt, die einem bestimmten Rechtsakt unterfallen? Die grundsätzliche Problematik soll im Folgenden anhand zweier Fälle aus der jüngsten Rechtspre-

---

[700] EuGH [Extramet/Rat] 1991, I-2501 (2532, Tz. 17); seither st. Rspr.: EuGH [Codorniu/Rat] Slg. 1994, I-1853 (1886, Tz. 21); [Asocarne/Rat] Slg. 1995, I-4149 (4163, Tz. 43); [CNPAAP/Rat] Slg. 1996, I-2003 (2016, Tz.36); [Antillean Rice Mills/Rat] Slg. 2001, I-8949 (Tz. 46); a.A. in einer vergleichbaren Situation noch EuGH [Deutz und Geldermann/Rat] Slg. 1987, 941 (952, Tz.12).

[701] Zur Problematik des *spezifischen Rechts* bzw. *besonderen Interesses* Anerkennung der individuellen Betroffenheit im Allgemeinen: *Stotz* in: Rengeling, Handbuch zum europäischen und deutschen Umweltrecht Bd. I, § 45 Rn. 85 f.; Rn. 94; *Schwarze* in: Schwarze, EU-Kommentar, Rn. 39 zu Art. 230; *Booß* in: Grabitz/Hilf, Kommentar zum EGV in der Fassung des Vertrages von Amsterdam, Rn. 61 zu Art. 230; *Borchardt* in: Lenz, EG-Vertrag, Rn. 38 zu Art. 230.

[702] EuGH [Plaumann] Slg. 1963, 211, 238.

[703] Siehe S. 32 ff.

[704] EuGH [Plaumann] Slg. 1963, 211 (238).

[705] Siehe S. 35 ff. bzw. S. 42 ff.

chung zu dem Parallelproblem der Anfechtbarkeit einer „echten Verordnung"[706] verdeutlicht werden. Im Zusammenhang mit Verordnungen wird in der Rechtsprechung immer wieder diskutiert, inwieweit ein Einzelner durch eine Verordnung individualisiert werden muss, damit eine Anfechtungsmöglichkeit besteht. Die hinreichende Individualisierung ist gerade im vorliegenden Fall von Interesse.

Nach der Rechtsprechung ist die Anfechtung einer echten Verordnung im Gegensatz zu einer Entscheidung, die nur äußerlich als Verordnung ergangen ist, nach Art. 230 Abs. 4 EG prinzipiell ausgeschlossen[707]. Allerdings werden von diesem Grundsatz auch Ausnahmen zugelassen, wenn beispielsweise durch die Verordnung eine Gruppe betroffen wird, die ihrerseits zum Zeitpunkt des Verordnungserlasses hinreichend bestimmt ist und somit aus dem Kreis der Allgemeinheit hervortritt[708]. In den beiden wegweisenden Entscheidungen des EuG in der Rechtssache „Jégo Quéré" sowie des EuGH in der Rechtssache „UPA" war zentrale Frage, ob ein Kläger bereits unter dem Aspekt des Rechts auf effektiven gerichtlichen Rechtsschutz durch eine echte Verordnung individuell im Sinne des Art. 230 Abs. 4 EG betroffen sein kann, wenn er anderweitig keinen adäquaten Rechtsschutz gegen eine solche Verordnung erlangen kann. Sowohl das EuG als auch der Gerichtshof erörterten die Problematik, ob dies für eine hinreichende Individualisierung genügt oder ob weitere Merkmale hinzutreten müssen.

(1) Rechtssache „Jégo Quéré"

Der Rechtssache „Jégo Quéré"[709] lag folgender Sachverhalt zugrunde[710]: Nach Art. 15 der Verordnung Nr. 3760/92/EWG[711] kann die Kommission sofor-

---

[706] In Abgrenzung zur „echten" Verordnung gibt es Verordnungen, die nur äußerlich dieser Rechtsform entsprechen, wenn etwa eine Entscheidung als Verordnung ergeht; vgl. S. 32 f., S. 111 f.

[707] EuGH [Buralux/Rat] Slg. 1996, I-615 (646, Tz. 24): „*Nach ständiger Rechtsprechung folgt aus dem Umstand, dass die Personen, für die die Maßnahme wie die streitige Bestimmung gilt, nach Zahl oder sogar Identität mehr oder weniger genau bestimmbar sind, nicht, dass diese Personen als von der Maßnahme individuell betroffen anzusehen sind, sofern nur feststeht, dass die Maßnahme aufgrund eines durch sie bestimmten objektiven Tatbestandes rechtlicher oder tatsächlicher Natur anwendbar ist* [...]."; [Abertal/Rat] Slg. 1993, I-3265 (3278, Tz. 16); [Buckl & Söhne u.a./Kommission] Slg. 1992, I-6061 (6099, Tz. 4 f.).

[708] EuGH [Piraiki Patraiki/Kommission] Slg. 1985, 207 (244, Tz. 19; 244 f. 21 ff.); [Sofrimport/Kommission] Slg. 1990, I-2477 (2507, Tz. 11); [Antillean Rice Mills/Kommission] Slg. 1999, I-769 (810 f.; Tz.25 ff.); ferner EuG [Antillean Rice Mills/Kommission] Slg. 1995, II-2305 (2332, Tz. 67); [Rica Foods/Kommission] Slg. 2002, II-113 (Tz. 41).

[709] EuG [Jégo Quéré et Cie SA/Kommission] Slg. 2002, II-2365 ff.

[710] Zum Sachverhalt: EuG [Jégo Quéré et Cie SA/Kommission] Slg. 2002, II-2365 (Tz. 1 ff.).

tige Maßnahmen anordnen, wenn aufgrund schwerwiegender und unerwarteter Störungen die Erhaltung der Fischfangressourcen gefährdet ist. Im Dezember 2000 wurden sowohl Rat und Kommission durch den *Internationalen Rat für Meeresforschung (ICES)* in Kenntnis gesetzt, dass für Seehechte ein Bestandserholungsplan verabschiedet werden müsse. Die Kommission erließ hierauf die VO 1162/2001/EG[712], die die Schonung junger Seehechte in bestimmten Gebieten bezweckte. Diese Verordnung gilt in den festgelegten Gebieten für Fischfangschiffe, die die Fischerei mittels Netzfischfangs gezielt betreiben. Eine Ausnahme von der Verordnung ist Schiffen mit weniger als zwölf Meter Länge, die bis zu einer Höchstdauer von 24 Stunden auslaufen, erlaubt. Nach Art. 3 lit. d) i.V.m. Art. 5 VO 1162/2001 EG wird die Nutzung von Schleppnetzen mit Maschen unter zehn Zentimetern in bestimmten Gebieten untersagt. Die Jégo-Quéré et Cie SA (Klägerin) ist eine Fischfangunternehmung, die ihre ausschließlichen Fischfangpfründe in einem durch die VO 1162/2001/EG geschützten Gebiet (ICES-Gebiet VII[713]) unterhält. Die Klägerin jagt dort gezielt nach Wittlingen, die tatsächlich 67,3 % der Fänge ausmachen. Sie nutzt dort Netze mit einer Maschenweite von acht Zentimetern.

Die Klägerin wendet sich mit einer Nichtigkeitsklage nach Art. 230 Abs. 4 EG gegen Art. 3 lit. d) i.V.m. Art. 5 VO 1162/2001/EG. Zur Begründung[714] führt sie aus, dass sie die bedeutendste Fischfanggesellschaft im bezeichneten Schutzgebiet südlich von Irland sei, die den Wittlingsfang betreibe. Ihr Fang an Seehecht sei hingegen unbedeutend. Da die Kommission im Vorfeld des Erlasses der streitgegenständlichen Vorschriften auf die besondere Situation auch der Jégo-Quéré et Cie SA aufmerksam gemacht worden sei, sei die Klägerin hinreichend individualisiert. Im Übrigen stünde der Klägerin ohne die Nichtigkeitsklage kein weiteres – auch nicht innerstaaliches – Rechtsmittel zur Verfügung, weswegen Art. 230 Abs. 4 EG im Lichte des Art. 6 EMRK extensiv zu interpretieren sei.

Die Kommission führte demgegenüber aus[715], dass die Klägerin sich gegen eine Vorschrift wende, die für objektiv bestimmte Situationen gelte und rechtliche Wirkungen gegenüber allgemein und abstrakt bezeichneten Personengruppen entfalte. Es läge eine echte Verordnung vor, die die Klägerin nicht hinrei-

---

711 VO 3760/92/EWG des Rates vom 20. Dezember 1992 zur Einführung einer gemeinschaftlichen Regelung für die Fischerei und die Aquakultur in ABl. 1992 Nr. L 389, S. 1 ff.

712 VO 1162/2001/EG der Kommission vom 14. Juni 2001 mit Maßnahmen zur Wiederauffüllung des Seehechtsbestands in den ICES-Gebieten [...] und Vorschriften zur Überwachung der dort tätigen Fischereifahrzeugen in ABl. 2001 Nr. L 159, S. 4 ff.

713 Dieses Gebiet liegt südlich von Irland.

714 EuG [Jégo Quéré et Cie SA/Kommission] Slg. 2002, II-2365 (Tz. 18 ff.).

715 EuG [Jégo Quéré et Cie SA/Kommission] Slg. 2002, II-2365 (Tz. 14 ff.).

chend individualisiert[716]. Die Kommission trägt fernerhin vor, dass die Klägerin der Weg einer Schadensersatzklage nach Art. 235 i.V.m. 288 Abs. 2 EG offen stehe, weshalb doch noch Rechtsschutz möglich sei[717].

Das Gericht Erster Instanz stellte zunächst fest, dass sich die Klägerin gegen Vorschriften mit allgemeiner Geltung wendete[718]. Damit sei vorliegend insbesondere zu prüfen, ob die Klägerin individuell betroffen sei. Da sie nicht Adressatin der Maßnahme sei, müsse – ausgehend von der Plaumann-Formel – die Frage beantwortet werden, inwiefern die Klägerin durch die Vorschriften derartig betroffen sei, dass sie aus dem Kreis der Allgemeinheit hervortrete[719]. Irrelevant ist nach Auffassung des Gerichts die Tatsache, dass die Klägerin die bedeutendste Fischfanggesellschaft im betreffenden Schutzgebiet südlich von Irland sei. Durch die Vorschrift sei nämlich jeder Wirtschaftsteilnehmer betroffen, der sich tatsächlich oder potentiell in der selben Lage befinde[720]. Eine Individualisierung ergebe sich vorliegend auch nicht aus dem Umstand, dass die Kommission die Lage der Klägerin hätte berücksichtigen müssen. Zwar könne eine Berücksichtigungspflicht zu einer entsprechenden Individualisierung führen[721], doch sei im konkreten Fall eine solche Pflicht nicht ersichtlich[722]. Obwohl die Klägerin ihre Situation der Kommission dargetan habe, ergebe sich auch keine Individualisierung unter dem Aspekt der Verfahrensbeteiligung[723]. Auf diesen Aspekt könne nur rekurriert werden, wenn die Verfahrensbeteiligung bereits in der anwendbaren Gemeinschaftsregelung normiert sei[724]. Dies sei hier aber nicht der Fall.

Im ersten Teil des Urteils ist das Gericht Erster Instanz sowohl in der Heranziehung der Grundsätze als auch in der Auslegung der bisherigen Rechtspre-

---

716 Die Kommission verweist auf folgende Entscheidungen: EuG [Campo Ebro u.a./Rat] Slg. 1995, II-421 (Tz. 31 f.); [ACAV u.a./Rat] Slg. 2000, II-341 (Tz. 60).

717 EuG [Jégo Quéré et Cie SA/Kommission] Slg. 2002, II-2365 (Tz. 17), die Kommission verweist auf die Entscheidung des EuG [Federación de cofradías de pescadores u.a./Rat] Slg. 2001, II-2691 (Tz.85).

718 EuG [Jégo Quéré et Cie SA/Kommission] Slg. 2002, II-2365 (Tz. 24).

719 EuG [Jégo Quéré et Cie SA/Kommission] Slg. 2002, II-2365 (Tz. 27), mit Verweis auf EuGH [Plaumann] Slg. 1963, 213, 237.

720 EuG [Jégo Quéré et Cie SA/Kommission] Slg. 2002, II-2365 (Tz. 30)

721 EuGH [Piraiki-Patraiki/Kommission] Slg. 1985, 207 (244 f., Tz. 21 ff.); [Sofrimport/ Kommission] Slg. 1990, I-2477 (2507, Tz. 11); EuG [Antillean Rice Mills/Kommission] Slg. 1995, II-2305 (2332, Tz. 67); [Rica Foods/Kommission] Slg. 2002, II-113 (Tz. 41).

722 EuG [Jégo Quéré et Cie SA/Kommission] Slg. 2002, II-2365 (Tz. 32 f.).

723 Zu dieser Fallgruppe unter: „2. Ergänzung der „Plaumann-Formel“ unter dem Aspekt der Verfahrensbeteiligung“ (S. 35 ff.).

724 EuG [Jégo Quéré et Cie SA/Kommission] Slg. 2002, II-2365 (Tz. 35); ebenso EuG [Rica Foods/Kommission] Slg. 2002, II-113 (Tz. 55).

chung gefolgt. Allerdings stellt sich das Gericht im zweiten Teil des Urteils die Frage, ob die Klägerin nicht bereits dadurch hinreichend individualisiert sei, da ihr kein innerstaatlicher Rechtsbehelf gegen die Verordnung mehr zustehe. Das Gericht verweist darauf, dass nach Auffassung des EuGH der Zugang zu den Gerichten ein zentrales Element der Rechtsgemeinschaft[725] ist und der EG-Vertrag ein vollständiges Rechtsschutzsystem geschaffen hat[726]. Das Recht auf einen wirksamen Rechtsbehelf sei nunmehr auch durch die Grundrechte-Charta in Art. 47 anerkannt[727]. Der denkbare Rechtsbehelf einer Schadensersatzklage nach Art. 235 i.V.m. Art. 288 Abs. 2 EG sei nicht gleich effektiv wie eine Nichtigkeitsklage nach Art. 230 Abs. 4 EG für die Klägerin[728]. Ein innerstaatlicher Prozess mit der Möglichkeit des Vorabentscheidungsverfahrens nach Art. 234 EG komme aufgrund der Besonderheiten im vorliegenden Fall nicht in Betracht. Demnach stehe der Klägerin im konkreten Fall kein effektiver Rechtsschutz zur Verfügung, der es ihr erlaube, die Beeinträchtigung ihrer Rechtsposition zu rügen[729]. Dies dürfe aber nicht zur Änderung des Klageschutzsystems führen oder zur Zulässigkeit einer Nichtigkeitsklage, die nicht die Voraussetzungen des Art. 230 Abs. 4 EG erfüllt[730].

Die Schlussfolgerungen, die das Gericht Erster Instanz nun zieht, sind wohl als revolutionär zu bezeichnen. Das Gericht sieht sich nämlich veranlasst, über eine Neuinterpretation des Begriffs der individuell betroffenen Person im Sinne des Art. 230 Abs. 4 EG nachzudenken[731]. Nach den weiteren Ausführungen des Gerichts ist eine Person unter dem Aspekt des effektiven Rechtsschutzes von einer Bestimmung mit allgemeiner Geltung, die für sie unmittelbare Wirkung entfaltet, bereits dann als individuell betroffen anzusehen, wenn durch die Bestimmung individuelle Rechtspositionen beeinträchtigt oder Pflichten auferlegt werden. Auf die Anzahl der möglichen Betroffenen durch eine Bestimmung

---

725 EuGH [Johnston] Slg. 1986, 1651 (1682, Tz. 18), mit Verweis auf Art. 6, 13 EMRK sowie die gemeinsamen Verfassungsüberlieferungen der Mitgliedstaaten.

726 EuG [Les Verts/Parlament] Slg. 1986,1339 (1365, Tz. 23).

727 EuG [Jégo Quéré et Cie SA/Kommission] Slg. 2002, II-2365 (Tz. 42); Art. 47 Abs. 1 Grundrechte-Charta: *„Jede Person, deren durch das Unionsrecht garantierte Rechte oder Freiheiten verletzt worden sind, hat das Recht, nach Maßgabe der in diesem Artikel vorgesehenen Bedingungen bei einem Gericht einen **wirksamen Rechtsbehelf** einzulegen.“*; Hervorhebung durch den Verfasser; Text der Grundrechte-Charta in: ABl. 2000 Nr. C 364, S. 1 ff.; EuGRZ 2000, S. 559 ff. (hier mit habamtlichen Erläuterungen des Konventspräsidiums).

728 EuG [Jégo Quéré et Cie SA/Kommission] Slg. 2002, II-2365 (Tz. 46).

729 EuG [Jégo Quéré et Cie SA/Kommission] Slg. 2002, II-2365 (Tz. 47).

730 Bereits EuGH [Federción de Cofradías de Pescadores/Rat] Slg. 2000, I-8797 (Tz. 37).

731 Vgl. schon GA Jacobs zu EuGH [UPA/Rat] Slg. 2002, I-6677 (Rn. 59), der es gleichfalls nicht als zwingend ansieht, dass ein Kläger gegen eine allgemeine Bestimmung nur im Wege der Nichtigkeitsklage vorgehen kann, wenn er durch die Vorschrift wie ein Adressat individualisiert ist.

kommt es für die Individualisierbarkeit nicht an[732]. Daher sei die Klage zulässig. Die letzten Ausführungen stellen erneut eine erhebliche Liberalisierung der bisherigen Auslegung des Art. 230 Abs. 4 EG dar.

(2) Rechtsache „UPA/Rat"

In der Rechtssache „UPA/Rat"[733] ging es um ein Rechtsmittelverfahren zum Gerichtshof. Die Unión de Pequeños Agricultores (UPA), ein Berufs- und Interessenverband von spanischen Kleinbauern, hat sich gegen den Beschluss des Gerichts Erster Instanz in der Rs. T-173/98 vom 23. November 1999[734] gewandt. Streitgegenstand war die VO 1638/98/EG[735]. Diese Verordnung reformierte die Grundverordnung 136/66/EWG zur Errichtung eines gemeinsamen Marktes für Fette[736]. Durch die Reform wurden Beihilfen für Kleinerzeuger von Olivenöl ab dem 1. Mai 1998 – von Ausnahmen abgesehen – im Wesentlichen abgeschafft. Eine innerstaatliche Durchführungsmaßnahme zur Umsetzung der Verordnung war nicht erforderlich.

Die Klägerin wandte sich mit Klageschrift vom 20. Oktober 1998 im Wege der Nichtigkeitsklage nach Art. 230 Abs. 4 EG zunächst an das Gericht Erster Instanz. Sie verlangte die Nichtigerklärung der betreffenden Vorschriften der Neuregelung. Das Gericht Erster Instanz wies die Klage wegen Unzulässigkeit zurück. Zur Begründung führte es aus, dass die Klägerin nicht hinreichend dargelegt hat, durch die Verordnung individuell im Sinne des Art. 230 Abs. 4 EG betroffen zu sein. Die Klägerin konnte nicht nachweisen, durch die Verordnung wegen bestimmter persönlicher Merkmale aus dem Kreis der Allgemeinheit hervorgehoben zu sein oder aufgrund einer eingeräumten Verfahrensgarantie individualisiert zu sein. Fernerhin sah es das Gericht nicht als erwiesen an, dass die UPA in ihren eigenen Interessen – beispielsweise in ihrer Funktion als Ver-

---

[732] EuG [Jégo Quéré et Cie SA/Kommission] Slg. 2002, II-2365 (Tz. 51): *„Demnach ist, um einen wirksamen gerichtlichen Rechtsschutz der Einzelnen zu gewährleisten, eine natürliche oder juristische Person als von einer allgemein geltenden Gemeinschaftsbestimmung, die sie unmittelbar betrifft, individuell betroffen anzusehen, wenn diese Bestimmung ihre Rechtsposition unzweifelhaft und gegenwärtig beeinträchtigt, indem sie ihre Rechte beschränkt oder Pflichten auferlegt. Die Zahl und die Lage anderer Personen, deren Rechtsposition durch die Bestimmung ebenfalls beeinträchtigt wird oder werden kann, sind insoweit keine relevanten Gesichtspunkte."*

[733] EuGH [UPA/Rat] Slg. 2002, I-6677 ff.

[734] EuG [UPA/Rat] Slg. 1999, II-3357 ff.

[735] VO 1638/98/EG des Rates vom 20. Juli 1998 zur Änderung der VO 136/66/EWG in ABl. 1998 Nr. L 210, S. 32 ff.

[736] VO 136/66/EWG des Rates vom 22. September 1966 über die Errichtung einer gemeinsamen Marktorganisation für Fette in ABl. 1996 Nr. 172, S. 3025 ff.

handlungsführerin – betroffen ist[737]. Eine individuelle Betroffenheit konnte somit nicht festgestellt werden. Auch die Mitglieder der UPA hätten keinen der vorgenannten Fälle geltend gemacht[738]. Das Argument der Klägerin, dass eine Individualisierung wegen eines fehlenden effektiven Rechtsschutzes vorliege, verwarf das Gericht Erster Instanz. Zwar sei im vorliegenden Fall eine innerstaatliche Rechtsschutzmöglichkeit gegen die Verordnung wegen einer fehlenden innerstaatlichen Durchführungsmaßnahme nach spanischen Recht ausgeschlossen, doch dürfe dies allein nicht schon zur Annerkennung der Zulässigkeit der Klage führen. Die Zulässigkeit der Nichtigkeitsklage nach Art. 173 Abs. 4 EGV (nunmehr: Art. 230 Abs. 4 EG) dürfe nicht von der Gestaltung des innerstaatlichen Rechtsschutzes abhängen. Die Mitgliedstaaten seien nach Art. 5 EGV (nunmehr: Art. 10 EG) gehalten, zur Vervollständigung des gemeinschaftlichen Rechtsschutzes beizutragen[739].

Mit dem eingelegten Rechtsmittel zum Gerichtshof beantragt die UPA den Beschluss des EuG aufzuheben und die Zulässigkeit der Klage zu erklären. Die UPA führte aus, dass sie durch die Klageabweisung in ihrem (Grund-) Recht auf effektiven gerichtlichen Rechtsschutz verletzt sei. Da die streitgegenständliche Verordnung keine nationale Umsetzungsmaßnahme erfordere, stehe ihr nach spanischen Recht keine Klagemöglichkeit offen. Die Prüfung des Rechts auf effektiven Rechtsschutz setze eine genaue Prüfung im Einzelfall voraus, ob anderweitiger Rechtsschutz zu erlangen sei[740]. Der Rat und die als Streithelferin beigetretene Kommission stützten sich im Wesentlichen auf die Argumentation des EuG, wonach der innerstaatliche Zugang zu den Gerichten nicht die Voraussetzungen des Art. 173 Abs. 4 EG (nunmehr: Art. 230 Abs. 4 EG) determinieren könne. Gegebenfalls müsse gegen den betreffenden Mitgliedstaat ein Vertragsverletzungsverfahren nach Art. 226 EG durchgeführt werden[741].

Der Gerichtshof hatte sich mit der Frage zu beschäftigen, ob die Rechtsmittelführerin (UPA) schon deshalb individuell im Sinne des Art. 230 Abs. 4 EG durch die streitgegenständliche Verordnung betroffen sei, weil (ein anderweitiger) Rechtsschutz im konkreten Fall nicht zu erlangen sei, dies aber aus Gründen des Rechts auf effektiven Rechtsschutz geboten wäre[742]. Der Gerichtshof bestätigte die Linie des EuG in der Rechtssache „UPA/Rat“. Die Vertrag habe zwar ein vollständiges System der Klagemöglichkeiten geschaffen, die Mit-

---

737 EuG [UPA/Rat] Slg. 1999, II-3357 (Tz. 46 ff.).

738 EuG [UPA/Rat] Slg. 1999, II-3357 (Tz. 50).

739 EuG [UPA/Rat] Slg. 1999, II-3357 (Tz. 61 ff.).

740 EuGH [UPA/Rat] Slg. 2002, I-6677 (Tz. 25 ff.); vgl. auch EuGH [Greenpeace Council/Kommission] Slg. 1998, I-1651 (1716, Tz. 32 f.).

741 EuGH [UPA/Rat] Slg. 2002, I-6677 (Tz. 29 f.).

742 EuGH [UPA/Rat] Slg. 2002, I-6677 (Tz. 33).

gliedstaaten seien jedoch im Lichte des Art. 10 EG verpflichtet, dies zu vervollständigen, so dass es dem rechtsschutzbegehrenden Kläger möglich sein muss, ein nationales Verfahren anzustrengen, in dessen Rahmen ein Vorabentscheidungsverfahren nach Art. 234 EG durchgeführt werden können[743]. In der Folge erwähnt der Gerichtshof die „Extramet-Entscheidung“[744], nach der eine Bestimmung mit allgemeiner Geltung angefochten werden könne. Dies setze indessen – wie Art. 230 Abs. 4 EG dies vorsieht – voraus, dass der Kläger nicht nur unmittelbar sondern auch individuell betroffen sei. Anders als das EuG in der Rechtssache „Jégo-Quéré et Cie SA/Kommission“[745] schließt der Gerichtshof die Möglichkeit einer erweiterten Interpretation des Merkmals individuelle Betroffenheit aus. Wenn vorliegend die „individuelle Betroffenheit“ im Sinne der Klägerin ausgelegt wird, befürchtet der Gerichtshof vielmehr den Wegfall der Voraussetzung des Merkmals der „individuellen Betroffenheit“[746]. Eine Umgestaltung des Klagesystems müsse jedoch einer Reform der Vertragsstaaten im Wege des Art. 48 EU vorbehalten bleiben[747]. Aus diesen Überlegungen zieht der Gerichtshof den Schluss, dass das Rechtsmittel unbegründet ist und die Klage vom Gericht Erster Instanz in der Rechtssache „UPA/Rat“[748] richtigerweise für unzulässig erachtet wurde[749].

---

743 EuGH [UPA/Rat] Slg. 2002, I-6677 (Tz. 41 f.): „*41. Es ist somit Sache der Mitgliedstaaten, ein System von Rechtsbehelfen und Verfahren vorzusehen, mit dem die Einhaltung des Rechts auf effektiven gerichtlichen Rechtschutz gewährleistet werden kann.*
42. In diesem Rahmen haben die nationalen Gerichte gemäß [...] *Art. 5 EGV* [nunmehr: Art. 10 EG] [...] *die nationalen Verfahrensvorschriften* [...] *so auszulegen und anzuwenden, dass jede natürliche oder juristische Person die Rechmäßigkeit jeder nationalen Entscheidung oder anderen Maßnahme, mit der eine Gemeinschaftshandlung allgemeiner Geltung auf sie angewandt wird, gerichtlich anfechten und sich dabei auf die Ungültigkeit dieser Handlung berufen können.*“

744 EuGH [Extramet/Rat] Slg. 1991, I-2501 ff.

745 EuG [Jégo Quéré et Cie SA/Kommission] Slg. 2002, II-2365 ff. (vgl. insb. Tz. 51).

746 EuGH [UPA/Rat] Slg. 2002, I-6677 (Tz. 44): „[...] *Diese Voraussetzung* [Anm.: gemeint ist die individuelle Betroffenheit] *ist zwar im Licht des Grundsatzes auf effektiven gerichtlichen Rechtsschutzes unter Berücksichtigung der verschiedenen Umstände, die einen Kläger individualisieren können, auszulegen* [...]; *doch kann eine solche Auslegung nicht, ohne dass die den Gemeinschaftsgerichten durch den Vertrag verliehenen Befugnisse überschritten würden, zum Wegfall der fraglichen Voraussetzung, die ausdrücklich im EG-Vertrag vorgesehen ist, führen.*“

747 EuGH [UPA/Rat] Slg. 2002, I-6677 (Tz. 45).

748 EuG [UPA/Rat] Slg. 1999, II-3357 ff.

749 EuGH [UPA/Rat] Slg. 2002, I-6677 (Tz. 46).

(3) Schlussfolgerungen für die Ausgangsfrage

Wie gesehen, kommen der Gerichtshof[750] und das Gericht Erster Instanz[751] zu einer diskrepanten Beurteilung hinsichtlich der Frage, ob individuelle Betroffenheit im Sinne des Art. 230 Abs. 4 EG durch eine auf den Kläger anwendbare Verordnung bereits vorliegt, wenn der Kläger keinen anderweitigen Rechtsschutz erlangen kann. Während das EuG diese Frage mit einer extensiveren Interpretation des Art. 230 Abs. 4 EG bejaht, lehnt der Gerichtshof diesen Gedanken ab[752]. Der EuGH hält eine derartige Perspektive für vertragswidrig und vergibt somit die Möglichkeit zu einer (nochmaligen) erweiterten Interpretation des Merkmals der individuellen Betroffenheit.

Es interessiert nunmehr, welche Schlussfolgerungen im Hinblick auf die Ausgangsfrage des Verhältnisses eines *besonderen Interesses* bzw. *spezifischen Rechts* zu individuellen Interessen bzw. individuellen Rechtspositionen gezogen werden können. Für einen Erkenntnisgewinn können die tragenden Gedanken der Rechtsprechung aus den zitierten Urteilen dienlich sein. Ausgangspunkt aller Überlegungen zur „individuellen Betroffenheit" im Sinne des Art. 230 Abs. 4 EG seit der Rechtsprechung in der Rechtssache „Plaumann"[753] ist die Problematik des Hervortretens des Klägers aus dem Kreis der Allgemeinheit.

In der Folgezeit nach dem Plaumann-Urteil[754] hat die Rechtsprechung Erweiterungen der Plaumann-Formel zugelassen[755], die letztlich in der Annerkennung verschiedener Fallgruppen zur Begründung der individuellen Betroffenheit mündeten. Dabei hat der Gerichtshof, soweit der Kläger nicht Adressat einer Gemeinschaftsmaßnahme ist, neben der „schlichten" Betroffenheit – etwa wegen der Anwendbarkeit einer Verordnung auf den Kläger – ein weiteres Element zur Begründung der individuellen Betroffenheit postuliert. Dabei hat er beispielsweise auf Verfahrensgarantien abgestellt[756]. Damit wird deutlich, dass der

---

[750] EuGH [UPA/Rat] Slg. 2002, I-6677 ff.

[751] EuG [Jégo Quéré et Cie SA/Kommission] Slg. 2002, II-2365 ff.

[752] Einen ebenfalls von der bisherigen Rspr. abweichenden Vorschlag unterbreitet GA Jacobs zu EuGH [UPA/Rat] Slg. 2002, I-6677 ff., der für die individuelle Betroffenheit eine nachteilige Auswirkung auf die „Interessen" des Klägers genügen lassen will (vgl. Schlussantr., Rn. 60).

[753] EuGH [Plaumann] Slg. 1963, 213 ff., vgl. insb. S. 238: *„Wer nicht Adressat einer Entscheidung ist, kann nur dann geltend machen, von ihr unmittelbar betroffen zu sein, wenn die Entscheidung ihn wegen bestimmter persönlicher Eigenschaften oder besonderer, ihn aus dem Kreis aller übrigen Adressaten heraushebender Umstände berührt und ihn daher in ähnlicher Weise individualisiert wie den Adressaten."*

[754] EuGH [Plaumann] Slg. 1963, 213 ff.

[755] S. 35 ff.; S. 42 ff.

[756] EuGH [Metro/Kommission] Slg. 1997, 1825 (1902, Tz. 13); [Timex Corporation/Rat] Slg. 1983, 849 (866, Tz. 15 f.); [Fediol/Kommission] Slg. 1983, 2913 (2935, Tz. 27); [Buckl/

Gerichtshof ein zusätzliches Merkmal für die Individualisierung erforderlich hält. Indes hält das Gericht Erster Instanz ein solches weiteres Merkmal in der besprochenen Entscheidung „Jégo-Quéré“ für obsolet. Noch deutlicher formuliert dies der Generalanwalt in der Rechtssache „UPA/Rat“. Hier fordert der Generalanwalt eine grundsätzliche Neuorientierung bei der Auslegung der „individuellen Betroffenheit“ im Sinne des Art. 230 Abs. 4 EG. Nach seiner Auffassung solle jede eingetretene oder ernsthaft zu besorgende (erhebliche) nachteilige Auswirkung auf die Interessen des Klägers genügen[757]. All diese Ansätze zur Fortentwicklung lehnt der Gerichtshof mit seinem Urteil zur Rechtsache „UPA/Rat“ ab[758]. Vielmehr setzt er seine – trotz der Erweiterungen der Plaumann-Formel – insgesamt restriktive Rechtsprechung fort.

Im Ergebnis bedeutet dies, dass es höchst zweifelhaft ist, ob der der Gerichtshof die individuelle Betroffenheit anerkennen würde, sobald der Kläger dartun kann, in einer individuellen Rechtsposition verletzt zu sein. Im Hinblick auf die Interessen des Klägers hat der Gerichtshof dies durch das Urteil in der Rechtssache „UPA/Rat“ ausgeschlossen. Dieser Befund dürfte wohl auch im Falle der Verletzung einer individuellen Rechtsposition gelten. Allein die Verletzung einer individuellen Rechtsposition wird dem Gerichtshof nicht zur Begründung der Zulässigkeit einer Klage genügen. Dies wäre nach Auffassung des Gerichtshofs wohl nicht hinreichend konkret zur Begründung der individuellen Betroffenheit nach Art. 230 Abs. 4 EG. Für die Anerkennung individueller Betroffenheit müssen somit weitere Umstände bzw. Voraussetzungen hinzutreten.

Es ist also danach zu fragen, welches Merkmal zu einer individuellen Rechtsposition bzw. den Interessen des Klägers hinzutreten müssen, damit dies den Anforderungen an ein *spezifisches Recht* bzw. ein *besonderes Interesse* des Klägers genügt.

bb) Deduktion der weiteren Voraussetzung

In der voranstehenden Untersuchung wurde bereits gezeigt, dass individuelle Rechtspositionen bzw. individuelle Interessen begründet werden können, wenn zugrunde liegende Normen den Gesundheitsschutz oder den Eigentumsschutz

Rat] Slg. 1992, I-6061 (6100, Tz. 29); [Cook/Kommission] Slg. 1993, I-2487 (2526, Tz. 17).

757 GA Jacobs zu EuGH [UPA/Rat] Slg. 2002, I-6677 (Schlussantr., Rn. 60): „[...] *sollte* [...] *anerkannt werden, dass ein Einzelner als individuell von einer Gemeinschaftshandlung betroffen zu betrachten ist, wenn die Handlung aufgrund seiner persönlichen Umstände erhebliche nachteilige Auswirkungen auf seine Interessen hat oder wahrscheinlich haben wird.*“

758 EuGH [UPA/Rat] Slg. 2002, I-6677 (Tz. 32 ff.).

bezwecken[759]. Dies kann auch gelten, soweit Umweltinteressen geschützt werden[760]. Das Umweltinteresse ist in einer Vielzahl von Umweltrichtlinien berücksichtigt[761]. Gleichwohl wird es für den Kläger im Einzelfall problematisch sein, hinreichende Individualisierung im Sinne des Art. 230 Abs. 4 EG anhand des reinen Umweltinteresses darzutun. Ein rein unspezifisches Interesse genügt – wie bereits diskutiert – den Anforderungen nicht[762]. Das Interesse muss sich konkretisieren. Daher wird es regelmäßig der Fall sein, dass das Umweltinteresse mit Gesundheitsschutzinteressen oder Eigentumsinteressen einhergeht. Um im Folgenden das weitere hinreichende Kriterium zur Individualisierung im Sinne des Art. 230 Abs. 4 EG darzulegen, ist zuvor zu diskutieren, in welchen umweltrelevanten Bereichen dies von Bedeutung sein kann. Dabei können nicht alle denkbaren umweltrechtlichen Konstellationen behandelt werden. Die folgenden Ausführungen beschränken sich daher notwendigerweise auf eine beispielhafte Darstellung.

(1) Umweltbereiche

Zunächst ist zu überlegen, welche umweltrechtliche Normen des Gemeinschaftsrechts Interessen des Individualklägers schützen bzw. ein Verstoß gegen welche Normen die Interessen des Klägers berühren könnte. Nach der prinzipiellen Darstellung unter welchen Voraussetzungen eine individualschützende Norm identifiziert werden kann[763], soll nunmehr exemplarisch erläutert werden, in welchen Bereichen des Umweltrechts dies konkret der Fall sein kann.

Bei einer konkreten Analyse des EG-Umweltrechts wird man schnell feststellen, dass nicht das gesamte EG-Umweltrecht individualschützenden Charakter

---

[759] Vgl. unter „(b) Ausgestaltung des Interesses" (S. 86 ff.).

[760] EuGH [Greenpeace Council/Kommission] Slg. 1998, I-1651 (1715, Tz. 30 f.): „*30. Bei der Prüfung der Argumente* [...] *dass die vom Gericht herangezogene Rechtsprechung des Gerichshofes nicht dem Wesen und der Besonderheit der ihrer Klage zugrunde liegenden Umweltinteressen Rechnung trage, ist zu beachten, dass die Rechtsmittelführer in der Entscheidung* [Erg.: der Kommission] [...] *den Rechtsakt sehen, der geeignet sein soll, die von ihnen geltend gemachten* [...] *Rechte im Umweltbereich zu verletzen.*
31. [Erg.: Im vorliegenden Fall] *kann sich die angefochtene Entscheidung* [...] *nur mittelbar auf diese Rechte auswirken.*"

[761] Bspw.: RL 94/67/EG des Rates vom 16. Dezember 1994 über die Verbrennung gefährlicher Abfälle in ABl. 1994 Nr. L 365, S. 34 ff.; RL 82/884/EWG des Rates vom 3. Dezember 1982 betreffend einen Grenzwert für den Bleigehalt in der Luft in ABl. 1982 L 378, S. 15 ff.

[762] Vgl. unter „(b) Ausgestaltung des Interesses" (S. 86 ff.).

[763] Dazu unter „a) Individuelle Rechtspositionen im Umweltrecht" (S. 52 ff.).

aufweist. Relevant sind im Hinblick auf den Individualschutz insbesondere Vorschriften des medienschützenden Umweltrechts, Vorschriften des Umgangs mit Chemikalien sowie der Abfallbewirtschaftung.

Zum medienschützenden Umweltrecht zählen vor allem der Gewässerschutz, die Luftreinhaltung, der Bodenschutz sowie der Lärmschutz[764]. Im Bereich des Gewässerschutzes sollen durch entsprechende Richtlinien die Qualität der Gewässer durch Vermeidung bzw. Verminderung der Verschmutzung sowie die Sicherstellung der Wasserversorgung gesichert werden[765]. Bei vielen Regelungen steht allerdings der (menschliche) Gesundheitsschutz im Vordergrund. Dies zeigt sich beispielsweise im Rahmen der Richtlinie 80/778/EWG[766]. In der Begründung zu dieser Richtlinie ist bereits im ersten Erwägungsgrund die Gesundheit als tragender Grund berücksichtigt[767]. Daher ist den festgelegten Grenzwerten für Schadstoffe[768] individualschützender Charakter zuzubilligen, bei deren Überschreitung individuelle Interessen ggf. individuelle Rechtspositionen berührt sind. Ähnlich wie die Richtlinie 80/778/EWG legen auch andere immissionsorientierte Gewässerschutznormen Grenzwerte fest, die auch dem individuellen Interesse Gesundheitsschutz zu dienen bestimmt sind. Als weitere Beispiele sind die Richtlinien 75/440/EWG über die Qualitätsanforderungen an Oberflächenwasser für die Trinkwassergewinnung[769], 76/160/EWG über die Qualität von Badegewässern[770], oder 80/68/EWG über den Schutz des Grundwassers gegen Verschmutzung durch bestimmte gefährliche Stoffe[771] anzuführen. Fernerhin hat die Gemeinschaft zahlreiche Richtlinien erlassen, die Immissionsgrenzwerte bezüglich von Luftverunreinigungen regeln. Auch in diesen Richtlinien ist häufig der Gesundheitsschutz ein tragendes Motiv für den Erlass dieser Rege-

---

[764] Ähnliche Gliederung bei *Epiney*, Umweltrecht in der Europäischen Union, S. 219.

[765] Im Einzelnen bei *Scherer/Heselhaus* in: Dauses, Handbuch des EG-Wrtschaftsrechts, O Rn. 90 ff.

[766] RL 80/778/EWG des Rates vom 15. Juli 1980 über die Qualität von Wasser für den menschlichen Gebrauch in ABl. 1980 Nr. L 229, S. 11 ff.

[767] 1. Erwägungsgrund RL 80/778/EWG: *„Angesichts der Bedeutung, die das für den menschlichen Gebrauch bestimmte Wasser für die Volksgesundheit hat, sind Qualitätsnormen festzulegen, denen das Wasser entsprechen muss.“*

[768] Vgl. insbesondere Art. 3 i.V.m. Anlage I sowie Art. 7 i.V.m. Anlage I der RL 80/778.

[769] RL 75/440/EWG des Rates vom 16. Juni 1975 über die Qualitätsanforderungen an Oberflächenwässer für die Trinkwassergewinnung in den Mitgliedstaaten in ABl. 1975 Nr. L 194, S. 34 ff.

[770] RL 76/160/EWG des Rates vom 8. Dezember 1975 über die Qualität der Badegewässer in ABl. 1976 Nr. L 31, S. 1 ff.

[771] RL 80/68/EWG des Rates vom 17. Dezember 1979 über den Schutz des Grundwassers gegen Verschmutzung durch bestimmte gefährliche Stoffe in ABl. 1980 Nr. L 20, S. 43 ff.

lungen. Dies lässt sich anhand der Richtlinie 82/884/EWG[772] belegen; hier ist bereits im zweiten bzw. dritten Erwägungsgrund der Schutz der menschlichen Gesundheit berücksichtigt[773].

Im Bodenschutzrecht ist insbesondere die Richtlinie 86/278/EWG[774] relevant. Durch diese Richtlinie werden unter anderem Höchstgrenzen für die Konzentration von Schwermetallen von verwendeten Klärschlämmen in der Landwirtschaft vorgeschrieben[775]. Bereits im ersten Erwägungsgrund dieser Richtlinie wird auf das Ziel des Schutzes der menschlichen Gesundheit hingewiesen[776]. Der umweltrechtliche Medienschutz wird durch das Lärmschutzrecht der Gemeinschaft komplettiert. Für einen effektiveren Lärmschutz hat die Gemeinschaft bereits Anfang der 1980er Jahre die Richtlinie 80/51/EWG[777] beschlossen, die durch Gewichtsbeschränkungen von Flugzeugen die Reduktion von Fluglärm bezweckt. Auch hier wird bereits in den Begründungserwägungen auf das Problem der Lärmbelästigungen hingewiesen sowie auf den Umweltschutz[778]. Ein weiteres Beispiel für eine immissionsorientierte, deren Schutzbestimmungen durchaus Individualschutzcharakter aufweisen, ist die Richtlinie

---

[772] RL 82/884/EWG des Rates vom 3. Dezember 1982 betreffend einen Grenzwert für den Bleigehalt in der Luft in ABl. 1982 L 378, S. 15 ff.

[773] 2. Erwägungsgrund RL 82/884/EWG: „*Die Verwendung von Blei hat derzeit eine Belastung vieler Umweltbereiche zur Folge. Durch Einatmen aufgenommenes Blei trägt erheblich zur gesamten Bleibelastung des Körpers bei.*“
3. Erwägungsgrund RL 82/884/EWG: „*Der **Schutz des Menschen** vor der Gefährdung durch Blei erfordert die Überwachung seiner Exposition gegenüber dem in der Luft enthaltenen Blei.*“; Hervorhebung durch den Verfasser; weitere Beispiele für indivdiualschützende Richtlinien sind. u.a.: RL 80/779/EWG (des Rates vom 15. Juli 1980 über Grenzwerte und Leitwerte der Luftqualität für Schwefeldioxid und Schwebstaub in ABl. 1980 Nr. L 229, S. 30 ff.) sowie RL 84/360/EWG (des Rates vom 2. Juni 1984 zur Bekämpfung der Luftverunreinigung durch Industrieanlagen in ABl. 1984 Nr. L 188, S. 20 ff.).

[774] RL 86/278/EWG des Rates vom 12. Juni 1986 über den Schutz der Umwelt und insbesondere der Böden bei der Verwendung von Klärschlamm in der Landwirtschaft in ABl. 1986 Nr. L 181, S. 6 ff.

[775] Siehe insb. Art. 4 i.V.m. Anhang I A, I B sowie I C der RL 86/278/EWG.

[776] 1. Erwägungsgrund RL 86/278/EWG: „*Diese Richtlinie bezweckt, die Verwendung von Klärschlamm in der Landwirtschaft so zu regeln, dass **schädliche Auswirkungen auf** [...] **Menschen verhindert** und zugleich eine ordnungsgemäße Verwendung von Klärschlamm gefördert werden.*“; Hervorhebung durch den Verfasser.

[777] RL 80/51/EWG des Rates vom 20. Dezember 1979 zur Verringerung der Schallemissionen von Unterschallluftfahrzeugen in ABl. 1980 Nr. L 18, S. 26 ff.; aus neuester Zeit zum Lärmschutz vor Fluglärm: RL 2002/30/EG des Europäischen Parlaments und des Rates vom 26. März 2002 über Regeln und Verfahren für lärmbedingte Betriebsbeschränkungen auf Flughäfen der Gemeinschaft in ABl. 2002 Nr. L 85, S. 40 ff., allerdings ohne genaue Grenzwertfestlegung.

[778] Siehe den 1. und 3. Erwägungsgrund der RL 80/51/EWG.

86/662/EWG[779], die eine Begrenzung von Lärmpegeln für Baufahrzeuge vorsieht.

Ebenso wie beim Medienschutz gibt auch zahlreiche Richtlinien im Bereich des Umgangs mit Chemikalien, die eine Individualschutzrichtung aufweisen. In diesen Vorschriften wird der Gesundheitsschutz ausdrücklich benannt. Im Übrigen findet auch der Umweltschutz explizit Berücksichtigung. Dies lässt sich anhand der Richtlinie 91/414/EWG[780] verdeutlichen. Durch diese Richtlinie wird eine gemeinschaftsweite amtliche Zulassungspflicht für das Inverkehrbringen von Pflanzenschutzmitteln eingeführt. Eine Zulassung darf nur erfolgen, wenn durch das Pflanzenschutzmittel unter anderem keine schädlichen Auswirkungen auf die menschliche Gesundheit stattfinden[781]. Nach dem 3. Erwägungsgrund ist die Abwehr von Gefahren für den Menschen bezweckt.

Das Abfallrecht ist das Rechtsgebiet im Umweltrecht, welches die umfassendsten und genauesten Regelungen kennt. Ganz ähnlich wie in den bereits beschriebenen Bereichen gibt es auch hier häufig Normen mit Individualschutzrichtung, die ausdrücklich den Gesundheitsschutz zum Ziel haben. Illustrieren lässt sich dies unter anderem anhand der Richtlinie 94/67/EG[782]. Durch diese Richtlinie wird den Betreibern von Müllverbrennungsanlagen vorgeschrieben, wie die Verbrennungsanlagen beschaffen sein müssen, wie der Müll entgegenzunehmen ist und schließlich wie der Müll zu verbrennen ist. Ferner werden Emissionsgrenzwerte für die Müllverbrennung festgelegt. Bereits in Art. 1 Abs. 1 Richtlinie 94/67/EG wird unter anderem das Ziel Gesundheitsschutz festgeschrieben[783]. Als weiteres Beispiel für eine Richtlinie aus dem Abfallrecht, die

---

[779] RL 86/662/EWG des Rates vom 22. Dezember 1986 zur Begrenzung des Geräuschimmissionspegels von Hydraulikbaggern, Seilbaggern, Planiermaschinen, Ladern und Baggerladern in ABl. 1986 Nr. L 384, S. 1 ff.; siehe insb. den 6. Erwägungsgrund: „*Wegen der von Hydraulikbaggern, Seilbaggern, Planiermaschinen, Ladern und Baggerladern ausgehenden Lärmbelastung der Umwelt und* ***insbesondere wegen der damit verbundenen Beeinträchtigung des menschlichen Wohlbefindens und der menschlichen Gesundheit ist*** *der zulässige Schallemissionspegel der Hydraulikbagger, Seilbagger, Planiermaschinen, Lader und Baggerlader stufenweise zu senken.*“; Hervorhebung durch den Verfasser

[780] RL 91/414/EWG des Rates vom 15. Juli 1991 über das Inverkehrbringen von Pflanzenschutzmitteln in ABl. 1992 Nr. L 170, S. 40 ff.

[781] Vgl. Art. 4 Abs. 1 lit. b) iv) RL 91/414/EWG: „*Die Mitgliedstaaten tragen dafür Sorge, dass ein Pflanzenschutzmittel nur zugelassen wird, wenn* [...]
b)[...] *iv) keine unmittelbaren oder mittelbaren* ***Auswirkungen auf die Gesundheit von Mensch*** *und Tier* [...] *hat.*“; Hervorhebung durch den Verfasser.

[782] RL 94/67/EG des Rates vom 16. Dezember 1994 über die Verbrennung gefährlicher Abfälle in ABl. 1994 Nr. L 365, S. 34 ff.

[783] Art. 1 Abs. 1 RL 94/67/EG: „*Diese Richtlinie bezweckt, Maßnahmen und Verfahren zur Verhütung oder, sofern dies nicht durchführbar ist, zur größtmöglichen Beschränkung von Belastungen der Umwelt, insbesondere der Verschmutzung von Luft, Boden, Oberflächen-*

Individualschutz entfalten kann, ist die Richtlinie 78/176/EWG über Abfälle aus der Titandioxid-Produktion[784] zu zitieren, die spezielle Maßnahmen für die Entsorgung der Abfälle bei der Titandioxid-Produktion vorsieht[785].

Die Einhaltung von Grenzwerten oder anderen umweltrechtlichen Schutzvorschriften ist nicht nur unter dem Gesundheitsschutzaspekt relevant. Ebenso können diese Vorschriften auch für Eigentümer Schutzwirkung entfalten. Der Eigentumsschutz kann etwa für Waldbesitzer oder Eigentümern bzw. Verpächter von Äckern von Bedeutung sein. So ist es denkbar, dass bei der Nichtbeachtung von Vorschriften diese Güter geschädigt werden können. In einer konkreten Situation kann dies bedeuten, dass beispielsweise Ackerböden geschädigt werden, weil ein Pflanzenschutzmittel ausgebracht wird, dessen Schadstoffgrenzwerte nicht den Grenzwerten der Richtlinie 91/414/EWG[786] genügen. Betroffen in diesem Sinne können auch Waldbesitzer sein, deren Wälder nachweislich wegen bestimmter Immissionen sterben. Allerdings werden Fälle, in denen auf Eigentumsinteressen rekurriert wird, in der Praxis wohl seltener auftreten als Fälle in denen der Gesundheitsschutz eine Rolle spielt.

(2) Hervorhebung aus der Allgemeinheit

Zu beantworten ist nunmehr die Frage, in welcher Weise sich das *besondere Interesse* bzw. das *spezifische Recht* von dem „allgemeinen individuellen Interessen" bzw. der „allgemeinen individuellen Rechtsposition" unterscheidet. Anders ausgedrückt eröffnet sich die Problematik, welches weitere Element hinzutreten muss, damit der Kläger hinreichend individualisiert ist. In der Formulierung der Plaumann-Formel bedeutet dies die Frage nach dem Umstand, wann der Einzelne aus der Allgemeinheit unter dem Aspekt des besonderen Interesses hervorgehoben ist.

---

und Grundwasser sowie der entsprechenden Gefahren ***für die menschliche Gesundheit*** *durch die Verbrennung gefährlicher Abfälle einzuführen und zu diesem Zweck geeignete Betriebsbedingungen und Emissionsgrenzwerte für Verbrennungsanlagen für gefährliche Abfälle in der Gemeinschaft festzulegen bzw. beizubehalten.*"; Hervorhebung durch den Verfasser.

784 RL 78/176/EWG des Rates vom 20. Februar 1978 über die Abfälle aus der Titandioxid-Produktion in ABl. 1978 Nr. L 54, S. 19 ff.

785 Siehe ferner RL 91/689/EWG des Rates vom 12. Dezember 1991 über gefährliche Abfälle in ABl. 1991 Nr. L 377, S. 20 ff.

786 Vgl. RL 91/414/EWG des Rates vom 15. Juli 1991 über das Inverkehrbringen von Pflanzenschutzmitteln in ABl. 1992 Nr. L 170, S. 40 ff.

Im Rahmen des individuellen Interesses genügt – wie bereits festgestellt – eine faktische Betroffenheit[787]. Faktisch betroffen von einer Norm kann in diesem Sinne bereits derjenige sein, der in den Anwendungsbereich einer Vorschrift fällt. Das könnte im Extremfall bedeuten, dass alle (derzeit) 380 Millionen Bürger in der Gemeinschaft durch eine Missachtung einer Vorschrift betroffen sind. Jedenfalls geht aus der bisherigen Rechtsprechung des Gerichtshofes eindeutig hervor, dass durch das Merkmal Individualisierung eine zahlenmäßige Eingrenzung der potentiellen Kläger erfolgen soll[788]. Um dieser Linie zu folgen, ist nunmehr zu überlegen, unter welchen Bedingungen der EuGH nach dem derzeitigen Stand seiner Rechtsprechung eine hinreichende Individualisierung anerkennen könnte.

Im Bereich des medienschützenden Umweltrechts könnte ein Anknüpfungspunkt die lokale Nähe zur Verschmutzungsquelle sein. Das kann im Einzelfall bedeuten, dass eine Luftverschmutzung nur für diejenigen eine Gefahr darstellt, die sich (dauerhaft) in der Nähe des Immissionsortes aufhalten. Soweit eine Luftverschmutzung im Ort „A" stattfindet, muss dies die Bewohner des 500 km entfernten Ortes „B" nicht unbedingt beeinträchtigen. Ebenso kann es sich beim Gewässerschutz verhalten. Soweit Trinkwasserressourcen Umweltbelastungen aufweisen, sind nur diejenigen Anwohner auch tatsächlich belastet, die ihr Trinkwasser aus diesen belasteten Quellen beziehen. Das letztere Beispiel führt aber auf das entscheidende Kriterium hin, nämlich die Betroffenheit des Klägers in Form einer tatsächlichen, physischen Einwirkung auf die geschützten Rechtsgüter (Gesundheit, Eigentum usw.). Genügen dürfte es wohl, wenn die Einwirkung unmittelbar bevorsteht. Durch eine derartige Einwirkung ist der Einzelne aus der Allgemeinheit in einem Merkmal hervorgehoben, dass so nicht die Allgemeinheit betrifft. Es ergibt sich aus dem Charakter von Umweltbeeinträchtigen, dass sich nachteilige Umweltbeeinträchtigungen nämlich nicht an allen Orten gleich auswirken und darüber hinaus nicht auf alle Individuen gleich wirken. Im Ergebnis bedeutet dies, dass die Feststellung einer tatsächlichen Einwirkung ein Merkmal ist, nachdem ein *besonderes Interesse* oder ein *spezifisches Recht* bestimmt werden kann.

Um dies zu verdeutlichen, ist ein Beispiel zu konstruieren. Die derzeit geltende Richtlinie 99/30/EG[789] regelt Grenzwerte für Schwefeldioxid, Stickstoffdi-

---

[787] Siehe unter „(b) Ausgestaltung des Interesses" (S. 86 ff.); ferner „dd) Zusammenfassung und Schlussfolgerung" (S. 97 f.).

[788] Siehe auch GA Jacobs zu EuGH [UPA/Rat] Slg. 2002, I-6677 (Schlussantr., Rn. 59).

[789] RL 99/30/EG über Grenzwerte für Schwefeldioxid, Stickstoffdioxid und Stickstoffoxide, Partikel und Blei in der Luft in ABl. 1999 Nr. L 163, S. 41 ff.; diese RL ist eine Nachfolgerrichtlinie der RL 82/884/EWG des Rates vom 3. Dezember 1982 betreffend einen Grenzwert für den Bleigehalt in der Luft in ABl. 1982 L 378, S. 15 ff.

oxid und Stickstoffoxide, Partikel und Blei in der Luft[790]. Die Richtlinie bezweckt unter anderem den Gesundheitsschutz. Dies kommt in den Erwägungsgründen der Richtlinie zum Ausdruck. Es wird dort anerkannt, dass verschiedene Luftpartikel negative Auswirkungen auf die (menschliche) Gesundheit entfalten, wobei die anthropogenen Luftpartikel als wesentlich gefährlicher eingeschätzt werden als natürliche Partikel[791]. Nach der Richtlinie gilt ab dem 1. Januar 2005 ein Jahresgrenzwert für Blei von 0,5 µg/m³; in Ausnahmefällen gilt dieser Grenzwert erst ab dem 1. Januar 2010[792]. Der Grenzwert soll unter anderem dazu dienen, die Gesundheit aller Bürger der Gemeinschaft zu schützen, so dass bei einem Überschreiten des Grenzwertes alle Bürger der Union ein Gesundheitsschutzinteresse geltend machen können. Letztlich individualisiert im Sinne des Art. 230 Abs. 4 EG ist unter Zugrundelegung der bisherigen Rechtsprechung des Gerichtshofes nur derjenige, der durch ein mögliches Überschreiten der Grenzwerte tatsächlich einen Schaden an der Gesundheit erleidet. Bei Luftverschmutzungen wären zunächst Atemwegsschädigungen am ehesten denkbar. So wäre in diesem Beispiel derjenige als individualisiert anzusehen, der eine Atemwegserkrankung erleidet.

Eine Variante dessen könnte darin zu sehen sein, dass durch eine Grenzwertüberschreitung eine Tierart derart geschädigt wird, das sie vom Aussterben bedroht ist. Individualisiert könnte ein Kläger nun sein, wenn er aus medizinischen Gründen auf ein Serum angewiesen ist, welches nur diese Tierart produzieren kann. Individualisierung unter dem Aspekt des Eigentumsinteresses kann vorliegen, wenn etwa durch mediale Verschmutzung, die Bäume eines Waldbesitzes geschädigt werden oder etwa wenn Ackerböden durch Verschmutzung an Fruchtbarkeit verlieren und weniger Ertrag liefern. Schwierigkeiten dürfte im Einzelfall der Nachweis bereiten, dass die eingetretenen Schäden durch eine bestimmte Immission erfolgt sind. Im Fall von Ackerflächen erscheint ein Nachweis beispielsweise bei Pflanzenschutzmittel, deren Schadstoffgehalt die zulässigen Grenzwerte überschreiten, gut möglich.

---

790 Art. 2 ff., 7 i.V.m. Anhang I-IX RL 99/30/EG.

791 Vgl. 6. Erwägungsgrund RL 99/30/EG: „*Verschiedene Arten von Partikeln können sich auf unterschiedliche Weise schädlich auf die menschliche Gesundheit auswirken. Es liegen Beweise dafür vor, dass die Risiken für die menschliche Gesundheit, die von Partikeln anthropogenen Ursprungs ausgehen, größer sind als die Risiken von auf natürliche Weise in der Luft vorkommenden Partikeln.*“

792 Art. 6, 7 i.V.m. Anlage IV RL 99/30/EG, hiernach bestehen Ausnahmen an Orten, die durch Jahrzehnte lange industrielle Tätigkeit besonders belastet sind. Solche Orte sind der Kommission anzuzeigen. Für derartige Orte gilt ein Grenzwert von 1,0 µg/m³ ab dem 1. Jan. 2005.

Entscheidender Anknüpfungspunkt für eine Individualisierung ist demnach die tatsächliche Einwirkung auf das jeweilige anerkannte Interesse bzw. Recht. Die Beeinträchtigung muss dabei kausal auf dem Verstoß gegen die individualschützenden Vorschriften beruhen. Eine tatsächliche Einwirkung in diesem Sinne ergibt sich also regelmäßig durch physische Exposition und die hierauf basierenden nachteiligen Auswirkungen.

Eine solche Beeinträchtigung kann sich insbesondere bei Luftimmissionen, soweit sie das zulässige Maß überschreiten, durch lokale Nähe zur Immissionsquelle ergeben. Lokale Nähe ist indes weder notwendiges noch hinreichendes Kriterium. Allerdings vereinfacht die lokale Nähe regelmäßig den Nachweis der Kausalität zwischen umweltrechtlichem Verstoß und der Beeinträchtigung.

cc) Exkurs: Reformvorschläge zu Art. 230 Abs. 4

Es ist zu konstatieren, dass nach der derzeitigen Auslegung des Art. 230 Abs. 4 EG unter numerischer Perspektive nur Wenige in den Genuss des Klagerechts kommen, was im Einzelfall zu unerträglichen Ergebnissen führen kann[793]. Um derartige Situationen zu vermeiden, ist eine Reform der Voraussetzungen für den Klagezugang anzuregen. Vorweg zu schicken ist allerdings, dass eine Reform nicht alle Unbilligkeiten, die entstehen können, zu beseitigen vermag. Anknüpfungspunkte können dabei zum einen eine Neuorientierung bei der Interpretation der individuellen Betroffenheit im Sinne des Art. 230 Abs. 4 EG bieten sowie zum anderen eine Reform des Gesetzestextes.

Eine Neuinterpretation der „individuellen Betroffenheit“ könnte dabei wie vom EuG in der Rechtssache „Jégo Quéré“[794] vorgenommen werden, was letztlich zu einer Mehrzahl zulässiger Klagen führen würde. Eine solche liberaler Interpretation stößt vor allem beim Gerichtshof auf Bedenken. Nach Auffassung des Gerichtshofs ist für eine Interpretation im Sinne der „Jégo-Quéré“-Rechtsprechung eine Vertragsreform notwendig[795]. Die Forderung nach einer Reform seitens des Gerichtshofs stellt aber eine inkonsequente und deshalb wenig überzeugende Position dar. Dies ergibt sich aus folgenden Überlegungen: Das Merkmal der individuellen Betroffenheit ist im Vertrag nicht näher umschreiben und bedarf deshalb der (näheren) Auslegung. Bereits in der Rechtssache „Plaumann“ hat der Gerichtshof darauf hingewiesen, dass sowohl der Sinn als auch der Wortlaut dieser Vorschrift die weiteste Auslegung rechtfertigen.

---

793 Z.B. bei EuGH [UPA/Rat] Slg. 2002, I-6677 ff.

794 EuG [Jégo Quéré et Cie SA/Kommission] Slg. 2002, II-2365 ff; für eine extensive Auslegung auch GA Jacobs zu EuGH [UPA/Rat] Slg. 2002, I-6677 (Schlussantr., Rn. 59 ff.).

795 EuGH [UPA/Rat] Slg. 2002, I-6677 (Tz. 45): „[...] *so wäre es doch Sache der Mitgliedstaaten, das derzeit geltende System gegebenenfalls gem. Art. 48 EU zu reformieren.*“

Anschließend führt der Gerichtshof aus, dass die Vorschriften über den Klagezugang nicht restriktiv interpretiert werden dürfen. Aus der fehlenden Umschreibung des Merkmals in Art. 230 Abs. 4 EG schloss der EuGH, dass sie keinen einschränkenden Gehalt zum Gegenstand haben[796]. Diesen Grundsätzen folgend hat der Gerichtshof in der Rechtssache „Asocarne/Rat" über den Wortlaut des Art. 230 Abs. 4 EG hinaus unter bestimmten Voraussetzungen die Anfechtbarkeit einer Richtlinie anerkannt[797]. Vor diesem Hintergrund erscheint eine allzu restriktive grammatische Auslegung des Vertragstextes sehr fragwürdig[798]; Richtlinien sind in Art. 230 Abs. 4 EG als Anfechtungsgegenstand nicht berücksichtigt. Der wahre Grund der Ablehnung für eine liberalere Auslegung dürfte wohl eine erwartete Mehrbelastung der Europäischen Gerichtsbarkeit sein. Im Ergebnis ist eine extensivere Auslegung des Art. 230 Abs. 4 EG – wie sie das Gericht Erster Instanz vorgeschlagen hat – ein gangbarer Weg[799].

Die zweite angesprochene Variante wäre eine Neufassung des Art. 230 Abs. 4 EG, die neuerdings auch tatsächlich diskutiert wird. So wurde die Frage der Reform des Rechtsschutzsystem in den derzeit tagenden Verfassungskonvent der Europäischen Union eingebracht. Der Vertreter des Deutschen Bundestags im Verfassungskonvent hat dabei eine Reform des Art. 230 Abs. 4 EG vorgeschlagen. An der bisherigen Formulierung des Absatzes 4[800] soll nach dem Vorschlag der letzte Halbsatz des Art. 230 Abs. 4 EG geändert werden. Die bisherige Formulierung „unmittelbar und individuell" soll hiernach künftig „unmittelbar *oder* individuell" lauten[801]. Dieser Vorschlag bietet den Vorteil, dass bereits eine umfangreiche Rechtsprechung zu den auslegungsbedürftigen Merkmalen der unmittelbaren sowie insbesondere der individuellen Betroffenheit vorliegt. Diese

---

796 EuGH [Plaumann] Slg. 1963, 213, 237: *„Art. 173 Abs. 2 des Vertrages* [nunmehr: Art. 230 Abs. 4 EG] *lässt jedoch ganz allgemein Klagen von Privatpersonen gegen solche Entscheidungen zu, die sie unmittelbar und individuell betreffen, obwohl sie an eine „andere Person" gerichtet sind. Die Bedeutung dieses Ausdrucks wird in der Vorschrift weder näher umschrieben noch eingeschränkt. Wortlaut und Grammatikalischer Sinn rechtfertigen die weiteste Auslegung. Im Übrigen dürfen die Bestimmungen des Vertrages über das Klagerecht nicht restriktiv interpretiert werden. Angesichts des Schweigens des Vertrages kann der genannten Vorschrift daher kein einschränkender Sinn beigelegt werden."*

797 EuGH [Asocarne/Rat] Slg. 1995, I-4159 (4160).

798 Ebenfalls sehr kritisch: *Feddersen*, EuZW 2002, S. 532 (534).

799 Auch mit Kritik an der Linie des EuGH nach der UPA-Entscheidung: *Dittert*, EuR 2002, S. 708 (714 ff.).

800 Art. 230 Abs. 4 EG: *„Jede natürliche oder juristische Person kann unter den gleichen Voraussetzungen gegen Entscheidungen sowie gegen diejenigen Entscheidungen Klage erheben, die, obwohl sie als Verordnung oder als eine an eine andere Person gerichtete Entscheidung ergangen sind, sie unmittelbar und individuell betreffen."*

801 CONV 439/02, S. 2 (*Beitrag* von Jürgen Mayer – „Einklagbarkeit der Charta – Grundrechte und Verbesserung des Individualrechtsschutzes" – abrufbar unter: http://www.european-convention.eu.int (Abfrage vom 2.12.2002)).

Rechtsprechung könnte weiterhin Geltung beanspruchen und weiter fortgeführt werden. Der entscheidende Unterschied wäre, dass die in Rede stehenden Merkmale nunmehr alternativ statt kumulativ zu prüfen wären. Wahrscheinlich wäre es unter Zugrundelegung dieses Vorschlags aber so, dass das Merkmal „individuelle Betroffenheit" in den meisten Fällen bedeutungslos wird. Die Unmittelbarkeit ist in der Regel ohne weitere Schwierigkeit zu konstatieren, während die individuelle Betroffenheit das eigentlich problematische Element verkörpert, was sich nicht zuletzt an der dezidierten Rechtsprechung zeigt.
Im Hinblick auf die Ausgangsfrage – Betroffenheit durch die ablehnende Entscheidung ein Vertragsverletzungsverfahren durchzuführen – liegt unmittelbare Betroffenheit vor, so dass weitere Diskussionen obsolet wären. Die Ablehnungsentscheidung entfaltet ohne weitere Zwischenakte Wirkung gegenüber dem potentiellen Kläger.

Vorzugswürdig erscheint allerdings die Möglichkeit, den bisherigen Wortlaut des Art. 230 Abs. 4 EG im Hinblick auf den letzten Halbsatz völlig zu verwerfen und eine neue Zugangsvoraussetzung zu kreieren, die auf den Interessenschutz bzw. den Schutz eigener Rechtspositionen abzielen. Dabei bietet sich folgende Formulierung des Art. 230 Abs. 4 EG an:

> „*Jede natürliche oder juristische Person kann unter den gleichen Voraussetzungen gegen Entscheidungen sowie gegen diejenigen Entscheidungen Klage erheben, die, obwohl sie als Verordnung oder als eine an eine andere Person gerichtete Entscheidung ergangen sind, sie in ihren Interessen oder Rechten betreffen.*"

Durch eine derartige Reform wäre zwar eine neue Auslegung notwendig, sie könnte sich allerdings an der bisherigen Rechtsprechung zu individuellen Interessen bzw. individuellen Rechtspositionen orientieren. Wie sich individuelle Interessen bzw. individuelle Rechtspositionen bestimmen lassen, wurde bereits besprochen[802]. Dieser Weg bietet den Vorteil, dass die Unsicherheiten, die sich derzeit aus der Auslegung der individuellen Betroffenheit im Sinne des Art. 230 Abs. 4 EG ergeben, beseitigt würden. Ferner würde sowohl der romanischen wie auch der deutschen Rechtstradition Rechnung getragen werden[803], was unter (rechts-) politischen Aspekt nicht unwichtig ist. Diese Variante würde grobe

[802] Siehe unter „(3) Gemeinschaftsrechtlicher Ansatz" (S. 75 ff.).

[803] Die romanische Rechtstradition rekurriert in erster Linie im Hinblick auf die Zulässigkeit einer Klage auf klagebegründende Interessen, während vor allem das deutsche Recht auf die mögliche Verletzung eines eigenen Rechts zur Begründung Klagebefugnis verweist; zu einem kurorischen Überblick dieser Rechtsordnungen hinsichtlich des Klagezugangs unter „(1) „Individuelle Rechtspositionen" im Recht ausgewählter Mitgliedsstaaten" (S. 53 ff.).

Unbilligkeiten, wie sie sich in der neuen Rechtsprechung zeigen (bspw. kein Klagezugang trotz fehlender innerstaatlicher Anfechtungsmöglichkeiten), vermeiden. Es wäre dann nämlich dem Kläger möglich, Klage zu erheben, soweit eigene (rechtlich geschützte) Interessen oder Rechte in Rede stehen. Die Verteidigung eigener Rechte oder Interessen könnte direkt gegenüber der europäischen Gerichtsbarkeit erfolgen. Ein Umweg – soweit zulässig – über eine innerstaatliche Klage mit der nicht unproblematischen Möglichkeit[804] eines Vorabentscheidungsverfahrens bliebe dem Betroffenen erspart.

Für die Ausgangsfrage – Anfechtbarkeit einer Ablehnungsentscheidung durch die Kommission – bedeutet dies für den Kläger eine unproblematische Zugangsmöglichkeit zu Gericht, falls er in seinem Interesse bzw. seinen individuellen Rechtspositionen betroffen ist.

Sicherlich würden alle Reformvorschläge gegenüber der heutigen Rechtslage zu einem Anstieg der Anzahl zulässiger Klagen führen. Dies muss nicht notwendigerweise zu einer Arbeitsunfähigkeit wegen einer Überlastung der Europäischen Gerichte führen. Um aber eine Vorstellung von der bisherigen Arbeitsbelastung des Gerichtshofs zu entwickeln, ist auf die Anzahl der Entscheidungen aufgrund von Nichtigkeitsklagen vor dem EuGH hinzuweisen. Von 44 Entscheidungen des Gerichtshofs zu Umweltsachen in den Jahren 2000 und 2001 wurden lediglich zwei Entscheidungen aufgrund von Nichtigkeitsklagen erlassen[805]. Zu bedenken ist, dass ein Individualkläger im Sinne des Art. 230 Abs. 4 EG sich nur im Rechtsmittelverfahren sich an den Gerichtshof wenden kann. Im Hinblick auf die Arbeitsbelastung dürfte sich für den EuGH durch eine Reform im obigen Sinne kaum etwas ändern. Eine stärkere Arbeitsbelastung dürfte wohl in erster Linie auf das Gericht Erster Instanz zukommen. Allerdings kann man davon ausgehen, dass diese Entwicklung auch unter praktischem Aspekt beherrschbar bleibt. Immerhin war es das Gericht Erster Instanz, dass eine liberalere Interpretation im Fall „Jégo Quéré“ gewagt hat und sich in sofern die Bewältigung der Folgewirkungen zutraut. Im Übrigen würde eine Klageflut wohl durch die knapp bemessene Klagefrist von zwei Monaten beschnitten.

---

804 Siehe insbesondere unter „cc) Schlussfolgerung“ (S. 169 ff.).

805 *Krämer*, EuGRZ 2002, S. 483 f.; in den Jahren 1998/99 wurden ebenfalls nur 2 Entscheidungen aufgrund von Nichtigkeitsklagen von insgesamt 57 ergangenen Entscheidungen in Umweltsachen erlassen (1995 bis 1997: 5 von 56; 1992 bis 1994: 9 von 33; 1976 bis 1991: 3 von 72), vgl. *Krämer*, a.a.O.

IV. Klagegrund

1. Allgemeines

Mit der Nichtigkeitsklage können nur bestimmte Tatbestände gerügt werden, die abschließend in Art. 230 Abs. 2 EG normiert sind. Es handelt sich hierbei um die so genannten Klagegründe. Die Klagegründe nach Art. 230 Abs. 2 EG erstrecken sich auf Unzuständigkeit, die Verletzung wesentlicher Formvorschriften, die Verletzung des Vertrages oder einer bei seiner Durchführung anzuwendenden Rechtsnormen sowie den Ermessensmissbrauch. Diese Klagegründe gelten auch für die Individualnichtigkeitsklage[806]. Der jeweilige Mangel ist nach Art. 44 § 1 lit. c) VerfO EuG[807] bzw. Art. 38 § 1 lit. c) VerfO EuGH[808] in der Klageschrift geltend zu machen. Dabei muss präzise dargelegt werden, auf welchen Rechtsmangel die Klage gestützt wird[809]. Freilich genügt es den Formerfordernissen, wenn sich die Klagegründe hinreichend klar aus dem Klägervortrag ergeben[810]. Maßstab für die Beurteilung des angefochtenen Rechtsakts ist die Sach- und Rechtslage zum Zeitpunkt des Erlasses des Rechtsakts[811].

2. Relevante Klagegründe

Im Hinblick auf die Fragestellung ist zu erörtern, welcher Klagegrund vorliegend einschlägig sein kann. In Betracht kommen die letzten beiden Klagegründe des Art. 230 Abs. 2 EG, nämlich „Ermessensmissbrauch" sowie „Verletzung des Vertrages oder einer bei seiner Durchführung anzuwendenden Rechtsnormen".

---

[806] Vgl. hierzu den Wortlaut von Art. 230 Abs. 4: „[...] *unter den gleichen Voraussetzungen* [...]".

[807] Art. 44 § 1 lit. c) VerfO EuG: „*Die in den Artikeln 19 der EuGH-Satzung* [...] *bezeichnete Klageschrift muss enthalten:* [...]
c) den Streitgegenstand und eine kurze Darstellung der Klagegründe; [...]".

[808] Art. 38 § 1 lit. c) VerfO EuGH: „*Die in den Artikeln 19 der EuGH-Satzung* [...] *bezeichnete Klageschrift muss enthalten:* [...]
c) den Streitgegenstand und eine kurze Darstellung der Klagegründe; [...]".

[809] EuGH [Kommission/Deutschland] Slg. 1992, I-1909 (1934, Tz. 7 f.); [Grifoni/Europäische Atomgemeinschaft] Slg. 1991, I-1045 (1067, Tz. 18).

[810] EuGH [Albertini und Montagnani/Kommission] Slg. 1984, 2123 (2135 f., Tz. 3 ff.); [Nold/Kommission] Slg. 1974, 491 (505, Tz. 4 ff.).

[811] EuGH [Société d'initiatives et de coopération agricoles/Kommission] Slg. 1984, 2589 (2601, Tz. 22); [Frankreich/Komission] Slg. 1979, 321 (336, Tz. 7); ferner EuG [Opel Austria/Rat] Slg. 1997, II-39 (69, Tz. 87); [SNCF und British Railways/Kommission] Slg. 1996, II-1491 (1510, Tz. 48).

a) Ermessensmissbrauch

Der Klagegrund des Ermessensmissbrauchs wird im Gemeinschaftsrecht autonom interpretiert und erfährt seine eigene gemeinschaftsrechtliche Bedeutung. Trotzdem orientiert sich dieses Rechtsinstitut nach der aus der französischen Rechtsordnung bekannten Rechtsfigur des *détournement de pouvoir*[812]. Nach der ständigen Rechtsprechung des Gerichtshofs liegt ein Ermessensmissbrauch in den Fällen vor, in denen mit dem Erlass einer Maßnahme ein rechtswidriges Ziel bzw. ein rechtswidriger Zweck verfolgt wird oder aus einem schwerwiegenden, der falschen Würdigung des gesetzlichen Zwecks gleichkommenden Mangel an Voraussicht andere Ziele als diejenigen verfolgt werden, zu deren Erreichung die im Vertrag vorgesehenen Befugnisse verliehen sind; dies gilt insbesondere bei bewusster Umgehung eines vorgesehenen Verfahrens[813]. Nach dieser Formel liegt in der Regel ein Ermessensmissbrauch vor, wenn andere Ziele verfolgt werden als in der Begründungserwägung angegeben bzw. ein konkret vorgegebenes Verfahren umgangen wird. Nach Auffassung der Jurisdiktion kann ein Ermessensmissbrauch nicht mehr gerügt werden, sobald ein Rechtsakt auf objektive Erwägungen gestützt ist, weswegen dieser Klagegrund nur äußerst selten – fast nur in Ausnahmesituationen – zum Tragen kommt[814]. In den Konstellationen, in denen die Erwägungen der Kommission mit dem verfolgten Ziel konform sind, sind sonstige Ermessensfehler als „Verletzung des Vertrages oder einer bei der Durchführung des Vertrages anzuwendenden Rechtsnormen" zu rügen[815]. Im Ergebnis zeigt sich die Divergenz zur deutschen Rechtsdogmatik. Eine Differenzierung zwischen dem Ermessen als Entscheidungsspielraum auf

---

812 *Schockweiler*, AJDA 1990, S. 435.

813 EuGH [Fedesa] Slg. 1990, I-4023 (4065, Tz. 24): „[...] *eine Rechtshandlung* [Erg.: ist] *nur dann ermessensmissbräuchlich, wenn aufgrund objektiver, schlüssiger und übereinstimmender Indizien anzunehmen ist, dass sie ausschließlich oder zumindest vorwiegend zu anderen als den angegebenen Zwecken oder mit dem Ziel erlassen worden ist, ein Verfahren zu umgehen, dass der Vertrag speziell vorsieht, um die konkrete Sachlage zu bewältigen.*", dort m.w.N.; aus neuerer Rspr.: EuGH [Vereinigtes Königreich/Rat] Slg. 1996, I-5755 (5814, Tz. 69); [Europäisches Parlament/Kommission], Slg. 1995, I-2019 (2050, Tz. 31); ferner EuG [Indutrias Pesqueras Campos SA/Kommission] Slg. 1996, II-247 (308, Tz. 168).

814 *Cremer* in: Calliess/Ruffert, Kommentar zu EU- und EG-Vertrag, Rn. 77 zu Art. 230; *Stotz* in: Rengeling, Handbuch zum deutschen und euroäischen Umweltrecht Bd. I; § 45 Rn. 117; *Streinz*, Europarecht, S. 215 (Rn. 525).

815 EuGH [Turner] Slg. 1984, 1 (13, Tz. 19): „[...] *die Rüge – Ermessensmissbrauch –* [...] *nicht begründet ist, da sich die angefochtene Entscheidung auf objektive Erwägungen stützt.*"; ferner EuGH [Pellegrini] Slg. 1976, 1807 (1820); aufgrund der restriktiven Auslegung führt eine Rüge des Ermessensmissbrauchs regelmäßig nur in Beamtensachen zum Erfolg, bspw. EuGH [Giuffrida] Slg. 1976, 1395 (1403, insb. Tz. 18); zur Problematik etwa: *Cremer*, Forschungssubventionen im Lichte des EGV, S. 104.

der Rechtsfolgenseite einer Vorschrift und dem auf der Tatbestandsseite eröffneten Beurteilungsspielraum durch unbestimmte Rechtsbegriffe erfolgt nicht[816]. Nach dem Gemeinschaftsrecht erfasst das Ermessen sowohl den Beurteilungs- als auch den Entscheidungsspielraum.

b) Verletzung des Vertrages

Die „Verletzung des Vertrages oder einer bei seiner Durchführung anzuwendenden Rechtsnormen" stellt einen Auffangtatbestand im Konzert der Klagegründe dar. Dieser Tatbestand erlaubt es dem Kläger, die Verletzung einer höherrangigen Rechtsnorm durch den gerügten Rechtsakt geltend zu machen. Erster Prüfungsmaßstab für sekundärrechtliche Rechtsakte sind demnach alle Normen mit Vertragsrang. Hierunter fallen neben den Vertragsvorschriften einschließlich aller Änderungen, Ergänzungen oder Anhänge auch die Grundrechte sowie die allgemeinen Rechtsgrundsätze, hier insbesondere das Verhältnismäßigkeitsprinzip, der Vertrauensschutz oder die Verfahrensgarantien[817]. Im Rahmen der Nichtigkeitsklage wird das Vertragsrecht selbst nicht auf seine Rechtmäßigkeit hin überprüft. Im Zuge der Nichtigkeitsklage ist die Kompetenz des EuG bzw. des EuGH auf die Kontrolle des angefochtenen Rechtsakts beschränkt[818].

Den zweiten Prüfungsmaßstab geben die „bei der Durchführung des Vertrages anzuwendenden Rechtsnormen" vor. Damit werden die verbindlichen Sekundärrechtsakte in den Prüfungsmaßstab integriert. Die angefochtene Rechtshandlung wird somit an Verordnungen, Richtlinien, Entscheidungen sowie an anderen mit Bindungswirkung versehenen Rechtsakten gemessen. Unter den Sekundärrechtsakten kann durchaus ein Rangverhältnis entstehen. Eine Grundverordnung des Rates ist als Prüfungsmaßstab für eine hierauf erlassene Ratsverordnung anzusehen. Diese Verordnung ist ihrerseits Prüfungsmaßstab für eine Kommissionsverordnung[819]. Keinen geeigneten Prüfungsmaßstab bilden Empfehlungen oder Stellungnahmen.

---

[816] Zur Differenzierung im deutschen Recht u.a.: *Bachof*, JZ 1955, S. 97 ff.; *ders.*, JZ 1972, S. 641 ff.; *Ule*, VerwArch 1985, S. 1 ff.; *Maurer*, Allgemeines Verwaltungsrecht, § 7.

[817] *Stotz* in: Dauses, Handbuch des EG-Wirtschaftsrechts, P.I Rn. 144 ff.; *ders.* in: Rengeling, Handbuch zum europäischen und deutschen Umweltrecht Bd. I, § 45 Rn. 116; *Borchardt* in: Lenz, EG-Vertrag, Rn. 75 zu Art. 230.

[818] EuGH [LAISA und CPC España SA/Rat] Slg. 1988, 2285 (2317, Tz. 9 ff.).

[819] EuGH [Köster] Slg. 1970, 1161 (1172 f., Tz. 9).

Die angefochtene Rechtshandlung kann prinzipiell an geltendem Völkerrecht gemessen werden, soweit die Gemeinschaft hieran gebunden ist[820]. Das Völkerrecht ist im Rang zwischen dem Primär- und dem Sekundärrecht einzuordnen. Es ist integrierender Bestandteil der Gemeinschaftsrechtsordnung[821]. Einschränkend gilt indessen, dass Völkerrecht nur insoweit geprüft wird, als es dem Einzelnen eine individuelle Rechtsposition verleiht[822] oder wenn es durch die Gemeinschaftsorgane gegenüber den Betroffenen zum Nachteil unrichtig angewendet wird[823].

3. Konkreter Vorwurf

Im Hinblick auf die Ausgangsfrage – Durchführung eines Vertragsverletzungsverfahrens – kommt primär der Klagegrund einer Vertragsverletzung seitens der Kommission in Betracht. Konkret geht es um eine mögliche Verletzung von Art. 226 EG. Der Vorwurf wäre darin zu erkennen, dass die Kommission ein Infraktionsverfahren fehlerhaft nicht durchführt, obschon dies rechtlich geboten wäre.

Eine Rüge des Ermessensmissbrauchs kommt nur in Betracht, soweit der Kommission ein Ermessen zusteht und dieses Ermessen im Sinne der Rechtsprechung missbraucht wurde. Notwendig hierfür wäre, eine Divergenz zwischen Begründung und verfolgtem Ziel oder das bewusste Umgehen eines Verfahrens[824]. Diese Voraussetzungen liegen aber nur selten vor, da kaum ein Fall vorkommen wird, indem Begründung und verfolgtes Ziel auseinandertrieften. Nach der Rechtsprechung liegt ein Ermessenmissbrauch bereits nicht mehr vor, wenn dies aus (subjektiver) Sicht der Kommission nicht der Fall ist[825]. Für die zweite

---

820 St. Rspr., vgl. nur EuGH [International Fruit Company] Slg. 1972, 1219 (1227, Tz. 5/6 ff.).

821 EuGH [Haegemann] Slg. 1974, 449 (460, Tz. 2/6).

822 EuGH [Polydor] Slg. 1982, 329 (346 ff., Tz. 7 ff.); [HZA Mainz/Kupferberg] Slg. 1982, 3641 (3665, Tz. 23 f.).

823 EuGH [STS/Kommission] Slg. 1984, 2769 (2779, Tz. 16 ff.); sehr umstritten ist, ob das GATT von 1994 und die Sprüche der Schlichtungsorganne im Rahmen der WTO individuelle Rechte verleihen, dazu: *Oppermann*, RIW 1995, S. 919 ff.; *Schmid*, NJW 1998, S. 190 ff.; *Petersmann*, EuZW 1997, S. 325 ff.; *ders.*, EuZW 1997, 651 ff.; *Sack*, EuZW 1997, S. 650 f.; mit deutlich ablehnendem Votum GA Tesauro zu EuGH [Hermès International/FHT Marketing Choise] Slg. 1998, I-3603 (3606 ff.).

824 Siehe unter „a) Ermessensmissbrauch" (S. 157 f.).

825 EuGH [Turner] Slg. 1984, 1 (13, Tz. 19); [Fedesa] Slg. 1990, I-4023 (4065, Tz. 24), dort m.w.N.; aus neuerer Rspr.: EuGH [Vereinigtes Königreich/Rat] Slg. 1996, I-5755 (5814, Tz. 69); [Europäisches Parlament/Kommission], Slg. 1995, I-2019 (2050, Tz. 31); ferner EuG [Indutrias Pesqueras Campos SA/Kommission] Slg. 1996, II-247 (308, Tz. 168).

Alternative – bewusstes Umgehen eines Verfahrens – ist der Nachweis von Vorsatz erforderlich. Dieser Nachweis kann für die hier zu untersuchende Fallgruppe unter der Berücksichtigung der Rechtsprechung zum Ermessen bezüglich der Einleitung des Vertragsverletzungsverfahrens kaum erbracht werden, da es erheblich auf die Perspektive der Kommission ankommt. Die Rechtsprechung billigt der Kommission bezüglich der Einleitung des Vertragsverletzungsverfahrens ein Ermessen zu[826]. Ein bewusstes Umgehen des Vertragsverletzungsverfahrens in diesem Sinne könnte daher nur vorliegen, wenn die Entscheidung der Kommission ein Vertragsverletzungsverfahren nicht durchzuführen, nicht der von ihr angegebenen Begründung folgte. Diese Variante des Klagegrunds Ermessensmissbrauch spielt daher für den hier zu untersuchenden Fall keine Rolle. Im Ergebnis führen die sehr strengen Voraussetzungen hinsichtlich eines Ermessensmissbrauchs dazu, dass eine hierauf gestützte Klage nur in den seltensten Fällen zum Erfolg führt. Allerdings können sonstige Ermessensfehler unter dem Aspekt der Vertragsverletzung gerügt werden.

Fraglich ist also, unter welchen Voraussetzungen der Klagegrund der Vertragsverletzung im Rahmen der Zulässigkeit gerügt werden kann. Eine Verletzung des Art. 226 EG durch die Kommission könnte im vorliegenden Fall nur reklamiert werden, wenn der Kläger sich auf Art. 226 EG berufen könnte (a)) sowie überhaupt seitens der Kommission eine Pflicht zur Einleitung und Durchführung aller Verfahrensschritte eines Infraktionsverfahrens – mithin eine Einschränkung des Ermessens, die unter der Variante Vertragsverletzung gerichtlich überprüfbar ist – denkbar wäre (b)).

a) Art. 226 EG im Interesse des Klägers?

Anders als im deutschen Recht fehlt im Gemeinschaftsrecht ein Korrelat zu § 113 Abs. 1 S. 1 VwGO[827]. Aufgrund dieser Vorschrift wird nach der deutschen Rechtsvorstellung ein materielles Recht nur unter der Prämisse der hinreichenden Individualisierbarkeit des Rechtsträgers justiziabel[828]. Demgegenüber kennt das Gemeinschaftsrecht in materieller Hinsicht ein solches Individualsierungserfordernis nicht. Nach der ständigen Rechtsprechung ist es dem Einzelnen prinzi-

---

[826] EuGH [Kommission/Belgien] Slg. 1999, I-275 (300, Tz. 24); [Kommission/Deutschland] Slg. 1995, I-2189 (2219 f., Tz. 22); [Kommission/Griechenland] Slg. 1990, I-4299 (4310, Tz. 9); siehe sogleich die Ausführungen unter „aa) Rechtsprechung“ (S. 165 f.).

[827] § 113 Abs. 1 S.1 VwGO: *„Soweit der Verwaltungsakt rechtswidrig und der Kläger dadurch in seinen Rechten verletzt ist, hebt das Gericht den Verwaltungsakt und den etwaigen Widerspruchsbescheid auf.“*

[828] *Schwarze* in: Schwarze, EU-Kommentar, Rn. 2 zu Art. 230; *Wegener*, ZUR 1998, S. 131 (133).

piell möglich, sich auf jede Norm des Gemeinschaftsrechts zu berufen, die hinreichend genau und unbedingt ist sowie die Interessen des Einzelnen schützt[829]. Das Interesse muss sich dabei – soweit ein personaler Bezug hergestellt werden kann – nicht von den Allgemeininteressen unterscheiden[830]. Der Vollständigkeit halber sei hier erwähnt, dass in prozessualer Hinsicht zwischen deutscher Rechtsordnung und Gemeinschaftsrecht durchaus eine Parallele zu finden ist. Nach deutschem Recht ist eine Klagebefugnis nach § 42 Abs. 2 VwGO[831] erforderlich, während das Gemeinschaftsrecht „individuelle und unmittelbare Betroffenheit" nach Art. 230 Abs. 4 EG voraussetzt. Angelegt ist damit ein Spannungsverhältnis im Gemeinschaftsrecht zwischen materiellem Recht und dessen prozessualer Durchsetzbarkeit[832].

Im Ergebnis spitzt sich das Problem damit auf die Frage zu, ob Art. 226 EG im Interesse des Klägers gesehen werden kann. Dies wird indessen von vielen Seiten bezweifelt. Um diese Ansicht zu untermauern, wird auf die objektive Funktion des Verfahrens verwiesen[833]. Ziel des Verfahrens ist es, gegen objektive Verletzungen des Gemeinschaftsrechtes vorzugehen und diese so bald wie möglich abzustellen und somit einen vertragskonformen Zustand (wieder) herzustellen[834]; es werden durch Art. 226 EG nicht eigene Rechte der Kommission geschützt[835]. Freilich drängt sich hier die Frage auf, ob das Argument – objektive Natur des Verfahrens – letztlich tragfähig ist. Bedenken ergeben sich durch einen Vergleich mit der Rechtsnatur der Individualnichtigkeitsklage nach Art. 230 Abs. 4 EG. Grundsätzlich handelt es sich bei der Nichtigkeitsklage nach Art. 230 EG ebenfalls um ein objektives Verfahren, dass auf die Möglichkeit der objektiven gerichtlichen Kontrolle abzielt. Maßstab im Rahmen der Begründet-

---

829 Vgl. nur EuGH [Becker] Slg. 1982, 53 (71, Tz. 25).

830 Dazu die Untersuchung unter „(3) Gemeinschaftsrechtlicher Ansatz" (S. 75 ff.).

831 § 42 Abs. 2 VwGO: „*Soweit nichts anderes bestimmt ist, ist die Klage nur zulässig, wenn der Kläger geltend macht, durch den Verwaltungsakt oder seine Ablehnung oder Unterlassung in seinen Rechten verletzt zu sein.*"

832 Vgl. zu diesem Problemkreis insbesondere GA Cosmas zu EuGH [Greenpeace Council/Kommission] Slg. 1998, II-1651, 1653 (1676 ff., Rn. 61 ff.), der zwar selbst den Schluss von materiellem Recht auf die Klagebefugnis zieht, dies aber nicht für notwendig erachtet (S. 1678, Rn. 66).

833 *P. Karpenstein/U. Karpenstein* in: Grabitz/Hilf, Kommentar zum EGV in der Fassung des Vertrages von Amsterdam, Rn. 32 f. zu Art. 226; GA La Pergola zu EuGH [Bilanzbuchhalter/Kommission] Slg. 1997, I-947 (951 ff., Rn. 10 ff.); ferner EuGH [Sonito/Kommission] Slg. 1990, I-1981 (2008, Tz. 6) mit dem Hinweis auf „*Sinn und Zweck des Verfahrens*", was ebenfalls in die aufgezeigte Richtung interpretiert werden könnte.

834 *Oppermann*, Europarecht, S. 276 (Rn. 733); *Streinz*, Europarecht, S. 211 (Rn. 508); *Isaac*, Droit communautaire général, S. 290; *Ebke*, RTDE 1986, S. 209; *Nafilyan*, RTDE 1977, S. 214; *Koenig/Sander*, Einführung in das EG-Prozessrecht, Rn. 167.

835 *Stotz* in: Rengeling, Handbuch zum europäischen und deutschen Umweltrecht Bd. I, § 45 Rn. 13.

heitsprüfung ist das gesamte Gemeinschaftsrecht[836]. Insofern ist in diesem Punkt eine Parallele zwischen der Nichtigkeitsklage und dem Infraktionsverfahren zu konstatieren. Dass Art. 230 EG, obwohl er ein objektives Verfahren statuiert, im Interesse des Klägers besteht, kann wohl nicht bezweifelt werden.

Es könnte nunmehr eingewendet werden, dass es nicht um einen Vergleich mit der Nichtigkeitsklage als solcher geht, sondern um einen Vergleich mit der Individualnichtigkeitsklage. Im Rahmen des Art. 230 Abs. 4 EG ist der Klagezugang durch das Merkmal der „individuellen und unmittelbaren Betroffenheit" beschränkt, somit könnte der Charakter als objektives Verfahren in Frage gestellt sein. Dieser Einwand ist denkbar, jedoch vermag er das prinzipielle Argument der objektiven Funktion (auch) von Art. 230 Abs. 4 EG nicht zu entkräften, da in der Begründetheit dieser Klage der gerügte Rechtsakt umfassend an den Normen des Gemeinschaftsrechts geprüft wird. Eine Individualisierung im Rahmen der Begründetheit, wie § 113 Abs. 1 VwGO im deutschen Recht dies erfordert, verlangt das Gemeinschaftsrecht gerade nicht. Mithin ist es grundsätzlich möglich, Art. 226 EG im Interesse des Klägers anzusehen.

Es ist unstreitig, dass ein Vertragsverletzungsverfahren den individuellen Rechtsschutz ergänzen kann[837]. Dies ist Ausgangspunkt für die Überlegung, ob Art. 226 EG im Interesse des Klägers gesehen werden kann. Fraglich ist, ob Art. 226 EG lediglich in der Situation im Interesse des Klägers gesehen werden kann, in denen ein Einzelner seine Rechte verteidigt oder ob dies sogar generell der Fall sein kann. Dahinter steht letztlich die Frage, ob der Einzelne – wenn Art. 226 EG generell im Interesse des Klägers gesehen werden könnte – die Durchführung eines Vertragsverletzungsverfahrens mit dem Ziel der Kontrolle normativer Umsetzung des EG-Rechts im Rahmen des (erzwungenen) Infraktionsverfahren verlangen könnte. Die Alternative hierzu läge darin, dass der Kläger die Einleitung und Durchführung eines Infraktionsverfahrens nur mit dem Ziel einer konkreten Einzelfallkontrolle im Rahmen des Vertragsverletzungsverfahrens gerichtlich erwirken kann. Soweit man Art. 226 EG generell – zumindest auch – im Interesse des Klägers sieht, muss man konsequenterweise dem Individualkläger zubilligen, eine generelle Umsetzungskontrolle erzwingen zu können. Folgte man hingegen der Auffassung, dass Art. 226 EG dann – zumindest auch – im Interesse des Klägers besteht, soweit er seine Interessen oder Rechtspositionen schützen will, ist lediglich die Möglichkeit des Einzelnen, ein Vertragsverletzungsverfahren mit dem Ziel einer konkreten Einzelfallkontrolle zu erwirken, zuzulassen.

---

[836] *Cremer* in: Calliess/Ruffert, Kommentar zu EU- und EG-Vertrag, Rn. 1 zu Art. 230; *Schwarze* in: Schwarze, EU-Kommentar, Rn. 2 zu Art. 230 EG; *Borchardt* in: Lenz, EG-Vertrag, Rn. 1 f. zu Art. 230; *Oppermann*, Europarecht, S. 279 (Rn. 741).

[837] Vgl. bspw. *Borchardt* in: Lenz, EG-Vertrag, Rn. 2 zu Art. 226.

Zu diskutieren ist nach den vorher angestellten Überlegungen nunmehr, ob Art. 226 EG generell im Interesse des Individualklägers zu sehen ist oder eben nur unter der Voraussetzung, dass der Individualkläger seine Interessen oder Rechte verfolgt. Gegen die erste Alternative spricht, dass im EG-Vertrag direkte Möglichkeiten zum Individualrechtsschutz in Form des Art. 230 Abs. 4 EG angelegt sind. Art. 226 EG kann zwar den Individualrechtsschutz des Klägers ergänzen und in dieser Hinsicht zum Rechtsschutz des Einzelnen beitragen. Um aber daraus ableiten zu können, dass Art. 226 EG im Interesse des Klägers besteht, wäre hierfür ein konkreter Anknüpfungspunkt erforderlich. Der generelle Verweis auf die Möglichkeit, dass die Norm (auch) den Interessen Einzelner dienen kann, genügt hierfür noch nicht. Um dies mit hinreichender Sicherheit feststellen zu können, müsste ein weiteres Element hinzutreten, dass den Kläger aus dem Kreis der übrigen Rechtsteilnehmer hervorhebt[838]. Wenn nun der Kläger eine Kontrolle normativer Umsetzung des EG-Rechts durch einen Mitgliedstaat erreichen könnte, würde eine solche Individualisierung noch nicht eintreten, da die Umsetzungskontrolle potentiell jeden Bürger dieses Mitglidstaats betrifft. Es fehlt damit der individualisierende Bezug. Aus der Intention der Bestimmung des Art. 226 EG geht hervor, dass diese Norm nicht primär den Interessen des Einzelnen dient[839]. Im Ergebnis kann damit nicht angenommen werden, dass zum einen die Norm des Art. 226 EG generell im Interesse des Einzelnen steht und zum anderen, dass der Einzelne gerade nicht ein Vertragsverletzungsverfahren mit dem Ziel einer (generellen) Umsetzungskontrolle von Gemeinschaftsrecht betreiben kann.

Fraglich ist, ob Art. 226 EG im Interesse des Klägers gesehen werden kann, wenn der Individualkläger, der die Durchführung eines Vertragsverletzungsverfahrens begehrt, eigene Rechte verfolgt. Das Vertragsverletzungsverfahren kann unstreitig den Individualrechtsschutz ergänzen[840]. Gleichwohl stellt sich die Frage, ob dies für die Annahme genügt, dass Art. 226 EG in diesen Fällen zumindest auch im Interesse des Klägers gesehen werden kann. Bedenken könnten sich aus der Überlegung ergeben, dass die Normintention nicht primär auf den Schutz von individuellen Interessen ausgerichtet ist. Der Interessenschutz ist indes danach zu beurteilen, welche Rechtsmaterie im Rahmen des Art. 226 EG

---

838 In diese Richtung wohl zu deuten die rechtliche Würdigung des Gerichtshofs in anderem Zusammenhang in EuGH [UPA/Rat] Slg. 2002, I-6677 ff.

839 *Ebke*, RTDE 1986, S. 209 f.; *Koenig/Sander*, Einführung in das EG-Prozessrecht, Rn. 167; *Nafilyan*, RTDE 1977, S. 214 f.; *P. Karpenstein/U. Karpenstein* in: Grabitz/Hilf, Kommentar zum EGV in der Fassung des Vertrages von Amsterdam, Rn. 26 ff. zu Art. 226; *Stotz* in: Rengeling, Handbuch zum europäischen und deutschen Umweltrecht Bd. I, § 45 Rn. 13.

840 *Borchardt* in: Lenz, EG-Vertrag, Rn. 2 zu Art. 226; *P. Karpenstein/U. Karpenstein* in: Grabitz/Hilf, Kommentar zum EGV in der Fassung des Vertrages von Amsterdam, Rn. 32 zu Art. 226.

behandelt werden soll. Stehen individuelle Rechtspositionen bzw. spezifische Rechte des Klägers im Mittelpunkt des Infraktionsverfahrens werden hierdurch zumindest auch die Interessen des Klägers geschützt. Dieser Kläger hat in dieser Situation an der Durchführung eines Vertragsverletzungsverfahrens ein orginäres Interesse. Dieses Interesse ist durch die Einzelfallbezogenheit, auf die der Kläger bei der Verletzung seiner spezifischen Rechte rekurriert, nunmehr entsprechend konkretisiert. In diesem Fall kann ein sachlicher individualisierender Bezug zu seinen Interessen hergestellt werden, der den betreffenden Kläger aus dem Kreis der Allgemeinheit heraushebt. Wenn nun die Definition gilt, dass sich das individuelle Interesse im Gemeinschaftsrecht – soweit personaler Bezug hergestellt werden kann – grundsätzlich in nichts vom allgemeinen Interesse unterscheiden muss[841], ist Art. 226 EG durchaus als eine Norm anzusehen, die in dieser Variante (jedenfalls auch) dem Schutz individueller Interessen dient. Unter der Berücksichtigung der dargelegten Argumentation ist jedenfalls nicht einzusehen, weswegen dies ausgeschlossen sein sollte.

Konkret bedeutet dies für den vorliegenden Fall, dass der Individualkläger jedenfalls in den Fällen, in denen ein spezifisches Recht oder besonderes Interesse des Klägers verletzt wurde[842], prinzipiell auf Art. 226 EG rekurriert werden kann. Der Kläger kann jedoch nur die Durchführung eines Verragsverletzungsverfahrens mit dem Ziel einer Kontrolle der korrekten Anwendung des Gemeinschaftsrechts im Einzelfall erwirken. Dies kann allerdings nur im Rahmen der Tragweite des Art. 226 EG gelten; d.h. dessen Voraussetzungen müssen vorliegen, damit der Kläger sich auf diese Vorschrift berufen kann. Problematisch ist, ob sich für die Kommission eine Pflicht zu Einleitung und Durchführung eines Vertragsverletzungsverfahrens ergeben kann.

b) Pflicht zur Einleitung des Vertragsverletzungsverfahrens

Es stellt sich nunmehr die Frage, ob die Kommission verpflichtet ist, ein Vertragsverletzungsverfahren durchzuführen. Falls die Kommission einer solchen Pflicht nicht nachkäme, würde sie rechtswidrig handeln. Die Pflicht zur Einleitung und Durchführung eines Infraktionsverfahrens ist indessen eine unabdingbare Voraussetzung für den letztendlichen Erfolg der Individualnichtigkeitsklage.

---

841 Dazu die Untersuchung unter „(3) Gemeinschaftsrechtlicher Ansatz“ (S. 75 ff.).

842 Zur Ermittlung eines spezifischen Rechts bzw. besonderer Interessen insbesondere unter „c) Schlussfolgerung für den Aspekt der indiv. Betroffenheit nach Art. 230 Abs. 4 EG“ (S. 134 ff.).

Ausgangspunkt der Überlegungen bezüglich einer Pflicht ist Art. 226 EG. Nach dieser Vorschrift gibt die Kommission eine mit Gründen versehene Stellungnahme ab, wenn ein Mitgliedstaat nach Auffassung der Kommission gegen eine Verpflichtung aus dem Vertrag verstoßen hat. Der betreffende Mitgliedstaat ist zuvor zu hören. Falls der Mitgliedstaat der mit Gründen versehenen Stellungnahme innerhalb der gesetzten Frist nicht nachkommt, kann die Kommission den Gerichtshof anrufen. Art. 226 EG ist also nicht hinreichend klar formuliert, um eine Pflicht oder ein Ermessen der Kommission eindeutig ablesen zu können.

aa) Rechtsprechung

Nach der Rechtsprechung steht die Einleitung des Vertragsverletzungsverfahrens, also das „Mahnschreiben" sowie die Abgabe der „mit Gründen versehenen Stellungnahme" im Ermessen der Kommission[843]. Dies folgert die Rechtsprechung zum einen aus dem Sinn und Zweck des Art. 226 EG[844]. Die Vorschrift schließe es aus, dass die Kommission von Dritten zur Durchführung eines Infraktionsverfahrens verpflichtet werden kann. Zum anderen stützt die Rechtsprechung dieses Ergebnis auf den Wortlaut der Norm. Die Kommission müsse ein Infraktionsverfahren nur dann einleiten, wenn „nach ihrer Auffassung" ein Mitgliedstaat gegen Verpflichtungen aus dem Vertrag verstoßen hat[845].

In Bezug auf die Klageerhebung im Rahmen des Art. 226 EG erkennt die Rechtsprechung ebenfalls ein Ermessen der Kommission[846]. Die Kommission sei in ihrer Funktion als Hüterin der Verträge aus Art. 211 Spstr. 1 EG die zuständige Stelle für die Entscheidung, ob eine Vertragsverletzungsklage vor dem

---

843 EuGH [Kommission/Belgien] Slg. 1999, I-275 (300, Tz. 24); [Kommission/Deutschland] Slg. 1995, I-2189 (2219 f., Tz. 22); [Kommission/Griechenland] Slg. 1990, I-4299 (4310, Tz. 9).

844 EuGH [Sonito/Kommission] Slg. 1990, I-1981 (2008, Tz. 6): *„Was die Entscheidung der Kommission angeht, kein Vertragsverletzungsverfahren einzuleiten, ergibt sich aus Sinn und Zweck des Art. 169 EWG-Vertrag* [nunmehr: Art. 226 EG], *dass die Kommission nicht verpflichtet ist, ein Verfahren nach dieser Vorschrift einzuleiten, sondern dass sie insoweit über ein Ermessen verfügt* [...]."; ferner EuGH [Star Fruit/Kommission] Slg. 1989, 291 (301, Tz. 11); [Bilanzbuchhalter/Kommission] Slg. 1997, I-947 (963, Tz. 18); [Sateba/Kommission] Slg. 1998, I-4913 (4931, Tz. 42); aber auch schon EuGH [Lütticke/Kommission] Slg. 1966, 27 (39).

845 EuGH [Star Fruit/Kommission] Slg. 1989, 291 (301, Tz. 12); [Sonito/Kommission] Slg. 1990, I-1981 (2009, Tz. 7).

846 Vgl. bspw. EuGH [Kommission/Belgien] Slg. 1999, I-275 (300, Tz. 24); [Kommission/Deutschland] Slg. 1998, I-5449 (5497, Tz. 37; 5449, Tz. 46); [Kommission/Griechenland] Slg. 1990, I-4299 (4310, Tz. 9); [Kommission/Griechenland] Slg. 1989, 4159 (Ls. 2); [Star Fruit/Kommission] Slg. 1989, 291 (301, Tz. 12).

EuGH erhoben wird[847]. Wegen des Wortlauts des Art. 226 Abs. 2 EG – „[...] *kann die Kommission den Gerichtshof anrufen*" – sowie aufgrund von Sinn und Zweck der Vorschrift ist der Kommission nach Auffassung der Rechtsprechung bezüglich der Klageerhebung ein Ermessen zuzubilligen.

Damit die Kommission das ihr eingeräumte Ermessen richtig ausübt, muss die Kommission als Kollektiv entscheiden, das heißt jedem Kommissar müssen die notwendigen Informationen zugänglich sein, auf die sich die Entscheidung stützt, ein Infraktionsverfahren einzuleiten[848]. Alle Entscheidungen der Kommission müssen also dem Kollegialitätsprinzip genügen. Die Entscheidungen über die Einleitung des Infraktionsverfahrens oder über die Klageerhebung können nicht als Maßnahme der Verwaltung oder der Geschäftsführung eingestuft werden[849].

bb) Literatur

Die Literatur teilt die Auffassung des Gerichtshofs nicht uneingeschränkt. Nach der herrschenden Meinung in der Literatur sind die Verfahrensstadien getrennt zu betrachten.

Zunächst soll daher die Frage einer Durchführungspflicht für das Vorverfahren dargestellt werden. Das Vorverfahren gliedert sich in das „Mahnschreiben" sowie die „mit Gründen versehene Stellungnahme[850]. Nach der einhelligen Literaturmeinung besteht für die Kommission die Pflicht, bei einem Vertragsverstoß ein Vertragsverletzungsverfahren einzuleiten[851]. Dieser Befund stützt sich in erster Linie auf den imperativ formulierten Art. 226 EG, der vorsieht, dass die Kommission im Fall einer Vertragsverletzung eine „mit Gründen versehene Stellungnahme" abgibt. Hinzu kommt die Aufgabe der Kommission gemäß Art. 211 Spstr. 1 EG, für die Anwendung des Vertrages Sorge zu tragen. Aus diesem

---

[847] Dazu EuGH [Kommission/Deutschland] Slg. 1995, I-2189 (2219 f., Tz. 22).

[848] Instruktiv zum Kollegialprinzip: EuGH [Kommission/Deutschland] Slg. 1998, I-5449 (5496 ff., Tz. 33 ff.; 48).

[849] EuGH a.a.O.

[850] Im Einzelnen unter „a) Mahnschreiben" (S. 26 f.) sowie „b) Mit Gründen versehene Stellungnahme" (S. 27 f.).

[851] *Albin*, Die Vollzugskontrolle des europäischen Umweltrechts, S. 290; *Ortlepp*, Das Vertragsverletzungsverfahren als Instrument zur Sicherung der Legalität im Europäischen Gemeinschaftsrecht, S. 75 f.; *Sach/Simm* in: Rengeling, Handbuch zum europäischen und deutschen Umweltrecht Bd. I, § 44 Rn. 50; *Kort*, DB 1996, S. 1323 (1324 f.); *Däubler*, NJW 1968, S. 325 (329); *Audretsch*, Supervision in European Community Law, S. 35, m.z.w.N.

Zusammenhang wird das Legalitätsprinzip abgeleitet, aufgrund dessen ein Infraktionsverfahren zwingend einzuleiten ist[852]. Sollte der Kommission bereits bei der Durchführung ein gerichtlich nur sehr eingeschränkt überprüfbares Ermessen eingeräumt werden, so würden einerseits die Mitgliedstaaten zu Vertragsbrüchen geradezu verlockt werden[853]. Andererseits würde den Mitgliedstaaten die Möglichkeit des im Rahmen des Art. 226 EG gewährten rechtlichen Gehörs beschnitten werden. Soweit die Kommission nämlich nicht gezwungen wäre ein Vertragsverletzungsverfahren durchzuführen, würde es nach einer höchstwahrscheinlichen innerstaatlichen Anfechtung ein Vorabentscheidungsverfahren folgen. Im Rahmen eines Verfahrens nach Art. 234 EG haben die Mitgliedstaaten jedoch nur sehr eingeschränkt Gelegenheit, ihren Standpunkt vorzutragen und somit nur bedingt die Möglichkeit rechtliches Gehör zu erfahren[854].

Die prinzipielle Pflicht zur Einleitung des Infraktionsverfahrens wird indes abgemildert. Der Kommission ist ein Beurteilungsspielraum in Bezug auf den Zeitpunkt und die Bedingungen, zu denen sie die einzelnen Verfahrensabschnitte durchführt, zuzugestehen[855]. In der vorliegenden Konstellation würde die Kommission durch die vorgetragene Beschwerde und anschließende Informationserhebung Kenntnis über die Sachlage und damit die Schwere des Gemeinschaftsrechtsverstoßes erhalten. Geht man zusätzlich davon aus, dass der Beschwerdeführer in eigenen Rechtspositionen verletzt ist[856], bleibt kein Raum für die Kommission nicht zu handeln. Diese Handlungsvariante könnte lediglich dann als rechtmäßig angesehen werden, wenn der Mitgliedstaat bereits begonnen hat, den Gemeinschaftsrechtsverstoß abzustellen.

Alternativ lässt der Beurteilungsspielraum der Kommission die Entscheidung offen, wie am günstigsten vorzugehen ist. Häufig ist damit die Vermeidung eines Rechtsstreits gemeint[857]. Dies ist allerdings nicht überzeugend. Durch die

---

[852] So auch GA La Pergola zu EuGH [Bilanzbuchhalter/Kommission] Slg. 1997, I-947 (952, Rn. 10).

[853] *P. Karpenstein/U. Karpenstein* in: Grabitz/Hilf, Kommentar zum EGV in der Fassung des Vertrages von Amsterdam, Rn. 41 zu Art. 226.

[854] *Ortlepp*, Das Vertragsverletzungsverfahren als Instrument zur Sicherung der Legalität im Europäischen Gemeinschaftsrecht, S. 78.

[855] *P. Karpenstein/U. Karpenstein* in: Grabitz/Hilf, Kommentar zum EGV in der Fassung des Vertrages von Amsterdam, Rn. 42 zu Art. 226, m.w.N.

[856] Zu den relevanten Konstellationen und ihren Voraussetzungen unter „3. Ergänung der „Plaumann-Formel" unter dem Aspekt besonderer Betroffenheit" (S. 42 ff.).

[857] EuGH [Kommission/Deutschland] Slg. 1994, I-2039 (2057, Tz. 4); GA Cosmas zu EuGH [Kommission/Italien] Slg. 1998, I-3851 (3862, Rn. 28 f.), zu einer Situation im Beihilfenrecht.

zusätzliche Vorschaltung eines informellen Vorverfahrens[858] vor das eigentliche formelle Vorverfahren erhält der betreffende Mitgliedstaat genügend Möglichkeit von der Rechtsauffassung der Kommission Kenntnis zu erlangen und entsprechend darauf zu reagieren. Sollten die Rechtsmeinungen schließlich nach dem förmlichen Vorverfahren noch immer divergieren, ist eine abschließende Klärung durch den EuGH ohnehin unerlässlich. Im Ergebnis lässt der Beurteilungsspielraum auch hier wenig Raum für verschiedene Handlungsvarianten. Eine größere Rücksichtnahme ist seitens der Kommission gegenüber den Mitgliedstaaten im Übrigen unangebracht, da das Verfahren auf die Herstellung eines rechtmäßigen Zustandes abzielt.

In Bezug auf die Klageerhebung schließt sich die überwiegende Literaturmeinung den Vorgaben des EuGH an und billigt der Kommission ein Ermessen zu[859]. Das überzeugende Argument ergibt sich dabei aus dem Wortlaut des Art. 226 EG. Nach dieser Norm *kann* die Kommission den Gerichtshof anrufen, falls der betreffende Mitgliedstaat nicht der mit Gründen versehenen Stellungnahme innerhalb der gesetzten Frist nachkommt. Entgegen der Ansicht des Gerichtshofs[860], handelt es sich aber nicht ausnahmslos um ein nicht justiziables Ermessen. Das Ermessen kann sich aufgrund der Kontrollfunktion der Kommission aus Art. 211 Spstr. 4 EG durchaus zu einer Rechtspflicht verdichten[861].

---

858 *Borchardt* in: Dauses, Handbuch des Europäischen Wirtschaftsrechts, P.I Rn. 21 f.; *Nicolaysen*, Europarecht I, S. 242; *Sach/Simm* in: Rengeling, Handbuch zum europäischen und deutschen Umweltrecht Bd. I, § 44 Rn. 38 f.

859 *Albin*, Die Vollzugskontrolle des europäischen Umweltrechts, S. 290; *Ortlepp*, Das Vertragsverletzungsverfahren als Instrument zur Sicherung der Legalität im Europäischen Gemeinschaftsrecht, S. 75 f.; *Sach/Simm* in: Rengeling, Handbuch zum europäischen und deutschen Umweltrecht Bd. I, § 44 Rn. 50; *Kort*, DB 1996, S. 1323 (1324 f.); *Däubler*, NJW 1968, S. 325 (329); *Audretsch*, Supervision in European Community Law, S. 35, m.z.w.N; a.A. wohl *Oppermann*, Europarecht, S. 276 (Rn. 733 f.); *Constantinesco*, Das Recht der Europäischen Gemeinschaften I, S. 887.

860 Vgl. bspw. EuGH [Star Fruit/Kommission] Slg. 1989, 291 (301, Tz. 12); [Sonito/Kommission] Slg. 1990, I-1981 (2009, Tz. 7); in diesem Verständnis ebenfalls *Sach/Simm* in: Rengeling, Handbuch zum europäischen und deutschen Umweltrecht Bd. I, § 44 Rn. 49.

861 So auch *Borchardt* in: Dauses, Handbuch des Europäischen Wirtschaftrechts, P.I Rn. 26; *ders.*, in: Lenz, EU-Vertrag, Rn. 19 zu Art. 226; *Nicolaysen*, Europarecht, S. 238; *Cremer* in: Calliess/Ruffert, Kommentar zu EU- und EG-Vertrag, Rn. 44 zu Art. 226; ferner *P. Karpenstein/U. Karpenstein* in: Grabitz/Hilf, Kommentar zum EGV in der Fassung des Vertrages von Amsterdam, Rn. 44 zu Art. 226, gehen von einer „*politischen Verpflichtung*“ aus.

cc) Schlussfolgerung

Vorliegend ist die differenzierende Beurteilung nach Vorverfahren und Klageerhebung plausibel. Dies ergibt sich bereits für das Vorverfahren aus dem eindeutig formulierten Wortlaut des Art. 226 EG: Vor dem Hintergrund der Stellung der Kommission als Hüterin der Verträge (Art. 211 Spstr. 4 EG) ist ein Ermessen der Kommission hinsichtlich der Einleitung des Vorverfahrens kaum begründbar. Daher ist es nicht angebracht, der Kommission in allen Verfahrensstadien einen nicht nachprüfbaren Ermessensspielraum einzuräumen. In Bezug auf die Klageerhebung ist der Kommission bereits wegen der Formulierung des Art. 226 EG ein Ermessensspielraum einzuräumen. Im Hinblick auf die Ermessensausübung sind die Grenzen oder ein Fehlgebrauch des Ermessens – wenn auch nicht als Ermessensmissbrauch im Sinne des Art. 230 Abs. 2 EG[862] – zumindest als Gemeinschaftsrechtsverletzung der (gerichtlichen) Rüge zugänglich[863]. Dies gilt jedenfalls, wenn das Ermessen individualschützenden Charakter aufweist. Dies beurteilt sich nach der Frage, inwieweit Art. 226 EG im Interesse des Einzelnen zu sehen ist[864]. Ein Ermessensmissbrauch nach Art. 230 Abs. 2 Var. 4 EG kommt nur in Betracht, wenn mit Erlass einer Maßnahme absichtlich ein rechtswidriges Ziel verfolgt wird[865]. Soweit dies der Fall ist, handelt die Kommission rechtswidrig. In diesem Fall wäre die Individualnichtigkeitsklage des Beschwerdeführers erfolgreich.

Wenn eine Maßnahme auf eine objektive Erwägung gestützt wird, kann nur eine Vertragsverletzung im Sinne des Art. 230 Abs. 2 Var. 3 EG gerügt werden. In der Konsequenz ist zu erörtern, ob es typische objektive Erwägungen in Bezug auf die Ermessensausübung gibt und inwiefern diese einer rechtlichen Beurteilung genügen. Geradezu klassischer Weise wird in den Fällen, in denen neben dem Gemeinschaftsrechtsschutz auch nationaler Rechtsschutz erlangt werden kann, auf diese Möglichkeit verwiesen[866]. Es liegt auf der Hand, dass diese Erwägung überhaupt nur dort tragfähig sein kann, wo nationaler Rechtsschutz vorgesehen ist. Soweit dies nicht der Fall ist, ist eine solche Erwägung zwar als ob-

---

[862] Dazu bereits unter „a) Ermessensmissbrauch" (S. 157 f.).

[863] EuGH [Turner] Slg. 1984, 1 (13, Tz. 19); EuGH [Pellegrini] Slg. 1976, 1807 (1820).

[864] Siehe zu dieser Frage unter „a) Art. 226 EG im Interesse des Klägers? (S. 160 ff.)".

[865] EuGH [Vereinigtes Königreich/Rat] Slg. 1996, I-5755 (5814, Tz. 69); [Europäisches Parlament/Kommission], Slg. 1995, I-2019 (2050, Tz. 31); [Fedesa] Slg. 1990, I-4023 (4065, Tz. 24).

[866] EuGH [Rau/Bundesanstalt für landwirtschaftliche Marktordnung] Slg. 1987, 2289 (2338, Tz. 12); vgl. auch bereits EuGH [UNICME] Slg. 1978, 845 (851, Tz. 8/13); ferner EuG [Comité de Salines] Slg. 1996, II-1377 (1396 f., Tz. 53); [Danielsson/Kommission] Slg. 1995, II-3051 (3074, Tz. 77); dazu *Arnull*, CMLRev. 1995, S. 7 (40 ff.), m.z.w.N.; vgl. neuerdings EuG [Jégo-Quéré et Cie/Kommission] Slg. 2002, II-2365 (Tz. 41 ff.).

jektive Erwägung im vorliegenden Sinne anzusehen. Sie ist allerdings fehlerhaft und damit eine Gemeinschaftsrechtsverletzung nach Art. 230 Abs. 2 Var. 3 EG. Dies kann für den Beschwerdeführer indes nur zum Erfolg seiner Individualnichtigkeitsklage führen, soweit Art. 226 EG die Interessen des Einzelnen schützt[867].

Fraglich ist indessen, wie die Verweisung auf den mitgliedstaatlichen Rechtsweg für die Fälle zu beurteilen ist, in denen nationaler Rechtsschutz grundsätzlich denkbar ist. Ein vielfach zitiertes Argument für die grundsätzliche Zulässigkeit solcher Erwägungen ist die Arbeitsbelastung des Europäischen Gerichtshofs sowie des Gerichts Erster Instanz.

Es ergeben sich aber prinzipielle Bedenken gegen einen Verweis auf den innerstaatlichen Rechtsschutz. Zunächst ist zu konstatieren, dass Art. 230 Abs. 4 EG die Erschöpfung des innerstaatlichen Rechtswegs nicht vorsieht. Eine solche Subsidiarität ist beispielsweise in Art. 35 Abs. 1 EMRK[868] bezüglich der Individualbeschwerde vor dem Europäischen Menschenrechtsgerichtshof vorgesehen. Nach der Konzeption des EG-Vertrages stehen der nationale und der gemeinschaftrechtliche Rechtsschutz nebeneinander[869]. Weiterhin ist zu beachten, dass der Kläger eine Verletzung des Gemeinschaftsrechts rügt. Freilich wird durch den Vertrag ein umfassendes Rechtsschutzssystem geschaffen, in dem der Gerichtshof die Handlungen der Gemeinschaftsorgane auf ihre Rechtmäßigkeit hin überprüft[870]. In der Konsequenz ist daher der Gerichtshof die richtige Instanz für eine entsprechende Jurisdiktion. Eine letztverbindliche Entscheidung über die Auslegung des Gemeinschaftsrechts kann ohnehin nur der EuGH treffen. Wird der Kläger zunächst auf den nationalen Rechtsweg verwiesen, kann eine Auslegungs- oder Gültigkeitsfrage, die das Gemeinschaftsrechts betrifft, nur im Wege des Vorabentscheidungsverfahrens nach Art. 234 EG dem EuGH vorgelegt werden. Problematisch ist hierbei zum einen, dass die Parteien des Ausgangsprozesses keinen rechtlich gesicherten Einfluss auf die Vorlagefrage des vorlegenden Gerichts haben. Es ist somit durchaus denkbar, dass die tatsächlich relevante Rechtsfrage dem EuGH gar nicht vorgetragen wird. Hier ist die Individualnichtigkeitsklage aus der Sicht des Klägers das zweifelsfrei geeignetere Verfahren die streitige Rechtsfrage der europäischen Gerichtsbarkeit vorzutragen[871]. Zum

---

867 Siehe zu dieser Frage unter „a) Art. 226 EG im Interesse des Klägers? (S. 160 ff.)".

868 Art. 25 Abs. 1 EMRK: „*Der Gerichtshof kann sich mit einer Angelegenheit erst nach Erschöpfung aller innerstaatlichen Rechtsbehelfe in Übereinstimmung mit allgemein anerkannten Grundsätzen des Völkerrechts und nur innerhalb einer Frist von sechs Monaten nach der endgültigen innerstaatlichen Entscheidung befassen.*"

869 Im Ergebnis ebenfalls GA Cosmas zu EuGH [Greenpeace Council/Kommission] Slg. 1998, I-1651 (1680, Rn. 71).

870 EuGH [Les Verts/Parlament] Slg. 1986, 1339 (1365, Tz. 23).

871 Ähnlich GA Jacobs zu EuGH [UPA/Rat] Slg. 2002, I-6677 (Schlussantr. Rn. 41 ff.); dazu *Feddersen*, EuZW 2002, S. 532 (533); zum grundsätzlichen Verhältnis des EuGH zu den

anderen stellt sich die Frage, ob bei einem solch „indirektem" Verfahren die Effektivität des Rechtsschutzes auch realiter gewahrt wird. In dem ungünstigen Fall, dass dem EuGH die relevante Rechtsfrage nicht vorgelegt wird, sind jedenfalls erhebliche Zweifel an der Wahrung des effektiven Rechtsschutzes angebracht. Der Grundsatz des effektiven Rechtsschutzes ist Bestandteil der allgemeinen Rechtsgrundsätze, die im Rang des Primärrechts stehen[872]. Dieser Grundsatz gehört zu den gemeinsamen Verfassungsüberlieferungen, ist in den Art. 6, 13 EMRK[873] angelegt und wird gemäß Art. 6 Abs. 2 EU[874] von der Union geachtet[875].

---

nationalen Gerichten im Rahmen des Art. 234 EG: *Rodríguez Iglesias*, NJW 2000, S. 1889 (1890 ff.).

872 EuGH [Johnston] Slg. 1986, 1651 (1682, Tz. 18); [Heylens] Slg. 1987, 4097 (4117, Tz. 14); [Borelli] Slg. 1992, I-6313 (6334, Tz. 14); *Stumpf* in: Schwarze, EU-Kommentar, Rn. 36 ff. zu Art. 6 EUV; *Kingreen* in: Calliess/Ruffert, Kommentar zu EU- und EG-Vertrag, Rn. 166 ff. zu Art. 6 EUV; *Borchardt* in: Lenz, EG-Vertrag, Rn. 55 ff. zu Art. 220; *Streinz*, Europarecht, S. 130 ff. (Rn. 354 ff.); *Oppermann*, Europarecht, S. 185 ff. (Rn. 482 ff.), m.z.w.N.

873 Art. 6 Abs. 1 EMRK: „*Jede Person hat ein Recht darauf, dass über Streitigkeiten in Bezug auf ihre zivilrechtlichen Ansprüche und Verpflichtungen oder über eine gegen sie erhobene strafrechtliche Anklage von einem unabhängigen und unparteiischen, auf Gesetz beruhenden Gericht in einem fairen Verfahren, öffentlich und innerhalb angemessener Frist verhandelt wird. Das Urteil muss öffentlich verkündet werden; Presse und Öffentlichkeit können jedoch während des* [...] *Verfahrens ausgeschlossen werden* [...]."; Art. 13 EMRK: „*Jede Person, die in ihren in dieser Konvention anerkannten Rechten oder Freiheiten verletzt worden ist, hat das Recht, bei einer innerstaatlichen Instanz eine* ***wirksame Beschwerde*** *zu erheben, auch wenn die Verletzung von Personen begangen worden ist, die in amtlicher Eigenschaft gehandelt haben.*"; Hervorhebung durch den Verfasser.

874 Ein Recht auf effektiven Rechtsschutz ist nunmehr auch in Art. 47 Abs. 1 der durch den Europäischen Rat von Nizza am 7. Dezember 2000 proklamierten, aber (noch) nicht rechtlich verbindlichen Grundrechte-Charta garantiert; ein Volltext der Charta ist in ABl. 2000 Nr. C 364, S. 1 ff.; EuGRZ 2000, S. 559 ff. (hier mit halbamtlichen Erläuterungen des Konventspräsidiums) abgedruckt. Art. 47 Abs. 1 Grundrechte-Charta: „*Jede Person, deren durch das Unionsrecht garantierte Rechte oder Freiheiten verletzt worden sind, hat das Recht, nach Maßgabe der in diesem Artikel vorgesehenen Bedingungen bei einem Gericht einen* ***wirksamen Rechtsbehelf*** *einzulegen.*", Hervorhebung durch den Verfasser. Es ist allerdings einzuräumen, dass eine Argumentation anhand der Grundrechte-Charta – auch wenn sie einmal Rechtsverbindlichkeit erlangt – nicht unproblematisch ist, da die Charta keine Erweiterung bestehender Rechtsbehelfe herbeiführen soll (vgl. EuGRZ 2000, S. 559 (567); ferner Art. 51 Abs. 2 Grundrechte-Charta); zur Auslegung der Grundrechte-Charta im Allgemeinen: *Magiera*, DÖV 2000, S. 1017 ff; *Weber*, NJW 2000, S. 537 ff.; *Lindner*, DÖV 2000, S. 543 ff.; *Grabenwarter*, DVBl. 2001, S. 1 ff.; *Knöll*, NJW 2001, S. 392 ff.; *Tettinger*, NJW 2001, S. 1010 ff.; *Pache*, EuR 2001, S. 475 ff.

875 Nunmehr mit ähnlichen Argumenten: EuG [Jégo-Quéré et Cie/Kommission] Slg. 2002, II-2365 (Tz. 41 ff.); auffällig ist dabei, dass sich das EuG auf Art. 47 Grundrechte-Charta beruft (Tz. 42); dazu *Calliess/Lais*, ZUR 2002, S. 344 (346); *Lübbig*, EuZW 2002, S. 415

Darüber hinaus ergeben sich Bedenken gerade dort, wo ein spezifisches Recht bzw. ein unmittelbares Interesse des Klägers streitbefangen ist. Die Möglichkeit der prozessualen Verfolgung dieser Rechte bzw. Interessen stellt gewissermaßen die notwendige Kehrseite der Einräumung solcher Rechte dar. Wenn nun das Gemeinschaftsrecht spezifische Rechte bzw. unmittelbare Interessen gewährt, so ist es bereits vor dem Hintergrund der Rechtsstaatlichkeit geboten, diese auch vor einem Gemeinschaftsorgan einklagen zu können. Dies gilt umso mehr, dass derartige Rechte bzw. Interessen nur unter engen Voraussetzunge anerkannt werden können[876]. Der Grundsatz der Rechtsstaatlichkeit gehört zu den von der Gemeinschaft geachteten allgemeinen Rechtsgrundsätzen[877]. Durch eine Beschneidung des Rechtswegs wäre auch der Grundsatz des effektiven Rechtsschutzes verletzt. Im Rahmen des nationalen Rechtsschutzes besteht – soweit Fragen des Gemeinschaftsrechts judiziert werden – gleichsam ein Rechtsschutzdefizit. Schließlich kann nur der EuGH als authentischer Interpret letztverbindliche Entscheidungen bezüglich der Auslegung des Gemeinschaftsrechts vornehmen. Soweit es um Auslegungsfragen des Gemeinschaftsrechts geht, besteht für das im konkreten Verfahren letztinstanzliche Gericht gemäß Art. 234 Abs. 3 EG eine Vorlagepflicht bezüglich dieser Fragen zum Gerichtshof. Es kann also durch die Einlegung von Rechtsmitteln in einem nationalen Verfahren der Prozess dem letztinstanzlichen Gericht vorgetragen werden, so dass dort ein Vorabentscheidungsverfahren obligatorisch wird. Im Ergebnis käme es somit auf die Auslegung durch den Gerichtshof an. Demgegenüber hat jedes mitgliedstaaliche Gericht eine Vorlagepflicht, wenn es um die Gültigkeit es Gemeinschaftsrechtsaktes geht[878]. Das betreffende mitgliedstaatliche Gericht muss in diesen Fällen umgehend den Gerichtshof anrufen[879]. Soweit auf den nationalen Rechtsschutz verwiesen wird, bleibt nur ein Vorabentscheidungsverfahren, was jedoch aus den genannten Gründen erheblichen Bedenken begegnet. Es besteht die Gefahr,

---

(416); restriktiver EuGH [UPA/Rat] Slg. 2002, I-6677 ff., *Feddersen*, EuZW, 2002, S. 532 ff.

876 Dazu unter „c) Schlussfolgerung für den Aspekt der indiv. Betroffenheit nach Art. 230 Abs. 4 EG“ (S. 134 ff.).

877 Vgl. in der Rspr. nur EuGH [Algera] Slg. 1957, 83 (118); ferner *Stumpf* in: Schwarze, EU-Kommentar, Rn. 36 ff. zu Art. 6 EUV; *Kingreen* in: Calliess/Ruffert, Kommentar zu EU- und EG-Vertrag, Rn. 166 ff. zu Art. 6 EUV; *Borchardt* in: Lenz, EG-Vertrag, Rn. 55 ff. zu Art. 220; *Streinz*, Europarecht, S. 130 ff. (Rn. 354 ff.); *Oppermann*, Europarecht, S. 185 ff. (Rn. 482 ff.), m.z.w.N.

878 EuGH [Foto-Frost] Slg. 1987, 4199 ff.; zu Einzelheiten etwa: *Streinz*, Eurparecht, S. 225 ff. (Rn. 574 ff.).

879 Eine gewisse Ausnahme besteht im Rahmen des einstweiligen Rechtsschutzes: Hier darf das nationale Gericht einen Gemeinschaftsrechtsakt außer Anwendung lassen, wenn es erhebliche Zweifel an seiner Gültigkeit hat und gleichzeitig dem Gerichtshof diese Frage vorlegt (EuGH [Zuckerfabrik Süderdithmarschen] Slg. 1991, I-415 (542 ff., insb. 544, Tz. 33)). Im Ergebnis kommt es dann doch wieder auf die Entscheidung des Gerichtshofs an.

dass bei einem Verweis auf den nationalen Rechtsschutz individuelle Rechtsposition bzw. spezifische Rechte nach Gemeinschaftsrecht zu einer leeren Hülle degradiert werden könnten.

Abschließend ist noch auf eine praktische Seite der Problematik hinzuweisen. Wenn die Kommission gegen den betreffenden Mitgliedstaat ein Vertragsverletzungsverfahren nach Art. 226 EG durchführte, würde die Rechtslage mit einem – freilich gestuften – Verfahren geklärt werden. Im Vergleich dazu kann es nach deutschem Recht dazu kommen, dass der Kläger drei Instanzen durchlaufen muss, bevor dann um eine Vorabentscheidung beim EuGH ersucht werden müsste[880]. Erst daraufhin käme eine Entscheidung des nationalen Gerichts zustande. In diesen (Extrem-) Fällen ist mindestens eine Zeitspanne von acht bis neun Jahren bis zur endgültigen Entscheidung zu erwarten[881]. Demgegenüber steht eine durchschnittliche Verfahrensdauer der Nichtigkeitsklage nach Art. 230 EG von 16 Monaten und einer Vertragsverletzungsklage nach Art. 226 EG von 21 Monaten. Die durchschnittliche Verfahrensdauer von der Versendung eines Mahnschreibens bis zur Verurteilung nach Art. 226 EG betrug in den Jahren 2000/01 59 Monate. Eine Entscheidung wäre in der Regel also nach sechs bis sieben Jahren zu erwarten. Es ist allerdings darauf hinzuweisen, dass die Verfahrensdauer schwankt, so dass der Rechtsschutz vor dem EuGH in besonders komplizierten Fällen auch mehr Zeit in Anspruch nehmen kann[882]. Im Ergebnis ist aber vor dem EuGH eine kürzere Verfahrensdauer zu erwarten als bei Durchlaufen des innerstaatlichen Instanzenzuges inklusive eines Vorabentscheidungsverfahrens vor dem EuGH. Es ist allerdings einzuräumen, dass der Beschwerdeführer nach Abschluss des Vertragsverletzungsverfahrens keinen rechtsfähigen Titel gegen den Mitgliedstaat erhält. Der Mitgliedstaat erfüllt die Verpflichtungen, die sich aus dem Urteil des EuGH ergeben, zunächst freiwillig[883]. Nach Art. 228 Abs. 2 EG kann es zu einer Zweitverurteilung mit Zwangs-

---

880 Vgl. Art. 234 EG.

881 Allein das Vorabentscheidungsverfahren nach Art. 234 EG dauerte in den Jahren 2000/01 durchschnittlich 24 Monate; vgl. *Krämer*, EuGRZ 2002, S. 483 (484).

882 Die Einschätzung der Verfahrensdauer der gemeinschaftsrechtlichen Rechtsbehelfe basieren auf einer Darstellung von *L. Krämer*, EuGRZ 2002, S. 483 (484 f.) für die Jahre 2000/01. Es wird allerdings darauf hingewiesen, dass ein Infraktionsverfahren inklusive des Vorverfahrens erheblich mehr Zeit in Anspruch nimmt. So bewegte sich die Gesamtverfahrensdauer zwischen 22 und 128 Monaten, je nach der Schwierigkeit der sich eröffnenden Rechtsfragen. So ist die Verfahrensdauer in der Regel kürzer, wenn es der Mitgliedstaat versäumt Gemeinschaftsrecht umzusetzen. Demgegenüber sind die Verfahren eher länger, wenn es im Fall um die Problematik der richtigen Anwendung von Gemeinschaftsrecht geht.

883 *Scheuing* in: Behrens/Koch, Umweltschutz in der Europäischen Gemeinschaft, S. 46 (71), spricht vom „freitragenden Respekt“.

geld kommen. Dies ist jedoch äußerst selten[884]. Die freiwillige Befolgung eines Urteils, das keine Zwangsmaßnahmen kennt, ist in der deutschen Rechtsordnung indes nicht unbekannt. Die Urteile des Bundesverfassungsgerichts werden ohne Zwangsvollstreckung umgesetzt. In diesem Zusammenhang sind in der deutschen Rechtspraxis keine negativen Erfahrungen gemacht geworden.

In der Konsequenz zeigt sich, dass eine (generelle) Verweisung auf den nationalen Rechtsschutz einer näheren Betrachtung nicht Stand halten kann. Gegen die Rechtmäßigkeit sprechen prinzipielle Rechtsgründe – vor allem das Recht auf effektiven Rechtsschutz[885]. Ergänzend gilt in den Fällen, in denen eine temporär schnellere Entscheidung vor dem Gerichtshof erwartet werden kann, dass eine Verweisung auf den mitgliedstaatlichen Rechtsweg nicht tragen kann, da durch längeres Zuwarten gerade in Umweltfragen tendentiell irreversible Fakten geschaffen werden. Im Ergebnis bedeutet dies, dass der Verweis auf einen möglichen nationalen Rechtsschutz nicht als Ermessensmissbrauch im Sinne des Art. 230 Abs. 2 EG angesehen werden kann. Voraussetzung hierfür wäre die absichtliche Verfolgung eines rechtswidrigen Ziels[886]. Gleichwohl wird man in der vorliegenden Situation nicht von Absicht ausgehen können, da die Rechtsprechung immer wieder diesen Weg vorschlägt[887]. Es liegt somit eine „objektive Erwägung" vor. Wie aber gezeigt wurde, ist der Verweis auf den mitgliedstaatlichen Instanzenzug vor dem Hintergrund des Rechts auf effektiven Rechtsschutz rechtswidrig. Daher ist in diesen Fällen eine „Vertragsverletzung" im Sinne des Art. 230 Abs. 2 EG festzustellen[888].

---

[884] Zur Verhängung eines Zwangsgeldes EuGH [Kommission/Hellenische Republik] Slg. 2000, I-5047 ff.; zur Problematik bspw. in der Literatur: *Theodossiou*, ELRev. 2002, S. 25 ff.; *Schockweiler* in: Capotorti/Ehlermann/Frowein u.a., Du droit international au droit de l'intégration – Liber Amicorum Pierre Pescatore, S. 613 ff.; *Krück* in: Groeben/Thiesing/Ehlermann, Kommentar zu EG- und EU-Vertrag, Rn. 14 zu Art. 171, m.z.w.N.; die Kommission hat Kriterien bekannt gegeben, die zur Ermittlung des Zwangsgeldes dienen (ABl. 1996 Nr. C 242, S. 6 f., z.B.: Schwere des Verstoßes, erforderliche Abschreckung, etc.) sowie ein Verfahren zur Berechnung des Zwangsgeldes (ABl. 1997 Nr. C 63, S. 2 ff.) vorgestellt, an dem sich der EuGH orientiert, ohne sich jedoch daran gebunden zu sehen, vgl. EuGH [Kommission/Hellenische Republik] Slg. 2000, I-5047 (5117, Tz. 89).

[885] EuG [Jégo-Quéré et Cie SA/Kommission] Slg. 2002, II-2365 (Tz. 41 ff.).

[886] EuGH [Vereinigtes Königreich/Rat] Slg. 1996, I-5755 (5814, Tz. 69); [Europäisches Parlament/Kommission], Slg. 1995, I-2019 (2050, Tz. 31); [Fedesa] Slg. 1990, I-4023 (4065, Tz. 24).

[887] EuGH [Rau/Bundesanstalt für landwirtschaftliche Marktordnung] Slg. 1987, 2289 (2338, Tz. 12); bereits EuGH [UNICME] Slg. 1978, 845 (851, Tz. 8/13); neuerdings indessen EuG [Jégo-Quéré et Cie SA/Kommission] Slg. 2002, II-2365 (Tz. 41 ff.).

[888] Zur Rüge der Vertragsverletzung bei Ausschluss eines Ermessensmissbrauchs: *Borchardt* in: Lenz, EG-Vertrag, Rn. 78 zu Art. 230.

Im Übrigen hat sich die Kommission selbst verpflichtet, Vertragsverletzungsverfahren in bestimmten Fallgruppen gehäufter durchzuführen, um die Wirksamkeit begründeter Beschwerden zu erhöhen und damit die Anwendung des Gemeinschaftsrecht zu optimieren[889]. Folgende Fallgruppen sind dabei für die Kommission von besonderer Bedeutung: Nach der Selbstverpflichtung konzentriert sich die Kommission insbesondere auf die Umsetzung und *innerstaatliche Anwendung* des Richtlinienrechts, da hier die meisten Schwierigkeiten für den Bürger auftreten können; ferner auf die Vereinbarkeit des mitgliedstaatlichen Rechts mit grundlegenden Prinzipien des Gemeinschaftsrechts; weiterhin auf Fälle, die das Gemeinschaftsinteresse in besonderem Maße berühren (z.B. durch einen grenzüberschreitenden Sachverhalt) sowie schließlich auf Fälle, in denen die Gemeinschaft finanzielle Unterstützung geleistet hat[890]. Im Ergebnis bedeutet dies, dass die Kommission diese letztlich durch Art. 211 Spstr. 1 EG getragene Selbstverpflichtung in ihre Erwägungen zur Ermessensausübung einstellen muss. Diese Selbstverpflichtung begründet zugleich eine Grenze des Ermessens. Soweit es um die Überschreitung von Ermessensgrenzen geht, sind diese als Gemeinschaftsrechtsverletzung der gerichtlichen Überprüfung zugänglich. Dies gilt jedenfalls in den Fällen, auf die diese Selbstverpflichtung Anwendung findet. Die Kommission bindet sich insoweit, ein Infraktionsverfahren einzuleiten.

V. FRIST

Nach Art. 230 Abs. 5 EG beträgt die Klagefrist zwei Monate. Es handelt sich bei dieser Frist um eine Ausschlussfrist, mit deren Ablauf das Klagerecht unwiederbringlich verloren geht[891]. Die knappe Klagefrist von nur zwei Monaten wirkt der Gefahr einer „Klagenflut“ entgegen. Diese Ausschlussfrist unterliegt nicht der Disposition der streitenden Parteien oder des Gerichtshofs bzw. des Gerichts Erster Instanz und wird von Amts wegen geprüft[892]. Die Zwei-Monats-Frist verlängert sich jedoch um die sog. Entfernungsfristen (Art. 102 § 2 VerfO EuG, Art. 81 § 2 VerfO EuGH[893] i.V.m. Anlage II VerfO EuGH)[894]. Eine even-

---

[889] Zum Ganzen KOM (2001) 428 endg. 1 (25 f.).

[890] KOM (2001) 428 endg. 1 (25 f.).

[891] Art. 42 Abs. 2 EuGH-Satzung: *„Der Ablauf von Fristen hat keinen Rechtsnachteil zur Folge, wenn der Betroffene nachweist, dass ein Zufall oder ein Fall höherer Gewalt vorliegt.“*

[892] St. Rspr.: EuGH [Müller/Kommission] Slg. 1967, 487 (497); [Coen] Slg. 1997, I-403 (424, Tz. 21); EuG [Guérin automobiles/Kommission] Slg. 1998, II-261 (267, Tz. 14); [MAAD/Kommission] Slg. 1997, II-1355 (1367, Tz. 38 f.).

[893] Art. 102 § 2 VerfO EuG: *„Die durch die Entscheidung des Gerichtshofes mit Rücksicht auf die räumliche Entfernung festgesetzen* [...] *zusätzlichen Verfahrensfristen gelten auch*

tuelle Fristversäumung zeitigt keine Folgen, falls der Betroffene darlegen kann, dass entweder „höhere Gewalt“ oder „Zufall“ vorliegt[895]. Bei der Bestimmung dieser Ausnahmekonstellationen sind strenge Maßstäbe anzulegen[896]. Dementsprechend kann von „höherer Gewalt“ nur ausgegangen werden, wenn unvorhersehbare Ereignisse, die außerhalb des Einflusses des Betroffenen liegen, eine Fristwahrung auch bei Anwendung der gebotenen Sorgfalt unmöglich machen[897]. Zufall liegt in den Fällen vor, in denen auch bei Anwendung der gebotenen Sorgfalt das Fristversäumnis unvermeidbar ist[898], also weder auf Vorsatz noch auf Fahrlässigkeit beruht.

Der Beginn der Klagefrist ist nach Art. 230 Abs. 5 EG, 101 § 1, 102 § 1 VerfO EuG[899] zu ermitteln. Art. 230 Abs. 5 EG bestimmt, dass für den Fristbeginn die Bekanntgabe der betreffenden Handlung, die Mitteilung an den Kläger oder die tatsächliche Kenntniserlangung je nach Lage des Falles maßgeblich ist. Dabei wird der Tag, auf den das Ereignis fällt, nicht mitgerechnet (Art. 101 § 1 lit. a) VerfO EuG). Bekanntgabe der betreffenden Handlung bedeutet eine Veröffentlichung im Amtsblatt, was die anderen sprachlichen Fassungen des EG-Vertrages deutlicher zum Ausdruck bringen[900]. Die Klagefrist beginnt in dieser Variante am 15. Tag nach Erscheinen im Amtsblatt (Art. 102 § 1 VerfO EuG[901]), wobei im Zweifel auf das tatsächliche Veröffentlichungsdatum abzustellen ist[902]. Die Bekanntgabe wird hauptsächlich bei Verordnungen oder Richtlinien durchgeführt[903], so dass sie für die vorliegende Untersuchung ohne Relevanz ist.

---

für das Gericht.“; Art. 81 § 2 VerfO EuGH: „*Der Gerichtshof setzt mit Rücksicht auf die räumliche Entfernung zusätzliche Verfahrensfristen fest* [...].“

894 Für Deutschland beträgt die Entfernungsfrist sechs Tage. Zum Ganzen: *Happe*, EuZW 1992, S. 297 ff.

895 Art. 42 Abs. 2 EuGH-Satzung.

896 EuGH [Irland/Kommission] Slg. 1998, I-2655 (2659, Tz. 7).

897 EuGH [Bussoni/Kommission] Slg. 1984, 557 (566, Tz. 10 f.); [Valsabbia/Kommission] Slg. 1984, 3089 (3097, Tz. 21).

898 EuGH [SIMET/Hohe Behörde] Slg. 1967, 42 (55 f.).

899 Für eine Klage zum EuGH, die allerdings nicht durch einen Individualkläger vorgenommen werden kann, ist der Fristbeginn in Art. 80 § 1, 81 § 1 VerfO EuGH normiert.

900 Die franz. Fassung lautet: „[...] *de la publication* [...]“; die engl. Fassung spricht von: „[...] *of the publication* [...]“; *Borchardt* in: Lenz, EG-Vertrag, Rn. 52 zu Art. 230; *Schwarze* in: Schwarze, EU-Kommentar, Rn. 53 zu Art. 230 EG.

901 Art. 81 § 1 VerfO EuGH bei Verfahren vor dem EuGH.

902 Grundsätzlich gilt das Datum der Amtblattnummer; dazu EuGH [Società Agricola Fattoria Alimentare] Slg. 1990, I-1 (18, Tz. 12).

903 Vgl. Art. 254 Abs. 1 EG.

Die Mitteilung an den Kläger (Art. 230 Abs. 5 HS 2 Var. 2 EG) bezeichnet eine individuelle Bekanntmachung im Sinn des Art. 254 Abs. 3 EG. In der Regel erfolgt dies durch eine schriftliche Benachrichtigung; überdies ist auch eine konkludente Mitteilung denkbar[904]. In diesen Fällen beginnt die Klagefrist nach Art. 101 § 1 VerfO EuG[905] einen Tag nach der ordnungsgemäßen Zustellung zu laufen. Zustellungsmängel berühren nicht die Rechtmäßigkeit einer Entscheidung. Allerdings kann durch etwaige Mängel der Fristlauf gehemmt sein. Eine Heilung erfolgt mit der Möglichkeit der Kenntnisnahme[906]. Die Kommission wird dem Beschwerdeführer ihre Ablehnungsentscheidung – ein Vertragsverletzungsverfahren nicht durchzuführen – regelmäßig schriftlich mitteilen.

Der Fristbeginn mit der tatsächlichen Kenntnisnahme ist gewissermaßen als Auffangtatbestand zu sehen, der nur in den Fällen einschlägig ist, wenn Bekanntgabe oder Mitteilung ausbleiben. Die tatsächliche Kenntniserlangung kann erst unterstellt werden, wenn der Kläger die Möglichkeit hat, umfassende Kenntnis vom Inhalt sowie der Begründung der Entscheidung zu erhalten[907]. Dem Kläger wird freilich zugemutet, sich um genaue Kenntnis der Begründung zum Beispiel durch Anforderung des entsprechenden Textes einer Entscheidung bei der Kommission zu bemühen, sobald er von einer ihn betreffenden Entscheidung erfährt[908].

Die Klagefrist endet mit Ablauf des Tages, der im übernächsten Monat dieselbe Zahl trägt wie der Tag, an dem das fristauslösende Ereignis eingetreten ist (Art. 101 § 1b VerfO EuG[909]). Hinzuzurechnen sind schließlich die Entfernungsfristen. Fällt das Fristende auf einen Samstag, Sonntag oder einen in den Verfahrensordnungen[910] benannten Feiertag, so endet die Frist gemäß Art. 101 § 2 VerfO EuG[911] mit Ablauf des folgenden Werktages. Zur Fristwahrung genügt nach Art. 43 § 3 VerfO EuG der Eingang der Klageschrift bei der Kanzlei des EuG (bzw. des EuGH[912]).

---

904 *Cremer* in: Callies/Ruffert, Kommentar zu EU- und EG-Vertrag, Rn. 65 zu Art. 230 EG.

905 Art. 80 § 1 VerfO EuGH bei Verfahren vor dem EuGH.

906 EuGH [ICI/Kommission] Slg. 1972, 619 (655, Tz. 39/43).

907 EuGH [Kommission/Securte] Slg. 1997, I-1 (21, Tz. 31); [Wirtschaftsvereinigung Eisen- und Stahlindustrie/Kommission] Slg. 1990, I-4413 (4440, Tz. 22), m.w.N. aus der Rspr.

908 EuGH [Wirtschaftsvereinigung Eisen- und Stahlindustrie/Kommission] Slg. 1990, I-4413 (4440, Tz. 22).

909 Art. 80 § 1b VerfO EuGH für Verfahren vor dem EuGH.

910 Art. 101 § 2 Abs. 2 VerfO EuG (bzw. Art. 80 § 2 Abs. 2 VerfO EuGH) i.V.m. Art. 1 Anlage I VerfO EuGH; hiernach gelten als gesetzliche Feiertage die am Sitz des Gerichts vorgesehenen Feiertage.

911 Art. 80 § 2 VerfO EuGH für Verfahren vor dem EuGH.

912 Hier Art. 37 § 3 VerfO EuGH.

B) BEGRÜNDETHEIT

Die Individualnichtigkeitsklage ist begründet, wenn ein in Art. 230 Abs. 4 EG genannter Nichtigkeitsgrund einschlägig ist. Im vorliegenden Fall kommt es folglich auf die Frage an, ob eine Vertragsverletzung durch die Kommission im Hinblick auf Art. 226 EG vorliegt. Unter welchen Voraussetzungen die Kommission zur Durchführung eines Infraktionsverfahrens bei vorliegender Vertragsverletzung durch einen Mitgliedstaat verpflichtet ist, wurde bereits ausführlich erläutert[913]. Dies ist einerseits in der Zulässigkeit der Klage relevant. Andererseits ist die Verletzung der Pflicht, in bestimmten Konstellationen ein Infraktionsverfahren durchführen zu müssen, im Rahmen der Begründetheit als „Vertragsverletzung" nach Art. 230 Abs. 2 EG von Bedeutung. Um letztlich eine Vertragsverletzung wegen eines Verstoßes gegen Art. 226 EG seitens der Kommission konstatieren zu können, ist im Rahmen der Begründetheit der erhobenen Klage ferner zu prüfen, ob die Voraussetzung des Art. 226 EG hinsichtlich einer Vertragsverletzung seitens des durch die Beschwerde angezeigten Mitgliedstaates vorliegt. Nach der hier vertretenen Auffassung sind jedoch nur Klagen zulässig, die auf eine Einzelfallkontrolle abzielen[914]. Es kann daher im Rahmen der Begründetheit nur noch auf die korrekte Anwendung des Gemeinschaftsrechts im Einzelfall ankommen.

Bei der Rüge eines rechtswidrigen Verhaltens seitens eines Mitgliedstaats treten in der Praxis selten Beweisschwierigkeiten[915] auf, da das monierte Verhalten in den seltensten Fällen bestritten wird[916]. Die Mitgliedstaaten versuchen jedoch regelmäßig mit den verschiedensten rechtlichen Argumenten darzulegen, weswegen ein bestimmtes Verhalten keine Vertragsverletzung darstellt. Derartige Rechtfertigungsgründe können vielfältig sein. Der Gerichtshof lehnt in seiner ständigen Rechtsprechung eine Rechtfertigung aufgrund technischer, institutioneller oder politischer Umstände ab. Nationales Recht kann dem Vollzug des Gemeinschaftsrechts nicht entgegen stehen[917]. Eine Ausnahme dieses Grundsat-

---

[913] Siehe unter „3. Konkreter Vorwurf" (S. 159 ff.).

[914] Siehe unter „3. Konkreter Vorwurf" (S. 159 ff.).

[915] Im Rahmen eines Vertragsverletzungsverfahrens trägt die Kommission die Beweislast für den Nachweis eines rechtswidrigen Verhaltens durch den Mitgliedstaat (vgl. EuGH [Kommission/Spanien] Slg. 1997, I-5851 (5860, Tz. 17); [Kommission/Italien] Slg. 1994, I-393 (419, Tz. 37)); allerdings findet eine Beweislastumkehr statt, wenn die Kommission genügend Tatsachen darlegt, die ihrerseits eine Vertragsverletzung erkennen lassen (EuGH [Kommission/Deutschland] Slg. 1996, I-6747 (6760, Tz. 17)).

[916] *Borchardt* in: Dauses, Handbuch des europäischen Wirtschaftsrechts, P.I Rn. 35.

[917] EuGH [Kommission/Deutschland] Slg. 1996, I-6747 (6758, Tz. 8); [Kommission/Italien] Slg. 1970, 961 (966 f., Tz. 9), mit dem Einwand Italiens, es habe höhere Gewalt vorgelegen; [Kommission/Deutschland] Slg. 1996, I-2423 (2429, Tz. 11 f.), mit der Rechtfertigung Deutschlands, das Gesetzgebungsverfahren sei zwar begonnen nicht aber rechtzeitig

zes soll allerdings vorliegen, wenn es dem betreffenden Mitgliedstaat objektiv unmöglich war, Gemeinschaftsrecht zu vollziehen[918]. Dies kann etwa durch ein Attentat hervorgerufen werden, bei dem die notwendigen Einrichtungen, die für den Vollzug notwendig sind, zerstört werden[919]. In derartigen Fällen muss der Mitgliedstaat die Kommission über die aufgetretenen Schwierigkeiten in Kenntnis setzen, damit in kooperativer Weise die aufgetreten Probleme überwunden werden können[920].

Die Kontrolle der korrekten Anwendung des Gemeinschaftsrechts im Einzelfall setzt zuvörderst eine genaue Prüfung voraus, ob die gerügten Handlungen des Mitgliedstaats im konkreten Fall dem Gemeinschaftsrecht entsprechen. Denkbar sind Verstöße gegen Primär- sowie Sekundärrecht. Es ist hier nicht möglich alle denkbaren Verstöße aufzuzeigen, da dies den Rahmen der vorliegenden Arbeit sprengen würde. Grundsätzlich ist darauf hinzuweisen, dass das Gemeinschaftsrecht soweit es für die Mitgliedsstaaten verbindlich ist, von den Mitgliedstaaten auch zu beachten ist. Eine wichtige Rolle spielt dabei häufig die Einhaltung bestimmter Verfahren oder Grenzwerte zum Schutz der Umwelt mit Individualschutzrichtung; Relevanz können hierbei vor allem Vorschriften des medienschützenden Umweltrechts aufweisen[921]. Besondere Aufmerksamkeit ist dabei der Beachtung spezifischer Rechte oder überhaupt individueller Rechte zu widmen. Dies gilt auch im Hinblick auf Gemeinschaftsgrundrechte und damit auch für mögliche „ökologische Grundrechte“[922]. Diese sind durch die Mitgliedstaaten bei Vollzug unmittelbar wirkenden Gemeinschaftsrechts zu beachten[923]. Darüber hinaus sind die Mitgliedstaaten verpflichtet, Gemeinschaftsgrundrechte zu respektieren, wenn die Mitgliedstaaten im Anwendungsbereich des Vertrages tätig werden[924].

---

abgeschlossen worden; [Kommission/Spanien] Slg. 1995, I-1015 (1020, Tz. 4 f.), mit der Begründung Spaniens, ein Gesetzgebungsverfahren müsse aufgrund von Neuwahlen wiederholt werden.

918 St. Rspr. EuGH [Kommission/Italien] Slg. 1998, I-259 (276 ff., Tz. 13 ff.); [Kommission/Niederlande] Slg. 1988, 281 (300, Tz. 22).

919 Diskutiert etwa bei EuGH [Kommission/Italien] Slg. 1985, 2629 (Tz. 16).

920 EuGH [Griechenland/Kommission] Slg. 1996, I-3331 (3368, Tz. 39).

921 Zu Beipielen solcher Richtlinien mit Individualschutzrichtung unter „(1) Umweltbereiche“ (S. 145 ff.).

922 Dazu unter „v) Schlussfolgerung für das Gemeinschaftsrecht“ (S. 133 f.).

923 EuGH [Wachauf] Slg. 1989, 2609 (2639 ff., Tz. 17 ff.).

924 EuGH [ERT] Slg. 1991, I-2925 (2964, Tz. 42 ff.); [Grogan u.a.] Slg. 1991, I-4685 (4741, Tz. 31); [Cinéthèque u.a.] Slg. 1985, 2605 (2627, Tz. 25 f.).

C) URTEIL

Art. 233 EG begründet für das beklagte Organ – hier für die Kommission – im Falle eines stattgebenden Nichtigkeitsurteils eine positive Handlungspflicht. Eine Untätigkeit der Kommission soll bei Erlass eines Nichtigkeitsurteils vermieden werden. Die Rechtsprechung darf aufgrund der durch den Vertrag vorgegeben Kompetenzverteilung dem verurteilten Organ allerdings keine bestimmte Handlung auftragen[925]. Es dürfen auch keine Weisungen in Bezug auf die Vollstreckung des Urteils erteilt werden[926]. Die Kommission muss die entsprechenden Konsequenzen aus dem Urteil ziehen und eine sich aus dem Urteil ergebende Maßnahme treffen[927]. Ihr Handlungsermessen – soweit vorhanden – wird eingeschränkt[928]. Die Kommission wird somit jedenfalls zur erneuten Verbescheidung des Antrags auf Durchführung eines Vertragsverletzungsverfahrens unter Beachtung der Rechtsauffassung des Gerichts verpflichtet. Dies führt im Ergebnis zur positiven Entscheidung, nämlich Einleitung und Durchführung des Vertragsverletzungsverfahrens.

Durch das stattgebende Nichtigkeitsurteil wird der angefochtene Akt ex tunc nichtig[929], das heißt der Akt ist so zu behandeln, als ob er zu keinem Zeitpunkt erlassen worden ist. In den tragenden Gründen des Urteils wird dargelegt, weswegen der Akt als rechtswidrig angesehen wird[930]. Es handelt sich um ein Gestaltungsurteil. Es weist erga-omnes-Wirkung auf[931]. Aus dem Urteil ergibt sich fernerhin für die (verurteilte) Kommission die Maßgabe, die dem Kläger aus dem aufgehobenen Rechtsakt entstandenen Nachteile auszugleichen[932]. Zwar setzt die Rechtsprechung keine Frist zur Folgenbeseitigung, gleichwohl wäre die (verurteilte) Kommission verpflichtet, binnen einer angemessenen Frist für einen Ausgleich Sorge zu tragen[933].

---

925 EuGH [Pasqueras Echesbastar/Kommission] Slg. 1993, I-1719 (1759, Tz. 14).

926 EuGH [Weber/EP] Slg. 1993, I-1093 (1110, Tz. 13).

927 EuGH [Sart-Tilman/Kommission] Slg. 1993, I-2667 (2693, Tz. 17); [Turner/Kommission] Slg. 1981, 1883 (1921, Tz. 72); [Griechenland/Kommission] Slg. 1985, 2791 (2812, Tz. 36).

928 *Wohlfarth* in: Grabitz/Hilf, Kommentar zum EGV in der Fassung des Vertrages von Maastricht, Rn. 2 zu Art. 176.

929 EuGH [Kommission/Rat] Slg. 1971, 263 (279); [Euridiki Samara] Slg. 1987, 795 (806 f.).

930 St. Rspr. EuGH [SNUPAT/Hohe Behörde] Slg. 1961, 111 (164); [Asteris u.a./Kommission] Slg. 1988, 2181 (2208, Tz. 26; 2209, Tz. 30); *Nicolaysen*, Europarecht I, S. 194.

931 EuGH [Assider] Slg. 1954/55, 133 (147).

932 EuGH [Rat/De Nil u. Impens] Slg. 1998, I-2915 (2940 f., Tz. 16); [Könecke/Kommission] Slg. 1980, 665 (714, Tz. 15).

933 EuGH [Parlament/Rat] Slg. 1997, I-3213 (3249, Tz. 27); [Parlament/Rat] Slg. 1995, I-1827 (1855, Tz. 33), jeweils für die Beseitigung der Folgen einer rechtswidrigen Ratshandlung.

Ob die Kommission ihrer Verpflichtung aus Art. 233 EG nachgekommen ist, ist einer erneuten gerichtlichen Prüfung zugänglich[934]. Werden die sich aus dem Nichtigkeitsurteil ergebenden Konsequenzen nicht gezogen, kann erneut im Wege der Nichtigkeitsklage bzw. Untätigkeitsklage vorgegangen werden. Alle Adressaten eines Nichtigkeitsurteils[935], mit dem ein bestimmter Akt aufgehoben wird, sind von der Durchführung des Urteils „unmittelbar und individuell" im Sinne des Art. 230 Abs. 4 EG betroffen[936].

D) Exkurs: Intervention im anschließenden Vertragsverletzungsverfahren

Ein Folgeproblem ist die Frage nach einem Interventionsrecht[937] im Rahmen der sich anschließenden Vertragsverletzungsklage seitens der Parteien, die ein Vertragsverletzungsverfahren erzwungen haben. Es ist kurz darzulegen, ob derartige Rechte dem erfolgreichen Nichtigkeitskläger prinzipiell zustehen.

I. Beiladung

Zunächst ist die Frage zu untersuchen, ob diejenige Partei, die einen Anspruch auf Durchführung eines Infraktionsverfahren hat, in der sich (möglicherweise) anschließenden Vertragsverletzungsklage ein Recht auf Beiladung hat. Gesetzliche Grundlage für eine Beiladung ist Art. 37 Abs. 2 EuGH-Satzung[938]. Bei der Lektüre dieser Vorschrift fällt sofort auf, dass eine Beiladung von anderen Parteien als Mitgliedstaaten sowie Gemeinschaftsorganen in Rechtsstreitigkeiten zwischen Organen der Gemeinschaft und Mitgliedstaaten nach Art. 37 Abs. 2 HS. 2 Var. 3 EuGH-Satzung ausgeschlossen ist. Diese Variante wäre indes in der vorliegenden Konstellation einschlägig. Der Kläger des Ausgangsprozesses könnte ein Interesse an der Beiladung des gerichtlichen Verfahrens der

---

[934] St. Rspr. seit EuGH [Hoogovens/Hohe Behörde] Slg. 1962, 513 (544).

[935] Zur Reminiszenz: Die Urteile des EuGH wirken *erga omnes*.

[936] EuGH [Van der Stijl u.a./Kommission] Slg. 1989, 511 (558, Tz. 18); [Küster/Parlament] Slg. 1976, 1719 (1725, Tz. 8/10).

[937] Ausführlich zum Interventionsrecht: *Nissen*, Die Intervention Dritter in Verfahren vor dem Gerichtshof der Europäischen Gemeinschaften, S. 115 ff.

[938] Art. 37 Abs. 1, 2 EuGH-Satzung: „*(1) Die Mitgliedstaaten und die Organe der Gemeinschaft können einem bei dem Gerichtshof anhängigen Rechtsstreit beitreten.*
(2) Dasselbe gilt für alle anderen Personen, die ein berechtigtes Interesse am Ausgang eines bei dem Gerichtshof anhängigen Rechtsstreits glaubhaft machen; ausgenommen davon sind Rechtsstreitigkeiten zwischen den Mitgliedstaaten, zwischen Organen der Gemeinschaft oder zwischen Mitgliedstaaten und Organen der Gemeinschaft."

Vertragsverletzungsklage haben. Parteien dieses Prozesses sind die Kommission sowie der betreffende Mitgliedstaat, gegen den Klage eingereicht wurde. Der Interventionsausschluss wird mit dem Argument gerechtfertigt, dass Privatkläger aus Verfassungs- bzw. institutionellen Streitigkeiten der Gemeinschaft ferngehalten werden sollen[939]. Der in Art. 37 Abs. 2 HS 2 EuGH-Satzung normierte pauschale Ausschluss von Nebeninterventionen Privater ist im Hinblick auf die Rechtsschutzgarantie nicht unproblematisch[940]. Es kann nämlich vorkommen, dass ein Rechtsstreit zwischen zwischen Organen der Gemeinschaft und einem Mitgliedstaat elementare Auswirkungen auf Dritte haben. Diese Betroffenen – soweit es sich nicht um Gemeinschaftsorgane oder Mitgliedstaaten handelt – haben nach Art. 37 Abs. 2 HS 2 EuGH-Satzung keine Möglichkeit, direkt auf den Prozess einzuwirken.

Diese grundsätzlichen Bedenken gegen einen pauschalen Ausschluss einer Nebenintervention Privater soll folgender Fall aus dem Jahr 1994 verdeutlichen: Frankreich focht eine Fusionsgenehmigung der Kommission an, die den Zusammenschluss zweier Kali-Unternehmen gestattete[941]. Neben Deutschland wollten auch die betroffenen Unternehmungen als Streithelfer zugelassen werden. Während dem Antrag Deutschlands stattgegeben wurde[942], wies die Kanzlei des Gerichtshofs den Antrag der (letztlich betroffenen) Unternehmen mit Hinweis auf Art. 37 Abs. 2 HS 2 EuGH-Satzung ohne förmlichen Bescheid zurück. Daraufhin wiederholten die Antragsteller ihr Gesuch. Der Gerichtshof wies das Ansinnen gleichfalls ab. In seinem formellen Bescheid stützte sich das Gericht auf den Wortlaut des Art. 37 Abs. 2 HS 2 EuGH-Satzung, der eine Intervention durch andere Parteien als die in Art. 37 Abs. 1 EuGH-Satzung vorgesehen Parteien im laufenden Verfahren nicht vorsehe[943].

---

939 *Allkemper*, EWS 1995, S. 336 f.; *Usher*, European Court Practise, Rn. 11 – 11; *Klinke*, Der Gerichtshof der Europäischen Gemeinschaften, Rn. 329; *Hackspiel* in: Groeben/Thiesing/Ehlermann, Kommentar zum EU-/ EG-Vertrag, Rn. 1 zu Art. 37 EuGH-Satzung; *Rengeling/Middeke/Gellermann*, Rechtsschutz in der Europäischen Union, Rn. 671; *Dauses* in: Dauses, Handbuch des EU-Wirtschaftrechts, P.IV Rn. 32.

940 Zur Rechtsschutzgarantie: EuGH [Johnston] Slg. 1986, 1651 (1682, Tz. 18); jüngst wieder sehr stark betont durch EuG [Jégo Quéré et Cie SA/Kommission] Slg. 2002, II-2365 (Tz. 42); restriktiver EuGH [UPA/Rat] Slg. 2002, I-6677 ff.

941 EuGH [Frankreich/Kommission] Slg. 1998, I-1375 ff.

942 Unveröffentlichter Beschluss des EuGH vom 9. September 1994.

943 Unveröffentlichter Beschluss des EuGH vom 5. Oktober 1994. Dort heißt es u.a.: „[...] *il convient de relever que la requête en intervention, présentée par les sociétés „Kali und Salz" vise une intervention dans un litige opposant un Etat membre à une institution de la Communauté, hypothèse qui est expressément exclue par l'article 37, deuxième alinéa, du statut CE de la Cour. Il s'ensuit que la requête en intervention est manistement irrecevable.*"; zum Ganzen ferner *Quack* in: FS für Ralph Vieregge, S. 747 ff.

II. DRITTWIDERSPRUCHSKLAGE

Eine andere Form einer möglichen Intervention könnte eine Drittwiderspruchsklage nach Art. 39 EuGH-Satzung[944] sein. Nach dieser Vorschrift können die Mitgliedstaaten, die Gemeinschaftsorgane sowie jede natürliche oder juristische Person nach Maßgabe der Verfahrensordnung in den dort vorgesehenen Fällen Drittwiderspruch gegen ein Urteil erheben, sofern sie durch dieses Urteil in ihren Rechten beeinträchtigt und es in einem Rechtsstreit erlassen worden ist, an dem sie nicht teilgenommen haben. Nach Art. 97 § 1 HS 2 lit. c) VerfO EuGH muss der Drittwiderspruchskläger in seiner Klageschrift die Gründe angeben, weswegen er nicht in der Lage war, sich am Hauptverfahren zu beteiligen. Das Instrumentarium der Drittwiderspruchsklage könnte also eine prozedurale Kompensation zum Ausschluss eines Beiladungsrechts nach Art. 37 Abs. 2 HS 2 EuGH-Satzung darstellen.

In der Tat wird dies durch die ältere Literatur auch so gesehen. Hiernach liegt ein Hauptanwendungsfall von Art. 39 EuGH-Satzung i.V.m. Art. 97 VerfO EuGH gerade dann vor, wenn ein anderes Interventionsrecht ausgeschlossen ist[945]. Dieser Befund stützte sich nicht zuletzt auf die Rechtsprechung, die eine Drittwiderspruchsklage in allen Fällen für zulässig erachtete, wenn der Kläger zwar hätte am Ausgangsprozess teilnehmen können, es ihm aber aus wichtigen Gründen nicht möglich war oder es für den Drittwiderspruchskläger keine Möglichkeit gab als Streithelfer im Hauptprozess aufzutreten[946]. Diese Judikatur erkennt scheinbar die Zulässigkeit einer Drittwiderspruchsklage an, wenn zuvor eine Intervention beispielsweise nach Art. 37 Abs. 2 HS 2 EuGH-Satzung ausgeschlossen ist.

In der Folgezeit hat der Gerichtshof indessen eine Korrektur seiner Rechtsprechung eingeleitet. Bezeichnend hierfür sind die Rechtssachen „POIFXG“[947],

---

[944] Art. 39 EuGH-Satzung: „*Mitgliedstaaten, Organe und alle sonstigen natürlichen oder juristischen Personen können nach Maßgabe der Verfahrensordnung in den dort genannten Fällen Drittwiderspruch gegen ein Urteil erheben, wenn dieses Urteil ihre Rechte beeinträchtigt und in einem Rechtsstreit erlassen worden ist, an dem sie nicht teilnehmen haben.*“; vgl. auch Art. 97 VerfO EuGH.

[945] *Gleiss/Kleinmann*, NJW 1966, S. 278 (280); *Däubler*, AWD 1966, S. 172 (174 f.); *Brändel*, AWD 1965, S. 301 (304).

[946] EuGH [Breednband/Société des Aciéries du Temple u.a.] Slg. 1962, S. 289 (318): „[Erg.: Art. 97 § 1 HS 2 lit. c) VerfO EuGH lässt] *zum Drittwiderspruch einerseits diejenigen zu, die zwar zur Teilnahme am Hauptprozess berufen waren, jedoch aus stichhaltigen Gründen nicht teilnehmen konnten, andererseits alle diejenigen, die nicht in der Lage waren, am Hauptprozess* [...] *als Streithelfer beizutreten.*“; ferner EuGH [Belgien/Société Commerciale Antoine Vloeberghs u.a.] Slg. 1962, 347 (371).

[947] EuGH [POIFXG/Griechenland und Kommission] Slg. 1989, 4103 ff.

„PALSO“[948] sowie „PSIITENSM“[949]. Die Kläger wandten sich im Wege der Drittwiderspruchsklage gegen ein Urteil des Gerichtshofes, in dem festgestellt wurde, dass Griechenland gegen die Verpflichtungen aus Art. 52 sowie 59 EWGV (nunmehr: Art. 43 bzw. 49 EG) verstoße, wenn es Angehörigen anderer Mitgliedstaaten die Gründung privater Unterrichtsanstalten versage[950]. Der Gerichtshof verwarf die vorgetragenen Drittwiderspruchsklagen wegen Unzulässigkeit. Zur Begründung wies er zunächst auf Art. 37 Abs. 2 HS 2 EuGH-Satzung hin. Nach dieser Vorschrift sei es natürlichen sowie juristischen Personen nicht möglich, einem Vertragsverletzungsverfahren nach Art. 169, 179 EWGV (nunmehr Art. 226, 227 EG) beizutreten. Letztlich verwehre diese Vorschrift gleichfalls die Möglichkeit einer Drittwiderspruchsklage nach Art. 39 EuGH-Satzung für natürliche sowie juristische Personen. Diese Kläger erfüllten schlicht die Voraussetzungen des Art. 39 EuGH-Satzung nicht. Art. 97 VerfO EuGH präzisiere Art. 39 EuGH-Satzung dahingehend, dass nur die Kläger im Wege der Drittwiderspruchsklage vorgehen können, die prinzipiell die Möglichkeit zur Beteiligung am Ausgangsverfahren offensteht[951]. Es sei widersprüchlich, wenn Personen, ein Urteil mittels Drittwiderspruch in Frage stellen können, denen im Hauptprozess eine Beteiligung untersagt sei[952]. Die neue Rechtsprechungslinie ist im Hinblick auf die Gewährung rechtlichen Gehörs[953] kritisch zu beurteilen[954]. Immerhin können durch den Hauptprozess Rechte des möglichen Drittwiderspruchklägers beeinträchtigt sein.

---

948 EuGH [PALSO/Griechenland und Kommission] Slg. 1989, 4111 ff.

949 EuGH [PSIITENSM/Griechenland und Kommission] Slg. 1989, 4119 ff.

950 EuGH [Kommission/Griechenland] Slg. 1988, 1637 ff.

951 EuGH [POIFXG/Griechenland und Kommission] Slg. 1989, 4103 (4107, Tz. 11 ff.); [PALSO/Griechenland und Kommission] Slg. 1989, 4111 (4115, Tz. 11 ff.); [PSIITENSM/Griechenland und Kommission] Slg. 1989, 4119 (4123, Tz. 11 ff.).

952 EuGH [POIFXG/Griechenland und Kommission] Slg. 1989, 4103 (4108, Tz. 17); [PALSO/Griechenland und Kommission] Slg. 1989, 4111 (4116, Tz. 17); [PSIITENSM/Griechenland und Kommission] Slg. 1989, 4119 (4124, Tz. 17); dem folgend: *Rengeling/Middeke/Gellmermann*, Rechtsschutz in der Europäischen Union, Rn. 767; *Mulert*, Die deutschen Bundesländer vor dem Europäischen Gerichtshof, S. 38; *Hackspiel* in: Groeben/Thiesing/Ehlermann, Kommentar zum EU-/EG-Vertrag, Rn. 4 zu Art. 39 EuGH-Satzung.

953 Zum zentralen Grundsatz des rechtlichen Gehörs: EuGH [Al-Jubail Fertilizer u.a./Rat] Slg. 1991, I-3187 (3241, Tz. 15); [Niederlande u.a./Kommission] Slg. 1992, I-565 (638 f., Tz. 44); [Hoffmann-La Roche/Kommission] Slg. 1979, 461 (511, Tz. 9).

954 Ähnlich *Nissen*, Die Intervention Dritter in Verfahren vor dem Gerichtshof der Europäischen Gemeinschaften, S. 172.

3. TEIL: UNTÄTIGKEITSKLAGE NACH ART. 232 ABS. 3 EG

Zur kurzen Rekapitulation der Ausgangssituation ist kurz zu erwähnen, dass eine Untätigkeitsklage in den Konstellationen in Betracht kommt, wenn die Kommission den Antrag des Beschwerdeführers auf Durchführung eines Infraktionsverfahrens nicht bescheidet. Die folgende Diskussion konzentriert sich auf die strukturellen Unterschiede zur Individualnichtigkeitsklage.

A) ZULÄSSIGKEIT

I. ALLGEMEINES

Die Untätigkeitsklage bietet eine Rechtsschutzmöglichkeit, wenn ein Gemeinschaftsorgan pflichtwidrig eine Handlung unterlässt und somit gegen den EG-Vertrag verstößt. Entfernt erinnert dieser Rechtsschutz an die aus dem deutschen Recht bekannte Verpflichtungsklage. Allerdings orientiert sich das gemeinschaftsrechtliche Klagesystem an der französischen Rechtsordnung[955]. Die Untätigkeitsklage ist gegenüber der (Individual-) Nichtigkeitsklage subsidiär[956], was in der Praxis bedeutet, dass soweit eine Handlung angefochten werden kann, im Wege der Nichtigkeitsklage vorgegangen werden muss. Eine Ablehungsentscheidung muss also – anders als nach der deutschen Rechtsdogmatik – mit der Nichtigkeitsklage angegriffen werden. Raum für eine Untätigkeitsklage bleibt nur in den Fällen, in denen überhaupt nicht gehandelt wurde. Die Untätigkeitsklage flankiert insoweit den Rechtsschutz aus der Nichtigkeitsklage[957]. Nach der ständigen Rechtsprechung des Gerichtshofs regeln Untätigkeits- und Nichtigkeitsklage ein und denselben Rechtsbehelf[958]. Die Untätigkeitsklage zielt auf die Feststellung einer Vertragsverletzung ab, sie ist also ihrer Natur nach eine Feststellungsklage. Damit steht sie auch in sachlicher Nähe zur Vertragsverletzungsklage, welche gleichfalls die Feststellung einer Vertragsverletzung bezweckt[959].

---

[955] *Ehlermann* in: Groeben/Thiesing/Ehlermann, Kommentar zum EGV, Rn. 3 zu Art. 175 EGV.

[956] EuGH [Lütticke/Kommission] Slg. 1966, 27 (40); [Eridania u.a./Kommission] Slg. 1969, 459 (484); [Nordgetreide/Kommission] Slg. 1972, 105 (110, Tz. 4); dazu *Oppermann*, Europarecht, S. 281 (Rn. 748); *Streinz*, Europarecht, S. 218 (Rn. 544); *Isaac*, Droit communautaire général, S. 268 f.

[957] *Rengeling/Middeke/Gellermann*, Rechtsschutz in der Europäischen Union, Rn. 200.

[958] EuGH [Port/Bundesanstalt für Landwirtschaft und Ernährung] Slg. 1996, I-6065 (6105, Tz. 59); [Chevally/Kommission] Slg. 1970, 975 (979, Tz. 5/7).

[959] *Borchardt* in: Lenz, EG-Vertrag, Rn. 2 zu Art. 232.

II. Parteifähigkeit

Nach Art. 232 Abs. 3 EG sind natürliche und juristische Personen parteifähig. Zuständig für derartige Klagen ist gemäß Art. 225 Abs. 1 S. 1 i.V.m. Art. 3 lit. c) Beschluss des Rates 88/591/EGKS, EWG, Euratom[960] ist das Gericht Erster Instanz. Die aktiv legitimierten Personen werden wie im Rahmen der Individualnichtigkeitsklage bestimmt[961]. Dabei können auch Verbände klageberechtigt sein. Wie im Zuge der Nichtigkeitsklage ist die Kommission ebenfalls im Rahmen der Untätigkeitsklage passiv legitimiert (Art. 232 Abs. 1 EG).

III. Klagegegenstand

Klagegegenstand kann für einen Individualkläger nach Art. 232 Abs. 3 EG nur ein anderer Akt als eine Empfehlung oder Stellungnahme (1.) sein, der an den Kläger zu richten ist (2.).

1. „Ein anderer Akt als eine Empfehlung oder Stellungnahme"

Durch den Gesetzeswortlaut des Art. 232 Abs. 3 EG wird klargestellt, dass ein Individualkläger nur Akte durch die Organe der EG einklagen kann, die ihrerseits Rechtswirkungen bzw. Rechtsverbindlichkeit entfalten[962]. Damit scheiden als tauglicher Klagegegenstand neben Empfehlungen und Stellungnahmen jedenfalls Auskünfte oder Ratschläge aus[963]. Im Übrigen entspricht der Begriff des unterlassenen Aktes nach Art. 232 Abs. 3 EG dem der anfechtbaren Maßnahme nach Art. 230 Abs. 4 EG[964].

Vorliegend begehrt der Kläger die Durchführung eines Vertragsverletzungsverfahrens, damit die – bereits besprochenen Schritte (Mahnschreiben sowie

---

[960] Beschluss des Rates vom 24. Oktober 1988 zur Errichtung eines Gerichts erster Instanz der Europäischen Gemeinschaften in ABl. 1988 Nr. L 319, S. 1 ff.; geändert durch Beschluss des Rates 93/350/EGKS, EWG, Euratom in ABl. 1993 Nr. L 144, S. 21 sowie Beschluss des Rates 94/149/ EG, EGKS, Euratom in ABl. 1994 Nr. L 66, S. 29 sowie Beschluss 99/291/EG, EGKS, Euratom in ABl. 1999 Nr. L 114, S. 52.

[961] Vgl. unter „I. Parteifähigkeit" (S. 22 f.).

[962] EuGH [Chevally/Kommission] Slg. 1970, 975 (980, Tz. 11/14);[IBM/Kommission] Slg. 1981, 2639 (2651, Tz. 9); [N.M./Kommission und Rat] Slg. 1984, 3571 (3575, Tz. 10); [Vereinigtes Königreich] Slg. 1988, 5289 (Tz. 12); dazu auch *Koenig/Sander*, Einführung in das EG-Prozessrecht, Rn. 358.

[963] EuGH a.a.O.

[964] Näher unter „1. Ablehungsentscheidung" (S. 23 ff.).

eventuell die Abgabe einer mit Gründen versehenen Stellungnahme)[965] – Einleitung und Durchführung des obligatorischen Vorverfahrens[966]. Eventuell begehrt der Kläger noch die Erhebung der Vertragsverletzungsklage vor dem Gerichtshof. Die Rechtswirkungen der begehrten Akte erklären sich wie im Rahmen der Individualnichtigkeitsklage[967].

2. „An den Kläger zu richten"

Nach Art. 232 Abs. 3 a.E. EG kann ein Kläger nur Akte begehren, die an ihn zu richten sind. Der Kläger muss daher potentieller Adressat der zu erlassenden Maßnahme sein[968], was den Regelfall darstellt. Damit muss der begehrte Akt individuelle Geltung entfalten, weswegen Verordnungen (und Richtlinien) – anders als im Rahmen von Art. 230 Abs. 4 EG[969] – prinzipiell nicht als Klagegegenstand des Art. 232 Abs. 3 EG in Frage kommen[970].

In der zu untersuchenden Konstellation geht es indessen darum, dass der Kläger die Einleitung eines Infraktionsverfahrens verlangt. Diese Maßnahme würde sich allerdings in erster Linie an den betreffenden Mitgliedstaat richten. Eine (direkte) Adressatenstellung liegt in diesem Fall nicht vor. Freilich genügt nach der Rechtsprechung des Gerichtshofs Drittbetroffenheit, wenn der Kläger durch den zu erlassenden Akt „*unmittelbar und individuell betroffen ist*". Dies ergibt sich zum einen aus der Kohärenz der Rechtsbehelfe aus Art. 230 Abs. 4 EG sowie Art. 232 Abs. 3 EG[971]. Zum anderen kann es dem Kläger nicht zugemutet

---

965 Im Übrigen unter „2. Exkurs: Ablauf eines Infraktionsverfahrens" (S. 25 ff.).

966 Zu dieser Situation: EuGH [Star Fruit] Slg. 1989, 291 (301, Tz. 9 ff.).

967 Siehe unter „3. Maßnahme der Kommission" (S. 29 ff.).

968 EuGH [Emrich/Kommission] Slg. 1990, I-1555 (1557, Tz. 5); [Asia Motor France/Kommission] Slg. 1990, I-2181 (2184, Tz. 10); EuG [AITEC/Kommission] Slg. 1996, II-351 (375, Tz. 58); [SDDDA/Kommission] Slg. 1996, II-1559 (1574, Tz. 40); [Kuchlenz-Winter/Rat] Slg. 1996, II-1607 (1615, Tz. 20 f.).

969 Näher unter „1. Ursprüngliche Plaumann-Formel" (S. 32 ff.).

970 EuGH [Asteris u.a./Kommission] Slg. 1988, 2181 (2206, Tz. 17); [Granaria/Rat und Kommission] Slg. 1979, 1081 (1092 f., Tz. 14); [Holtz & Willemsen/Rat] Slg. 1974, 1 (10, Tz. 5); [Mackprang/Kommission] Slg. 1971, Slg. 1971, 797 (804, Tz. 4); *Bleckmann*, Europarecht, Rn. 606; *Rengeling/Middeke/Gellermann*, Rechtsschutz in der EU, Rn. 219.

971 EuGH [Port/Bundesanstalt für Landwirtschaft und Ernährung] Slg. 1996, I-6065 (6105, Tz. 59): „[...] *Ebenso wie Artikel 173 Absatz 4 EGV* [nunmehr: Art. 230 Abs. 4 EG] *es dem Einzelnen erlaubt, Nichtigkeitsklage gegen einen Rechtsakt zu erheben, der zwar nicht an ihn gerichtet ist, ihn aber unmittelbar und individuell betrifft* – [Erg.: ist] *auch Art. 175 Abs. 3 EGV* [nunmehr: Art. 232 Abs. 3 EG] *dahin auszulegen* [...], *dass der Einzelne Untätigkeitsklage gegen ein Organ erheben kann, das es unterlassen hat, einen Rechtsakt zu erlassen, der ihn in gleicher Weise betroffen hätte. Denn die Möglichkeit für den Einzelnen, seine Rechte geltend zu machen, darf nicht davon abhängen, ob das betref-*

werden, dass sich seine Rechtsschutzmöglichkeiten danach bemessen, ob ein Organ handelt oder nicht. Die „unmittelbare und individuelle Betroffenheit" ist exakt so auszulegen, wie im Rahmen des Art. 230 Abs. 4 EG[972]. Im vorliegenden Fall ist es schließlich möglich, dass Einzelne durch die Unterlassung eines Infraktionsverfahrens unmittelbar und individuell betroffen sind[973]. Eine weitergehende Klagebefugnis ist nicht erforderlich[974].

IV. Klagegrund

Innerhalb der Untätigkeitsklage nach Art. 232 Abs. 1 EG kann nur der Klagegrund der Vertragsverletzung geltend gemacht werden. Das Merkmal „Vertragsverletzung" wird wie im Rahmen der Nichtigkeitsklage interpretiert[975]. Erfasst werden alle Normen des Primär- und Sekundärrechts. Es werden ferner die allgemeinen Rechtsgrundsätze, insbesondere die Grundrechte berücksichtigt[976]. In Betracht kommt eine Vertragsverletzung durch die Kommission im Hinblick auf Art. 226 EG wegen der Nichteinleitung eines Infraktionsverfahrens.

Ebenso wie im Zuge der Nichtigkeitsklage muss jedoch danach gefragt werden, ob sich der Kläger auf Art. 226 EG berufen kann sowie seitens der Kommission die Pflicht besteht, ein Vertragsverletzungsverfahren durchzuführen. Die Argumentation, die im Rahmen der Individualnichtigkeitsklage vorgetragen wurde, ist auf die Untätigkeitsklage zu übertragen[977]. Im Ergebnis bleibt daher festzustellen, dass eine Klage, mit der die Einleitung und Durchführung eines Vertragsverletzungsverfahrens nach Art. 226 EG verlangt wird, jedenfalls dann zulässig ist, wenn spezifische Rechte bzw. unmittelbare Interessen des Klägers betroffen sind[978].

---

fende Gemeinschaftsorgan tätig geworden ist oder untätig geblieben nicht."; aus jüngster Zeit: EuG [Gestevisión Telecinco/Kommission] Slg. 1998, II-3407 (3426, Tz. 58).

972 Vgl. im Einzelnen unter „III. Klagebefugnis" (S. 32 ff.).

973 Vgl. die Argumentation unter „III. Klagebefugnis" (S. 32 ff.); a.A. EuGH [Asia Motor France/Kommission] Slg. 1990, I-2181 (2185, Tz. 11); [Star Fruit] Slg. 1989, 291 (301, Tz. 13).

974 *Koenig/Sander*, Einführung in das EG-Prozessrecht, Rn. 366 ff.; *Cremer* in: Calliess/Ruffert, Kommentar zu EU- und EG-Vertrag, Rn. 12 zu Art. 232 EG.

975 Vgl. unter „b) Verletzung des Vertrages" (S. 158 ff.).

976 EuGH [Tradex/Kommission] Slg. 1984, 1359 (1379, Tz. 24).

977 Vgl. unter „3. Konkreter Vorwurf" (S. 159 ff.).

978 Zur Ermittlung individueller Rechtspositionen bzw. rechtlich relevanter Interessen des Klägers: „2. Ergänzung der „Plaumann-Formel" unter dem Aspekt der Verfahrensbeteiligung" (S. 35 ff.).

V. VORVERFAHREN

Nach Art. 232 Abs. 2 EG ist eine Untätigkeitsklage nur zulässig, wenn das betreffende Organ durch den Kläger aufgefordert wurde, tätig zu werden (1.) sowie das in Rede stehende Organ nicht binnen zwei Monaten auf die Aufforderung mit einer Stellungnahme reagiert (2.). Das obligatorische Vorverfahren erfüllt dabei eine Warn- und Filterfunktion. Zunächst soll das betreffende Organ – im konkreten Fall die Kommission – darauf hingewiesen werden, dass eine Handlung begehrt wird, deren Unterlassung eine Vertragsverletzung darstellt. Die Kommission erhält die Möglichkeit zur Äußerung und damit zur Streitvermeidung[979]. Außerdem wird durch das Vorverfahren der Kreis der potentiellen Kläger begrenzt, da schließlich nur derjenige Klage erheben darf, der zuvor eine Aufforderung an die Kommission gerichtet hat. Die Klage selbst darf weder in tatsächlicher noch in rechtlicher Hinsicht über das Aufforderungsschreiben hinausgehen[980]. Die ordnungsgemäße Durchführung des Vorverfahrens ist von Amts wegen zu prüfen.

1. „Aufforderung zur Tätigkeit"

Art. 232 Abs. 2 EG gibt für die Aufforderung zum Tätigwerden keine besondere Form vor. Allerdings schreiben Art. 19 Abs. 2 EuGH-Satzung[981] i.V.m. Art. 44 § 4 VerfO EuG[982] zwingend vor, dass der Klageschrift eine Unterlage beizufügen ist, aus der Wortlaut und Zeitpunkt der Aufforderung hervorgehen. Daher ist es vorteilhaft, die Aufforderung schriftlich zu verfassen[983]. Grundsätzlich gelten keine Fristen für die Abgabe einer Aufforderungserklärung. Im Ein-

---

[979] *Stotz* in: Dauses Handbuch des EG- Wirtschaftsrechts, P.I Rn. 202; *ders.* in: Rengeling, Handbuch zum europäischen und deutschen Umweltrecht Bd. I, § 45 Rn. 140; *Schwarze* in: Schwarze, EU-Kommentar, Rn. 19 zu Art. 232 EG; *Rengeling/Middeke/Gellermann*, Rechtsschutz in der Europäischen Union, Rn. 225.

[980] EuGH [Chambre Syndicale] Slg. 1960, 589 (626); [Hamborner Bergbau/Hohe Behörde] Slg. 1960, 1025 (1052); [Hake/Kommission] Slg. 1970, 535 (542, Tz. 4 ff.).

[981] Art. 19 Abs. 2 EuGH-Satzung: „[1]*Ihr* [Anm.: gemeint ist die Klageschrift] *ist gegebenenfalls der Wortlaut des Aktes beizufügen, dessen Nichtigerklärung beantragt wird oder in dem Artikel 232 dieses Vertrages geregelten Fall eine Unterlage, aus der sich der Zeitpunkt der in dem genannten Artikel vorgesehenen Aufforderung ergibt.* [2]*Sind der Klageschrift diese Unterlagen nicht beigefügt, so fordert der Kanzler den Kläger auf, sie innerhalb einer angemessenen Frist beizubringen* [...]."

[982] Art. 44 § 4 VerfO EuG: „*Mit der Klageschrift sind gegebenenfalls die in den Art. 19 Abs. 2 der EuGH-Satzung* [...] *bezeichneten Unterlagen einzureichen.*"; für den EuGH entsprechend nach Art. 38 § 4 VerfO EuGH.

[983] EuGH [Gezamenlijke Steenkolenmijnen/Hohe Behörde] Slg. 1958/59, 9 (27).

zelfall kann jedoch aus Gründen der Rechtssicherheit eine *angemessene Frist* gelten[984].

In inhaltlicher Hinsicht muss die Aufforderung zwei Kriterien genügen: Die tatsächlichen und rechtlichen Anhaltspunkte der Aufforderungserklärung müssen eindeutig zu erkennen geben, welche Handlung begehrt wird[985]. Außerdem muss der Kläger deutlich machen, dass eine Stellungnahme binnen der folgenden zwei Monate erforderlich ist bzw. bei deren Ausbleiben eine Klage angestrengt wird[986]. Den Anforderungen an eine Aufforderungserklärung genügt es nicht, wenn der Kläger lediglich eine Meinungsäußerung vornimmt[987].

2. „Frist zur Stellungnahme"

Die Zweimonatsfrist zur Abgabe der Stellungnahme beginnt ab Zugang der Aufforderungserklärung zu laufen. Sobald eine Stellungnahme binnen der Zweimonatsfrist ergangen ist, endet die Untätigkeit. In diesen Fällen ist eine Untätigkeitsklage unzulässig[988]. Eine Stellungnahme in diesem Sinn liegt lediglich vor, wenn das Organ – hier die Kommission – zu der verlangten Maßnahme – mithin zu der Entscheidung über die Einleitung eines Vertragsverletzungsver-

---

984 EuGH [Niederlande/Kommission] Slg. 1971, 639 (653, Tz. 15/19); eine Gegenausnahme liegt vor, wenn das betreffende Organ zu erkennen gibt, dass die Streitsache einer für den Antragsteller positiven Lösung zugeführt wird, vgl. EuGH [ENU/Kommission] Slg. 1993, I-599 (631, Tz. 23 f.).

985 EuGH [Unisor/Kommission] Slg. 1986, 1777 (1796, Tz. 15); [EP/Rat] Slg. 1985, 1513 (1589, Tz. 24); [Deutschland/Kommission] Slg. 1984, 1451 (1491, Tz. 23); *Bleckmann*, Europarecht, Rn. 905; *Koenig/Sander*, Einführung in das EG-Prozessrecht, Rn. 346 f.; *Erichsen/Weiß*, Jura 1990, S. 528 (535).

986 EuGH [Nuevo Campsider] Slg. 1986, 1531 (1539, Tz. 8); [Unisor/Kommission] Slg. 1986, 1777 (1796, Tz. 15); [Gezamenlijke Steenkolenmijnen/Hohe Behörde] Slg. 1958/59, 9 (27).

987 EuGH [Deutschland/Kommission] Slg. 1984, 1451 (1491, Tz. 23).

988 Art. 232 Abs. 3 EG erfordert zwar kein spezifisches Rechtsschutzinteresse. Ein Interesse an der Klage entfällt jedoch bei einem Tätigwerden *nach Ablauf der Frist zur Stellungnahme noch vor der Klageerhebung* (EuGH [Kommission/Rat] Slg. 1988, 4051 (4064, Tz. 8); s.a. EuGH [Echebastar/Kommission] Slg. 1993, I-1719 (1758 f., Tz. 12)). In diesen Fällen kann die Rechtsfolge aus Art. 233 Abs. 1 EG nicht mehr eintreten (EuGH [Buckl u.a./Kommisson] Slg. 1992, I-6061 (6097, Tz. 15)). Falls die Entscheidung Mängel aufweist, kann der Kläger Nichtigkeitsklage erheben.
Wird die Untätigkeit *nach Klageerhebung aber noch vor der Urteilsverkündung* beendet, wird der Rechtsstreit gegenstandslos, da die Rechtsfolgen des Art. 233 Abs. 1 EG bereits eingetreten sind (EuGH [Kommission/Rat] Slg. 1988, 4051 (4064, Tz. 10); [Buckl u.a./Kommisson] Slg. 1992, I-6061 (6097, Tz. 15); EuG [Pantochim/Kommission] Slg. 1998, II-311 (325, Tz. 30)).

fahren – eine positive oder negative Antwort erteilt[989]. Folglich muss ein Akt erlassen werden. Es ist nicht erforderlich, dass der erwünschte Akt erlassen wird[990]. Es genügt jedoch nicht, wenn das aufgeforderte Organ die Untätigkeit ausdrücklich nicht bestreitet[991]. In dieser Situation besteht die Untätigkeit fort. Ebensowenig genügt eine hinhaltende Antwort, wie etwa die Mitteilung, das Aufforderungsschreiben werde geprüft[992]. Etwas anderes dürfte wohl gelten, wenn die Komplexität des Falles eine (geringfügig) längere Prüfungszeit als zwei Monate erfordert[993].

Für den zu untersuchenden Fall bedeutet dies, dass die Kommission erklären müsste, wie sie den Antrag des potentiellen Klägers bescheidet. Sie müsste also darlegen, ob sie ein Vertragsverletzungsverfahren einleiten wird oder nicht. Falls die Kommission das Ansinnen des Klägers negativ verbescheidet, also die Einleitung und Durchführung eines Infraktionsverfahrens ablehnt, kann gegen diesen Akt im Wege der Nichtigkeitsklage nach Art. 230 Abs. 4 EG vorgegangen werden[994].

VI. FRIST

Nach Art. 232 Abs. 2 S. 2 HS. 2 EG beträgt die Klagefrist zwei Monate. Die Frist beginnt ab dem Zeitpunkt zu laufen, in dem spätestens die Stellungnahme

---

[989] EuGH [Guérin automobiles/Kommission] Slg. 1997, I-1503 (1541, Tz. 30 f.); [ENU/ Kommission] Slg. 1993, I-599 (634, Tz. 37 f.); [EP/Rat] Slg. 1988, 5615 (5641, Tz. 17).

[990] St. Rspr.: EuGH [Pesqueras Eschebastar/Kommission] Slg. 1993, I-1719 (1758 f., Tz. 12); [Buckel u.a./Kommission] Slg. 1992, I-6061 (6097, Tz. 17); [Irish Cement/Kommission] Slg. 1988, 6473 (6503, Tz. 17); [Komponistenverband/Kommission] Slg. 1971, 705 (710, Tz. 2).

[991] EuGH [EP/Rat] Slg. 1988, 5615 (5641, Tz. 17): „[...] *Gegenüber einer Weigerung, tätig zu werden, so ausdrücklich sie auch sein mag, kann der Gerichtshof auf der Grundlage von Art. 175 EWGV* [nunmehr: Art. 232 EG] *angerufen werden, da sie die Untätigkeit nicht beendet.*“

[992] EuGH [SNUPAT/Hohe Behörde] Slg. 1961, 103 (156); [SAFE/Hohe Behörde] Slg. 1959, 381 (419).

[993] I.d.S. auch *Stotz* in: Rengeling, Handbuch zum europäischen und deutschen Umweltrecht Bd. I, § 45 Rn. 146.

[994] EuGH [San Michele/Hohe Behörde] 1962, 919 (941); [Nordgetreide/Kommission] Slg. 1972, 105 (110); *Stotz* in: Rengeling, Handbuch zum europäischen und deutschen Umweltrecht Bd. I, § 45 Rn. 146; *Rengeling/Middeke/Gellermann*, Rechtsschutz in der Europäischen Union, Rn. 233; für diese Variante stellt sich die rechtliche Argumentation so dar, wie sie in „2. Teil: Nichtigkeitsklage nach Art. 230 Abs. 4 EG“ (S. 22 ff.) ausführlich diskutiert wurde.

der Kommission dem Kläger hätte zugehen müssen[995]. Zu dieser Frist hinzugerechnet werden noch die so genannten Entfernungsfristen[996].

B) Begründetheit

Die Untätigkeitsklage ist begründet, wenn das beklagte Gemeinschaftsorgan es unter Verletzung einer Rechtspflicht unterlassen hat, einen Rechtsakt an den Kläger zu richten. Diese abstrakte Formel bedeutet konkret, dass das Verhalten der Kommission, eine positive (oder negative) Entscheidung über die Frage, ob ein Vertragsverletzungsverfahren durchgeführt werden soll, nicht zu treffen, rechtswidrig sein müsste.

I. Vertragsverletzung

Im Rahmen der Untätigkeitsklage nach Art. 232 EG kann nur eine Vertragsverletzung gerügt werden. Für die Begründetheit ist nun zu untersuchen, ob eine derartige Rechtsverletzung durch die Kommission vorliegt. In Betracht kommt ein Verstoß gegen Art. 226 EG. Die Kommission ist nach der hier vertretenen Auffassung unter den im 2. TEIL geprüften Voraussetzungen zur Durchführung eines Infraktionsverfahrens bei einer vorliegenden Vertragsverletzung durch einen Mitgliedstaat verpflichtet. Dies gilt insbesondere in den Fällen, in denen eine Einzelfallkontrolle bezweckt wird[997]. Weiterhin ist im Rahmen der Begründetheit zu prüfen, ob eine Vertragsverletzung seitens des durch die Beschwerde angezeigten Mitgliedstaates vorliegt. Nur in diesen Fällen kann eine Verpflichtung der Kommission, ein Vertragsverletzungsverfahren nach Art. 226 EG durchführen zu müssen, einschlägig sein. Dementsprechend ist nun eine konkrete Vertragsverletzung durch einen Mitgliedstaat zu prüfen. Wie im Rahmen der Nichtigkeitsklage ist auf die Kontrolle der korrekten Anwendung des Gemeinschaftsrechts im Einzelfall abzustellen. Es kommt darauf an, ob die gerügten Handlungen des Mitgliedstaats im konkreten Fall dem Gemeinschaftsrecht entsprechen. Hier geht es um die Konformität der mitgliedstaatlichen Handlungen mit dem Primär- und Sekundärrecht. Eine zentrale Rolle spielt dabei die Durchsetzung individueller Rechte im Umweltrecht.

---

[995] *Koenig/Sander*, Einführung in das EG-Prozessrecht, Rn. 372; *Cremer* in: Calliess/Ruffert, Kommentar zu EU- und EG-Vertrag, Rn. 14 zu Art. 232 EG; *Schwarze* in: Schwarze, EU-Kommentar, Rn. 19 zu Art. 232 EG; *Borchardt* in: Lenz, EG-Vertrag, Rn. 16 zu Art. 232.

[996] Zu der Problematik der Entfernungsfristen und der genauen Fristberechnung unter „V. Frist“ (S. 175 ff.).

[997] Siehe unter „3. Konkreter Vorwurf“ (S. 159 ff.).

II. URTEIL

Die Verpflichtungen der Kommission richten sich wie bei einem Nichtigkeitsurteil nach Art. 233 EG, das heißt der Kommission wird eine positive Handlungspflicht auferlegt. Ziel ist es die Untätigkeit der Kommission zu beenden. Durch ein stattgebendes Untätigkeitsurteil wird die Kommission verpflichtet, die unterlassene Maßnahme – die (bisher fehlende) Entscheidung auf den gestellten Antrag – vorzunehmen[998]. Die Kommission ist an die Feststellungen des Untätigkeitsurteils hinsichtlich der Handlungsform sowie des Inhalts gebunden. Kommt die Kommission ihrer Verpflichtung nicht nach, kann erneut Untätigkeitsklage erhoben werden[999].

998 EuGH [Sart-Tilmann/Kommission] Slg. 1993, I-2667 (2693, Tz. 17); [Turner/Kommission] Slg. 1981, 1883 (1921, Tz. 72); [EP/Rat] Slg. 1986, 2155 (2211 f., Tz. 47).

999 St. Rspr. seit EuGH [Hoogovens/Hohe Behörde] Slg. 1962, 513 (544).

4. TEIL: AMTSHAFTUNGSKLAGE NACH ART. 235 I.V.M. ART. 288 ABS. 2 EG

In diesem Teil der Untersuchung ist die Frage zu analysieren, unter welchen Voraussetzungen der Beschwerdeführer von der Kommission Schadensersatz im Rahmen der außervertraglichen Haftung nach Art. 235 i.V.m. Art. 288 Abs. 2 EG erlangen kann.

A) ZULÄSSIGKEIT

I. ALLGEMEINES

Nach Art. 235 i.V.m. Art. 288 Abs. 2 EG kann nach den allgemeinen Rechtsgrundsätzen, die den Rechtsordnungen der Mitgliedstaaten gemein sind, Schadensersatz für eingetretene Schäden, die aufgrund der Tätigkeit von Organen oder Bediensteten in Ausübung ihrer Amtstätigkeit im außervertraglichen Bereich verursacht worden sind, erlangt werden. Mit der Formulierung des Gesetzestextes ist bereits eine weitgehend richterrechtliche Regelung der Tatbestandsvoraussetzungen vorgegeben[1000]. Die in Art. 288 Abs. 2 EG angesprochenen allgemeinen Rechtsgrundsätze der Mitgliedstaaten versteht die Rechtsprechung nicht als Vorgabe, die Tatbestandsvoraussetzungen im Wege eines umfangreichen Rechtsvergleichs zu entwickeln. Sie dienen vielmehr den Grenzen der richterlichen Rechtsfortbildung[1001]. Auffällig ist jedoch, dass die Entscheidungen der Rechtsprechung bisher nicht immer einer Linie treu geblieben sind, weswegen die Tatbestandsmerkmale des Haftungstatbestandes bisher noch nicht abschließend interpretiert worden sind. Oftmals orientiert sich die Jurisdiktion an schwer fassbaren Billigkeitserwägungen[1002].

[1000] *Detterbeck*, AöR 2000, S. 202 (209); *Ossenbühl*, Staatshaftungsrecht, S. 580.

[1001] GA Gand zu EuGH [Kampffmeyer] Slg. 1967, 331 (367); GA Roemer zu EuGH [Werhahn u.a./Rat] Slg. 1973, 1229 (1258); zum Ganzen: *Fines*, Etude de la responsabilité extracontractuelle de la Communauté Economique Européenne, S. 16 ff.; *Heukels*, CMLRev. 1993, S. 368 (380), sieht spezifische Begründungspflichten der Rspr. bei der Entwicklung der Haftungsvoraussetzungen; die Jurisdiktion versucht die Strukturen der Haftung der Gemeinschaft und der Haftung des Mitgliedstaates für einen Gemeinschaftsrechtsverstoß parallel zu entwickeln, dazu: *Tridimas*, CMLRev. 2001, S. 301 (321 ff.); *von Bogdandy*, AöR, 1997, S. 268 (273); ferner EuGH [Bergaderm/Kommission] Slg. 2000, I-5291 (5324, Tz. 39 ff.).

[1002] *Von Bogdandy* in: Grabitz/Hilf, Kommentar zum EGV in der Fassung des Vertrages von Amsterdam, Rn. 30 zu Art. 288; *Schmitz*, Die Haftung der Europäischen Wirtschaftsgemeinschaft für Verordnungsrecht, S. 114 ff.

II. PARTEIFÄHIGKEIT

Die Aktivlegitimation, d.h. die Berechtigung zur Klageerhebung einer Schadensersatzklage nach Art. 235 i.V.m. Art. 288 Abs. 2 EG, erstreckt sich auf alle geschädigten Rechtsträger[1003]. Auf eine weitere Klagebefugnis, wie Art. 230 Abs. 4 EG sie vorsieht, kommt es nicht an. Für Schadensersatzklagen bezüglich der außervertraglichen Haftung ist gemäß Art. 225 Abs. 1 S. 1 i.V.m. Art. 3 lit. c) Beschluss des Rates 88/591/EGKS, EWG, Euratom[1004] das Gericht Erster Instanz zuständig. Ein Rechtsmittel zum EuGH mit dem Ziel der Prüfung von Rechtsfragen ist unter den Voraussetzungen der Art. 51 Abs. 1, 49 EuGH-Satzung[1005] prinzipiell zulässig.

Parteifähig können somit natürliche und juristische Personen der Mitgliedstaaten sein[1006]. Einschränkend gilt für die Parteifähigkeit der juristischen Personen jedoch, dass ihnen nach dem auf sie anwendbaren nationalen Recht Prozessfähigkeit zukommen muss[1007]. Ein Zugang zu den europäischen Gerichten steht daher prinzipiell auch den Verbänden offen. Die Klageberechtigung wurde sogar für nichtrechtsfähige Berufsverbände unter der Voraussetzung der Geltendma-

---

1003 EuGH [Briantex/EWG und Kommission] Slg. 1989, 3623 (3635, Tz 5 f.).

1004 Beschluss des Rates vom 24. Oktober 1988 zur Errichtung eines Gerichts erster Instanz der Europäischen Gemeinschaften in ABl. 1988 Nr. L 319, S. 1 ff.; geändert durch Beschluss des Rates 93/350/EGKS, EWG, Euratom in ABl. 1993 Nr. L 144, S. 21 sowie Beschluss des Rates 94/149/ EG, EGKS, Euratom in ABl. 1994 Nr. L 66, S. 29 sowie Beschluss 99/291/EG, EGKS, Euratom in ABl. 1999 Nr. L 114, S. 52.

1005 Art. 51 EuGH-Satzung: *„(1) [1]Das beim Gerichtshof eingelegte Rechtsmittel ist auf Rechtsfragen beschränkt.*
[2]Es kann nur auf die Unzuständigkeit des Gerichts, auf einen Verfahrensfehler, durch den die Interessen des Rechtsmittelführers beeinträchtigt werden, sowie auf eine Verletzung des Gemeinschaftsrechts durch das Gericht gestützt werden.
(2) Ein Rechtsmittel nur gegen die Kostenentscheidung oder gegen die Kostenfestsetzung ist unzulässig.“

Art. 49 Abs. 2, Abs. 3 S. 1 EuGH-Satzung: *„(2) [1]Dieses Rechtsmittel kann von einer Partei eingelegt werden, die mit ihren Anträgen ganz oder teilweise unterlegen ist. [2]Andere Streithelfer als Mitgliedstaaten oder Gemeinschaftsorgane können dieses Rechtsmittel jedoch nur dann einlegen, wenn die Entscheidung des Gerichts sie unmittelbar berührt.*
(3) Mit Ausnahme von Fällen, die sich auf Streitsachen zwischen den Gemeinschaften mit ihren Bediensteten beziehen, kann dieses Rechtsmittel auch von den Mitgliedstaaten und den Gemeinschaftsorganen eingelegt werden, die dem Rechtsstreit vor dem Gericht nicht beigetreten sind.“

1006 EuGH [Forafrique/Kommission] Slg. 1993, I-2161 (2185 ff.); [Adams/Kommission] Slg. 1985, 3539 (3585, Tz. 28 ff.).

1007 *Rengeling/Middeke/Gellermann*, Rechtsschutz in der Europäischen Union, Rn. 246; EuG [Schröder u.a./Kommission] Slg. 1997, II-501 (Tz. 34), in Bezug auf Personenvereinigungen.

chung eines „kollektiven Rechts auf Wiedergutmachung" annerkannt[1008]. Grundsätzlich können auch natürliche und juristische Personen aus Drittstaaten Schadensersatzklage vor dem Gericht Erster Instanz beziehungsweise vor dem Gerichtshof erheben[1009], soweit für sie EG-Recht Anwendung findet.

Die Schadensersatzklage ist gegen die Gemeinschaft – vertreten durch das entsprechende Organ – zu richten, die den Schaden verursacht hat[1010]. Diese Rechtsprechung wird zunehmend angezweifelt, da in einigen Urteilen auf Art. 17 EuGH-Satzung[1011] verwiesen wurde[1012]. Hieraus wurde in der Literatur der Schluss gezogen, dass nicht mehr die Gemeinschaft sondern nur noch das handelnde Organ zu verklagen seien[1013]. Im Ergebnis kommt es aber auf diese subtile Unterscheidung nicht an. Weder das Gericht Erster Instanz noch der Gerichtshof weisen eine Klage wegen des unrichtig bezeichneten Klagegegners als unzulässig zurück. Vielmehr wird dies von Amts wegen im Sinne der grundsätzlichen Rechtsprechung berichtigt, soweit keine Verfahrensrechte beeinträchtigt werden[1014]. In der hier zu untersuchenden Konstellation handelt (oder unterlässt) die Kommission für die Europäische Gemeinschaft. Folglich ist die Europäische Gemeinschaft, vertreten durch die Kommission, zu verklagen.

1008 EuGH [Union syndicale] Slg. 1975, 401 (410, Tz 16 ff.); aus neuerer Zeit: EuG [Coldiretti/Rat und Kommission] Slg. 1998, II-3841 (3861, Tz. 57 ff.).

1009 EuGH [Forafrique/Kommission] Slg. 1993, I-2161 (2185 ff.); [Adams/Kommission] Slg. 1985, 3539 (3585, Tz. 28 ff.); *Borchardt* in: Daues, Handbuch des europäischen Wirtschaftrechts, P.I Rn. 226.

1010 St. Rspr.: EuGH [Mulder u.a./Rat und Kommission] Slg. 1992, I-3061 (3138, Tz. 12); [Sofrimport] Slg. 1990, I-2477 (2512, Tz. 31 f.); [Wehrhahn] Slg. 1973, 1229 (1247, Tz. 6); EuG [Bühring/Rat und Kommission] Slg. 1998, II-171 (182, Tz. 26); so gleichfalls die wohl h.M. in der Literatur: *Borchardt* in: Lenz, EG-Vertrag, Rn. 5 zu Art. 235; *ders.* in: Daues, Handbuch des EG-Wirtschaftsrechts, P.I Rn. 227; *Gilsdorf/Oliver* in: Groeben/Thiesing/Ehlerman, Kommentar zu EU- und EG-Vertrag, Rn. 13 zu Art. 215; *Berg* in: Schwarze, EU-Kommentar, Rn. 15 zu Art. 288; *Stotz* in: Rengeling, Handbuch zum europäischen und deutschen Umweltrecht Bd. I, § 45 Rn. 161.

1011 Art. 17 Abs. 1 EuGH-Satzung: „[...] *die Organe der Gemeinschaft werden vor dem Gerichtshof durch einen Bevollmächtigten vertreten* [...]."

1012 EuG [Odigitria/Rat und Kommission] Slg. 1995, II-2025 (2037, Tz. 22).

1013 Insbesondere *von Bogdandy* in: Grabitz/Hilf, Kommentar zum EGV in der Fassung des Vertrages von Amsterdam, Rn. 39 f. zu Art. 288.

1014 EuGH [Briantex/EWG und Kommission] Slg. 1989, 3623 (3635 f., Tz. 7); [Eier-Kontor/Rat und Kommission] Slg. 1977, 393 (406, Tz. 1); [Werhahn u.a./Rat] Slg. 1973, 1229 (1247, Tz. 7); EuG [Bühring/Rat und Kommission] Slg. 1998, II-171 (182, Tz 26).

III. KLAGEGEGENSTAND

Gegenstand der Klage ist ein Schadensersatzanspruch entweder für eine rechtswidrige Handlung oder Unterlassung eines Gemeinschaftsorgans, die ursächlich für einen Schadenseintritt beim Kläger ist. Es genügt, wenn ein Schaden unmittelbar bevorsteht[1015]. Erfasst werden sowohl nicht normatives als auch normatives Handeln[1016]. Vorliegend geht um nicht normatives Handeln. Gerügt wird seitens des Klägers ein Schaden, der durch die Entscheidung ein Vertragsverletzungsverfahren nicht einzuleiten, beziehungsweise durch eine Unterlassung einer Entscheidung entsteht. Der Klagegegenstand muss in der Klageschrift gemäß Art. 44 § 1 lit. c) VerfO EuG[1017] hinreichend geltend gemacht werden.

IV. ORDNUNGSGEMÄẞE KLAGEERHEBUNG

1. Klageschrift

Die Klageschrift muss den Erfordernissen der Art. 19 EuGH-Satzung, Art. 44 § 1 VerfO EuG bzw. Art. 38 § 1 VerfO EuGH genügen. Nach diesen Vorschriften muss die Klageschrift den Namen und Wohnsitz des Klägers, die Bezeichnung des Beklagten, den Streitgegenstand sowie eine kurze Darstellung der Klagegründe, die Anträge des Klägers sowie eventuell die Bezeichnung der Beweismittel enthalten. Dabei ist es insbesondere erforderlich eine schlüssige Darstellung aller haftungsbegründenden Tatsachen in rechtlicher und tatsächlicher Hinsicht vorzutragen. Dazu gehört ein Tatsachenvortrag, aus dem das streitgegenständliche Verhalten des Organs hervorgeht sowie die Angabe von Gründen, weswegen nach Auffassung des Klägers ein Kausalzusammenhang zwischen dem gerügten Verhalten und dem Schadenseintritt besteht[1018]. Die Angaben

---

[1015] EuGH [Zuckerfabrik Bredburg/Rat und Kommission] Slg. 1987, 49 (89, Tz. 14); [Binderer] Slg. 1985, 257 (272, Tz. 19).

[1016] EuGH [Turner/Kommission] Slg. 1987, 5367 (5387, Tz. 18 ff.); [Krohn/Kommission] Slg. 1986, 753 (766 f.); [Adams/Kommission] Slg. 1985, 3539 (3586 f., Tz. 33 ff.); [Société Anonyme de Laminoirs/Hohe Behörde] Slg. 1965, 1197 (1233), jeweils mit Beispielen für administratives Handeln; EuGH [Schöppenstedt/Rat] Slg. 1971, 975 (983 f., Tz. 3 ff.), als Präzidenzentscheidung für normatives Handeln.

[1017] Art. 44 § 1 lit. c) VerfO EuG: *„Die [...] Klageschrift muss enthalten: c) den Streitgegenstand und eine kurze Darstellung der Klagegründe.“*; für Prozesse vor dem EuGH: Art. 38 § 1 lit. c) VerfO EuGH.

[1018] EuGH [Zuckerfabrik Schöppenstedt/Rat] Slg. 1971, 975 (984 f., Tz. 11); [Sonito/Kommission] Slg. 1990, I-1981 (2010, Tz. 12); [Asia Motor France/Kommission] Slg. 1990, I-2181 (2185, Tz. 13); EuG [Nölle/Kommission] Slg. 1995, II-2589 (2604, Tz. 32).

müssen so eindeutig dargelegt werden, dass dem Klagegegner eine Verteidigung sowie dem Gericht eine Entscheidung ohne weitere Informationserhebung möglich sind[1019]. Keinen Einfluss auf die ordnungsgemäße Klageerhebung und damit auf die Zulässigkeit der Klage hat es, wenn die genaue Schadenssumme bei Prozessbeginn noch nicht feststeht[1020] oder der Schadenseintritt erst unmittelbar bevorsteht[1021]. In den letztgenannten Fällen muss der Kläger zunächst die Feststellung einer grundsätzliche Haftung der Gemeinschaft beantragen, die im Wege eines Zwischenurteils festzustellen ist. Später muss ein Leistungsurteil beantragt werden.

2. Klagefrist

Art. 235 i.V.m. Art. 288 Abs. 2 EG sehen prinzipiell keine Klagefrist vor. Allerdings verjähren nach Art. 43 S. 1 EuGH-Satzung[1022] die Ansprüche aus außervertraglicher Haftung in fünf Jahren nach Eintritt des die Haftung auslösenden Ereignisses[1023]. Der Beginn der Verjährungsfrist tritt erst ein, wenn alle Voraussetzungen, von denen die Ersatzpflicht abhängt, erfüllt sind. Hierfür muss sich insbesondere der zu ersetzende Schaden deutlich abzeichnen[1024]. Für den Verjährungsbeginn des Anspruchs spielt die Kenntnis des Geschädigten vom Eintritt des schädigenden Ereignisses keine Rolle. Es kommt grundsätzlich auf die Kenntnis des Geschädigten von der Rechtswidrigkeit des Schadens – zum Beispiel durch ein vorausgegangenes Nichtigkeitsurteil – nicht an[1025]. Dies gilt insbesondere deshalb, weil die Klage nach Art. 235 i.V.m. Art. 288 Abs. 2 EG einen eigenen Rechtsbehelf statuiere, der mit der Nichtigerklärung eines rechts-

---

[1019] EuG [Guérin automobiles/Kommission] Slg. 1997, II-679 (688, Tz. 20).

[1020] St. Rspr. beginnend mit EuGH [Plaumann] Slg. 1963, 211 (239).

[1021] EuGH [Zuckerfabrik Bredburg/Rat und Kommission] Slg. 1987, 49 (89, Tz. 14); [Binderer/Kommission] Slg. 1985, 257 (272, Tz. 19).

[1022] Art. 43 S. 1 EuGH-Satzung: „*Die aus außervertraglicher Haftung der Gemeinschaft hergeleiteten Ansprüche verjähren in fünf Jahren nach Eintritt des Ereignisses, das ihnen zugrunde liegt.*"

[1023] Umfassend zur Verjährung der Ansprüche aus außervertraglicher Haftung: *Núñes Müller*, EuZW 1999, S. 611 ff.; *Broberg*, ELRev. 2001, S. 275 ff.

[1024] EuGH [Birra Wührer/Rat und Kommission I] Slg. 1982, 85 (106, Tz. 10); [Birra Wührer/Rat und Kommission II] Slg. 1984, 3693 (3727, Tz. 15); EuG [Steffens/Rat] Slg. 1998, II-4175 (4185, Tz. 31), m.w.N. aus der Rspr.

[1025] EuG [Hartmann/Rat und Kommission] Slg. 1997, II-595 (627 f., Tz. 110 ff.; 630 f., 126 ff.); [Quiller u.a./Rat und Kommission] Slg. 1997, II-2247 (2283 f., Tz. 120 ff.); eine Ausnahme zu dieser Rspr. stellt das Urteil zur Rs. „Adams" (EuGH [Adams/Kommission] Slg. 1985, 3539 ff.) dar.

widrigen Aktes nicht in Zusammenhang stehe[1026]. Eine andere Beurteilung ist erforderlich, wenn der Geschädigte nachweisen kann, dass er zwingend erst nach Ablauf der Verjährung Kenntnis von den haftungsbegründenden Tatsachen erhalten konnte[1027]. Durch die Rechtsprechung ist weiterhin anerkannt, dass Schäden täglich neu entstehen können, das heißt die Verjährungsfrist läuft für jeden Schaden vom Tag des Schadenseintritts an[1028].

Es stellt sich schließlich die Frage, ob die Verjährungsfrist des Art. 43 EuGH-Satzung bereits als Zulässigkeitskriterium der Klage anzusehen ist oder erst im Rahmen des materiellen Gehalts des Anspruchs – also in der Begründetheit der Klage – zu berücksichtigen ist. Zu dieser Problematik gibt es in der Rechtsprechung divergierende Urteile. In einigen Urteilen wurde diese Frist ohne Begründung als Zulässigkeitsvoraussetzung behandelt[1029]. Teilweise verweigert es die Rechtsprechung, die Frist von Amts wegen zu prüfen[1030]. In der Literatur wird auf Art. 43 S. 3 EuGH-Satzung hingewiesen, der auf Art. 230, 232 EG verweist. Daraus ergebe sich, dass es sich bei der Frist um eine Prozessvoraussetzung handelt[1031]. Obgleich eine Verjährungsfrist in Art. 235 i.V.m. Art. 288 Abs. 2 EG nicht vorgesehen ist, wird man im Ergebnis diese Frist schon als Zulässigkeitskriterium ansehen müssen. Dies ergibt sich aus der Funktion einer Verjährungsfrist. Sie soll für Rechtssicherheit und Rechtsfrieden sorgen. Fernerhin trägt sie dem Umstand Rechnung, dass mit zunehmender Dauer Beweisschwierigkeiten entstehen. Vor diesem Hintergrund wird der Kläger aber kaum ein Interesse an einer Klage darlegen können, die in materiell-rechtlicher Hinsicht wegen der eingetretenen Verjährung ohnehin unbegründet ist[1032].

1026 EuG [Bühring/Rat und Kommission] Slg. 1998, II-171 (191, Tz. 68), m.w.N. aus der Rspr.

1027 EuGH [Adams/Kommission] Slg. 1985, 3539 ff. (insb. Tz. 50). Im Fall ging es um einen Arbeitnehmer, der der Kommission Gemeinschaftsrechtsverstöße seines Arbeitgeber anzeigte. Die Kommission übergab dem Arbeitgeber Unterlagen, aus denen sich die Identität des Arbeitnehmers ergab. In der Folge wurde der Angestellte zu einer Haftstrafe verurteilt. Der EuGH entschied, dass dem Geschädigten die Verjährungsfrist nicht entgegengehalten werden kann, wenn er zwingend erst nach Ablauf der Verjährungsfrist Kenntnis erhalten hat und ihm somit nicht genügend Zeit zur Klage blieb.

1028 EuG [Hartmann/Rat und Kommission] Slg. 1997, II-595 (631, Tz. 132 f.).

1029 EuGH [Kampffmeyer I] Slg. 1967, 331 (351 f.); [Giordano/Kommission] Slg. 1973, 417 (425, Tz. 5 ff.); [Birra Wührer/Rat und Kommission I] Slg. 1982, 85 (104 f., Tz. 2 ff.; 107, Tz. 13); [Birra Wührer/Rat und Kommission II] Slg. 1984, 3693 (3728, Tz. 17); unlängst EuG [Fratelli Murri/Kommission] Slg. 1999, II-2553 (2564, Tz. 29 ff.).

1030 EuGH [Roquette Frères] Slg. 1989, 1553 (1586, Tz. 12).

1031 *Núñes Müller*, EuZW 1999, S. 611 (612); *Gilsdorf/Oliver* in: Groeben/Thiesing/Ehlermann, Kommentar zu EU- und EG-Vertrag, Rn. 93 zu Art. 215; im Ergebnis auch: *Borchardt* in: Lenz, EG-Vertrag, Rn. 8 zu Art. 235; wohl a.A. *Broberg*, ELRev. 2001, 275 (289 f.).

1032 Hiergegen könnte eingewendet werden, dass sich die Beklagte auf die Verjährung berufen muss. In der Praxis wird die beklagte Gemeinschaft in kritischen Fällen die Verjährung

Die Verjährung kann nach Art. 43 S. 2 EuGH-Satzung[1033] durch zwei Handlungen des Geschädigten unterbrochen werden. Zum einen wird die Verjährungsfrist durch eine ordnungsgemäße Klageerhebung beim Gericht Erster Instanz unterbrochen; bei Klagerücknahme entfällt diese Wirkung. Keine Unterbrechung der Verjährungsfrist von Ansprüchen nach Art. 288 Abs. 2 EG bewirkt die Einreichung einer Klage vor einem nationalen Gericht[1034]. Zum anderen kann der Geschädigte eine Unterbrechung der Verjährungsfrist durch die Geltendmachung seines Anspruchs gegenüber dem zuständigen Organ herbeiführen. Nicht genügend ist hingegen die Geltendmachung vor einer nationalen Behörde. Wird ein solches fakultatives Vorverfahren betrieben, ist nach Art. 43 S. 3 EuGH-Satzung[1035] binnen 2 Monaten Klage zu erheben. Art. 43 S. 3 EuGH-Satzung verweist auf Art. 230 EG bzw. auf 232 Abs. 2 EG. Eine Überschreitung dieser Zweimonatsfrist ist für den Kläger jedoch dann unschädlich, wenn der Anspruch innerhalb der fünfjährigen Verjährungsfrist gerichtlich geltend gemacht wird. Freilich ist es nicht Sinn der Vorschrift, die Klagefrist abzukürzen[1036]. Daher kann über das fakultative Vorverfahren lediglich eine Verlängerung der Verjährungsfrist erreicht werden.

V. RECHTSCHUTZBEDÜRFNIS

1. Verhältnis zur Nichtigkeits- bzw. Untätigkeitsklage

Nach der ständigen Rechtsprechung ist die Schadensersatzklage ein *selbständiger Rechtsbehelf*, der eine eigene Funktion verfolgt. Dem Zweck der Klage sind ihre Voraussetzungen unabhängig von anderen Klagemöglichkeiten ange-

---

sehr genau prüfen, so dass sie sich im Zweifel hierauf beruft. In dem Fall, in dem es ausnahmsweise doch auf die objektive Kenntnisnahmemöglichkeit durch den Kläger ankommt, hat der Kläger dies zu beweisen. Im Ergebnis bietet es sich aus Praktikabilitätsgründen auch in diesen Fällen an, die Verjährungsfrist als Zulässigkeitskriterium anzusehen.

[1033] Art. 43 S. 2 EuGH-Satzung: *„Die Verjährung wird durch Einreichung der Klageschrift beim Gerichtshof oder dadurch unterbrochen, dass der Geschädigte seinen Anspruch vorher gegenüber dem zuständigen Organ der Gemeinschaft geltend macht.“*

[1034] EuG [Bühring/Rat] Slg. 1998, II-171 (192, Tz. 72).

[1035] Art. 43 S. 2 EuGH-Satzung: *„In letzterem Fall* [Anm.: gemeint ist die Geltendmachung eines Schadens gegenüber dem zuständigen Organ] *muss die Klage innerhalb der in Artikel 230 EG vorgesehenen Frist von zwei Monaten erhoben werden; gegebenenfalls findet Art. 232 Abs. 2 EG Anwendung.“*

[1036] EuG [Nölle/Kommission] Slg. 1995, II-2589 (2604, Tz. 30 ff.).

passt[1037]. Dementsprechend ist eine Schadensersatzklage nicht schon deshalb unzulässig, weil etwa eine Nichtigkeits- oder Untätigkeitsklage zum selben Ziel führen könnte[1038]. Es gibt also keine Subsidiarität der Schadensersatzklage gegenüber der Nichtigkeits- oder Untätigkeitsklage. Die Erhebung einer Schadensersatzklage setzt nicht Nichtigerklärung eines Rechtsakts oder die Feststellung der Rechtswidrigkeit einer Unterlassung nach Art. 230 oder 232 EG voraus[1039]. Diese prinzipielle Einordnung des Verhältnisses von Schadensersatzklage einerseits und Nichtigkeits- bzw. Untätigkeitsklage andererseits erfährt gleichwohl Ausnahmen. Eine Schadensersatzklage wird durch die Judikatur regelmäßig als unzulässig erachtet, wenn sie verfahrensmissbräuchlich ist. Ein solcher Verfahrensmissbrauch liegt insbesondere vor in den Fällen vor, in denen mittels der Schadensersatzklage in erster Linie die Aufhebung einer Einzelfallentscheidung begehrt wird[1040]. Erfasst wird vor allem die Konstellation, in der ein Kläger den finanziellen Schaden einer Einzelfallentscheidung liquidieren will, der bei rechtzeitigem Vorgehen gegen den Akt im Wege der Nichtigkeitsklage nicht entstanden wäre[1041]. Den Verfahrensmissbrauch hat derjenige zu beweisen, der sich hierauf beruft[1042]. Für die zu untersuchende Ausgangsfrage bedeutet dies für den Kläger nach der ablehnenden Entscheidung der Kommission, ein Vertragsverletzungsverfahren nicht durchzuführen, dass eine Schadensersatzklage zusammen mit der Nichtigkeitsklage eingebracht werden muss, um sich gegebenen-

---

[1037] EuGH [Lütticke/Kommission] Slg. 1971, 325 (336, Tz. 6): „*Der Vertrag hat die Schadensersatzklage der Art. 178 und 215 Abs. 2 EWGV* [nunmehr: Art. 235 und 288 Abs. 2 EG] *als **selbständige Rechtsbehelfe** mit eigener Funktion im System der Klagemöglichkeiten geschaffen und sie von Voraussetzungen abhängig gemacht, die ihren besonderen Zweck angepasst sind.* [...].“, Hervorhebung durch den Verfasser; ebenso EuGH [Krohn/Kommission] Slg. 1986, 753 (769, Tz. 26 f.); EuG [Dreyfus/Kommission] Slg. 1996, II-1101 (1126, Tz. 67); [Richo Commodities/Kommission] Slg. 1996, II-1131 (1155, Tz. 64).

[1038] EuGH [Lütticke/Kommission] Slg. 1971, 325 (336, Tz. 6): „[...] *Es würde dieser Eigenständigkeit der Klage und der Wirksamkeit des allgemeinen Systems der vom Vertrag vorgesehenen Klagemöglichkeiten zuwiderlaufen, einen die Unzulässigkeit der Klage nach sich ziehenden Umstand darin zu sehen, dass die Erhebung der Schadensersatzklage in bestimmten Fällen zu einem ähnlichen Ergebnis wie die Untätigkeitsklage nach Art. 175 EWGV* [nunmehr: Art. 232 EG] *führen könnte.*“; ferner EuGH [Birke/Kommission und Rat] Slg. 1981, 2669 (2695, Tz. 28); EuG [Nölle/Rat und Kommission] Slg. 1995, II-2589 (2603 f., Tz. 30).

[1039] EuG [Oleifici u.a./Kommission] Slg. 1998, II-3380 (3402, Tz. 62), m.w.N. aus der Rspr.

[1040] St. Rspr.: EuGH [Krohn/Kommission] Slg. 1986, 753 (770, Tz. 30); [Pesquaras Echebastar] Slg. 1993, I-1719 (1759, Tz. 15); EuG [Lega/Kommission] Slg. 1998, II-195 (210, Tz. 48); [Dreyfus/Kommission] Slg. 1996, II-1101 (1126 f., Tz. 68); [Nölle/Rat und Kommission] Slg. 1995, II-2589 (2603 f., Tz. 30).

[1041] EuGH [Pesqueria Vasco Montañesa] Slg. 1995, I-3709 (3720, Tz. 27); unlängst EuG [Inpesca/Kommisssion] Slg. 2001, I-557 (582 f., Tz. 76 f.).

[1042] EuGH [Krohn/Kommission] Slg. 1986, 753 (770, Tz. 33).

falls nicht des Vorwurfs des Verfahrensmissbrauchs auszusetzen. Eine solche Verbindung von Schadensersatzklage und Nichtigkeits- bzw. Untätigkeitsklage ist prozessual zulässig[1043].

2. Verhältnis zu nationalen Rechtsbehelfen

Grundsätzlich gilt, dass eine Schadensersatzklage aufgrund außervertraglicher Haftung gegen die Gemeinschaft – vertreten durch das entsprechende Organ – zu richten ist, die den Schaden ursächlich herbeigeführt hat[1044]. Derartige Schadensersatzklagen sind zunächst vor dem Gericht Erster Instanz zu erheben[1045]. Problematisch sind allerdings die Fälle, in denen Gemeinschaftsrecht durch Mitgliedstaaten vollzogen wird. In diesen Konstellationen wird eine Schadensersatzklage gegen die Gemeinschaft nur zugelassen, soweit das Verhalten von Gemeinschaftsorganen einen Schaden herbeigeführt hat[1046]. Sofern der Schaden indessen auf Maßnahmen der nationalen Behörden zurückzuführen ist, muss nach der Rechtsprechung im Wege des nationalen Rechtsschutzes vorgegangen werden. In diesen Konstellationen ist die Gemeinschaftshaftung subsidiär[1047].

[1043] EuGH [Sofrimport] Slg. 1990, I-2477 (2505, Tz. 21); [Sonito/Kommission] Slg. 1990, I-1981 (2009 f.); [Asia Motor France] Slg. 1990, I-2181 (2185).

[1044] EuGH [Mulder u.a./Rat und Kommission] Slg. 1992, I-3061 (3131, Tz. 12); [Sofrimport] Slg. 1990, I-2477 (2512, Tz. 31 f.); [Wehrhahn u.a./Rat] Slg. 1973, 1229 (1247, Tz. 7 f.); EuG [Bühring/Rat und Kommission] Slg. 1998, II-171 (182, Tz. 26).

[1045] Vgl. Art. 225 Abs. 1 S. 1 EG i.V.m. Art. 3 lit. c) Beschluss des Rates 88/591/EGKS, EWG, Euratom.

[1046] EuGH [Biovilac/EWG] Slg. 1984, 4057 (4074, Tz. 6).

[1047] EuGH [Interagra] Slg. 1982, 2233 (2247 f., Tz. 8 f.); [Mulder u.a./Rat und Kommission] Slg. 1992, I-3061 (3131, Tz. 9); EuG [Lega/Kommission] Slg. 1998, II-195 (229, Tz. 33); [Lefebvre u.a./Kommission] Slg. 1995, II-2379 (2405, Tz. 65); strikte Subsidiarität nach: EuGH [Kampfmeyer I] Slg. 1967, 331 (355 f., 358); mit kritischen Anmerkungen zu dieser Entscheidung: *André*, NJW 1968, S. 331 ff.; ferner EuGH [Hagemann/Kommission] Slg. 1972, 1005 (1015, Tz. 5/8); sehr zustimmend. *Karpenstein*, DVBl. 1977, S. 67 ff. (insb. 70).
Eine Ausnahme wird freilich zugelassen, soweit kein wirksamer nationaler Rechtsbehelf zur Verfügung steht (EuGH [Dumortier frères] Slg. 1979, 3091 (3112 f., Tz. 6), wenn der Einzelne aufgrund der Umstände des Einzelfalls von den innerstaatlichen Rechtsbehelfen keinen Gebrauch machen kann; EuGH [Unifrex/Rat und Kommission] Slg. 1984, 1969 (1982, Tz. 11); [Krohn/Kommission] Slg. 1986, 753 (769, Tz. 27); [Roquette Frères] Slg. 1989, 1553 (1586, Tz. 15 f.), für den Fall, dass ein innerstaatlicher Rechtsbehelf nicht zur Verfügung steht; EuGH [Ludwighafener Walzmühle] Slg. 1981, 3211 (3243 f., Tz. 8 ff.), in der Situation, in der es keine Anfechtungsmöglichkeit nach nationalem Recht gibt). Zur Schließung eventueller Rechtsschutzlücken ist es nach Auffassung des Gerichtshofs ausreichend, wenn Fragen des Gemeinschaftsrechts im Wege des Vorabentscheidungsverfahrens nach Art. 234 EG im Rahmen des nationalen Prozesses dem EuGH vorgetragen wer-

Bezüglich der Haftungsfrage und der Frage, vor welchem Gericht eine etwaige Haftung geltend zu machen ist, ergeben sich Schwierigkeiten, wenn sowohl nationale Stellen als auch Gemeinschaftsorgane rechtswidrig handeln. Häufig ist eine genaue Differenzierung zwischen dem Handeln der Gemeinschaft und den nationalen Stellen schwierig[1048]. Um den Bürger von diesem Problem zu entlasten, wird eine gesamtschuldnerische Haftung der Gemeinschaft und des betreffenden Mitgliedstaates vorgeschlagen[1049]. In derartigen Fällen kann der Kläger vor der europäischen Gerichtsbarkeit Klage erheben. Die Aufteilung des Schadensersatzes erfolgt im Innenverhältnis nach der Schadensverantwortlichkeit[1050].

Es stellt sich die Frage, wie diese kurz umrissenen Grundsätze auf die vorliegende Konstellation anzuwenden sind. Man könnte nun den Gedanken entwickeln, dass ein Zusammenwirken zwischen der Kommission und dem Mitgliedstaat vorliegt, da der Mitgliedstaat gegen Gemeinschaftsrecht verstößt und die Kommission ihrer Aufsichtspflicht nach Art. 226, (211) EG nicht genügt. Allerdings greift diese Perspektive zu kurz. Es wird nämlich an zwei verschiedene Tatbestände angeknüpft. Der Kommission wird eine Verletzung des Vertrages im Hinblick auf Art. 226 EG vorgeworfen[1051]. Der rechtliche Vorwurf, der an den Mitgliedstaat gerichtet ist, basiert auf einer Verletzung des Gemeinschaftsrechts im weiteren Sinn. Das bedeutet, dass der Mitgliedstaat entweder gegen Gemeinschaftsrecht verstößt oder es aufgrund falscher Anwendung nicht korrekt durchsetzt, was im Ergebnis ebenfalls einen Gemeinschaftsrechtsverstoß bedeutet. Damit liegt allerdings kein rechtliches Zusammenwirken zwischen der Kommission und dem Mitgliedstaat in Bezug auf eine bestimmte Handlung vor. Vielmehr wird ein unterschiedlicher rechtlicher Vorwurf wegen unterschiedlicher tatsächlicher Verhaltensweisen an die Kommission und den Mitgliedstaat formuliert[1052]. Letztlich bleibt für die Frage nach Subsidiarität zum nationalen Rechtsschutz grundsätzlich kein Raum; sie kann lediglich bei der Frage, welcher

---

den (EuGH [Unifrex] Slg. 1984, 1969 (1982, Tz. 11); dazu etwa: *Borchardt* in: Dauses, Handbuch des Europäischen Wirtschaftsrechts, P.I Rn. 232 f.).

[1048] Zu den vielfältigen Gestaltungen der Zusammenarbeit: *Schmidt-Aßmann*, EuR 1996, S. 270 ff.

[1049] *Aubin*, Die Haftung der Europäischen Wirtschaftsgemeinschaft, S. 212 (244 ff.); *Czaja*, Die außervertragliche Haftung der EG für ihre Organe, S. 197 ff.; vgl. auch GA Mancini zu EuGH [Krohn/Kommission] Slg. 1986, 753 (761); a.A. GA Mancini zu EuGH [Cato/ Kommission] Slg. 1992, I-2533 (2562), wonach die Haftung der Gemeinschaft nur eingreifen soll, soweit der Kläger seinen Schaden nicht „national" liquidieren kann.

[1050] *Von Bogdandy* in: Grabitz/Hilf, Kommentar zum EGV in der Fassung des Vertrages von Amsterdam, Rn. 59 zu Art. 288.

[1051] Siehe dazu auch EuGH [Asia Motor France/Kommission] Slg. 1992, I-2181 (2185, Tz. 13); [Sonito u.a./Kommission] Slg. 1990, I-1981 (2008 f., Tz. 6 f.; 2010, Tz. 12).

[1052] I.d.S. EuGH a.a.O.

Schaden von wem verursacht wurde, Berücksichtigung finden. Anzumerken bleibt, dass ein Subsidiaritätsgedanke mit der Möglichkeit des Vorabentscheidungsverfahrens im Rahmen eines nationalen Verfahrens im Hinblick auf den Rechtsschutz zumindest in den Fällen der gemeinsamen Verantwortung kritisch zu beurteilen ist[1053].

B) Begründetheit

Die Schadensersatzklage ist begründet, wenn das streitgegenständliche Verhalten des die beklagte Gemeinschaft vertretenden Gemeinschaftsorgans rechtswidrig ist, ein Schaden tatsächlich und sicher vorliegt sowie zwischen dem gerügten Verhalten und dem Schaden ein kausaler Zusammenhang besteht[1054]. Im vorliegenden Fall bedeutet dies, dass die unterlassene Einleitung und Durchführung eines Vertragsverletzungsverfahrens rechtswidrig sein müsste. Diese rechtswidrige Unterlassung müsste kausal für einen dem Kläger entstandenen Schaden sein.

I. Handeln eines Organs

Die Organe der Gemeinschaft sind in Art. 7 Abs. 1 EG abschließend aufgezählt. Dort ist die Kommission ausdrücklich genannt, so dass es auf die extensive Auslegung des Organbegriffs nach Art. 288 Abs. 2 EG nicht ankommt[1055]. Die Kommission kann daher eine haftungsbegründende Handlung oder Unterlassung im Sinne des Art. 288 Abs. 2 EG vornehmen[1056]. Bei einer Unterlassung muss jedoch eine Handlungspflicht nachgewiesen werden[1057].

[1053] Sehr kritisch zum Verweis auf den nationalen Rechtsweg mit der Möglichkeit des Vorabentscheidungsverfahrens unlängst das EuG [Jégo Quéré et Cie SA/Kommission] Slg. 2002, II-2365 (Tz. 41 ff.); vgl. auch „cc) Schlussfolgerung" (S. 169 ff.); anderer befürwortender Ansicht aus neuester Rspr.: EuGH [UPA/Rat] Slg. 2002, I-6677 (Tz. 40 f.).

[1054] St. Rspr.: EuGH [Holtz & Willemsen] Slg. 1974, 675 (693, Tz. 3); [Grifoni/EAG] Slg. 1990, I-1203 (1225, Tz. 6); [Pesquerias de Bermeo] Slg. 1992, I-2901 (2945, Tz. 42); [KYDEP/Rat und Kommission] Slg. 1994, I-4199 (4231, Tz.19).

[1055] Der Organbegriff nach Art. 288 Abs. 2 EG erfasst über Art. 7 Abs. 1 EG hinaus alle Institutionen, die über eine eigene Rechtspersönlichkeit verfügen, jedoch „im Namen und für Rechnung der Gemeinschaft handeln" – z.B. die Europäische Investitionsbank; vgl. dazu EuGH [SGEEM und Etroy/EIB] Slg. 1992, I-6211 (6248, Tz. 12 ff.).

[1056] Zur Unterlassung auch: *Capelli/Nehls*, EuR 1997, S. 132 (134); *Detterbeck*, AöR 2000, S. 202 (211).

[1057] EuGH [Port] Slg. 1996, I-6065 (6039, Tz. 38; 6104, Tz. 57 f.).

Als haftungsbegründende Handlungen im Sinne des Art. 288 Abs. 2 EG können sowohl normatives[1058] als auch nicht normatives Handeln bzw. Unterlassen[1059] genügen[1060]. Als relevante schadensstiftende Handlung kommt im vorliegenden Fall die unterlassene Einleitung sowie Durchführung eines Infraktionsverfahrens in Betracht – eine administrative Unterlassung der Kommission. Fraglich ist, ob dergleichen überhaupt Gegenstand einer Schadensersatzklage sein kann. In der Rechtssache „Asia Motor France"[1061] war unter anderem diese Problematik Streitgegenstand. Der Gerichtshof erkannte hier zwar grundsätzlich die Möglichkeit an, dass die Weigerung der Kommission ein Infraktionsverfahren durchzuführen, Gegenstand einer Schadensersatzklage sein kann, lehnte gleichwohl die Begründetheit einer solchen Klage aus prinzipiellen Erwägungen ab. Nach der Auffassung des Gerichtshofs sei die Kommission nicht zur Durchführung eines Vertragsverletzungsverfahrens verpflichtet[1062]. Aufgrund dieser Argumentation des Gerichtshofs spitzt sich das Problem auf die Frage zu, ob seitens der Kommission eine Pflicht zur Durchführung eines Vertragsverletzungsverfahrens besteht. Dass dies der Fall sein kann, wurde bereits in dieser Arbeit ausführlich diskutiert[1063].

[1058] Vgl. hierzu die Präzidenzentscheidung im Fall: EuGH [Schöppenstedt/Rat] Slg. 1971, 975 (983 f., Tz. 3 ff.), wobei der Gerichtshof die hinreichend qualifizierte Verletzung einer höherrangigen Rechtsnorm, die dem Schutz des Einzelnen dient, verlangt.

[1059] EuGH [Turner/Kommission] Slg. 1987, 5367 (5387, Tz. 18 ff.); [Krohn/Kommission] Slg. 1986, 753 (766 f.); [Adams/Kommission] Slg. 1985, 3539 (3586 f., Tz. 33 ff.); [Société Anonyme de Laminoirs/Hohe Behörde] Slg. 1965, 1197 (1233); theoretisch ist auch judikatives Handeln durch den EuGH bzw. das EuG denkbar, vgl. dazu *von Bogdandy* in: Grabitz/Hilf, Kommentar zum EGV in der Fassung des Vertrages von Amsetrdam, Rn. 65 zu Art. 288 EG.

[1060] Zu den einzelnen Formen sehr anschaulich: *Schermers/Waelbroeck*, Judical Protection in the European Communities, S. 296 ff.; *Detterbeck*, AöR 2000, S. 202 (211 f.).

[1061] EuGH [Asia Motor France] Slg. 1990, I-2181 ff.

[1062] EuGH [Asia Motor France] Slg. 1990, I-2181 (2185, Tz. 13): „*Soweit sich die Schadensersatzklage auf die Haftung der Kommission wegen der Unterlassung* [...] *stützt, ist festzustellen, dass da die Kommission nicht zur Einleitung eines Verfahrens gemäß Art. 169 EWG-Vertrag* [nunmehr: Art. 226 EG] *verpflichtet ist (Urteil vom 14. Februar 1989 in der Rechtssache 247/87, Star Fruit/Kommission, Slg. 1989, 291), als schadensverursachendes Verhalten nur das des* [...] [Erg.: Mitglieds-] *Staates angeführt werden kann.*"

[1063] Zu dieser Diskussion unter „b) Pflicht zur Einleitung des Vertragsverletzungsverfahrens" (S. 164 ff.).

II. RECHTSWIDRIGKEIT

1. Schutznormverletzung

Nach der ständigen Rechtsprechung setzt die Begründetheit einer Schadensersatzklage notwendigerweise eine Rechtsverletzung voraus[1064]. Grundsätzlich genügt im administrativen Bereich jede Rechtsverletzung[1065]. Es entspricht jedoch der ständigen Rechtsprechung, Schadensersatz nur zuzusprechen, soweit eine Schutznorm verletzt wird[1066]. Eine Schutznorm im Sinne des Art. 288 Abs. 2 EG liegt vor, wenn die streitgegenständliche Norm – zumindest auch – dem individuellen Interesse dient[1067]. Im Ergebnis unterscheidet sich die Identifizierung einer Schutznorm nicht von der Ermittlung einer individuellen Schutzposition. Letztere wird in der Konsequenz ebenfalls anhand der Frage nach dem Schutz individueller Interessen bestimmt[1068]. Taugliche Schutznormen können primärrechtliche Normen einschließlich der allgemeinen Rechtsgrundsätze, insbesondere der Grundrechte sowie Sekundärrecht sein[1069].

Vorliegend geht es um den konkreten Vorwurf der Verletzung von Art. 226 EG durch die Kommission wegen der unterlassenen Einleitung und Durchführung eines Vertragsverletzungsverfahrens. Mithin ist zu problematisieren, ob Art. 226 EG eine Schutznorm im Sinne des Art. 288 Abs. 2 EG darstellt. Voraussetzung hierfür wäre, dass die Norm zumindest auch individuelle Interessen schützt. Es ist völlig unstreitig, dass ein Aufsichtsverfahren den individuellen

---

[1064] U.a. EuGH [Cato/Kommission] Slg. 1992, I-2533 (2570 f., Tz. 18).

[1065] EuG [Schröder u.a./Kommission] Slg. 1997, II-501 (518, Tz. 51) mit Hinweis auf die Rs. EuGH [Adams] Slg. 1985, 3539 ff.; *Borchardt* in: Dauses, Handbuch des europäischen Wirtschaftsrechts, P.4 Rn 241; vgl. aber sogleich unter „2. Hinreichend qualifizierte Verletzung".

[1066] *Rengeling/Middeke/Gellermann*, Rechtsschutz in der Europäischen Union, Rn. 266; *Capelli/Nehls*, EuR 1997, S. 132 (134 f.), GA Darmon zu EuGH [Cato/Kommission] Slg. 1992, I-2533 (2533, 2561).

[1067] St. Rspr. seit: EuGH [Vloeberghs] Slg. 1961, 429 (469); [Kampffmeyer/Kommission] Slg. 1967, 332 (341); *Koenig/Sander*, Einführung in das EG-Prozessrecht, Rn. 430; *Jarass*, Grundfragen der innerstaatlichen Bedeutung des EG-Rechts S. 119; *Capelli/Nehls*, EuR 1997, S. 132 (134); letztlich auch *Herdegen*, NVwZ 1984, S. 344 (345), der an den Begriff des subjektiv-öffentlichen Rechts des Einzelnen anknüpft; vgl. im Einzelnen für die Bestimmung eines individuellen Interesses unter „(3) Gemeinschaftsrechtlicher Ansatz" (S. 75 ff.).

[1068] Siehe unter „(3) Gemeinschaftsrechtlicher Ansatz" (S. 75 ff.).

[1069] Eine Auflistung aller bisher durch die Rspr. anerkannten Schutznormen aus dem EGV bei: *Detterbeck*, AöR 2000, S. 202 (213 f.); ferner *von Bogdandy* in: Grabitz/Hilf, Kommentar zum EGV in der Fassung des Vertrages von Amsterdam, Rn. 71 ff. zu Art 288.

Rechtsschutz ergänzen kann[1070]. Dies gilt insbesondere dort, wo spezifische Rechte bzw. individuelle Interessen des Klägers Gegenstand des Vertragsverletzungsverfahrens wären. Wie im Rahmen der Nichtigkeitsklage bei der Diskussion, ob Art. 226 EG im Interesse des Klägers gesehen werden kann[1071], ist Art. 226 EG unter engen Voraussetzungen als Schutznorm im Sinne des Art. 288 Abs. 2 EG zu sehen. Hier wie dort ist dies nach dem Gegenstand des Infraktionsverfahrens zu beurteilen. Soweit durch das angestrebte Infraktionsverfahren, das die die Prüfung einer korrekten Anwendung des Gemeinschaftsrechts im Einzelfall zum Ziel hat, individuelle Rechtspositionen bzw. spezifische Rechte des Klägers geschützt werden sollen, werden durch Art. 288 Abs. 2 EG zumindest auch die Interessen des Klägers geschützt[1072]. In dieser Situation hat dieser Kläger ein gegenüber der Allgemeinheit spezielles Interesse an der Durchführung eines Vertragsverletzungsverfahrens[1073].

2. Hinreichend qualifizierte Verletzung

Im Bereich der außervertraglichen Haftung der Gemeinschaft entwickelte der EuGH zunächst für die Fallgruppe der „Haftung für normatives Unrecht" die Voraussetzung einer „hinreichend qualifizierten Rechtsverletzung"[1074]. Eine solche Rechtsverletzung soll vorliegen, wenn ein Organ seine Befugnisse offenkundig und erheblich überschreitet[1075]. Der Gerichtshof unterstellt eine solche Überschreitung vor allem bei einer beträchtlichen Überschreitung des Ermessens durch ein Organ[1076]. Wenn ein Organ über kein Ermessen verfügt, kann indessen schon ein einfacher Gesetzesverstoß genügen, um einen „qualifizierten Verstoß"

[1070] Bspw. *Borchardt* in: Lenz, EG-Vertrag, Rn. 2 zu Art. 226.

[1071] Siehe „a) Art. 226 EG im Interesse des Klägers?" (S. 160 ff.).

[1072] A.A. EuGH [Sonito u.a./Kommission] Slg. 1990, I-1981 (2008 f., Tz. 6 f.); weniger deutlich EuGH [Asia Motor France] Slg. 1990, I-2181 (2185, Tz. 13 f.).

[1073] Näher unter „a) Art. 226 EG im Interesse des Klägers?" (S. 160 ff.).

[1074] EuGH [Schöppenstedt/Rat] Slg. 1971, 975 (984): „*Bei einem Rechtssetzungsakt* [...] *kann die außervertragliche Haftung der Gemeinschaft für den Einzelpersonen durch diesen Akt entstandenen Schaden nach den Vorschriften des Art. 215 Abs. 2 EWGV* [nunmehr: Art. 288 Abs. 2 EG] *nur durch* ***eine hinreichend qualifizierte Verletzung*** *einer höherrangigen, dem Schutz des Einzelnen dienenden Rechtsnorm ausgelöst werden.*"; Hervorhebung durch den Verfasser.

[1075] EuGH [HNL u.a./Rat und Kommission] Slg. 1978, 1209 (1224 f., Tz. 6).

[1076] EuGH [Bergadem u.a./Kommission] Slg. 2000, I-5291 (5324 f., Tz. 43), ferner EuGH [Brasserie du Pêcheur und Factortame] Slg. 1996, I-1029 (1150, Tz. 55); [Dillenkofer] Slg. 1996, I-4845 (4879 f., Tz. 25); [Norbrook] Slg. 1998, I-1531 (1599, Tz. 109).

anzunehmen[1077]. Es stellt sich die Frage, ob unter der Berücksichtigung des Kohärenzarguments –parallele Entwicklung der Gemeinschaftshaftung und der nationalen Staatshaftung – im Rahmen des Art. 288 Abs. 2 EG das Kriterium der „hinreichend qualifizierten Rechtsverletzung" auch hinsichtlich administrativer Handlungen gelten sollte[1078]. Allerdings haben weder das Gericht erster Instanz noch der Gerichtshof dieses Merkmal hinsichtlich administrativer Entscheidungen geprüft[1079]. Aus diesem Grunde kann somit davon ausgegangen werden, dass nach wie vor bei admistrativen Handlungen der Gemeinschaftsorgane eine einfache Schutznormverletzung genügt.

3. Haftung für rechtmäßiges Verhalten

Es stellt sich die Frage, ob ein Schadensersatzanspruch auch in den Fällen in Betracht kommt, in denen die Kommission rechtmäßigerweise die Einleitung und Durchführung eines Vertragsverletzungsverfahrens verweigert, dies für den Kläger allerdings eine unzumutbare Belastung darstellt. Diese Idee erinnert an den aus dem deutschen Rechts bekannten Anspruch aus enteignendem Eingriff, das heißt einen Ausgleich für rechtmäßige Handlungen des Staates die außergewöhnliche Belastungen nach sich ziehen. Weder der Gerichtshof noch das Gericht Erster Instanz haben bisher Schadensersatz aus diesem Grund zugestanden. Sie scheinen diese Möglichkeit jedoch nicht vollkommen auszuschließen[1080]. In der Rechtsprechung wird für eine mögliche Begründung eines solchen Anspruchs auf die deutsche Sonderopferlehre oder vergleichbare französische Haftungsinstitute verwiesen[1081]. Ohne eine eingehende Erörterung vortragen zu wollen, sei darauf hingewiesen, dass eine notwendige Voraussetzung für einen Haftungsanspruch eine unverhältnismäßige Belastung des Klägers wäre, die die Allgemeinheit nicht in gleicher Art und Weise betrifft[1082]. Es müsste eine besondere Belastung nachgewiesen werden. Es ist indes kaum vorstellbar, dass in der

---

[1077] EuGH [Bergadem u.a./Kommission] Slg. 2000, I-5291 (5325, Tz. 44); [Hedley Lomas] Slg. 1996, I-2553 (2613, Tz. 28), i.d.S. auch EuGH [Brasserie du Pêcheur und Factortame] Slg. 1996, I-1029 (1148, Tz. 46 f.).

[1078] So *Lageard* in: Lenz, EG-Vertrag, Rn. 24 zu Art. 288.

[1079] EuGH [KYDEP/Rat und Kommission] Slg. 1994, I-4199 (4232 ff.); [Adams/Kommission] Slg. 1985, 3539 (3600 f., Tz. 34).

[1080] EuGH [Dorsch Consult] Slg. 2000, I-4549 (4581, Tz. 53); [Biovilac/EWG] Slg. 1984, 4057 (4080 f., Tz. 28); a.A. EuG [Industria del Frio] Slg. 1998, II-3301 (Tz. 84).

[1081] EuGH [Biovilac/EWG] Slg. 1984, 4057 (4080 f., Tz. 28); EuG [Dorsch Consult] Slg. 1998, II-667 (695, Tz. 77); ablehnend: *Ruffert* in: Calliess/Ruffert, Kommentar zu EU- und EG-Vertrag, Rn. 18 zu Art. 288.

[1082] EuG [Dorsch Consult] Slg. 1998, II-667 (696, Tz. 80 f.); zu den gemeinschaftsrechtlichen Haftungsvoraussetzungen im Einzelnen: *Haack*, EuR 1999, S. 395 (401 f.).

zu untersuchenden Konstellation durch die Unterlassung der Kommission, ein Aufsichtsverfahren durchzuführen, der Kläger unverhältnismäßig belastet wird, ohne dass die Kommission nach der hier vertretenen Auffassung jedoch verpflichtet wäre, ein Infraktionsverfahren durchzuführen[1083]. Der Kläger ist in diesen Fällen regelmäßig in seinen rechtlich relevanten Interessen oder in einem spezifischen Recht betroffen. Es kommt demnach eine Haftung für ein rechtswidriges Verhalten in Betracht, nicht für ein rechtmäßiges.

III. SCHADEN

Der Kläger muss einen Schaden erlitten haben. Als Schaden wird dabei jeder Nachteil an seinem Vermögen oder an sonstigen geschützten Rechtsgütern, den der Betroffene erlitten hat, anerkannt[1084]. Als liquidationsfähiger Schaden ist auch der entgangene Gewinn anerkannt[1085], wenn er hinreichend substantiiert ist[1086]. Ein Schaden im Sinne des Art. 288 Abs. 2 EG kann ferner bei Vorliegen eines immateriellen Nachteils vorliegen[1087].

Die Schadenshöhe wird durch einen Vergleich der Verhältnisse nach Schadenseintritt mit der Situation vor Schadenseintritt verglichen. Die Rechtsprechung folgt damit der Differenzhypothese[1088]. Der Schaden muss gegenwärtig und sicher sein; ein bloß zukünftiger Schaden genügt den Anforderungen des Art. 288 Abs. 2 EG nicht[1089]. Allerdings lässt die Rechtsprechung es genügen, wenn der Schaden unmittelbar bevorsteht und mit hinreichender Sicherheit vorhersehbar ist[1090]. Einer genauen Bezifferung des Schadens bedarf es in diesen Fällen nicht.

1083 Siehe unter „b) Pflicht zur Einleitung des Vertragsverletzungsverfahrens" (S. 164 ff.).

1084 EuGH [Sofrimport] Slg. 1990, I-2477 (2510, Tz. 24); [Mulder u.a./Rat und Kommission] Slg. 1992, I-3061 (3134, Tz. 23 ff.).

1085 EuGH [Mulder u.a./Rat und Kommission] Slg. 1992, I-3061 (3134 f., Tz. 23 ff.); [Brasserie du Pêcheur und Factortame] Slg. 1996, I-1029 (1157, Tz. 87).

1086 EuGH [Kampffmeyer/Kommission] Slg. 1967, 331 (358 f.).

1087 EuGH [Adams/Kommission] Slg. 1985, 3539 (Tz. 53); [Hamill] Slg. 1988, 6141 (Tz. 10 ff.); [Rat/De Nil und Impens] Slg. 1998, I-2915 (Tz. 25 f.).

1088 St. Rspr. EuGH [Ireks-Arkady/Rat und Kommission] Slg. 1979, 2955 (2973, Tz. 13); [Dumortier Frères/Rat] Slg. 1979, 3061 (3115, Tz. 14); [Mulder u.a./Rat und Kommission] Slg. 1992, I-3061 (3135, Tz. 26); [Mulder/Rat und Kommission II] Slg. 2000, I-203 (307 f., Tz. 55 ff.).

1089 EuG [Wafer Zoo/Kommission] Slg. 1995, II-1479 (1500, Tz. 49).

1090 EuGH [Kampffmeyer/Kommissison] Slg. 1967, 332 (359); [Kampffmeyer/Kommission und Rat V] Slg. 1976, 711 (743, Tz. 11); [Biovilac/EWG] Slg. 1984, 4057 (4075, Tz. 9); [Zuckerfabrik Bredburg/Rat und Kommission] Slg. 1987, 49 (89, Tz. 14).

Die Beweislast für den genauen Nachweis des Schadens obliegt dem Kläger. Er hat den Umfang sowie die Aktualität des Schadens darzulegen. Aufgrund des Klägervortrags müssen die Gemeinschaftsgerichte in die Lage versetzt werden, den Schaden genau nachvollziehen zu können, damit ein Ersatzanspruch judiziert werden kann[1091]. Im Einzelfall können statistische Angaben als Beweisangebot ausreichen[1092]. Bei der Beweiswürdigung ist die Rechtsprechung frei. Eine gesonderte Begründung für die Würdigung ist nicht erforderlich[1093]. Eine Überprüfung der Feststellungen des Gerichts Erster Instanz durch den Gerichtshof im Rechtsmittelverfahren erstreckt sich lediglich auf tatsächliche Fehler, soweit sich dies aus den Prozessakten ergibt[1094].

Die Anwendung dieser Grundsätze ist eine Sache des Einzelfalls. Im Hinblick auf die zu untersuchende Ausgangsfrage – Schadensersatz für ein unterlassenes Vertragsverletzungsverfahren – bleibt festzustellen, dass ein Schadenseintritt beim Kläger sowohl in materieller als auch in immaterieller Hinsicht denkbar ist.

IV. Kausalität

Zwischen Schaden und Verhalten des Organs muss ein ursächlicher Zusammenhang bestehen[1095]. Zunächst ist Kausalität im Sinne der „conditio sine qua non" zu verstehen[1096]. Gleichwohl genügt den Anforderungen nicht jede irgendwie geartete Kausalität. Die uferlose Weite der „conditio sine qua non"-Formel kann zu unerträglichen Ergebnissen führen. Daher wird ein unmittelbarer Kausalzusammenhang postuliert[1097]. Die Rechtsprechung interpretiert dies zumeist so, dass der eingetretene Schaden keine völlig entfernte Folge des Organverhal-

---

1091 EuGH [Roquette Frères] Slg. 1976, 677 (687, Tz. 21/24); ferner EuG [Koelman] Slg. 1996, II-1 (39, Tz. 97 f.).

1092 Aus der neuesten Rechtsprechung: EuGH [Mulder u.a./Rat und Kommission II] Slg. 2000, I-203 (310 f., Tz. 73 ff.).

1093 EuGH [Dorsch Consult] Slg. 2000, I-4549 (4581, Tz. 51).

1094 EuGH [Brazelli Lualdi] Slg. 1994, I-1981 (2029, Tz. 49; 2033, Tz. 66).

1095 EuGH [Compagnia Italiana] Slg. 1992, I-2457 (2504, Tz. 46); [Ludwigshafener Walzmühle/Rat und Kommission] Slg. 1981, 3211 (3254, Tz. 51).

1096 EuGH [Hedley Lomas] Slg. 1996, I-2553 (2614, Tz. 30); [Francovich] Slg. 1991, I-5357 (5414, Tz. 40); beide Entscheidungen stellen jeweils nur auf einen Kausalzusammenhang ab.

1097 EuGH [Dumortier Frères] Slg. 1979, 3061 (3117, Tz. 21); EuG [Internatioanl Procurement Sevices] Slg. 1996, II-729 (745, Tz. 55); [Blackspur/Rat und Kommission] Slg. 1995, II-2627 (2644, Tz. 40), m.z.W. aus der Rspr.

tens sein darf[1098]. Der Schaden muss eine spezifische Folge des Organhandelns darstellen[1099], was letztlich anhand der Besonderheiten des Einzelfalls festzustellen ist. Soweit ein Schaden auch ohne Organhandeln eingetreten wäre, wird Kausalität negiert[1100]. Der Kausalzusammenhang kann – wie auch aus dem nationalen Recht bekannt – durch ein Dazwischentreten Dritter unterbrochen werden[1101]. Insgesamt folgt die Rechtsprechung der Gemeinschaftsgerichte jedenfalls nicht explizit einer Kausalitätslehre. In der Literatur zum Gemeinschaftsrecht wird häufig auf die aus dem deutschen Recht bekannte Adäquanztheorie verwiesen[1102], was einen gangbaren Weg darstellt. Die Beweislast zur Darlegung der Kausalität liegt beim Kläger[1103].

In Bezug auf die Ausgangsfrage können folgende Grundsätze festgehalten werden: In der Situation, in der ein Kläger Schadensersatz für ein unterlassenes Vertragsverletzungsverfahren verlangt, geht es prinzipiell darum, dass die Kommission trotz sicherer Kenntnis eines Verstoßes gegen Gemeinschaftsrecht – hier unter Verletzung einer durch das Gemeinschaftsrecht gewährten individuellen Rechtsposition eines Einzelnen – durch einen Mitgliedstaat ihrer Aufsichtspflicht nicht genügt. Die Kommission hätte allerdings mit der Einleitung eines Infraktionsverfahrens die Möglichkeit den Mitgliedstaat zur Aufgabe seines gemeinschaftsrechtswidrigen Verhaltens zu zwingen und damit die Entstehung weiteren – nicht aber schon vorher eingetretenen – Schadens zu verhindern. Zwar ist diese Hinderungsmöglichkeit nicht perfekt (Sanktionierung erst nach einer Zweitverurteilung gemäß Art. 228 EG); aber mit der Durchführung des Vertragsverletzungsverfahrens würde die Kommission das ihr Mögliche tun. Soweit die Kommission diese Option auslässt, ist ihr Verhalten (quasi-) kausal für einen Schadenseintritt. Ihr Verhalten kann nicht hinweggedacht werden, ohne dass der Schadenseintritt ausbleibt. Der anteilsmäßige Schadensausgleich

---

1098 EuGH [Dumortier Frères] Slg. 1979, 3061 (3117, Tz. 21); [Leussink u.a./Kommission] Slg. 1986, 2801 (2828, Tz. 22); [British Telecommunications] Slg. 1996, I-1631 (1668, Tz. 39); [Brasserie du Pêcheur] Slg. 1996, I-1029 (1149, Tz. 51); EuG [Blackspur/Rat und Kommission] Slg. 1995, II-2627 (2648, Tz. 52).

1099 EuGH [Roquette Frères] Slg. 1976, 677 (687, Tz. 21/24).

1100 EuGH [Compagnia Italiana] Slg. 1992, I-2457 (2505, Tz. 47).

1101 *Borchardt* in: Dauses, Handbuch des europäischen Wirtschaftsrechts, P.I Rn. 255 f.); *Berg* in: Schwarze, EU-Kommentar, Rn. 64 zu Art. 288 EG.

1102 *Detterbeck*, AöR 2000, S. 202 (216); *Ossenbühl*, Staatshaftungsrecht, S. 248 ff., 302 ff.; *von Bogdandy* in: Grabitz/Hilf, Kommentar zum EGV in der Fassung des Vertrages von Amsterdam, Rn. 106 zu Art. 288; *Gilsdorf/Oliver* in: Groeben/Thiesing/Ehlermann, Kommentar zu EU- und EG-Vertrag, Rn. 64 zu Art. 215, m.w.N.; etwas zurückhaltender *Holder/Elworthy*, CMLRev. 1994, S. 123 (133); zur Schadenzurechnung ferner: *Deckert*, EuR 1997, S. 203 ff.; *von Danwitz*, DVBl. 1997, S. 1 (7).

1103 EuGH [Roquette Frères] Slg. 1976, 677 (687, Tz. 21/24).

zwischen der Gemeinschaft und dem Mitgliedstaat ist zwischen diesen Stellen vorzunehmen[1104].

V. Inhalt des Ersatzanspruchs

Der Ersatzanspruch aus Art. 288 Abs. 2 EG ist regelmäßig auf Geld gerichtet. Ein Anspruch auf Naturalrestitution ist nicht ausgeschlossen[1105]. Der Restitutionsanspruch kann sich auch in der Wiedereinsetzung in den vorherigen Stand konkretisieren[1106]. Im Schrifttum wurde auch ein Folgenbeseitigungsanspruch diskutiert[1107].

Die Bestimmung der Höhe des zu zahlenden Schadensersatzes überlassen die Gemeinschaftsgerichte zunächst den Streitparteien. Im Urteil der Gemeinschaftsgerichte wird lediglich die Verpflichtung zur Leistung von Schadensersatz festgestellt und den Parteien aufgegeben, sich über die genaue Höhe der Leistungen zu einigen[1108]. Ausnahmsweise wird in den Fällen, in denen keine Einigung zwischen den Parteien zu Stande kommt, durch ein weiteres Urteil der zu leistende Geldbetrag festgesetzt[1109]. Wegen immaterieller Schäden wird durch die Rechtsprechung in Einzelfällen ein „symbolischer Euro" gewährt[1110].

Bei der Feststellung der Höhe des Ausgleichsanspruchs ist das Mitverschulden – bzw. die zurechenbare Mitwirkung[1111] – des Geschädigten zu berücksichtigen. Dem Geschädigten obliegt eine Schadensminderungspflicht. Im Extremfall kann ein Ersatzanspruch entfallen, wenn der Geschädigte seiner Schadensminderungspflicht nicht genügt[1112]. In derartigen Fällen erkennt die Rechtspre-

---

[1104] *Von Bogdandy* in: Grabitz/Hilf, Kommentar zum EGV in der Fassung des Vertrages von Amsterdam, Rn. 59 zu Art. 288.

[1105] *Ossenbühl*, Staatshaftungsrecht, S. 613; *Berg* in: Schwarze, EU-Kommentar, Rn. 65 zu Art. 288 EG; a.A. *Rengeling/Middeke/Gellermann*, Rechtsschutz in der Europäischen Union, Rn. 277.

[1106] EuGH [Richez-Parise u.a./Kommission] Slg. 1970, 325 (340, Tz. 45/48).

[1107] *Sack*, EuR 1986, S. 241 ff.

[1108] EuGH [Mulder u.a./Rat und Kommission] Slg. 1992, I-3094 (4. Leitsatz); ferner EuG [Saint und Murry] Slg. 1997, II-563 (3. Leitsatz).

[1109] EuGH [Grifoni] Slg. 1990, II-1203 ff. (Grundurteil) sowie [Grifoni] Slg. 1994, I-341 ff.

[1110] So bei EuG [Buisson/Kommission] Slg. ÖD 2001, II-601 (614, Tz. 54); immaterielle Schäden können etwa durch Beeinträchtigungen wie Aufregung, Ungewissheit o.ä. auftreten (EuGH [Algera] Slg. 1957, 83 (135); EuG [Hautem/EIB] Slg. 2000, II-4019 (4035, Tz. 52)).

[1111] *Von Bogdandy* in: Grabitz/Hilf, Kommentar zum EGV in der Fassung des Vertrages von Amsterdam, Rn. 118 zu Art. 288; *Berg* in: Schwarze, EU-Kommentar, Rn. 66 zu Art. 288 EG.

[1112] EuGH [Europäisches Parlament/Bieber] Slg. 2000, I-1527 (1562, Tz. 56 f.).

chung bereits keine Kausalität mehr. Anspruchsmindernd wirken sich ferner die aus einem Schaden gezogenen Vorteile sowie diejenigen Vorteile aus, die der Geschädigte vernünftigerweise hätte erzielen können (sog. Vorteilsanrechnung)[1113]. Der Anspruchsgegner hat den Entschädigungsbetrag zu verzinsen[1114]. Die Verzugszinsen betragen regelmäßig acht Prozent[1115], können aber im Einzelfall sogar zwölf Prozent betragen[1116]. Es kann prinzipiell ein Inflationsausgleich verlangt werden[1117].

[1113] *Detterbeck*, AöR 2000, S. 202 (217 f.); *Ossenbühl*, Staatshaftungsrecht, S. 612 f.; EuGH [Interquell Stärke Chemie] Slg. 1979, 3045 (3065, Tz. 17); [Dumortier frères] Slg. 1979, 3061 (3065, Tz. 15); [Mulder u.a./Rat und Kommission] Slg. 1992, I-3061 (3136, Tz. 33).

[1114] EuGH [Mulder u.a./Rat und Kommission] Slg. 1992, I-3061 (3136, Tz. 33).

[1115] EuGH [Sofrimport] Slg. 1990, I-2477 (2512, Tz. 32).

[1116] EuGH [Berti/Kommission] Slg. 1985, 645 (652, Tz. 21).

[1117] EuG [Brazelli Lualdi] Slg. 1992, II-293 (Tz. 34 f.); EuGH [Brazelli Lualdi] Slg. 1994, I-1981 (2025 f., Tz. 35), m.w.N. aus der Rspr.

5. TEIL: ABSCHLIEẞENDE GESAMTBETRACHTUNG

A) ZUSAMMENFASSUNG

Mit dem Individualbeschwerdeverfahren hat die Kommission dem Einzelnen die Möglichkeit eröffnet, der Kommission Gemeinschaftsrechtsverstöße von Mitgliedstaaten direkt anzuzeigen[1118]. Insbesondere das Individualbeschwerdeverfahren in Umweltsachen gewinnt in neuerer Zeit immer größere Bedeutung[1119]. Beschwerdeberechtigt sind auch Verbände. Nach Abschluss des Beschwerdeverfahrens kann sich für den Einzelnen unter Umständen ein Anspruch auf Durchführung eines Vertragsverletzungsverfahrens ergeben.

Um einen derartigen Anspruch prozessual durchzusetzen, empfiehlt es sich für den Kläger, einen Antrag auf Durchführung eines Vertragsverletzungsverfahrens bei der Kommission zu stellen. Wenn die Kommission hiernach ein Infraktionsverfahren einleitet, bedarf es einer prozessualen Durchsetzung des Anspruchs nicht. Von Belang sind jedoch die Fälle, in denen die Kommission den Antrag negativ bescheidet oder nicht bescheidet. Soweit die Kommission den Antrag ablehnend entscheidet, muss der Kläger eine Individualnichtigkeitsklage vor dem Gericht Erster Instanz (EuG) erheben[1120]. Im Rahmen der Zulässigkeit stellen sich insbesondere drei Probleme; zunächst die Frage nach dem Klagegegenstand, weiterhin die Problematik der Klagebefugnis sowie die Frage nach dem Klagegrund.

Im Rahmen des Klagegegenstands ist eine Entscheidung im Sinne des Art. 230 Abs. 4 EG anzufechten. Eine Entscheidung im Sinne dieser Norm zeichnet sich durch die Rechtswirkungen aus, die sie entfaltet[1121]. Rechtliche Wirkungen gehen von allen Verfahrensakten des Infraktionsverfahrens aus (Mahnschreiben, mit Gründen versehene Stellungnahme sowie Klageerhebung vor dem Gerichtshof (EuGH))[1122].

In der vorliegenden Fallkonstellation bereitet die Klagebefugnis die größten rechtlichen Schwierigkeiten. Die notwendig durch den Vertrag geforderte unmittelbare und individuelle Betroffenheit (Art. 230 Abs. 4 EG) wird grundsätz-

---

[1118] „1. TEIL: B) Individualbeschwerdeverfahren" (S. 3 ff.).

[1119] „1. TEIL: B) IV. Anhang 1: Übersicht zum Individualbeschwerdeverfahren" (S. 8).

[1120] „2. TEIL: A) Zulässigkeit" (S. 22 ff.).

[1121] „2. TEIL: A) II. 1. Ablehungsentscheidung" (S. 23 ff.).

[1122] „2. TEIL: A) II. 3. Maßnahme der Kommission" (S. 29 ff.).

lich nach der „Plaumann-Formel“[1123] ermittelt[1124]. In der Folgezeit haben Ansätze zur erweiterten Auslegung des Merkmals der unmittelbaren und individuellen Betroffenheit ergeben. So wurden Verfahrensbeteiligungen relevant sowie die Betroffenheit in einem spezifischen Recht. Aus der ersten Fallgruppe kann der Kläger in der untersuchten Situation keine Klagebefugnis herleiten, da es sich bei dem Individualbeschwerdeverfahren nicht um eine Verfahrensbeteiligung handelt, die in Art. 226 EG normiert ist[1125]. Aus der zweiten Fallgruppe ergibt sich unter der Prämisse einer Verletzung eines spezifischen Rechts oder unmittelbaren Interesses unmittelbare und individuelle Betroffenheit im Sinne des Art. 230 Abs. 4 EG[1126].

Zu fragen ist danach, unter welchen Voraussetzungen ein spezifisches Recht nach Gemeinschaftsrecht entsteht und in welchen Grenzen ein Recht begründet wird. Eine eindeutige Antwort wurde bisher durch die Rechtsprechung nicht gegeben. Fraglich ist, wie ein spezifisches Rechts zu ermitteln ist. Anzuknüpfen ist hierbei an die Rechtsprechung zu individuellen Rechtspositionen[1127]. Eine individuelle Rechtsposition muss in der fraglichen Norm bereits angelegt sein. Taugliche Normen sind hierbei alle Vorschriften des Primärrechts einschließlich der Grundrechte sowie der sonstigen allgemeinen Rechtsgrundsätze sowie des Sekundärrechts. Es ist danach zu fragen, ob die Interessen des Einzelnen durch die Norm geschützt werden. Das Individualinteresse braucht sich dabei nicht vom Allgemeininteresse zu unterscheiden, soweit personaler Bezug hergestellt werden kann (z.B. im Fall des Gesundheitsschutzes)[1128]. Darüber hinaus muss die Norm, auf die der Rechtsinhaber sich stützt, unmittelbar anwendbar sein. Richtlinien sind unter der Voraussetzung der hinreichenden Genauigkeit und Unbedingtheit sowie der Verleihung individueller Schutzpositionen unmittelbar anwendbar (self-executing-Charakter). Dabei ist zwischen vertikaler und horizontaler Direktwirkung zu unterscheiden; die Direktwirkung findet grundsätzlich nur in Vertikalverhältnissen statt[1129].

Verordnungen haben gem. Art. 249 Abs. 2 EG allgemeine Geltung, sie werden in ihrer Wirkung mit nationalen Gesetzen verglichen. Auf sie kann sich der Einzelne uneingeschränkt berufen[1130]. Auf Primärrecht kann der Einzelne rekur-

---

[1123] EuGH [Plaumann] Slg. 1963, 211 (237).

[1124] „2. TEIL: A) III. 1. Ursprüngliche Plaumann-Formel“ (S. 32 ff.).

[1125] „2. TEIL: A) III. 2. Ergänzung der „Plaumann-Formel“ unter dem Aspekt der Verfahrensbeteiligung.“ (S. 35 ff.)

[1126] „2. TEIL: A) III. 3. Ergänung der „Plaumann-Formel“ unter dem Aspekt besonderer Betroffenheit“ (S. 42 ff.).

[1127] „2. TEIL: A) III. 3. Ergänung der „Plaumann-Formel“ unter dem Aspekt besonderer Betroffenheit“ (S. 42 ff.).

[1128] „2. TEIL: A) III. 3. a) cc) (3) Gemeinschaftsrechtlicher Ansatz“ (S. 75 ff.).

[1129] „2. TEIL: A) III. 3. b) aa) (2) Grundzüge des Richtlinienrechts“ (S. 101 ff.).

[1130] „2. TEIL: A) III. 3. b) bb) Verordnung“ (S. 109 ff.).

rieren, soweit es hinreichend bestimmt und unbedingt ist. Ferner muss das Primärrecht individuelle Rechte vermitteln[1131]. Im Hinblick auf Primärrecht genießen die Grundrechte besondere Bedeutung. Zwar gibt es kein Grundrecht auf Umweltschutz, gleichwohl können klassische Grundrechte „ökologisch interpretiert" werden, wie sich am Beispiel von EMRK-Garantien zeigt[1132].

Spezifische Rechte unterscheiden sich von den individuellen Rechten dadurch, dass sie an strengere Voraussetzungen zu knüpfen sind. Eine individuelle Rechtsposition kann bereits entstehen, wenn der Rechtsträger faktisch betroffen ist. Die kann beipielsweise schon dadurch geschehen, wenn der Rechtsträger in den sachlichen Anwendungsbereich einer Norm fällt. Demgegenüber ist ein spezifisches Recht erst anzunehmen, wenn eine tatsächliche Einwirkung auf das geschützte Rechtsgut stattfindet. Die bedeutet im Zusammenhang mit Gesundheitsschutzinteressen eine physische Beeinträchtigung[1133].

Als Klagegrund kommt vorliegend eine Vertragsverletzung der Kommission sowie ein Ermessenmissbrauch in Betracht. Beide Klagegründe können hinsichtlich der Verletzung von Art. 226 EG durch die Kommission einschlägig sein. Dabei sind insbesondere zwei Fragen virulent, nämlich die Frage, ob die Kommission ein Infraktionsverfahren durchführen muss sowie die Problematik, ob sich der Kläger auf Art. 226 EG berufen kann. Bei der Einleitung und Durchführung eines Vertragsverletzungsverfahrens ist zwischen der vorprozessualen Phase und der Klageerhebung zu unterscheiden. Die vorprozessualen Schritte (Mahnschreiben, mit Gründen versehene Stellungnahme) sind obligatorisch, während der Kommission bezüglich der Klageerhebung ein Ermessensspielraum zukommt, der jedoch eingeschränkt sein kann[1134]. Art. 226 EG ist in den Fällen, in denen Gegenstand des Infraktionsverfahrens der Schutz individueller Rechtspositionen ist, als eine Norm anzusehen, die – zumindest auch – den individuellen Interessen dient. Dies ist vor dem Hintergrund zu sehen, dass in diesen Konstellation regelmäßig die korrekte Anwendung des Gemeinschaftsrechts streitbefangen ist[1135].

In der Begründetheit der Individualnichtigkeitsklage kommt es in der untersuchten Situation neben der Frage, ob eine Pflicht zur Durchführung eines Infraktionsverfahrens besteht, darauf an, ob das erwünschte Vertragsverletzungsverfahren gemäß Art. 226 EG begründet wäre. Dabei ist die (Gemeinschafts-) Rechtmäßigkeit des mitgliedstaatlichen Handelns von Bedeutung. Im

---

[1131] „2. TEIL: A) III. 3. b) cc) (1) Kriterien für die unmittelbare Anwendbarkeit" (S. 115 ff.).

[1132] „2. TEIL: A) III. 3. b) cc) (3) Grundrechte" (S. 119 ff.).

[1133] „2. TEIL: A) III. 3. c) bb) Deduktion der weiteren Voraussetzung" (S. 144 ff.).

[1134] „2. TEIL: A) IV. 3. b) cc) Schlussfolgerung" (S. 169 ff.).

[1135] „2. TEIL: A) IV. 3. a) Art. 226 EG im Interesse des Klägers?" (S. 160 ff.).

Rahmen des mitgliedstaatlichen Handelns kann lediglich lediglich die korrekten Anwendung des Gemeinschaftsrechts überprüft werden. Individualnichtigkeitsklagen, die Vertragsverletzungsverfahren mit einem anderen Zweck als eine Einzelfallkontrolle erzwingen sollen, sind nach der hier vertretenen Auffassung nicht zulässig[1136].

Wenn die Kommission den Antrag nicht binnen zweier Monate nach einer Aufforderung zum Tätigwerden bescheidet, ist eine Untätigkeitsklage indiziert (Art. 232 Abs. 3 EG). Nach der Rechtsprechung liegt die notwendige Klagebefugnis vor, wenn der Kläger durch den zu erlassenen Akt unmittelbar und individuell betroffen wäre[1137]. Im Rahmen der Untätigkeitsklage kann nur der Klagegrund der Vertragsverletzung geltend gemacht werden, worunter allerdings auch ein Ermessensmissbrauch fallen kann[1138].

Soweit der Kläger durch die Unterlassung der Kommission, ein Vertragsverletzungsverfahren einzuleiten und durchzuführen, einen Schaden erlitten hat, kommt eine Amtshaftungsklage nach Art. 235 i.V.m. Art. 288 Abs. 2 EG in Betracht. Dabei kann eine Schadensersatzklage durchaus neben einer Nichtigkeits- oder Untätigkeitsklage erhoben werden[1139]. Die Unterlassung der Kommission kann ihrerseits (quasi-) kausal für einen eingetretenen Schaden sein, so dass der Kläger nicht auf den nationalen Rechtsweg verwiesen werden kann[1140]. Begründet ist die Schadensersatzklage, wenn die Unterlassung der Kommission rechtswidrig ist sowie sie (quasi-) kausal für einen Schadenseintritt beim Kläger ist. Der Schadensersatz ist in der Regel in Geld zu leisten[1141].

B) SCHLUSSBEWERTUNG

Insgesamt zeigt sich, dass der Beschwerdeführer jedenfalls dann einen Anspruch auf Durchführung eines Vertragsverletzungsverfahrens hat, wenn er in einem spezifischen Recht einer bzw. in seinen unmittelbaren Interessen betroffen ist sowie die Kontrolle der richtigen Anwendung des Gemeinschaftsrechts im Einzelfall beabsichtigt. Mit der Möglichkeit, dies prozessual durchzusetzen, ist dem Beschwerdeführer ein scharfes Instrument an die Hand gegeben. Flan-

---

[1136] „2. TEIL: B) Begründetheit" (S. 178 ff.); s. a. „2. TEIL: A) IV. 3. a) Art. 226 EG im Interesse des Klägers?" (S. 160 ff.).

[1137] „3. TEIL: A) III. Klagegegenstand" (S. 186 ff.).

[1138] „3. TEIL: B) I. Vertragsverletzung" S. 192 ff.).

[1139] „4. TEIL: A) V. 1. Verhältnis zur Nichtigkeits- bzw. Untätigkeitsklage" S. 200 ff.).

[1140] „4. TEIL: A) V. 2. Verhältnis zu nationalen Rechtsbehelfen" (S. 202 ff.).

[1141] „4. TEIL: B) Begründetheit" (S. 204 ff.).

kierend kann er unter Umständen Schadensersatz geltend machen. Die vorgetragene Lösung ist konsequent, da es kaum einsehbar ist, dass eine Möglichkeit zur Beschwerde an die Kommission zwar gegeben ist, diese jedoch in allen Konstellationen im Sande verlaufen soll. Neben den anderen in der Untersuchung dargelegten Argumenten, ist bereits aus Effektivitätsgründen – soweit es um Einzelfallkontrolle geht – die Möglichkeit zur prozessualen Durchsetzung geboten. Ein anderes Ergebnis wäre in höchstem Maße unbefriedigend. Ein Anspruch auf Durchführung des Vertragsverletzungsverfahrens wird sich in der Praxis als wirksames Instrument erweisen. Dies ist schon deshalb zu erwarten, weil die Kommission in dem sich anschließenden Infraktionsverfahren – insbesondere im Vorverfahren – bereits aus ihrer Stellung als „europäische Regierung" heraus gegenüber dem Mitgliedstaat mit größerer Autorität als ein Privatkläger auftreten kann.

Entfernt erinnert die Möglichkeit der Klageerhebung bei Betroffenheit in eigenen Rechten vor der europäischen Gerichtsbarkeit an eine Verfassungsbeschwerde; allerdings handelt es sich in der analysierten Konstellation nicht um eine Verfassungsbeschwerde. Die Einführung einer Verfassungsbeschwerde wurde und wird im Übrigen im Rahmen des Post-Nizza-Prozesses immer wieder angeregt. Wichtigster Unterschied zu einer Verfassungsbeschwerde ist, dass der Anspruch auf Durchführung eines Vertragsverletzungsverfahrens in bestimmten Konstellationen bereits de lege lata gegeben ist. Dennoch wäre es zur Klarstellung wünschenswert, wenn der europäische Gesetzgeber de lege ferenda das Individualbeschwerdeverfahren normieren würde sowie den Anspruch auf ein Vertragsverletzungsverfahren explizit formulieren würde. Ein Ansatzpunkt könnte dabei eine Erweiterung des Art. 226 EG[1142] um einen weiteren Absatz 3, der wie folgt aussehen könnte:

„Hat nach Auffassung einer natürlichen oder juristischen Person ein Mitgliedstaat gegen eine Verpflichtung aus diesem Vertrag verstoßen, die sie unmittelbar und individuell betrifft[1143]*, so kann diese Person die Kommission auffordern, ein Verfahren nach den Absätzen 1 und 2 durchzuführen. Lehnt die Kom-*

[1142] Art. 226 EG: *„(1) Hat nach Auffassung der Kommission ein Mitgliedstaat gegen eine Verpflichtung aus diesem Vertrag verstoßen, so gibt sie eine mit Gründen versehene Stellungnahme ab; sie hat dem Staat zuvor Gelegenheit zur Äußerung zu geben.*
(2) Kommt der Staat dieser Stellungnahme innerhalb der von der Kommission gesetzten Frist nicht nach, so kann die Kommission den Gerichtshof anrufen."

[1143] Soweit man vom Merkmal der individuellen und unmittelbaren Betroffenheit abrücken möchte, könnte man hier auch auf individuelle Interessen oder Rechte abstellen, so dass die Formulierung in diesem Punkt lauten würde: „[...] *die sie in ihren Interessen oder Rechten betrifft* [...]."; vgl. i.Ü. unter „2. TEIL: A) III. 3. c) cc) Exkurs: Reformvorschläge" (S. 152 ff.).

mission die Einleitung oder Fortsetzung eines solchen Verfahrens ab, so kann die Person hiergegen Klage nach Art. 230 EG erheben. Unterlässt es statt dessen die Kommission, einen Beschluss zu fassen, so kann die Person hiergegen Klage nach Art. 232 EG erheben. Führt die eine Klage nach den Sätzen 2 oder 3 zur Nichtigerklärung der Ablehnung bzw. zur Feststellung der Rechtswidrigkeit der Untätigkeit, so hat die Kommission die sich ergebenden Maßnahmen zu ergreifen."

Als rechtspolitische Alternative ist zu erwägen, ob nicht ein Klagerecht nach Art. 226 EG direkt der natürlichen oder juristischen Person zustehen sollte. Der Vorteil läge darin, dass der Kläger als Betroffener, die Verfolgung eigener Rechte direkt vor dem sachnahen europäischen Richter betreiben kann. Die Einräumung eines Rechts, ein Verfahren nach Art. 226 EG durchzuführen, könnte folgendermaßen normiert werden. Es wäre der letzte Halbsatz des unterbreiteten Reformvorschlags zu ändern. Statt dem Halbsatz „[...] *so hat die Kommission die sich ergebenden Maßnahmen zu ergreifen*" müsste formuliert werden: „[...] *so kann die natürliche oder juristische Person Klage nach Abs. 2 erheben*".

LITERATURANGABEN:

A

Adamovich, Ludwig K.: Allgemeines Verwaltungsrecht, Wien 1980.

Albin, Silke: Die Vollzugskontrolle des europäischen Umweltrechts, Berlin 1999, Schriften zum Europäischen Recht, Bd. 61.

Albin, Silke: Unmittelbare Anwendbarkeit von Richtlinien mit „Doppelwirkung" im Umweltbereich – ein Scheinproblem? – Anmerkungen anlässlich des „Groß-krotzenburg"-Urteils des EuGH, NuR 1997, S. 29 ff.

Allkemper, Ludwig: Grenzen der Streithilfe vor dem Europäischen Gerichtshof, EWS 1995, S. 336 ff.

Amato, Guiliano/Barbera, A.: Manuale di Diritto Publico, Bologna 4. Aufl. 1994.

André, Achim: Konkurrierende Ersatzansprüche vor deutschen Gerichten und dem Europäischen Gerichtshof, NJW 1968, S. 331 ff.

Anselmann, Norbert: Die Rolle der europäischen Normung bei der Schaffung des Europäischen Binnenmarktes, RIW 1986, S. 936 ff.

Arnull, Anthony: Challenging Community Acts – An Introduction in: Micklitz/Reich, Public Interest Litigation,1996, Baden-Baden, S. 39 ff.

Arnull, Anthony: Judicial Architecture or Judicial Folly?: The Challenge Facing the European Union, ELRev. 1999, S. 516 ff.

Arnull, Anthony: Legal Order of the Communities – Having Your Cake and Eating it Ruled Out, ELRev. 1988, S. 42 ff.

Arnull, Anthony: Private Applicants and the Action for Annulment under Article 173 of the EC Treaty, CMLRev. 1995, S. 7 ff.

Arnull, Anthony: The European Union and its Court of Justice, Oxford 1st edition 1999.

Aubin, Peter: Die Haftung der Europäischen Wirtschaftsgemeinschaft und ihrer Mitgliedstaaten bei gemeinschaftsrechtswidrigen nationalen Verwaltungsakten, Baden-Baden 1982.

Audretsch, Huub A. H.: Supervision in European Community Law: Observance by the Member States of their Treaty Obligations, a Treatise on International and Supra-national Supervision, Amsterdam u.a. 2nd edition 1986.

B

Bach, Albert: Direkte Wirkungen von EG-Richtlinien, JZ 1990, S. 1108 ff.

Bachhof, Otto: Beurteilungsspielraum, Ermessen und unbestimmter Rechtsbegriff im Verwaltungsprozess, JZ 1955, S. 97 ff.

Bachhof, Otto: Neue Tendenzen in der Rechtsprechung zum Ermessen und zum Beurteilungsspielraum – Zum Beschluss des Gemeinsamen Senats der obersten Gerichtshöfe des Bundes vom. 17. Oktober 1971, JZ 1972, S. 641 ff.

Ball, Simon/Bell, Stuart: Environmental Law, The Law and Policy Relating to the Protection of the Environment, London 3rd edition 1995.

Barrachina Juan, Eduardo: Curso de Derecho Administrativo, Barcelona 1985.

Bauer, Hartmut: Altes und neues zur Schutznormtheorie, AöR 1988, S. 582 ff.

Bauer, Hartmut: Geschichtliche Grundlagen der Lehre vom subjektiv öffentlichen Recht, Berlin 1986, Schriften zum öffentlichen Recht, Bd. 507.

Bauer, Hartmut: Subjektive öffentliche Rechte des Staates, DVBl. 1986, S. 208 ff.

Becker, Ulrich: Die Berücksichtigung des Staatsziels Umweltschutz beim Gesetzesvollzug – zum Erlass abfallvermeidender Maßnahmen durch die Verwaltung, DVBl. 1995, S. 713 ff.

Beckmann, Martin: Rechtsschutz Drittbetroffener bei der Umweltverträglichkeitsprüfung, DVBl. 1991, S. 358 ff.

Behrens, Peter/Koch, Hans-Joachim (Hrsg.): Umweltschutz in der Europäischen Gemeinschaft: Spannungsfelder zwischen nationalem Recht und europäischem Gemeinschaftsrecht, Baden-Baden 1. Aufl. 1991.

Bender, Bernd/Sparwasser, Reinhard/Engel, Rüdiger: Umweltrecht – Grundzüge des öffentlichen Umweltschutzrechts, Heidelberg 4. Aufl. 2000.

Bergmann, Susanne: Der Schutz der Umwelt im französischen Recht – eine Darstellung von Grundstrukturen privatrechtlichen, verwaltungsrechtlichen und strafrechtlichen Umweltschutzes unter besonderer Berücksichtigung der Rechtsverfolgungschancen Dritter, Berlin 1996, Diss., Schriften zum Umweltrecht Bd. 73.

Bergmann; Jan: Europarecht im deutschen Verwaltungsprozess (1) – Grundstrukturen der EU und des Europäischen Verwaltungsrechts, VBl.BW 2000, S. 169 ff.

Bernsdorff, Norbert: Positivierung des Umweltschutzes im Grundgesetz (Art. 20a GG), NuR 1997, S. 328 ff.

Betlem, Gerrit: Being „Directly and Individually Concerned“ – The Schutznorm Doctrine and Francovich Liability in Micklitz/Reich, Public Interest Litigation before European Courts, Baden-Baden 1996, S. 319 ff.

Bey, Alexander: Begleitende Verwaltungskontrolle – Zur gerichtlichen Durchsetzung subjektiver Verfahrensrechte, Bonn 1994, Diss.

Beyerlin, Ulrich/Bothe, Michael/Hofmann, Rainer/Petersmann, Ernst-Ulrich: Recht zwischen Umbruch und Bewahrung, Festschrift für Rudolf Bernhardt, Berlin/Heidelberg 1995.

Beyerlin, Ulrich: Umsetzung von EG-Richtlinien durch Verwaltungsvorschriften, EuR 1987, S. 126 ff.

Beyerlin; Ulrich: Rio-Konferenz 1992: Beginn einer neuen globalen Umweltrechtsordnung, ZaöRV 1994, S. 124 ff.

Beyerlin; Ulrich: Umweltvölkerrecht, München 2000.

Beyreuther, Frank: Anmerkung zum Urteil des BGH vom 5.2. 1998 – I ZR 211/95 – vergleichende Werbung nicht grundsätzlich wettbewerbswidrig – Testpreis-Angebot, EuZW 1998, S. 478 ff.

Birnie, Patricia W./Boyle, Alan E.: International Law and the Environment, Oxford 1992.

Bizer, Johann/Ormond, Thomas/Riedel, Ulrike: Die Verbandsklage im Naturschutzrecht, Taunusstein 1990.

Blankennagel, Alexander: Klagefähige Rechtspositionen im Umweltrecht, DV 1993, S. 1 ff.

Bleckmann, Albert: Begriff und Kriterien der innerstaatlichen Anwendbarkeit völkerrechtlicher Verträge – Vergleich einer allgemeinen Theorie des self-executing-treaty auf völkerrechtlicher Grundlage, Berlin 1997.

Bleckmann, Albert: Die Rechtsquellen des Europäischen Gemeinschaftsrechts, NVwZ 1993, S. 824 ff.

Bleckmann, Albert: Europarecht – das Recht der Europäischen Union und der europäischen Gemeinschaften, Köln/München 6. Aufl. 1997.

Bleckmann, Albert: Zur unmittelbaren Anwendbarkeit der EG-Richtlinien, RIW 1984, S 774 ff.

Blumenwitz, Dieter: Einführung in das anglo-amerikanische Recht, München 6. Aufl. 1998.

Bodansky, Daniel: Managing Climate Change, YIEL 1992, S. 60 ff.

Bodansky, Daniel: The United Nations Framework Convention on Climate Change, YIEL 1993, S. 451 ff.

Bohl, Elke: Anmerkung zu EuGH, Urteil vom 29. September 1998 – Rs. C-191/95 (Kommission/ Deutschland), EuZW 1998, S. 762 f.

Böhm, Monika: Der Bund-Länder-Regress nach Verhängung von Zwangsgeldern durch den EuGH, JZ 2000, S. 382 ff.

Böhm, Reinhard: Kompetenzauslegung und Kompetenzlücken im Gemeinschaftsrecht, Frankfurt am Main/Bern 1985.

Böhret, Carl/Hill, Hermann (Hrsg.): Ökologisierung des Rechts- und Verwaltungssystems, Baden-Baden 1994.

Bonnie, Anne: Commission Discretion under Art. 171 (2) E.C., ELRev. 1998, S. 537 ff.

Borchardt, Klaus-Dieter: Richterrecht durch den Gerichtshof der Europäischen Gemeinschaften in: Randelzhofer/Scholz/Wilke, Gedächtnisschrift für Eberhardt Grabitz, München 1995, S. 29 ff.

Brändel Klaus: Zur Bindungswirkung rechtswidriger Entscheidungen der EWG-Kommission, AWD 1965, S. 301 ff.

Brechmann, Winfried: Die richtlinienkonforme Auslegung – zugleich ein Beitrag zur Dogmatik der EG-Richtlinie, München 1994, Münchner Universitätsschriften, Reihe der Juristischen Fakultät, Band 99.

Breier, Siegfried: Art. 130s Abs. 3 EGV als Rechtsgrundlage für die Verabschiedung von Umweltaktionsprogrammen – ein Fehlgriff der vertragschließenden Parteien, ZUR 1995, S. 302 ff.

Breier, Siegfried: Umweltschutz in der Europäischen Gemeinschaft – Eine Bestandsaufnahme nach Maastricht, NuR 1993, S. 457 ff.

Breitenmoser, Stephan: Der Schutz der Privatsphäre gemäß Art. 8 EMRK – das Recht auf Achtung des Privat- und Familienlebens, der Wohnung und des Briefverkehrs, Basel/Frankfurt am Main 1986.

Breuer, Rüdiger: Ausbau des Individualschutzes gegen Umweltbelästigungen als Aufgabe des öffentlichen Rechts, DVBl. 1986, S. 849 ff.

Breuer, Rüdiger: EG-Richtlinien und deutsches Wasserrecht, WiVerw 1990, S. 79 ff.

Breuer, Rüdiger: Entwicklungen des Europäischen Umweltrechts – Ziele, Wege und Irrwege, 1993 (Heft 134), Schriftenreihe der Juristischen Gesellschaft zu Berlin.

Breuer, Rüdiger: Wirksamer Umweltschutz durch Reform des Verwaltungsverfahrens- und Verwaltungsprozessrechts, NJW 1978, S. 1558 ff.

Broberg, Morton: The Calculation of the Period of Limitation in Claims against the European Community for Non-contractual Liability, ELRev. 2001, S. 275 ff.

Brohm, Winfried: Soziale Grundrechte und Staatszielbestimmungen in der Verfassung – zu den gegenwärtig diskutierten Änderungen des Grundgesetzes, JZ 1994, S. 213 ff.

Brölmann, Catherine/Lefeber, Réne/Zieck, Marjoleine (Hrsg.): Peoples and Minorities in International Law, Dordrecht/Boston/London 1993.

Bronckers, Marco C. E. J.: Private Enforcement of 1992: Do Trade and Industry Stand a Chance against the Member States?, CMLRev. 1989, S. 593 ff.

Bruha, Thomas: Rechtsangleichung in der Europäischen Wirtschaftsgemeinschaft – Deregulierung durch „neue Strategie"?, ZaöRV 1986, S. 1 ff.

Bühler, Ottmar: Die subjektiven öffentlichen Rechte und ihr Schutz in der deutschen Verwaltungsrechtsprechung, Berlin 1914.

Burgi, Martin: Das Schutz- und Ursprungsprinzip im europäischen Umweltrecht, NuR 1995, S. 11 ff.

Byrd, B. Sharon: Introduction to Anglo-American Law & Language – Einführung in die anglo-amerikanische Rechtssprache, München/Wien/Bern 1997.

C

Caldwell, Lynton Keith: International Environmental Policy: Emergence and Dimensions, Durham (NC) 1984.

Callies, Christian: Zur unmittelbaren Wirkung der EG-Richtlinie über die Umweltverträglichkeitsprüfung und ihrer Umsetzung im deutschen Immissionsschutzrecht – zu EuGH, Urteil vom 11.8.1995 – Rs. C-431/92 –Wärmekraftwerk Großkrotzenburg, NVwZ 1996, S. 339 ff.

Calliess, Christian/Lais, Martina: Öffnung des europäischen Zugangs zum Gericht für Einzelne und (Umwelt-) Verbände – Anmerkungen zu EuG, Urt. vom 3. Mai 2002 – Rs. T-177/01 (Jégo-Quéré et Cie SA/Kommission der EG), ZUR 2002, S. 344 ff.

Calliess, Christian/Ruffert, Matthias: Kommentar des Vertrages über die Europäische Union und des Vertrages zur Gründung der Europäischen Gemeinschaft – EUV/EGV, Neuwied/Kriftel 2. Aufl. 2002.

Calliess, Christian: Anmerkung zu EuG Rs. T-177/01 (Jégo Quéré/Kommission) sowie EuGH Rs. C-50/00 P (UPA/Rat), ZUR 2002, S. 412.

Calliess, Christian: Rechtsanspruch auf Transparenz von EU-Ministersitzungen – Anmerkung zum Urteil des EuGH vom 19. Okt. 1985 Rs. T-194/94, ZUR 1996, S. 143 ff.

Cane, Peter: An Introduction to Administrative Law, Oxford 3rd edition 1996.

Cane, Peter: Standing up for the Public, Public Law 1995, S. 276 ff.

Cane, Peter: Statutes, Standing and Representation, Public Law 1990, S. 307 ff.

Capaccioli, Enzo: Manuale di diritto amministrativo I, Padova Secunda editione 1983.

Capelli, Fausto/Nehls, Albrecht: Die außervertragliche Haftung der Europäischen Gemeinschaften und Rechtsbehelfe zur Erlangung von Schadensersatz gem. Art. 215 EGV – Wertung, Kritik und Reformvorschlag, EuR 1997, S. 132 ff.

Capotorti, Francesco/Ehlermann, Claus-Dieter/Frowein, Jochen Abr./Jacobs, Francis G./Joliet, R./Koopmans, Thijmen/Kovar, Robert (Hrsg.): Du droit international au droit de l'integration – Liber Amicorum Pierre Pescatore, Baden-Baden 1987.

Caranta, Roberto: Judical Protection Against Member States: The Indirect Effects of Art. 173, 175 and 177 in: Micklitz/Reich, Public Interest Litigation, 1996, Baden-Baden, S. 95 ff.

Claßen, Christine: Nichtumsetzung von Gemeinschaftsrichtlinien – von der unmittelbaren Wirkung bis zum Schadensersatzanspruch, Berlin 1999, Beiträge zum europäischen Wirtschaftsrecht.

Classen, Claus Dieter: Der Einzelne als Instrument zur Durchsetzung des Gemeinschaftsrechts? – Zum Problem der subjektiv-öffentlichen Rechte kraft Gemeinschaftsrechts, VerwArch 1997, S. 645 ff.

Classen, Claus Dieter: Europäisierung der Verwaltungsgerichtsbarkeit – Eine vergleichende Untersuchung zum deutschen, französischen und europäischen Verwaltungsprozessrecht, Tübingen 1996.

Classen, Claus Dieter: Zur Bedeutung von EWG-Richtlinien für Privatpersonen, EuZW 1993, S. 83 ff.

Colneric, Ninon: Grundrechtsschutz durch den Gerichtshof der Europäischen Gemeinschaften, AuR 2001, S. 366 ff.

Constantinesco, Léontin-Jean: Das Recht der Europäischen Gemeinschaften – Das institutionelle Recht, Baden-Baden 1. Aufl. 1977.

Craig, Paul P. /de Búrca, Gráinne: The Evolution of EU Law, Oxford 1st edition 1999.

Craig, Paul P.: Administrative Law, London 4th edition 1999.

Crawford, James: The Rights of Peoples, Oxford 1988.

Cremer, Wolfram: Forschungssubventionen im Lichte des EGV – Zugleich ein Beitrag zu den gemeinschaftsrechtlichen Rechtsschutzmöglichkeiten gegenüber Subventionen, Baden-Baden, 1995, Schriftenreihe des Europa-Kollegs Hamburg zur Integrationsforschung.

Cremer, Wolfram: Nichtigkeitsklagen Einzelner gegen Rechtsakte der Gemeinschaft: Klagegegenstand und Klagebefugnis nach Art. 173 EGV, EWS 1999, S. 48 ff.

Curtin, Deirdre/Heukels, Ton: Institutional Dynamics of European Integration – Essays in Honour of Henry G. Schermers, Volume II, Dordrecht/Boston/London 1994.

Curtin, Deirdre: Directives: The Effectiveness of Judical Protection of Individual Rights, CMLRev. 1990, S. 709 ff.

Curtin, Deirdre: The Province of Government: Delimiting the Direct Effect of Directives in the Common Law Context, ELRev. 1990, S. 195 ff.

Czaja, Astrid: Die außervertragliche Haftung der EG für ihre Organe, Baden-Baden 1996, Studien zum Handels-, Arbeits- und Wirtschaftsrecht.

D

Daig, Hans-Wolfram: Die Rechtsprechung des Gerichtshofes der Europäischen Gemeinschaften zur unmittelbaren Wirkung von EWG- Bestimmungen auf die Rechtsbeziehungen zwischen Mitgliedsstaaten und Gemeinschaftsbürgern – Zugleich ein Beitrag zur Frage des Rangverhältnisses zwischen Gemeinschaftsrecht und innerstaatlichem Recht, EuR 1970, S. 1 ff.

Dantonel-Cor, Nadine: La violation de la norme communautaire et la responsabilité extracontractuelle de l'Etat, RTDE 1998, S. 75 ff.

Danwitz, Thomas von: Die Garantie effektiven Rechtsschutzes im Recht der Europäischen Gemeinschaft – Zur Verbesserung des Individualrechtsschutzes vor dem EuGH, NJW 1993, S. 1108 ff.

Danwitz, Thomas von: Die gemeinschaftsrechtliche Staatshaftung der Mitgliedstaaten – Entwicklung, Stand und Perspektiven der Europäischen Haftung aus Richterhand, DVBl. 1997, S. 1 ff.

Danwitz, Thomas von: Normkonkretisierende Verwaltungsvorschriften und Gemeinschaftsrecht, VerwArch 1993, S. 73 ff.

Danwitz, Thomas von: Verwaltungsrechtliches System und Europäische Integration, Tübingen 1996.

Danwitz, Thomas von: Zur Entwicklung der gemeinschaftsrechtlichen Staatshaftung, JZ 1994, S. 335 ff.

Danwitz, Thomas von: Zur Grundlegung einer Theorie des subjektiv-öffentlichen Gemeinschaftsrechts, DÖV 1996, S. 481 ff.

Dashwood, Alan/White, Robin: Enforcement Actions under Articles 169 and 170 EEC, ELRev. 1989, 388 ff.

Däubler, Wolfgang: Die Klage der EWG-Kommission gegen einen Mitgliedstaat, NJW 1968, S. 325 ff.

Däubler, Wolfgang: Erweiterung des Rechtsschutzes gegen EWG-Verordnungen durch Drittwiderspruchsklage?, AWD 1966, S. 172 ff.

Dauses, Manfred: Die Rolle der Regionen in Direktklagen vor dem EuGH, BayVBl. 1996, S. 582 ff.

Dauses, Manfred: Handbuch des EU-Wirtschaftsrechts, München Stand 2002, Loseblattsammlung.

Debbasch, Charles/Ricci, Jean-Claude: Contentieux administratif, Paris 6ème édition 1994.

Deckert, Martina: Zur Haftung des Mitgliedstaats bei Verstößen seiner Organe gegen europäisches Gemeinschaftsrecht, EuR 1997, S. 203 ff.

Dendrinos, Antonios: Rechtsprobleme der Direktwirkung der EWG-Richtlinien – unter besonderer Berücksichtigung der Rechtslage in Griechenland, Saarbrücken 1988, Diss.

Detterbeck, Steffen/Windhorst, Kay/Sproll, Hans-Dieter: Staatshaftungsrecht, München 2000.

Detterbeck, Steffen: Haftung der Europäischen Gemeinschaft und gemeinschaftsrechtlicher Staatshaftungsanspruch, AöR 2000, S. 202 ff.

Detterbeck, Steffen: Staatshaftung für die Missachtung von EG-Recht, VerwArch 1994, S. 159 ff.

Di Fabio, Udo: Richtlinienkonformität als ranghöchstes Normauslegungsprinzip? – Überlegungen zum Einfluss des indirekten Gemeinschaftsrechts auf die nationale Rechtsordnung, NJW 1990, S. 947 ff.

Dieckmann, Martin: Umweltschutz im Spannungsfeld zwischen nationalem Recht und europäischem Gemeinschaftsrecht – Bericht vom Symposium der Forschungsstelle Umweltrecht und des Europa-Kollegs der Universität Hamburg am 7. Juni 1991, DVBl. 1991, S. 936 ff.

Dietze, Phillip von: Verfahrensbeteiligung und Klagebefugnis im EG-Recht, Frankfurt am Main/Berlin/Bern/New York/Paris/Wien 1995.

Dirnberger, Franz: Recht auf Naturgenuß und Eingriffsregelung – Zugleich ein Beitrag zur Bedeutung grundrechtlicher Achtungs- und Schutzpflichten für das subjektiv-öffentliche Recht, Berlin 1991, Schriften zum Umweltrecht Bd. 20.

Dittert, Daniel: Effektiver Rechtsschutz gegen EG-Verordnungen: Zwischen Fischfangnetzen, Olivenöl und kleinen Landwirten, EuR 2002, S. 708 ff.

Doepner, Ulf/Reese, Ulrich: Auswirkungen von EG-Richtlinien auf die innerstaatliche Anwendung wettbewerbsregelnden Nebenstrafrechts – dargestellt an Beispielen des Heilmittelwerberechts, GRUR 1998, S. 761 ff.

Donnelly, Jack: Third Generation Rights in: Brölmann/Lefeber/Zieck (Hrsg.), Peoples and Minorities in International Law, Dordrecht/Boston/London 1993, S. 119 ff.

Dougan, Michael: The Equal Treatment Directive: Retaliation, Remedies and Direct Effect, ELRev. 1999, S. 664 ff.

Dreher, Meinrad: Richtlinienumsetzung durch Exekutive und Judikative? – der Fall des vergaberechtlichen Rechtsschutzes de lege ferenda, EuZW 1997, S. 522 ff.

Dreher, Meinrad: Transparenz und Publizität bei Ratsentscheidungen, EuZW 1996, S. 487 ff.

Due, Ole/Lutter, Marcus/Schwarze, Jürgen (Hrsg.): Festschrift für Ulrich Everling, Baden-Baden 1995.

E

Easson, A. J.: Can directives impose obligations on individuals?, ELRev. 1979, S. 67 ff.

Ebke, Werner F.: Les techniques contentieuses d'application du droit dans les Communautés européennes, RTDE 1986, S. 209 ff.

Ehlers, Dirk: Die Klagebefugnis nach deutschem, europäischem Gemeinschaftsrecht und U.S.-amerikanischem Recht, VerwArch 1993, S. 139 ff.

Ehricke, Ulrich: Die richtlinienkonforme Auslegung nationalen Rechts vor Ende der Umsetzungsfrist einer Richtlinie, EuZW 1999, S. 553 ff.

Ehricke, Ulrich: Die richtlinienkonforme und die gemeinschaftsrechtskonforme Auslegung nationalen Rechts – ein Beitrag zu ihren Grundlagen und zu ihrer Bedeutung für die Verwirklichung eines europäischen Privatrechts, RabelsZ 1995, S. 598 ff.

Eisele, Michaela: Subjektive öffentliche Rechte auf Normenerlass, Berlin 1999, Schriften zum öffentlichen Recht Band 803.

Emmert, Frank/Pereira de Acevedo, Monique: L'effet horizontal des directives – la jurisprudence de la CJCE un bateau ivre, RTDE 1993, S. 503 ff.

Emmert, Frank: Horizontale Drittwirkung von Richtlinien? – Lieber ein Ende mit Schrecken als ein Schrecken ohne Ende – zugleich eine Besprechung der EuGH-Entscheidungen vom 13. November 1990 – Rs. C-106/89 (Marleasing) und vom 19. November 1991 – Rs. C-6 und 9/90 (Francovich), EWS 1992, S. 56 ff.

Epiney, Astrid/Scheyli, Martin: Strukturprinzipien des Umweltvölkerrechts, Baden-Baden 1. Aufl. 1998.

Epiney, Astrid/Sollberger, Kaspar: Zugang zu Gerichten und gerichtliche Kontrolle im Umweltrecht – Rechtsvergleich, völker- und europarechtliche Vorgaben und Perspektiven für das deutsche Recht, Berlin 2002, Forschungsbericht im Auftrag des Umweltbundesamtes.

Epiney, Astrid: Gemeinschaftsrecht und Verbandsklage, NVwZ 1999, S. 485 ff.

Epiney, Astrid: Umweltrecht in der Europäischen Union – Primärrechtliche Grundlagen, Gemeinschaftliches Sekundärrecht, Köln/Berlin/Bonn u.a. 1997, Praxiswissen Recht.

Epiney, Astrid: Unmittelbare Anwendbarkeit und objektive Wirkung von Richtlinien – Zur Entscheidung des EuGH vom 11.8.1995 – Rs. C-431/92 – Großkrotzenburg, DVBl. 1996, S. 409 ff.

Erichsen, Hans-Uwe/Weiß, Richard: System des europäischen Rechtsschutzes, Jura 1990, S. 528 ff.

Erichsen, Hans-Uwe: Das Recht auf freien Zugang zu Informationen über die Umwelt – Gemeinschaftsrechtliche Vorgaben und nationales Recht, NVwZ 1992, S. 409 ff.

Europäische Kommission: Manual of Operational Procedures, 7th Updating, Feb. 1995.

Evans, A. C.: The Enforcement Procedure of Article 169 EEC: Commission Discretion, ELRev. 1979, S. 445 ff.

Everling, Ulrich: Auf dem Wege zu einem europäischen Verwaltungsrecht, NVwZ 1987, S. 1 ff.

Everling, Ulrich: Die Stellung des Bürgers in der europäischen Gemeinschaft, ZfRV 1992, S. 241 ff.

Everling, Ulrich: Durchführung und Umsetzung des Europäischen Gemeinschaftsrechts im Bereich des Umweltschutzes unter Berücksichtigung der Rechtsprechung des EuGH, NVwZ 1993, S. 209 ff.

Everling, Ulrich: Europäisches Gemeinschaftsrecht und nationales Recht in der praktischen Rechtsanwendung, NJW 1967, S. 465 ff.

Everling, Ulrich: Rechtsvereinheitlichung durch Richterrecht in der Europäischen Gemeinschaft, RabelsZ 1986, S. 193 ff.

Everling, Ulrich: Zur Auslegung des durch EG-Richtlinien angeglichenen nationalen Rechts, ZGR 1992, S. 376 ff.

Eyermann, Erich: Verwaltungsgerichtsordnung – Kommentar, 11. Aufl., München 2000.

F

Favoreu, Louis/Philip, Loïc: Les grandes décisions du Conseil constitutionnel, Paris 10éme édition 1999.

Fechner, Frank: Die Rechtswidrigkeitsfeststellungsklage – Sachentscheidungsvoraussetzungen verwaltungsgerichtlichen Rechtsschuztes gegen Verwaltungsakte, die sich vor Klageerhebung erledigt haben, NVwZ 2000, S. 121 ff.

Feddersen, Christoph: EuGH: Doch keine Betroffenheit durch EG-Verordnungen – Anmerkungen zu EuGH, Urteil vom 25 Juli 2002, Rs. C-50/00 P (UPA/Rat), EuZW 2002, S. 532 ff.

Feist, Christian: Von Rio nach Berlin – Die Aktivitäten der Vereinten Nationen auf dem Gebiet des Umwelt- und Klimaschutzes, JuS 1997, S. 490 ff.

Fernández, Tomas-Rmón: L'environnement dans la Constitution espagnole et la doctrine du tribunal constitutionnelle, RJE 1984, S. 179 ff.

Fines, Francette: Etude de la responsabilité extracontractuelle de la Communauté Economique Européenne – de la référence aux „principes généraux communs" à l'édification jurisprudentielle d'un système autonome, Paris 1990.

Fischer, Hans-Georg: Zur unmittelbaren Anwendung von EG-Richtlinien in der öffentlichen Verwaltung – zu EuGH, Urteil vom 19.11.1991 – Rs. C-6/90, NVwZ 1991, S. 635 ff.

Fischer, Peter/Köck, Heribert F.: Europarecht – einschließlich des Rechts supranationaler Organisationen, Wien 3. Aufl. 1997.

Foulkes, David: Administrative Law, London 8th edition 1995.

Freestone, David: The Road from Rio: International Environmental Law after the Earth Summit, JEL 1994, S. 193 ff.

Frenz, Walter: Europäisches Umweltrecht, München 1997.

Frenz, Walter: Nachhaltige Entwicklung nach dem Grundgesetz in: Jahrbuch des Umwelt- und Technikrechts 1999, S. 37 ff.

Frenz, Walter: Subjektiv-öffentliche Rechte aus Gemeinschaftsrecht vor deutschen Verwaltungsgerichten, DVBl. 1995, S. 408 ff.

Freyer, Helge: Richtlinienspezifische Probleme am Beispiel der Produkthaftung – Gestaltungsspielräume, unmittelbare Anwendung, Gegenseitigkeitsgrundsatz, EuZW 1991, S. 49 ff.

Fromont, Michael: Rechtsschutz im französischen Umweltrecht, UPR 1983, S. 186 ff.

Fronia, Joachim: Transparenz und Vermeidung von Handelshemmnissen bei Produktspezifikationen im Binnenmarkt, EuZW 1996, S. 101 ff.

Frowein, Jochen A. (Hrsg.): Die Kontrolldichte bei der gerichtlichen Überprüfung von Handlungen der Verwaltung, Berlin 1993, Beiträge zum ausländischen öffentlichen Recht und Völkerrecht, Bd. 106.

Frowein, Jochen A./Peukert, Wolfgang: Europäische Menschenrechtskonvention, EMRK-Kommentar, Kehl am Rhein/Straßburg/Arlington (VA) 2. Aufl. 1996.

Fuchs, Werner/Rapsch, Arnulf: Das deutsche Gentechnikrecht im Lichte quantitativer Vorgaben europarechtlicher Provienenz, DÖV 1991, S. 873 ff.

Fuß, Ernst-Werner: Die „Richtlinie" des Europäischen Gemeinschaftsrechts, DVBl. 1965, S. 378 ff.

Fuß, Ernst-Werner: Rechtssatz und Einzelakt im Europäischen Gemeinschaftsrecht – Grundlagen und Begriffsabgrenzung, NJW 1964, S. 345 ff.

G

Gabolde, Christian: Procédure des tribunaux administratifs et des cours administratifs d'appel, Paris 6ème édition 1997.

Gaffney, John P.: The Enforcement Procedure under Article 169 EC and the Duty of Member States to Suppley Information Requested by the Commission: Is there a Regulatory Gap?, Legal Issues of European Integration 1998/I, S. 117 ff.

García de Enterría, Eduardo/Ferrnádez, Tomás-Ramón: Curso de Derecho Administrativo II, Madrid Secunda editión 1990.

Geddes, Andrew: Locus Standi and EEC Environmental Measures, JEL 1992, S. 29 ff.

Gellermann, Martin/Szczekalla, Peter: Gemeinschaftskonforme Umsetzung von Umweltrichtlinien der EG, NuR 1993, S. 54 ff.

Gellermann, Martin: Auflösung von Normwidersprüchen zwischen europäischen und nationalem Recht, DÖV 1996, S. 433 ff.

Gellermann, Martin: Beeinflussung des bundesdeutschen Rechts durch Richtlinien der EG – dargestellt am Beispiel des europäischen Umweltrechts, Köln/ München 1994, Schriften aus dem deutschen und europäischen Umweltrecht Bd. 2

Gellermann, Martin: Das modernisierte Naturschutzrecht – Anmerkungen zur Novelle des Bundesnaturschutzgesetzes, NVwZ 2002, S. 1025 ff.

Gellermann, Martin: Staatshaftung und Gemeinschaftsrecht – nochmals zum Francovich-Urteil des EuGH, EuR 1994, S. 342 ff.

Gerstner, Stephan: Die Drittschutzdogmatik im Spiegel des Französischen und britischen Verwaltungsgerichtsverfahrens. Eine vergleichende Untersuchung zur öffentlich-rechtlichen Klagebefugnis am Beispiel des Umweltschutzes, Berlin 1995.

Geurts, Matthias: Verwaltungsgerichtliche Kontrolldichte – ein Vergleich zwischen Deutschland und Frankreich unter besonderer Berücksichtigung des technischen Sicherheitsrechts, Frankfurt am Main 1999.

Ginther, Konrad/Denters/de Waart: Sustainable Development and Good Governance, Dordrecht u.a. 1995.

Ginzky, Harald/Viebrock, Jan: Unanwendbarkeit von § 22 UVPG wegen Verstoßes gegen die UVP-Richtlinie, UPR 1991, S. 428 ff.

Gleiss, Alfred/Kleinmann, Werner: Der Drittwiderspruch gegen Entscheidungen des Gerichtshofs der Europäischen Gemeinschaften, NJW 1966, S. 278 ff.

Göpfert, Andreas: Der Fruchtgehalt im Verwaltungsprozess: Gedanken zur Fortsetzungsfeststellungsklage, NVwZ 1997, S. 143 f.

Götz, Volkmar: Europäische Gesetzgebung durch Richtlinien – Zusammenwirken von Gemeinschaft und Staat, NJW 1992, S. 1849 ff.

Grabenwarter, Christoph: Die Charta der Grundrechte für die Europäische Union, DVBl. 2001, S. 1 ff.

Grabitz, Eberhard/Hilf, Meinhard: Kommentar zum EGV in der Fassung des Vertrages von Maastricht, München Stand 1997, Loseblattsammlung.

Grabitz, Eberhard/Hilf, Meinhard: Kommentar zum EGV in der Fassung des Vertrages von Amsterdam, München Stand 2000, Loseblattsammlung.

Grabitz, Eberhard: Die Rechtssetzungsbefugnis von Bund und Ländern bei der Durchführung von Gemeinschaftrecht, AöR 1986, S. 1 ff.

Grabitz, Eberhard: Die Wirkungsweise von Richtlinien, in: Everling, Ulrich/ Narjes, Karl Heinz/Sedemund, Joachim (Hrsg.), Festschrift für Arved Deringer, Baden-Baden 1993, S. 59 ff.

Grabitz, Eberhard: Entscheidungen und Richtlinien als unmittelbar wirksames Gemeinschaftsrecht, EuR 1971, S. 1 ff.

Greaves, Rosa: Locus Standi under Art. 173 EEC when Seeking Annulment of a Regulation, ELRev. 1986, S. 119 ff.

Griffiths, John: Mickey Mouse and Standing in Administrative Law, CLJ 1982, S. 6 ff.

Großfeld, Bernhard/Bilda, Karen: Europäische Rechtsangleichung, ZfRV 1992, S. 421 ff.

Grundmann, Stefan: Richtlinienkonforme Auslegung im Bereich des Privatrechts – insbesondere der Kanon der nationalen Auslegungsmethoden als Grenze?, ZEuP 1996, S. 399 ff.

Grzeszick, Bernd: Subjektive Gemeinschaftsrechte als Grundlage des Staatshaftungsrechts, EuR 1998, S. 417 ff.

Guimezanis, Nicole: Introduction au droit français, Baden-Baden 2. Aufl. 1999.

Gundel, Jörg: Die Bestimmung des richtigen Anspruchsgegners der Staatshaftung für Verstöße gegen Gemeinschaftsrecht – zugleich zum Verhältnis zwischen gemeinschaftsrechtlichen Haftungsanforderungen und nationalem Staatshaftungsrecht, DVBl. 2001, S. 95 ff.

Gundel, Jörg: Die Neuordnung der Rechtsangleichung durch den Vertrag von Amsterdam: Neue Voraussetzungen für den „nationalen Alleingang“, JuS 1999, S. 1171 ff.

Gundel, Jörg: Neue Grenzlinien für die Direktwirkung nicht umgesetzter EG-Richtlinien unter Privaten, EuZW 2001, S. 143 ff.

H

Haack, Stefan: Die außervertragliche Haftung der EG für rechtmäßiges Verhalten – Zum Urteil des Gerichts Erster Instanz (EuG) vom 28. 4. 1998, Rs. T-184/95, Dorsch Consult/Rat und Kommission, EuR 1999, S. 395 ff.

Hailbronner, Kay: Die Vergabe öffentlicher Aufträge nach europäischem Gemeinschaftsrecht, WiVerw 1994, S. 173 ff.

Hailbronner, Kay: Europarechtliche Aspekte der Vergabe öffentlicher Aufträge, RIW 1992, S. 553 ff.

Hailbronner, Kay: Staatshaftung bei säumiger Umsetzung von EG-Richtlinien, JZ 1992, S. 284 ff.

Haller, Robert: Unmittelbare Rechtswirkung der EG-Umweltinformations-Richtlinie im nationalen deutschen Recht – zugleich Anmerkung zu zwei Urteilen des VG Minden und des VG Stade, UPR 1994, S. 88 ff.

Handl, Günther: Human Rights and Protection of the Environment in: Trindade, Co-existance and Co-ordination of Mechanisms of International Protection of Human Rights, 1992, S. 117 ff.

Handl, Günther: Human Rights and Protection of the Environment: a Mildly „Revisionist" View in: Trindade, Co-existance and Co-ordination of Mechanisms of International Protection of Human Rights, 1992, S. 117 ff.

Haneklaus, Winfried: Direktwirkung von EG-Richtlinien zu Lasten Einzelner?, DVBl. 1993, S. 129 ff.

Happe, Claus-Michael: Lauf und Berechnung der Fristen bei Anfechtungen vor dem EuGH, EuZW 1992, S.297 ff.

Harris, David J./O'Boyle, M./Warbrick, C.: Law of the European Convention on Human Rights, London/Dublin 1995.

Hartley, Travor C.: The Foundations of European Community Law – an Introduction to the Constitutional and Administrative Law of the European Community, Oxford 4th edition 1998.

Hattenberger, Doris: Der Umweltschutz als Staatsaufgabe – Möglichkeiten und Grenzen einer verfassungsrechtlichen Verankerung des Umweltschutzes, Wien/New York 1993, Forschungen aus Staat und Recht Bd. 101.

Hauff, Volker (Hrsg): Unsere gemeinsame Zukunft, Greven 1987.

Hauser, Christoph: Die Entwicklung des Umweltvölkerrechts in: Blumenwitz/ Wehner (Hrsg.), Rechte der Staaten, Volksgruppen und Individuen, Pol-educ 1 (2002), S. 145 ff., Schriftenreihe der Hanns-Seidel-Stiftung e.V.

Heckmann, Dirk/Meßerschmidt, Klaus: Gegenwartsfragen des öffentlichen Rechts: bundesstaatliche Ordnung und europäische Integration, objektives Recht und subjektive Rechte, Information als Staatsfunktion, 28. Tagung der wissenschaftlichen Mitarbeiter der Fachrichtung „öffentliches Recht" vom 15.-28.3.1988 in Trier, Berlin 1988, Schriften zum öffentlichen Recht, Bd. 552.

Heim, Susanne: Unmittelbare Wirkung von EG-Richtlinien im deutschen und französischem Recht am Beispiel des Umweltrechts, Baden-Baden 1999.

Heinz, Eckhart: Staatsziel Umweltschutz in rechtstheoretischer und verfassungstheoretischer Sicht, NuR 1994, S. 1 ff.

Henke, Jörg: EuGH und Umweltschutz – die Auswirkungen der Rechtsprechung des Gerichtshofs der Europäischen Gemeinschaften auf das Umweltschutzrecht in Europa, München 1992, Europarecht/Völkerrecht – Studien und Materialien.

Henneke, Frank: Europäisches Umweltrecht und seine Auswirkungen auf Rheinland-Pfalz, WiVerw 1995, S. 80 ff.

Herber, Rolf: Direktwirkung sogenannter horizontaler EG-Richtlinien? – Anmerkungen zum Urteil des OLG Celle (EuZW 1990, 550), EuZW 1991, S. 401 ff.

Herdegen, Matthias: Zur Haftung für fehlerhafte Verordnungen im Licht der Europäischen Gemeinschaften, NVwZ 1984, S. 344 ff.

Hermes, Georg: Der Grundsatz der Staatshaftung für Gemeinschaftsrechtsverletzungen, DV 1998, S. 371 ff.

Hermitte, Marie-Angèle: La Convention sur la diversité biologique, AFDI 1992, S. 844 ff.

Hessel, Bart/Mortelmans, Kamiel: Decentralised Government and Community Law: Conflicting institutional developments?, CMLRev. 1993, S. 905 ff.

Heukels, T.: Joined Cases C-104/89 and C-37/90, Mulder et al. and Heinemann vs. Council and Commission of the European Communities, Judgement of 19 May 1992 (Full Court), CMLRev. 1993, S. 368 ff.

Hidien, Jürgen W.: Die gemeinschaftsrechtliche Staatshaftung der EU-Mitgliedstaaten, Baden-Baden 1999.

Hilf, Meinhard: Ein Grundrechtskatalog für die europäische Gemeinschaft, EuR 1993, S. 1 ff.

Himmelmann, Steffen/Pohl, André/Tünnesen-Harmes, Christian: Handbuch des Umweltrechts, München Stand 1996, Loseblattsammlung.

Himmelmann, Steffen: Gemeinschaftsrechtliche Vorgaben für die Umsetzung von EG Recht – zu den Auswirkungen der neuesten Rechtsprechung von EuGH und Bundesverwaltungsgerichtes auf die nationale Umsetzungspraxis, DÖV 1996, S. 145 ff.

Himmelmann, Steffen: Kompetenzen der Städte und Gemeinden auf dem Gebiet des Immissionsschutzes, DÖV 1993, S. 497 ff.

Hobe, Stephan: Grundstukturen des internationalen Umweltrechts, JA 1997, S. 160 ff.

Hobe, Stephan: Menschenrecht auf Umweltschutz, ZUR 1994, S. 15 ff.

Hohmann, Harald: Basic Documents of International Law, London.

Hohmann, Harald: Ergebnisse des Erdgipfels von Rio, NVwZ 1993, S. 311 ff.

Hohmann, Harald: Präventive Rechtspflichten und –prinzipien des modernen Umweltvölkerrechts – zum Stande des Umweltvölkerrechts zwischen Umweltnutzung und Umweltschutz, Berlin 1992, Schriften zum Völkerrecht Bd. 97.

Holder, Jane/Elworthy, Susan: Case C-237/90 Commission vs. Germany, Judgement of 24 November 1992 and Case C-337/89, Commission vs. United Kingdom, Judgement of 25 November 1992, CMLRev. 1994, S. 123 ff.

Holoubek, Michael: Grundrechtliche Gewährleistungspflichten – Ein Beitrag zu einer allgemeinen Grundrechtsdogmatik, Wien/New York 1997, Forschungen aus Staat und Recht, Bd. 114.

Hölscheidt, Sven: Abschied vom subjektiv-öffentlichen Recht? – zu Wandlungen der Verwaltungsrechtsdogmatik unter dem Einfluss des Gemeinschaftsrechts, EuR 2001, S. 376 ff.

Huber, Friedhelm: Verwaltungsprozessrecht, München 4. Aufl. 2000.

Huber, Peter-Michael: Gemeinschaftsrechtlicher Schutz vor einer Verteilungslenkung durch deutsche Behörden – Europarechtliche Grundlagen des Konkurrentenschutzes, EuR 1991, S. 31 ff.

Huber, Peter-Michael: Konkurrentenschutz im Verwaltungsrecht: Schutzanspruch und Rechtsschutz bei Lenkungs- und Verteilungsentscheidungen der öffentlichen Verwaltung, Tübingen 1991.

I

Ibán, Iván C.: Einführung in das spanische Recht – Introducción al derecho español, Baden-Baden 1. Aufl. 1995.

Ipsen, Hans P.: Die Rolle des Prozessrichters in der Vorrang-Frage – zur Bedeutung des II. Simmenthal-Urteils (Rechtssache 106/77) des Europäischen Gerichtshofs, EuR 1979, S. 223 ff.

Ipsen, Hans P.: Europäisches Gemeinschaftsrecht, Tübingen 1972.

Isaac, Guy: Droit communautaire général, Paris 7éme édition 1999.

Isensee, Josef/Kirchhof, Paul: Handbuch des Staatsrechts der Bundesrepublik Deutschland, Heidelberg 2.Aufl. 1996-2000.

J

Jachmann, Monika: Der Schutz des gemeindlichen Eigentums nach der Bayerischen Verfassung, BayVBl. 1998, S. 129 ff.

Jachmann, Monika: Die Bindungswirkung normkonkretisierender Verwaltungsvorschriften – Anmerkungen zu einer Rechtssetzungsfunktion der rechtsanwendenden Verwaltung aus methodologischer sowie verfassungsrechtlicher Sicht, DV 1995, S. 17 ff.

Jacob, Carin Thinam: Sanktion gegen vertragsbrüchige Mitgliedstaaten der Europäischen Gemeinschaft (EWG) – Reaktionsmöglichkeiten der Gemeinschaft oder der anderen Mitgliedstaaten im Fall der Nichtbefolgung von Urteilen des Europäischen Gerichtshofs durch eine Vertragspartei, Berlin 1988, Schriften zum Völkerrecht, Bd. 86.

Jadot, Benoît: L'effet direct des directives européennes en matière de protection de l'environnement in Lavrysen, Milieurecht – Recente ontwikkelingen – deel II, Droit de l'environnement – Développements récents – IIe partie, Brüssel 1989.

Jadot, Benoît: Les objectifs de qualité de l'air au cœur d'un système d'obligations et de droits – Anmerkung zu EuGH Rs. C-361/88, Aménagement – Environnement 1992.

Jahns-Böhm, Jutta/Breier, Siegfried: Güterkraftverkehrspolitik und Umweltschutz nach dem EWG-Vertrag, EuZW 1991, S. 523 ff.

Jans, Jan H.: European Environmental Law, Groningen 2nd edition 2000.

Jarass, Hans D./Pieroth, Bodo: Grundgesetz für die Bundesrepublik Deutschland, München 4. Aufl 1997.

Jarass, Hans D.: Besonderheiten des französischen Verwaltungsrechts im Vergleich, DÖV 1981, S. 813 ff.

Jarass, Hans D.: Der rechtliche Stellenwert technischer und wissenschaftlicher Standards – Probleme und Lösungen am Beispiel der Umweltstandards, NJW 1987, S. 1225 ff.

Jarass, Hans D.: Folgen der innerstaatlichen Wirkung von EG-Richtlinien, NJW 1991, S. 2665 ff.

Jarass, Hans D.: Grundfragen der innerstaatlichen Bedeutung des EG-Rechts, Köln/Berlin/Bonn/München 1994, Schriftenreihe zum Völkerrecht/Europarecht/Staatsrecht, Bd. 14.

Jarass, Hans D.: Haftung für die Verletzung von EU-Recht durch nationale Organe und Amtsträger, NJW 1994, S 881 ff.

Jarass, Hans D.: Richtlinienkonforme bzw. EG-rechtskonforme Auslegung nationalen Rechts, EuR 1991, S. 217 ff.

Jarass, Hans D.: Voraussetzungen der innerstaatlichen Wirkung von EG-Richtlinien, NJW 1990, S. 2420 ff.

Jarvis, Françoise/Sherlock, Ann: The European Convention on Human Rights an the Environment, ELRev. 1999, S. 15 ff.

Jellinek, Georg: System der subjektiv öffentlichen Rechte, Tübingen 2. Aufl. 1963.

K

Kadelbach, Stefan/Petersen, Niels: Die gemeinschaftsrechtliche Haftung für Verletzungen von Grundfreiheiten aus Anlass privaten Handelns, EuGRZ 2002, S. 213 ff.

Kadner, Thomas: Der Ersatz ökologischer Schäden – Ansprüche von Umweltverbänden, Berlin 1995, Schriften zum Umweltrecht, Bd. 56.

Kahl, Wolfgang: Umweltprinzip und Gemeinschaftsrecht – eine Untersuchung zur Rechtsidee des „bestmöglichen Umweltschutzes“ im EWG-Vertrag, Heidelberg 1993.

Karpen, Ulrich: Grundgesetz, Konsens und Wertewandel, JuS 1987, S. 593 ff.

Karpenstein, Peter: Zur Wiedergutmachung von Vertragsverstößen der Mitgliedstaaten gegen das Gemeinschaftsrecht, DVBl. 1977, S. 61 ff.

Karwiese, Diether: Kontrolle der Verwaltung durch ordentliche Gerichte und allgemeine Verwaltungsgerichte nach italienischem Recht, Frankfurt am Main 1986.

Kilian, Michael: Umweltschutz durch internationale Organisationen, Berlin 1987, Tübinger Schriften zum internationalen und europäischen Recht.

Kimmel, Adolf: Die Verfassungen der EG-Mitgliedstaaten, 4. Aufl. 1996.

Kind, Martin: Umweltschutz durch Verfassungsrecht – Aspekte des österreichischen Umweltverfassungsrechts mit Anmerkungen zur deutschen Rechtslage, Wien/New York 1994.

Kindler, Peter: Einführung in das italienische Recht – Verfassungsrecht, Privatrecht und internationales Privatrecht, München 1993.

Kingreen, Thorsten/Störmer, Rainer: Die subjektiv-öffentlichen Rechte des primären Gemeinschaftsrechts, EuR 1998, S. 263 ff.

Kiss, Alexandre/Shelton, Dinah: International Environmental Law, Ardsley-on-Hudson (N.Y.)/ London 1991.

Kiss, Alexandre/Sicault, Jean-Didier: La Conférence des Nations Unis sur l'Environnement (Stockholm 5 – 16 juin 1972), AFDI 1972, S. 603 ff.

Kiss, Alexandre: An Introductory Note on Human Right to Environment in: Brown Weiss, Edith (Hrsg.), Environmental Change and International Law: New Challenges and Dimensions, 1992, S. 199 ff.

Kiss, Alexandre: Le droit international à Rio de Janeiro et à côté de Rio de Raneiro, RJE 1993, S. 45 ff.

Kiss, Alexandre: The Rights and Interests of Future Genrations and the Precautionary Principle in: Freestone/Hey, Precautionary Principle and International Law, 1996, S. 19 ff.

Klein, Eckart: Objektive Wirkungen von Richtlinien in: Festschrift für Ulrich Everling, Baden-Baden 1995, S.641 ff.

Klein, Eckart: Unmittelbare Geltung, Anwendbarkeit und Wirkung von Europäischem Gemeinschaftsrecht, 1988, Saarbrücken, Universität des Saarlandes – Vorträge, Reden und Berichte aus dem Europainstitut Nr. 119.

Klein, Hans H.: Staatsziele im Verfassungsgesetz – Empfiehlt es sich, ein Staatsziel Umweltschutz in das Grundgesetz aufzunehmen?, DVBl. 1991, S. 728 ff.

Klemm, Cyrill de/Shine, Clare: Biological Diversity Conservation and the Law. Legal Mechanisms for Conserving Species and Ecosystems, Gland/Cambridge 1993.

Kley-Struller, Andreas: Der Schutz der Umwelt durch die Europäische Menschenrechtskonvention, EuGRZ 1995, S. 507 ff.

Klinke, Ulrich: Der Gerichtshof der Europäischen Gemeinschaften – Aufbau und Arbeitsweise, Baden-Baden 1989.

Kloefer, Michael: Umweltrecht, München 2. Aufl. 1998.

Kloepfer, Michael (Hrsg.): Zum Grundrecht auf Umweltschutz, Berlin/New York 1978.

Kloepfer, Michael/Mast, Ekkehart: Zum Umweltrecht in Frankreich, RIW 1992, S. 5 ff.

Kloepfer, Michael: Rechtsschutz im Umweltschutz, VerwArch 1985, S. 371 ff.

Kloepfer, Michael: Umweltschutz als Verfassungsrecht – zum neuen Art. 20a GG, DVBl. 1996, S. 73 ff.

Knemeyer, Franz-Ludwig: Bayerisches Kommunalrecht, Stuttgart/München/ Hannover/Berlin u.a. 10. Aufl. 2000.

Knöll, Ralf: Die Charta der Grundrechte der Europäischen Union, NJW 2001, S. 392 ff.

Koch, Hans-Joachim/Scheuing, Dieter H.: Gemeinschaftskommentar zum Bundesimmissionsschutzgesetz, Düsseldorf Stand 2000, Loseblattsammlung.

Koch, Hans-Joachim: Die gerichtliche Kontrolle technischer Regelwerke im Umweltrecht – ein Plädoyer gegen die Ausdehnung administrativer Letztentscheidungskompetenzen, ZUR 1993, S. 103 ff.

Koch, Hans-Joachim: Die TA Luft ist unzureichend (Richtlinien 80/779/EWG und 82/884/EWG) – Anmerkung zu EuGH-Urteil vom 30.5.1991 (Rs. C 361/88 und 59/89), WUR 1991, S. 350 f.

Koch, Johannes: Die Verfahrensarten im französischen Verwaltungsprozess, VerwArch 1998, S. 560 ff.

Koch, Johannes: Verwaltungsrechtsschutz in Frankreich – eine rechtsvergleichende Untersuchung zu den verwaltungsinternen und verwaltungsgerichtlichen Rechtsbehelfen des Bürgers gegenüber der Verwaltung, Berlin 1998, Schriften zum öffentlichen Recht, Bd. 744.

Koeman, Niels S. J.: Environmental Law in Europe, The Hague/London/Bosten 1999.

Koenig, Christian/Sander, Claude: Einführung in das EG-Prozessrecht – mit Aufbaumustern und Prüfungsübersichten, Tübingen 1997.

Koenig, Doris: Das Umweltinformationsgesetz – ein Modell für mehr Aktenöffentlichkeit, DÖV 2000, S. 45 ff.

Koja, Friedrich: Allgemeines Verwaltungsrecht, Wien 2. Aufl. 1986.

Kokott, Julia: Europäisierung des Verwaltungsprozesses, DV 1998, S. 335 ff.

Koller, Arnold: Die unmittelbare Anwendbarkeit völkerrechtlicher Verträge und des EWG-Vertrages im innerstaatlichen Bereich, Bern 1971.

Kollmer, Norbert: Klage auf Umweltinformation nach dem neuen Umweltinformationsgesetz (UIG), NVwZ 1995, S. 858 ff.

König, Sigurd: Drittschutz – der Rechtsschutz Drittbetroffener gegen Bau- und Anlagengenehmigungen im öffentlichen Baurecht, Immissionsschutzrecht und Atomrecht, Berlin 1993, Tübinger Schriften zum Staats- und Verwaltungsrecht, Bd. 19.

Kopp, Ferdinand/ Schenke, Wolf-Rüdiger: Verwaltungsgerichtsordnung – Kommentar, München 12. Aufl. 2000.

Kopp, Stephan: Staatshaftung wegen Verletzung von Gemeinschaftsrecht, DÖV 1994, S. 201 ff.

Kort, Michael: Verstoß eines Mitgliedstaates gegen europäisches Recht: Probleme des Vertragsverletzungsverfahrens gem. Art. 169 EGV, DB 1996, S. 1323 ff.

Krämer, Ludwig/Micklitz, Hans-Wolfgang/Tonner, Klaus: Law and Diffuse Interests in European Legal Order – Recht und diffuse Interessen in der Europäischen Rechtsordnung, Baden-Baden 1997.

Krämer, Ludwig: Das „hohe Schutzniveau" für die Umwelt im EG-Vertrag – industrielle Norm oder politische Vorgabe? ZUR 1997, S. 303 ff.

Krämer, Ludwig: Das Verursacherprinzip im Gemeinschaftsrecht – zur Auslegung von Art. 130r EWG-Vertrag, EuGRZ 1989, S. 353 ff.

Krämer, Ludwig: Die Rechtsprechung der EG-Gerichte zum Umweltrecht 2000 und 2001 – Im Anhang: Überblick über die wichtigsten neuen Umweltregelungen, EuGRZ 2002, S. 483 ff.

Krämer, Ludwig: Die Rechtsprechung der EG-Gerichte zum Umweltrecht 1998 und 1999, EuGRZ 2000, S. 265 ff.

Krämer, Ludwig: EC Environmental Law, London 4th edition 2000.

Krämer, Ludwig: Grundrecht auf Umwelt und Gemeinschaftsrecht, EuGRZ 1988, S. 285 ff.

Krämer, Ludwig: The Implementation of Environmental Laws by the European Economic Communites, GYIL 1991, S. 9 ff.

Krämer, Ludwig: Umweltmediation und Umweltpolitik der Europäischen Union, NuR 2002, S. 257 ff.

Krämer, Ludwig: Vom Rechte, das mit uns geboren – der Einzelne im gemeinschaftlichen Umweltrecht in: Krämer/Micklitz/Tonner, Law and Diffuse Interests in European Legal Order, 1997, Baden-Baden, S. 740 ff.

Krämer, Ludwig: Zur innerstaatlichen Wirkung von Umwelt-Richtlinien der EWG, AnwBl. 1991, S. 368 ff.

Krämer, Ludwig: Zur innerstaatlichen Wirkung von Umweltschutzrichtlinien der EWG, WiVerw 1990, S. 138 ff.

Krämer, Ludwig: Zur Umweltbeschwerde des Einzelnen nach EWG-Recht in Deutscher Naturschutzring (Hrsg.), Beiträge zum Naturschutz, 1987, S. 29 ff.

Kreutzberger, Robert: Der Umweltschutz als Aufgabe der Europäischen Gemeinschaften, ZfU 1986, S. 169 ff.

Krieger, Stephan: Das technische Umweltrecht der Gemeinschaft nach der „neuen Konzeption" – Inhalte und Struktur sowie Umsetzung durch die Bundesrepublik, UPR 1992, S. 401 ff.

Kulke, Ulrich: Haustürwiderufsrecht und Realkreditvertrag – zugleich eine Besprechung der Entscheidung des EuGH vom 13.12.2001 – Rs. C-481/99 (ZBB 2002, S. 29), ZBB 2002, S. 33 ff.

Kunze, Stefan: Europarecht im deutschen Verwaltunsprozess (4) – Allgemeines Verwaltungsrecht, VBL.BW 2001, S. 5 ff.

L

Lackhoff, Klaus/Nyssens, Harold: Direct Effect of Directives in Triangular Situations, ELRev. 1998, S. 397 ff.

Ladeur, Karl-Heinz: Environmental Constitutional Law in: Winter, (Hrsg.), European Environmental Law 1995, S. 15 ff.

Ladeur, Karl-Heinz: Rechtsdogmatische Grundlagen des Nachbarschutzes im Wasserrecht, UPR 1992, S. 81 ff.

Lal Panjabi, R. K.: From Stockholm to Rio: A Comparison to the Declaratory Principles of International Environmental Law, DJILP 1993, S. 215 ff.

Landmann, Robert von/Rohmer, Gustav: Umweltrecht-Kommentar, Band IV – sonstiges Umweltrecht (Bundes- und Europarecht), Stand 1997, Loseblattsammlung.

Langenfeld, Christine/Schlemmer-Schulze, Sabine: Die TA Luft – kein geeignetes Instrument zur Umsetzung von EG-Richtlinien, EuZW 1991, S. 622 ff.

Langenfeld, Christine: Zur Direktwirkung von EG-Richtlinien, DÖV 1992, S. 955 ff.

Lavrysen, L.: Milieurecht – Recente ontwikkelingen – deel II, Droit de l'environnement – Développements récents – IIe partie, Brüssel 1989.

Lecrenier, Sabine: Le contrôle des règles techniques des États et sauvegarde des droit des particuliers, JTDE 1997, S. 1 ff.

Leible, Stefan/Sosnitza, Olaf: Richtlinienkonforme Auslegung vor Ablauf der Umsetzungsfrist und vergleichende Werbung, NJW 1998, S. 2507 ff.

Leipold, Dieter/Lüke, Wolfgang/Yoshino, Shozaburo: Gedächtnisschrift für Peter Arens, München 1993.

Lenz, Carl Otto (Hrsg.): EG-Vertrag – Kommentar zu dem Vertrag zur Gründung der Europäischen Gemeinschaften in der durch den Amsterdamer Vertrag geänderten Fassung, Köln/Basel/ Genf/München/Wien 2. Aufl. 1999.

Lenz, Otto: Entwicklung und unmittelbare Geltung des Gemeinschaftsrechts, DVBl. 1990, S. 903 ff.

Lindacher, Walter F.: Anmerkung zum Urteil des BGH vom 5.2.1998 – I ZR 211/95 – Zulässigkeit vergleichender Werbung im Wege richtlinienkonformer Auslegung – RabattG §§ 1, 12; UWG § 1, Richtlinie 97/55/EWG, DZWiR 1998, S. 514 ff.

Lindner, Josef Franz: EG-Grundrechte-Charta und gemeinschaftsrechtlicher Kompetenzvorbehalt – Probleme und Thesen, DÖV 2000, S. 543 ff.

Louis, Hans Walter: Das Gesetz zur Neuregelung des Rechts des Naturschutzes und der Landschaftspflege (BNatSchG NeuregG) – die wesentlichen Änderungen des Bundesnaturschutzgesetzes durch das BNatSchGNeuregG vom 25.3.2002 (BGBl. I S. 1193), NuR 2002, S. 385 ff.

Lübbig, Thomas: EuG: Individuelle Betroffenheit durch EG-Verordnungen – Anmerkungen zu EuG, Urt. vom 3. Mai 2002 – Rs. T-177/01 (Jégo-Quéré et Cie SA/Kommission der EG), EuZW 2002, S. 415 f.

Lutter, Martin: Die Auslegung angeglichenen Rechts, JZ 1992, S. 593 ff.
Luttermann, Claus: Die „mangelhafte" Umsetzung europäischer Richtlinien – zugleich Besprechung von EuGH, EuZW 1998, 45 (Daihatsu), EuZW 1998, S. 264 ff.

M

Macrory, Richard: The Enforcement of Community Environmental Cases: Some Critical Issues, CMLRev. 1992, S. 347 ff.
Magiera, Siegfried: Die Grundrechte-Charta der Europäischen Union, DÖV 2000, S. 1017 ff.
Malanczuk, Peter: Die Konferenz der Vereinten Nationen über Umwelt und Entwicklung (UNCED) und das internationale Umweltrecht in: Beyerlin/Bothe/ Hofmann/Petersmann, Recht zwischen Umbruch und Bewahrung, Festschrift für Rudolf Bernhardt, 1995, S. 985 ff.
Malanczuk, Peter: Sustainable Development: Some critical Thoughts in the Light of the Rio Conference in: Ginther/Denters/de Waart, Sustainable Development and Good Governance, 1995, S. 23 ff.
Martens, Joachim: Der verwaltungsrechtliche Nachbarschutz – eine unendliche Geschichte, NJW 1985, S. 2302 ff.
Martín Mateo, Ramón: Tratado de Derecho Ambiental, Madrid 1991.
Masing, Johannes: Die Mobilisierung des Bürgers für die Durchsetzung des Rechts – europäische Impulse für eine Revision der Lehre vom subjektiv-öffentlichen Recht, Berlin 1997.
Maunz, Theodor/Dürig, Günter: Grundgesetz-Kommentar, München Stand 1999, Loseblattsammlung.
Maurer, Hartmut: Allgemeines Verwaltungsrecht, München 13. Aufl. 2000.
Maus, Wolfgang: Individualrecht oder Staatsziel – zum Grundrecht auf Umweltschutz, JA 1979, S. 287 ff.
Meier, Gert: Zur Geltung von Gemeinschaftsnormen im staatlichen Bereich, RIW 1968, S. 205 ff.
Mercatory, Richard: In the Position of the Kincardine and Deeside District Council – Analysis, JEL 1992, S. 298 ff.
Mertens de Wilmars, J./Verongstraete, I. M.: Proceedings against Member States for Failure to fulfil their Obligations, CMLRev. 1970, S. 385 ff.
Micklitz, Hans-Wolfgang/Reich, Norbert: Public Interest Litigation before European Courts, Baden-Baden 1996 (Aufsatzsammlung).
Middeke, Andreas: Nationaler Umweltschutz im Binnenmarkt: Rechtliche Möglichkeiten und Grenzen umweltrechtlicher Alleingänge im Verhältnis zum freien Warenverkehr, Köln/Berlin/ Stuttgart u.a. 1994
Mögele, Rudolf: Grundzüge der Rechtsordnung der Europäischen Gemeinschaften, BayVBl. 1989, S. 577 ff.

Molina del Pozo, Carlos Francisco: Manual de Derecho de la Communidad Europea, Madrid Tercera editión, 1997.

Möllers, Thomas M.J.: Doppelte Rechtsfortbildung contra legem? – zur Umgestaltung des Bürgerlichen Gesetzbuchs durch den EuGH und nationale Gerichte, EuR 1998, S. 20 ff.

Morgan, David Gwynn/Hogan, Gerard: Admistrative Law, London 2nd edition 1991.

Morris, P. E.: The Direct Effect of Directives – Some Recent Developments in the European Court, JBL 1989, S. 233 ff (Teil 1), S. 309 ff (Teil 2).

Mulert, Martin: Die deutschen Bundesländer vor dem Europäischen Gerichtshof, Berlin 1996, Hamburger Studien zum europäischen und internationalen Recht, Bd. 8.

Münch, Ingo von/Kunig, Philip (Hrsg.): Grundgesetz-Kommentar, München 4./ 5. Aufl. 2001.

Murswieck, Dietrich: Rechtsprechungsübersicht – mangelhafte Umsetzung von Umweltschutzrichtlinien, JuS 1992, S. 428 ff.

Murswieck, Dietrich: Staatsziel Umweltschutz (Art. 20a GG) – Bedeutung für Rechtsetzung und Rechtsanwendung, NVwZ 1996, S. 222 ff.

N

Nafilyan, Gérard: La position des États membres et les recours en manguement des articles 169 CEE et 141 CEEA, RTDE 1977, S. 214 ff.

Neßler, Volker: Europäisches Gemeinschaftsrecht vor deutschen Gerichten, DVBl. 1993, S. 1240 ff.

Nettesheim, Martin: Gemeinschaftsrechtliche Vorgaben für das deutsche Staatshaftungsrecht, DÖV 1992, S. 999 ff.

Nicolayen, Gert: Difficile Est Satiram non Scribere, EuR 1988, S. 411 f.

Nicolaysen, Gert: Europarecht I, Baden-Baden 1. Aufl. 1991.

Nicolaysen, Gert: Keine horizontale Wirkung von Richtlinienbestimmungen, EuR 1986, S. 370 ff.

Nicolaysen, Gert: Richtlinienwirkung und Gleichberechtigung von Männern und Frauen beim Zugang zum Beruf, EuR 1984, S. 380 ff.

Nieto, Alejandro: Umweltschutz und Wirtschaft in Spanien – Vortrag im Rahmen der wissenschaftlichen Tagung „Rechtsprobleme nach dem Eintritt Spaniens und Portugals in die EG“, 9-11. Januar 1987, Saarbrücken 1987, Europainstitut der Universität des Saarlandes – Vorträge, Reden und Berichte aus dem Europainstitut Bd. 92.

Nigro, Mario: Giustizia amministrativa, Quarta editione, Bologna 1994.

Nissen, Harck-Oluf: Die Intervention Dritter in Verfahren vor dem Gerichtshof der Europäischen Gemeinschaften – zugleich eine rechtsvergleichende Untersuchung zu den Instituten der Drittbeteiligung vor deutschen und französischen

Zivil- und Verwaltungsgerichten, Berlin 2001, Hamburger Studien zum Europäischen und Internationalen Recht Bd. 27.

Núñes Müller, Marco: Die Verjährung außervertraglicher Schadensersatzansprüche gegen die EG, EuZW 1999, S. 611 ff.

O

Oldenbourg, Andreas: Die unmittelbare Wirkung von EG-Richtlinien im innerstaatlichen Bereich, München 1984.

Oppermann, Thomas: Die Europäische Gemeinschaft und Union in der Welthandelsorganisation (WTO), RIW 1995, S. 919 ff.

Oppermann, Thomas: Europarecht – ein Studienbuch, München 2. Aufl. 1999.

Ortlepp, Beate Christine: Das Vertragsverletzungsverfahren als Instrument zur Sicherung der Legalität im Europäischen Gemeinschaftsrecht, Baden-Baden 1987.

Ossenbühl, Fritz: Der gemeinschaftsrechtliche Staatshaftungsanspruch, DVBl. 1992, S. 993 ff.

Ossenbühl, Fritz: Staatshaftungsrecht, München 5. Aufl. 1998.

P

Pache, Eckhard: Der Staat als Kunde – System und Defizite des neuen deutschen Vergaberechts, DVBl. 2001, S. 1781 ff.

Pache, Eckhard: Die Europäische Grundrechte-Charta – ein Rückschritt für Grundrechtsschutz in Europa?, EuR 2001, S.475 ff.

Palmer, Geoffrey: New Ways to Make International Law, AJIL 1992, S.259 ff.

Papier, Hans-Jürgen: Direkte Wirkung von Richtlinien der EG im Umwelt- und Technikrecht – verwaltungsverfahrensrechtliche Probleme des nationalen Vollzugs, DVBl. 1993, S. 809 ff.

Parejo Alfonso, Luciano: Umweltschutz und Umweltrecht in Spanien, DVBl. 1992, S. 1272 ff.

Pernice, Ingolf: Die EG als Mitglied der Organisationen im System der Vereinten Nationen: Konsequenzen für die Politik von Mitgliedstaaten und Drittstaaten, EuR 1991, S. 273 ff.

Pernice, Ingolf: Gestaltung und Vollzug des Umweltrechts im europäischen Binnenmarkts – Europäische Impulse und Zwänge für das deutsche Umweltrecht, NVwZ 1990, S. 414 ff.

Pernice, Ingolf: Kriterien der normativen Umsetzung von Richtlinien der EG im Lichte der Rechtsprechung des EuGH, EuR 1994, S. 325 ff.

Pescatore, Pierre: The Doctrine of „Direct Effect“: An Infant Disease of Community Law, ELRev. 1983, S. 155 ff.

Petersen, Klaus H.J.: Der Drittschutz in der Baunutzungsordnung durch die Vorschriften über die Art der baulichen Nutzung, Berlin 1999, Schriften zum öffentlichen Recht, Bd. 794.

Petersmann, Ernst-Ulrich: Darf die EG das Völkerrecht ignorieren?, EuZW 1997, S. 325 ff.

Petersmann, Ernst-Ulrich: GATT/WTO-Recht: Duplik, EuZW 1997, S.651 ff.

Pieper, Stefan Ulrich: Die Direktanwendung von Richtlinien der Europäischen Gemeinschaft, DVBl. 1990, S. 684 ff.

Prechal, Sacha: Directives in European Community Law – a Study of Directives and Their Enforcement in National Courts, Oxford 1995.

Prechal, Sacha: Remedies after Marshall, CMLRev. 1990, S. 451 ff.

Prieß, Hans-Joachim: Die Haftung der EG-Mitgliedstaaten bei Verstößen gegen das Gemeinschaftsrecht – zugleich Besprechung von EuGH, Urteil vom 19. November 1991 – Rs. C-6/90 (Francovich), NVwZ 1993, S. 118 ff.

Prieur, Michel: Droit de l'environnement, Paris 3e édition, 1996.

Prieur, Michel: Plaints et Voies de Recours en Matièrs d'Environnement, Funchal 1998.

Purps, Thorsten: Umweltpolitik und Verursacherprinzip im Europäischen Gemeinschaftsrecht, Köln u.a. 1991.

Q

Quack, Karlheinz: Der Ausschluss der Nebenintervention in den Fällen des Art. 37 Abs. 2 2. Halbsatz der Satzung des Europäischen Gerichtshofs, in J. Baur, Festschrift für Ralph Vieregge zum 70. Geburtstag, Berlin u.a., S. 747 ff.

R

Randelzhofer, Albrecht/Scholz, Rupert/Wilke, Dieter (Hrsg.): Gedächtnisschrift für Eberhardt Grabitz, München 1995.

Redeker, Konrad/von Oertzen, Hans-Joachim: Verwaltungsgerichtsordnung – Kommentar, Stuttgart u.a. 13. Aufl. 2000.

Redeker, Konrad: Verfassungsrechtliche Vorgaben zur Kontrolldichte verwaltungsgerichtlicher Rechtsprechung, NVwZ 1992, S. 305 ff.

Rehbinder, Eckhard/Burgbacher, Hans-Erwin/Knieper, Rolf: Bürgerklage im Umweltrecht, Berlin 1972.

Rehbinder, Eckhard/Stewart, Richard: Environmental Protection Policy, Berlin/New York 1985.

Reich, Norbert: Bürgerrechte in der Europäischen Union – Subjektive Rechte von Unionsbürgern und Drittstaatsangehörigen unter besonderer Berücksichtigung der Rechtslage nach der Rechtsprechung des EuGH und dem Vertrag von Amsterdam, Baden-Baden 1. Aufl. 1999.

Rengeling, Hans-Werner (Hrsg.): Handbuch zum europäischen und deutschen Umweltrecht – eine systematische Darstellung des Europäischen Umweltrechts mit seinen Auswirkungen auf das deutsche Recht und mit rechtspolitischen Perspektiven, Köln/Berlin u.a. 2. Aufl. 2003.

Rengeling, Hans-Werner/Middecke, Andreas/Gellermann, Martin: Rechtsschutz in der Europäischen Union, München 1994, NJW Schriftenreihe Band 56.

Rengeling, Hans-Werner: Die Entwicklung verwaltungsrechtlicher Grundsätze durch den Gerichtshof der Europäischen Gemeinschaften, EuR 1984, S. 331 ff.

Rengeling, Hans-Werner: Europäische Normgebung und ihre Umsetzung in nationales Recht, DVBl. 1995, 945 ff.

Renoux, Th./de Vilmiers, M.: Code constitutionnel, Paris 1994.

Rescigno, Giuseppe Ugo: Corso di diritto pubblico, Bologna 1980.

Ress, Georg/Ukrow, Jörg: Neue Aspekte des Grundrechtsschutzes in der Europäischen Gemeinschaft – Anmerkungen zum Hoechst-Urteil des EuGH, EuZW 1990, S. 499 ff.

Ress, Georg: Die Bedeutung der Rechtsvergleichung für das Recht internationaler Organisationen, ZaöRV 1976, S. 227 ff.

Ress, Georg: Die Direktwirkung von Richtlinien: der Wandel von der prozessrechtlichen zur materiellrechtlichen Konzeption in: Leipold/Lüke/Yoshino, Gedächtnisschrift für Peter Arens, München 1993, S. 351 ff.

Ress, Georg: Die richtlinienkonforme „Interpretation" innerstaatlichen Rechts, DÖV 1994, S. 489 ff.

Ress, Georg: Grenzüberschreitende Verfahrensbeteiligung im Umweltrecht der Mitgliedstaaten der Europäischen Gemeinschaften, Köln 1985, Schriftenreihe Annales Universitatis Saraviensis, Rechts- und Wirtschaftswissenschaftliche Abteilung.

Rest, Alfred: Die rechtliche Umsetzung der Rio-Vorgaben in der Staatenpraxis, AVR 1996, S. 145 ff.

Richter, Stefan: Die unmittelbare Wirkung von EG-Richtlinien zu Lasten Einzelner – zu den EuGH-Urteilen Rs. 80/86 (Kolpinghuis) und Rs. 152/84 (Marshall), EuR 1988, S. 394 ff.

Riedel, Eibe: Menschenrechte der dritten Dimension, EuGRZ 1989, S. 9 ff.

Riedel, Eibe: Theorie der Menschenrechtsstandards – Funktion, Wirkungsweise und Begründung wirtschaftlicher und sozialer Menschenrechte mit exemplarischer Darstellung der Rechte auf Eigentum und Arbeit in den verschiedenen Rechtsordnungen, Berlin 1986, Veröffentlichung des Instituts für internationales Recht an der Universität Kiel, Bd. 96.

Riedel, Eike H.: Kontrolle der Verwaltung im englischen Rechtssystem: eine Darstellung der gerichtlichen und außergerichtlichen Kontrollen der Verwaltung, zugleich ein Erklärungsversuch für das Fehlen eines umfassendes Systems des öffentlichen Rechts in England, Berlin 1976.

Rivero, Jean: Droit administratif, Paris 13éme édition 1990.

Rodrígues Iglesias, Gil Carlos: Der EuGH und die Gerichte der Mitgliedstaaten – Komponenten der richterlichen Gewalt in der Europäischen Union, NJW 2000, S. 1889 ff.

Röger, Ralf: Ein neuer Informationsanspruch auf europäischer Ebene, DVBl. 1994, 1182 ff.

Rogmann, Achim : Die Bindungswirkung von Verwaltungsvorschriften – zur Rechtslage insbesondere im Wirtschafts-, Umwelt- und Steuerrecht, Köln/Berlin/Bonn/München 1998, Studien zum öffentlichen Wirtschaftsrecht, Bd. 36.

Ross, Malcolm: Beyond Francovich, MLRev. 1993, S. 55 ff.

Roth, Wulf-Henning: „Video“ – Nachlese oder das (immer noch) vergessene Gemeinschaftsrecht, ZIP 1992, S. 1054 ff.

Royla, Pascal/Lackhoff, Klaus: Die innerstaatliche Beachtlichkeit von EG-Richtlinien und Gesetzmäßigkeitsprinzip, DVBl. 1998, S. 1116 ff.

Ruffert, Matthias: Dogmatik und Praxis des subjektiv-öffentlichen Rechts unter dem Einfluss des Gemeinschaftsrechts, DVBl. 1998, S 69 ff.

Ruffert, Matthias: Rights and Remedies in European Community Law: a Comparative View, CMLRev. 1997, S. 307 ff.

Ruffert, Matthias: Subjektive Rechte im Umweltrecht der europäischen Gemeinschaft unter besonderer Berücksichtigung der prozessualen Durchsetz-ung, Heidelberg 1996, Umwelt- und Technikrecht Bd. 33.

Ruthig, Josef: Transformiertes Gemeinschaftsrecht und die Klagebefugnis des § 42 Abs. 2 VwGO, BayVBl. 1997, S. 289 ff.

S

Sach, Karsten/Simm, Marion: Kontrolle der Durchführung und der Beachtung von Gemeinschaftrecht – eingeschlossen praktische Fragen der Durchführung – und und Sanktionen gegenüber Mitgliedstaaten in Rengeling, Handbuch zum europäischen und deutschen Umweltrecht, 2. Aufl. 2003, § 44.

Sack, J.: Die Folgenbeseitigung im Gemeinschaftsrecht, EuR 1986, S. 241 ff.

Sack, Jörn: Verstoßverfahren und höchstrichterliche Vertragsverletzungen – eine Klarstellung, EuZW 1991, S. 246 ff.

Sack, Jörn: Von der Geschlossenheit und den Spannungsfeldern in einer Weltordnung des Rechts, EuZW 1997, S. 650 f.

Salzwedel, Jürgen/Viertel, Berthold: Umsetzung und Verwirklichung europäischen Umweltrechts in den Mitgliedstaaten – Lösungsansätze zur Konfliktvermeidung, ZAU 1989, S. 131 ff.

Salzwedel, Jürgen: Probleme der Umsetzung europäischen Gemeinschaftsrechts in das Umwelt- und Technikrecht der Mitgliedstaaten – das Beispiel des Gewässerschutzes –, UPR 1989, S. 41 ff.

Sand, Peter H.: International Environmental Law After Rio, EJIL 1993, S. 377 ff.

Sands, Phillipe: Principles of International Environmental Law, Vol I: Frameworks, Standards and Implementation, Manchester/New York 1995.

Schaefer, Detlef: Die unmittelbare Wirkung des Verbots der nichttarifären Handelshemmnisse (Art. 30 EWGV) in den Rechtsbeziehungen zwischen Privaten, Frankfurt am Main 1987.

Schäfer, Barbara: Die Europäische Gemeinschaft und die Rahmenkonvention über Klimaänderungen, NuR 1995, S. 504 ff.

Schally, Hugo M.: Forests: Towards an International Regime, YIEL 1993, S. 30 ff.

Schenke, Wolf-Rüdiger: Verwaltungsprozessrecht, Heidelberg 7. Aufl. 2000.

Schermers, Henry G./Waelbroeck, Denis: Judical Protection in the European Communities, Leiden 1997.

Scherzberg, Arno: Die innerstaatlichen Wirkungen von EG-Richtlinien, Jura 1993, S. 225 ff.

Scherzberg, Arno: Mittelbare Rechtssetzung durch Gemeinschaftsrecht – Richtlinie als Instrument der europäischen Integration, Jura 1992, S. 572 ff.

Scheuing, Dieter H.: Die Einheitliche Europäische Akte als Grundlage umweltrechtlicher Aktivitäten der Europäischen Gemeinschaft – Regelungsgewinne und Reformnotwendigkeiten in: Behrens/Koch (Hrsg.), Umweltschutz in der Europäischen Gemeinschaft, Baden-Baden 1991, S. 46 ff.

Scheuing, Dieter H.: Instrumente zur Durchführung des Europäischen Umweltrechts, NVwZ 1999, S. 475 ff.

Scheuing, Dieter H.: Regulierung und Marktfreiheit im Europäischen Umweltrecht, EuR 2001, S. 1 ff.

Scheuing, Dieter H.: Umweltschutz auf der Grundlage der Einheitlichen Europäischen Akte, EuR 1989, S. 152 ff.

Schiemann, Konrad: Interventions in Public Interest Cases, Public Law 1996, S. 340 ff.

Schiemann, Konrad: Locus Standi, Public Law 1990, S. 342 ff.

Schink, Alexander/Erbguth, Wilfried: Die Umweltverträglichkeitsprüfung im immissionsschutzrechtlichen Zulassungsverfahren, DVBl. 1991, S. 413 ff.

Schink, Alexander: Folgen der EG-Rechtswidrigkeit der Übergangsvorschriften zum UVP-Gesetz – zugleich Besprechung von EuGH, Urteil vom 9.8.1994 – Rs. C-396/92, NVwZ 1994, S. 953 ff.

Schink, Alexander: Umweltschutz als Staatsziel, DÖV 1997, S. 221 ff.

Schlemmer-Schultze, Sabine/Ukrow, Jörg: Haftung der Mitgliedsstaaten für vertragswidriges Verhalten, RIW 1992, S. 411 ff.

Schlemmer-Schultze, Sabine/Ukrow, Jörg: Haftung des Staates gegenüber dem Marktbürger für gemeinschaftswidriges Verhalten, EuR 1992, S. 82 ff.

Schmid, Christoph: Immer wieder Bananen: Der Status des GATT/WTO-Systems im Gemeinschaftsrecht – zur Lage nach dem Beschluss des WTO-Streitbeilegungsgremiums über die Bananenmarktordnung vom 25.9.1997, NJW 1998, S. 190 ff.

Schmidt Glaeser, Walter/Horn, Hans-Detlef: Verwaltungsprozessrecht, Stuttgart u.a. 15. Aufl. 2000.

Schmidt-Aßmann, Eberhard: Europäische Rechtsschutzgarantien, S. 1283 ff. in: Beyerlin/Bothe/Hofmann/Petersmann (Hrsg.), Recht zwischen Umbruch und Bewahrung – Festschrift für Rudolf Bernhardt, Berlin 1995.

Schmidt-Aßmann, Eberhard: Verwaltungskooperation und Verwaltungskooperationsrecht in den Europäischen Gemeinschaften, EuR 1996, S. 270 ff.

Schmidt-Preuß, Matthias: Der verfahrensrechtliche Charakter der Umweltverträglichkeitsprüfung, DVBl. 1995, S. 485 ff.

Schmidt-Preuß, Matthias: Die Entwicklung des deutschen Umweltrechts als verfassungsgeleitete Umsetzung der Maßgaben supra- und internationaler Umweltpolitik, JZ 2000, S. 581 ff.

Schmidt-Preuß, Matthias: Kollidierende Privatinteressen im Verwaltungsrecht: Das subjektiv öffentliche Recht im multipolaren Verwaltungsrechtsverhältnis, Berlin 1992, Schriften zum öffentlichen Recht, Band 627.

Schmidt-Radefeldt, Roman: Ökologische Menschenrechte – Ökologische Menschenrechtsinterpretation der EMRK und ihre Bedeutung für die umweltschützenden Grundrechte des Grundgesetzes, Baden-Baden 2000, Leipziger Schriften zum Völkerrecht, Europarecht und ausländischen öffentlichen Recht, Bd. 2.

Schmitz, Bernhard: Die Haftung der Europäischen Wirtschaftsgemeinschaft für Verordnungsrecht im Abgaben und Beihilfenrecht, Frankfurt am Main 1987.

Schmitz, Stefan: Die Europäische Union als Umweltunion, Bremen 1996.

Schmitz, Stefan: Habitatschutz für Vögel? Zur unmittelbaren Wirkung der FFH-Richtlinie der EU, ZUR 1996, S. 12 ff.

Schoch, Friedrich/Schmidt-Aßmann, Eberhard/Pietzner, Rainer (Hrsg.): Verwaltungsgerichtsordnung – Kommentar, München, Loseblattsammlung Stand 2002.

Schoch, Friedrich: Individualrechtsschutz im deutschen Umweltrecht unter dem Einfluss des Gemeinschaftsrechts, NVwZ 1999, S. 457 ff.

Schoch, Friedrich: Öffentlich-rechtliche Rahmenbedingungen einer Informationsordnung, VVDStRL 1998, S. 158 ff.

Schockweiler, Ferdinand: L'exécution des arrêts de la Cour in Capotorti/Ehlermann/Frowein/Jacobs/Joliet/Koopmans/Kovar, Du droit international au droit de l'intégration – Liber Amicorum Pierre Pesactore, Baden-Baden 1987, S. 613 ff.

Schockweiler, Ferdinand: La notion de détournement de pouvoir en droit communautaire, AJDA 1990, S. 435 ff.

Schockweiler, Fernand: Die Haftung der EG-Mitgliedstaaten gegenüber dem Einzelnen bei Verletzung des Gemeinschaftsrechts, EuR 1993, S. 107 ff.

Schroeder, Werner: Die Sicherung eines hohen Schutzniveaus für Gesundheits-, Umwelt- und Verbraucherschutz im europäischen Binnenmarkt, DVBl. 2002, S. 213 ff.

Schulze, Reiner (Hrsg.), Auslegung europäischen Privatrechts und angeglichenen Rechts, Baden-Baden 1. Aufl. 1999, Europäisches Privatrecht Band 8.

Schwarze, Jürgen: Der Rechtsschutz von Unternehmen im europäischen Gemeinschaftsrecht – Grundlagen und neuere Entwicklungen, RIW 1996, S. 895 ff.

Schwarze, Jürgen: Die Befugnis zur Abstraktion im europäischen Gemeinschaftsrecht: eine Untersuchung zur Rechtsprechung des Europäischen Gerichtshofes, Baden-Baden 1976.

Schwarze, Jürgen: EU-Kommentar, Baden-Baden 1. Aufl. 2000.

Schwarze, Jürgen: Europäisches Verwaltungsrecht – 1. Band, Baden-Baden 1988.

Schwarze, Jürgen: Grundlinien und neuere Entwicklung des Rechtsschutzes im Recht der Europäischen Gemeinschaften, NVwZ 1996, S. 22 ff.

Schwarze, Jürgen: Tendances vers un droit administratif commun en Europe, RTDE 1993, S. 235 ff.

Schwarze, Jürgen: The Procedural Guarantees in the Recent Case-Law of the European Court of Justice in: Curtin/Heukels, Institutional Dynamics of European Integration, Vol. II, S. 487 ff.

Schwerdtfeger, Gunther: Grundrechtlicher Drittschutz im Baurecht – Dogmatische Grundlegungen zur Rechtsprechung des BVerwG, NVwZ 1982, S. 5 ff.

Seidel, Martin: Umweltrechtliche und wirtschaftslenkende Abgaben und Maßnahmen aus gemeinschaftsrechtlicher Sicht, NVwZ 1993, S. 105 ff.

Seltenreich, Stephan: Die Francovich-Rechtsprechung des EuGH und ihre Auswirkung auf das deutsche Staatshaftungsrecht – ein Rückblick fünf Jahre nach dem Ergehen des Francovich-Urteils, Konstanz 1997.

Sening, Christoph: Abschied von der Schutznormtheorie im Naturschutzrecht, NuR 1980, S. 102 ff.

Sening, Christoph: Rettung der Umwelt durch Aufgabe der Schutznormtheorie, BayVBl. 1982, S. 428 ff.

Sening, Christoph: Systemdynamische und energetische Überlegungen zur Klagebefugnis im Naturschutzrecht, NuR 1979, S. 9 ff.

Sening, Christoph: Umweltzerstörung, Recht und Information, NuR 1985, S. 125 ff.

Skouris, Wassilios: Verletztenklagen und Interessentenklagen im Verwaltungsprozess: eine rechtsvergleichende Studie zur Anfechtungslegitimation des Bürgers, Hamburg 1979.

Skupnik, Wilfried: Konferenz der Vereinten Nationen über die menschliche Umwelt, VN 1972, S. 111 ff.

Slot, Piet Jan: Case C-194/94, CIA Security International SA vs. Signalson SA and Securitel SPRL, Judgement of the Full Court of Justice of 30 April 1996, CMLRev. 1996, S. 1035 ff.

Soell, Hermann: Umweltschutz, ein Grundrecht?, NuR 1985, S. 205 ff.

Sohn, Louis B. The Stockholm Declaration on the Human Environment, HILJ 1973, S. 423 ff.

Sommermann, Karl-Peter: Staatsziel „Umweltschutz“ mit Gesetzesvorbehalt?, DVBl. 1991, S. 34 ff.

Sonnenberger, Hans-Jürgen/Autexier, Christian: Einführung in das französische Recht, Heidelberg 3. Aufl. 2000.

Spoerr, Wolfgang: Verwaltungsrechtsschutz in Großbritannien, VerwArch 1991, S. 25 ff.

Stadie, Holger: Unmittelbare Wirkung von EG-Richtlinien und Bestandskraft von Verwaltungsakten, NVwZ 1994, S. 435 ff.

Steiger, Heinhard: Das Recht auf eine menschenwürdige Umwelt – Vorschlag eines Zusatzprotokolls zur Europäischen Menschenrechtskonvention – vom Arbeitskreis für Umweltrecht, Berlin 1973, Beiträge zur Umweltgestaltung Heft A 13.

Stein, Udo: Die allgemeine Leistungsklage im Verwaltungsprozess, JuS 1984, S. 853 ff.

Steinberg, Rudolf/Klößner, Bernd: Zur unmittelbaren Wirkung von Umweltschutz-Richtlinien der Europäischen Gemeinschaften, BayVBl. 1994, S. 33 ff.

Steinberg, Rudolf/Müller, Ulrike: Zur Umsetzung der EG-Richtlinie über die Umweltverträglichkeitsprüfung unter besonderer Berücksichtigung der Umsetzungsverpflichtungen der Bundesländer, NuR 1989, S. 277 ff.

Steinberg, Rudolf: Der ökologische Verfassungsstaat, Frankfurt 1998.

Steindorff, Ernst: EG-Vertrag und Privatrecht, Baden-Baden 1. Aufl. 1996, Schriftenreihe Europäisches Recht, Politik und Wirtschaft, Band 185.

Steiner, Josephine: From Direct Effects to Francovich: Shifting Means of Enforcement of Community Law, ELRev. 1993, S. 3 ff.

Stern, Klaus: Das Staatsrecht der Bundesrepublik Deutschland, München 1984-2001.

Stich, Rudolf: Das neue Bundesnaturschutzgesetz – bedeutsame Änderungen und Ergänzungen des Bundesnaturschutzrechts, UPR 2002, S. 161 ff.

Stiens, Andrea/Voß, Ulrike: Staatszielbestimmung Umweltschutz im Grundgesetz in: Jahrbuch des Umwelt- und Technikrechts 1993, S. 3 ff.

Stober, Rolf: Umweltschutz und Umweltgrundrecht – zum gegenwärtigen Diskussionstand auch aus ökonomischer Sicht, JZ 1988, S. 426 ff.

Storm, Peter-Christoph: Umweltrecht – Einführung in ein neues Rechtsgebiet, Berlin 7. Aufl. 2002.

Stotz, Rüdiger: Rechtsschutz vor Europäischen Gerichten in: Rengeling, Handbuch zum europäischen und deutschen Umweltrecht, 2. Aufl. 2003, § 45.

Streinz, Rudolf: Europarecht, Heidelberg 5. Aufl. 2001.

Streinz, Rudolf: Staatshaftung für Verletzungen primären Gemeinschaftsrechts durch die Bundesrepublik Deutschland – zum Vorlagebeschluss des BGH (EuZW 1993, 226), EuZW 1993, S. 599 ff.

Stüber, Stephan: Subjektive Rechte aus Gemeinschaftsrecht, Jura 2001, S. 798 ff.
Stuyck, J./Wytinck, P.: Case C-106/89, Marleasing SA vs. La Comercial International de Alimentacion S.A., Judgement of 13 November 1990 (Sixth Chamber), CMLRev. 1991, S. 205 ff.

T

Tettinger, Peter J.: Die Charta der Grundrechte der Europäischen Union, NJW 2001, S. 1010 ff.
Theodossiou, Maria A.: An Analysis of the Recent Response of the Community to Non-compliance with Court of Justice Judgements: Art. 228 (2) E.C., ELRev. 2002, S. 25 ff.
Thym, Daniel: Umweltschutz in den Verfassungen der EU-Mitgliedstaaten, NuR 2000, S. 557 ff.
Timmermans, Christiaan W. A.: Community Directives Revisted, YEL 1997, S. 1 ff.
Timmermans, Christiaan W. A.: Directives: Their Effect within the National Legal Systems, CMLRev. 1979, S. 533 ff.
Tonne, Michael: Effektiver Rechtsschutz durch staatliche Gerichte als Forderung des europäischen Gemeinschaftsrechts, Köln 1997.
Triantafyllou, Dimitris: Haftung der Mitgliedstaaten für Nichtumsetzung von EG-Recht, DÖV 1992, S. 564 ff.
Triantafyllou, Dimitris: Zur Europäisierung des subjektiven öffentlichen Rechts, DÖV 1997, S. 192 ff.
Trimidas, Takis: Liability for Breach of Community Law: Growing up an Melling down?, CMLRev. 2001, S. 301 ff.
Trindade, Antônio Augusto Cançado: Co-existance and Co-ordination of Mechanisms of International Protection of Human Rights, 1992.
Trüe, Christine: Auswirkungen der Bundesstaatlichkeit Deutschlands auf die Umsetzung von EG-Richtlinien und ihren Vollzug, Baden-Baden 1999.
Turiaux, André: Das neue Umweltinformationsgesetz, NJW 1994, S. 2319 ff.

U

Uerpmann, Robert: Normkonkretisierende Verwaltungsvorschriften im System staatlicher Handlungsformen, BayVBl. 2000, S. 705 ff.
Ule, C. H.: Rechtsstaat und Verwaltung, VerwArch 1985, S. 1 ff.
UNEP: Montreal Protocol on Substances that Deplete the Ozone Layer, Final Act (1987).
Untermaier, Jean: Droit de l'homme à l'environnemnt et libertés publiques – Droit individuel ou droit collectif, droit pour l'indivu ou obligation de l'etat, RJE 1978, S. 329 ff.
Usher, John A.: European Court Practise, London 1983.

V

Vandermeersch, Dirk: The Single European Act and the Environmental Policy of the European Community, ELRev. 1987, S. 406 ff.

Vedel, Georges/Devolvé, Pierre: Le système français de protection des administrés contre l'administration, Paris 1991.

Viebrock, Jan: Direktwirkung von EG-Richtlinien – Anmerkungen zu Albrecht Bach, Direkte Wirkung von EG-Richtlinien (in JZ 1990, S. 1108 ff), JZ 1991, S. 555 ff.

Von Bogdandy, Armin: Das deutsche Staatshaftungsrecht vor der Herausforderung der Internationalisierung: Zum Verhältnis von rechtlicher Gestaltungsmacht und Schadensverantwortung, AöR 1997, S. 268 ff.

Von der Groeben, Hans/Thiesing, Jochen/Ehlermann, Claus-Dieter: Kommentar zum EU-/EG- Vertrag, Baden-Baden 5. Aufl. 1997.

W

Waechter, Kay: Kommunalrecht – ein Lehrbuch, Köln/Berlin/Bonn/München 3. Aufl. 1997.

Waechter, Kay: Umweltschutz als Staatsziel, NuR 1996, S. 321 ff.

Waelbroek, Denis/Fosselard, Denis: Annotation to Joined Cases T-480/93 and T-483/93, Antillean Rice Mills NV, CMLRev. 1996, S. 811 ff.

Wägenbaur, Rolf: Ist die Unterscheidung zwischen Verordnungen, Richtlinien und Entscheidungen nach Art. 189 EWG-Vertrag hinfällig geworden?, DVBl. 1972, S. 244 ff.

Wahl, Rainer: Die doppelte Abhängigkeit des subjektiven öffentlichen Rechts, DVBl. 1996, S. 641 ff.

Wahl, Rainer: Rechtsschutz in der Fachplanung, NVwZ 1990, S. 923 ff.

Waldner, Thomas: Bieterschutz im Vergaberecht unter Berücksichtigung der europäischen Vorgaben, Baden-Baden 2000, Schriftenreihe Ius Europaeum Bd. 10.

Ward, Angela: New Frontiers in Private Enforcement of E.C. Directives – Case Note Concerning the Decision of the European Court of Justice [1997] ECR I-2195 (Niels Draehmpaehl); [1997] ECR I- 2136 (Eric Sutton), ELRev. 1998, S. 65 ff.

Ward, Angela: The right to an Effective Remedy in European Community Law and Environmental Protection: A Case Study of United Kingdom Judicial Decisions Concerning the Environmental Assessment Directive, JEL 1993, S. 221 ff.

Wasmeier, Martin: The Integration of Environmental Protection as a General Rule for Interpreting Community Law, CMLRev. 2001, S. 159 ff.

Weber, Albrecht/Hellman, Ulrich: Das Gesetz über die Umweltverträglichkeitsprüfung (UVP-Gesetz), NJW 1990, S. 1625 ff.

Weber, Albrecht: Die europäische Grundrechte-Charta – auf dem Weg zu einer europäischen Verfassung, NJW 2000, S. 537 ff.

Wegener, Bernhard W.: Die UVP-Pflichtigkeit sog. Anhang II-Vorhaben – Anmerkungen zu EuGH, Urteil vom 24.10.1996 – Rs. C-72/95 – Kraaijeveld, NVwZ 1996, S. 462 ff.
Wegener, Bernhard W.: Keine Klagebefugnis für Greenpeace und 18 andere – Anmerkungen zu EuGH, Rs. C- 321/95 P, Urteil vom 2. April 1998 (Greenpeace), ZUR 1998, S. 131 ff.
Wegener, Bernhard W.: Rechte des Einzelnen – die Interessentenklage im Europäischen Umweltrecht, Baden-Baden 1997.
Wegener, Bernhard W.: Zur Begründung individueller Rechte: Ablagerung von festem Hausmüll – Anmerkung (Programmsatz und Recht) zum Urteil des Gerichtshofes vom 23. Februar 1994 Rs. C-236/92, ZUR 1994, S. 196 ff.
Wegner, Berhanrd W.: Die unmittelbare Geltung der EG-Richtlinie über den freien Zugang zu Umweltinformationen, ZUR 1993, S. 17 ff.
Weiß, Wolfgang: Zur Wirkung von Richtlinien vor Ablauf der Umsetzungsfrist, DVBl. 1998, S. 568 ff.
Werbke, Axel: Das Recht des Einzelnen zur Berufung auf staatengerichtete Entscheidungen (Art. 189 EWGV), NJW 1970, S. 2137 ff.
Westphal, Simone: Art. 20a GG – Staatsziel „Umweltschutz“, JuS 2000, S. 339 ff.
Winkelmann, Christian: Verbandsklage im Umweltrecht im internationalen Vergleich, Umweltbundesamt – Forschungsbericht 1990.
Winkler, Ivo: Die italienische Verwaltungsgerichtsbarkeit zwischen gesetzlich geschütztem Interesse und subjektiven Recht, DV 1986, S. 519 ff.
Winter, Gerd: Die Dogmatik der Direktwirkung von EG-Richtlinien und ihre Bedeutung für das EG-Naturschutzrecht, ZUR 2002, S. 313 ff.
Winter, Gerd: Die Vereinbarkeit des Gesetzentwurfs der Bundesregierung über die Umweltverträglichkeitsprüfung vom 29.6.1988 ist der RL 85/337 und die Direktwirkung dieser Richtlinie, NUR 1989, S. 197 ff.
Winter, Gerd: Direktwirkung von EG-Richtlinien, DVBl. 1991, S. 657 ff.
Winter, Gerd: Individualrechtsschutz im deutschen Umweltrecht unter dem Einfluss des Gemeinschaftsrechts, NVwZ 1999, S. 467 ff.
Winter, Gerd: Rechtsschutz gegen Behörden, die Umweltrichtlinien der EG nicht beachten, NuR 1991, S. 453 ff.
Winter, Jan A.: Direct Applicability and Direct Effect – Two Distinct and Different Concepts in Community Law, CMLRev. 1972, S. 425 ff.
Woerling, Jean Marie: Die französische Verwaltungsgerichtsbarkeit im Vergleich mit der deutschen, NVwZ 1985, S. 21 ff.
Woerling, Jean Marie: Rechtsschutz im Umweltrecht in Frankreich, NVwZ 1999, S. 502 ff.
Woerling, Jean Marie: Verwaltungsgerichtlicher Rechtsschutz in Frankreich auf dem Gebiet des Umweltrechts – unter Einschluss der Probleme der grenzüber-

schreitenden Verfahrensbeteiligung – Saarbrücken 1986, Universität des Saarlandes – Vorträge, Reden und Berichte aus dem Europa-Institut Nr. 70.

Wolf, Rainer: Zur Entwicklung der Verbandsklage im Umweltrecht, ZUR 1994, S. 1 ff.

Wolfrum, Rüdiger: Enforcing Environmental Standards: Economic Mechanisms as Viable Means?, Berlin/Heidelberg/New York 1996.

Wolfrum, Rüdiger: The Convention on Biological Diversity: Using State Jurisdiction as a Means of Ensuring Compliance in: Wolfrum, Enforcing Environmental Standards: Economic Mechanisms as Viable Means?, S. 373 ff.

Wollgast, Heike: Das haftende Subjekt der gemeinschaftsrechtlich gebotenen Staatshaftung der Bundesrepublik Deutschland, Köln 1998.

Wyatt, Derrick: The Direct Effect of Community Social Law – not Forgetting Directive, ELRev. 1983, S. 241 ff.

Wyatt, Derrick: The Nature of Regulations and Directives – Direct Applicability and Direct Effect, ELRev. 1977, S. 215 ff.

Z

Zuleeg, Manfred: Das Recht der Europäischen Gemeinschaft im innerstaatlichen Bereich, Köln/Berlin/Stuttgart u.a. 1969, Kölner Schriften zum Europarecht, Bd. 9.

Zuleeg, Manfred: Deutsches und europäisches Verwaltungsrecht – wechselseiti ge Einwirkungen, VVDStRL 1994, S. 154 ff.

Zuleeg, Manfred: Die innerstaatliche Anwendbarkeit völkerrechtlicher Verträge am Beispiel des GATT und der Europäischen Sozialcharta, ZaöRV 1975, 341 ff.

Zuleeg, Manfred: Die Rechtswirkung europäischer Richtlinien, ZGR 1980, S. 466 ff.

Zuleeg, Manfred: Die richtlinienkonforme Auslegung und Fortbildung mitgliedstaatlichen Rechts in: Schulze (Hrsg.), Auslegung europäischen Privatrechts und angeglichenen Rechts, Baden-Baden 1. Aufl. 1999, S. 163 ff.

Zuleeg, Manfred: Hat das subjektive öffentliche Recht noch eine Daseinsberechtigung?, DVBl. 1976, 509 ff.

Zuleeg, Manfred: Umweltschutz in der Rechtsprechung des Europäischen Gerichtshofs, NJW 1993, S. 31 ff.

Christina Malz

Die Internet-Apotheke in Europa

Unter besonderer Berücksichtigung des deutschen und englischen Rechts

Frankfurt am Main, Berlin, Bern, Bruxelles, New York, Oxford, Wien, 2003.
XII, 258 S.
Europäische Hochschulschriften: Reihe 2, Rechtswissenschaft. Bd. 3764
ISBN 3-631-51411-5 · br. € 51.50*

Der E-Commerce mit Arzneimitteln ist ein hochaktuelles, gleichermaßen praktisch wie wissenschaftlich interessantes Thema. Es geht dabei um die Frage, inwieweit Arzneimittel über das Internet vertrieben werden dürfen. Die Arbeit beschäftigt sich mit der Schnittstelle zwischen dem Internetrecht und dem Pharmazierecht. Anforderungen, die das Recht an den E-Commerce stellt, orientieren sich wesentlich an der Art der angebotenen Ware oder Dienstleistung. Auch der Handel mit Arzneimitteln unterliegt als solcher schon immer besonderen Anforderungen, die sich aus der Eigenart der Ware Arzneimittel und der besonderen Schutzbedürftigkeit des Patienten ergeben. Die Arbeit gliedert sich nach einer allgemeinen Darstellung der wirtschaftlichen und gesellschaftlichen Dimension der Problematik in die drei Schwerpunkte Europa, Deutschland und Großbritannien.

Aus dem Inhalt: E-Commerce mit Arzneimitteln · Europarechtlicher Rahmen · Vereinbarkeit der Rechtslage in Deutschland mit dem Europarecht · Exemplarische Betrachtung der Rechtslage in Großbritannien

Kolibri 360 GmbH
Ferdinand-Jühlke-Straße 7
99095 Erfurt, Deutschland
produktsicherheit@kolibri360.de

Druck:
CPI Druckdienstleistungen GmbH
im Auftrag der
Kolibri 360 GmbH
Ferdinand-Jühlke-Str. 7
99095 Erfurt